2026

한국사
능력검정시험
기본 4·5·6급 대비
최신기출

한국사능력검정 연구회

10회
75회~60회

2026

한국사
능력검정시험
기본 456급 대비 10회
최신기출 75회~60회

인쇄일 2026년 1월 1일 초판 1쇄 인쇄
발행일 2026년 1월 5일 초판 1쇄 발행
등 록 제17-269호
판 권 시스컴2026

발행처 시스컴 출판사
발행인 송인식
지은이 한국사능력검정 연구회

ISBN 979-11-6941-827-0 13910
정 가 17,000원

주소 서울시 금천구 가산디지털1로 225, 513호(가산포휴) | **홈페이지** www.nadoogong.com
E-mail siscombooks@naver.com | **전화** 02)866-9311 | **Fax** 02)866-9312

머리말

역사는 시대의 거울이자 과거와 현재의 생생한 기록이다. 그러나 아직까지도 역사를 과거의 전유물로 인식하는 사람들이 많고, 주변 국가들은 역사 교과서를 왜곡하고 심지어 역사 전쟁을 도발하고 있다. 한국사의 위상 제고가 시급한 실정에서, 우리가 살아온 발자취와 삶의 다양한 흔적을 담고 있는 역사를 올바르게 아는 것은 매우 중요한 일이다.

국사편찬위원회가 주관하는 한국사능력검정시험은 우리 역사에 대한 관심을 제고하고 한국사에 대한 폭넓고 올바른 지식을 공유함으로써 균형 잡힌 역사의식을 갖도록 하는 것을 목적으로 한다. 이를 위해 한국사능력검정시험은 역사에 대한 기본 지식의 습득과 적용, 보다 수준 높은 역사 지식의 이해와 창의적 문제 해결 능력의 함양 등을 평가기준으로 하여 문항을 구성하고 있다.

이 책은 국사편찬위원회가 주관하는 '한국사능력검정시험(기본)'의 최신 기출문제와 상세한 해설을 수록하여 수험생들이 단시간 내에 문제를 충실하게 이해하고, 보다 효과적으로 시험을 대비할 수 있도록 돕고자 출간되었다. 구체적으로는 다음과 같은 특징을 지니고 있다.

첫째, 최신 기출문제 10회분을 회차별로 풀어볼 수 있도록 구성하여 한국사 시험을 처음 접하는 수험생들도 시험의 패턴과 문제 유형을 쉽게 익힐 수 있도록 하였다.

둘째, 이론을 뛰어넘는 상세하고 구체적인 해설을 통해, 따로 이론서를 깊게 공부하지 않아도 시험에 자주 나오는 핵심 내용들을 간파할 수 있도록 하였다.

셋째, 문항별로 핵심 키워드와 암기 요소들을 정리하여 출제의도를 보다 빨리 파악하고 반드시 알아야 할 내용을 쉽게 학습할 수 있도록 하였다.

본서는 단기간에 한국사능력검정시험 기본에 합격하고자 하는 수험생들에게 최적의 교재가 되길 바라는 마음으로 출간되었다. 이 책과 함께한 수험생 모두에게 좋은 결과가 있기를 바란다.

시험 안내

1 한국사능력검정시험이란?

한국사능력검정시험은 우리 역사에 관한 패러다임의 혁신과 한국사 교육의 위상을 강화하기 위하여 국사편찬위원회에서 주관하고 시행하는 시험이다. 국사편찬위원회는 우리 역사에 대한 관심을 제고하고, 한국사 전반에 걸쳐 역사적 사고력을 평가하는 다양한 유형의 문항을 개발하고 있다. 이를 통해 한국사 교육의 올바른 방향을 제시하고, 자발적 역사학습을 통해 고차원적 사고력과 문제해결 능력을 배양하고자 한다.

2 한국사능력검정시험의 목적

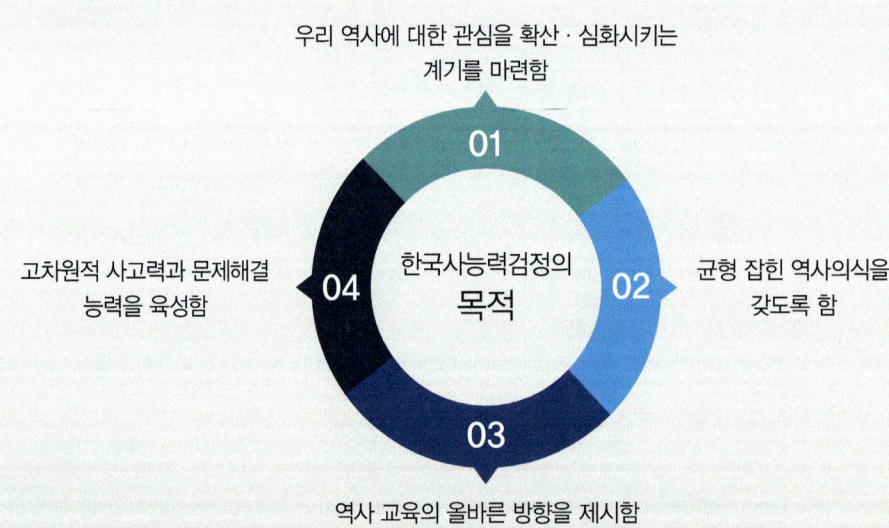

우리 역사에 대한 관심을 확산·심화시키는 계기를 마련함

01

한국사능력검정의 목적

02 균형 잡힌 역사의식을 갖도록 함

03 역사 교육의 올바른 방향을 제시함

04 고차원적 사고력과 문제해결 능력을 육성함

3 한국사능력검정시험의 응시 대상

• 한국사에 관심 있는 대한민국 국민 (외국인도 가능)
• 한국사 학습자
• 상급 학교 진학 희망자
• 공공기관이나 기업체 취업 및 해외 유학 희망자 등

4 한국사능력검정시험의 출제 유형

역사 지식의 이해	역사 탐구에 필요한 기본적인 지식, 즉 역사적 사실 · 개념 · 원리 등의 이해 정도를 묻는 영역이다.
연대기의 파악	역사의 연속성과 변화 및 발전을 이해하고 있는지를 묻는 영역이다. 역사 사건이나 상황을 시대순으로 정확하게 이해하고 인과 관계를 파악할 수 있는가를 묻는다.
역사 상황 및 쟁점의 인식	제시된 자료에서 해결해야 할 구체적 역사 상황과 핵심적인 논쟁점, 주장 등을 찾을 수 있는지를 묻는 영역이다. 문헌 자료, 도표, 사진 등의 형태로 주어진 자료에서 해결해야 할 과제를 포착하거나 변별해내는 능력이 있는지를 측정한다.
역사 자료의 분석 및 해석	자료에 나타난 정보를 해석하여 그 의미를 파악할 수 있는가를 묻는 영역이다. 정보의 분석을 바탕으로 자료의 시대적 배경과 사회적 의미를 해석할 수 있는가를 측정한다.
역사 탐구의 설계 및 수행	제시된 문제의 성격과 목적을 고려하여 절차와 방법에 따라 역사 탐구를 설계하고 수행할 수 있는 능력이 있는가를 묻는 영역이다.
결론의 도출 및 평가	주어진 자료의 타당성을 판별하고, 여러 자료를 종합하여 결론을 도출할 수 있는가를 묻는 영역이다.

5 한국사능력검정시험의 특징

한국사능력검정시험은 한 나라의 국민으로서 가져야 하는 기본적인 역사적 소양을 측정하고, 역사에 대한 전 국민적 공감대를 형성하기 위한 시험으로 다음과 같은 특징을 갖고 있다.

한국사 학습능력을 측정할 수 있는 대표적인 시험이다.

한국사 전반에 걸친 지식을 폭넓게 이해할 수 있는 시험으로서, 역사를 올바르게 이해할 수 있도록 심층적인 지식을 제공한다.

응시자의 계층이 매우 다양하다.

한국사능력검정시험은 입시생이나 각종 채용 시험과 같은 동일한 집단이 아니라, 다양한 연령층과 직업군을 가진 사람들이 응시하고 있다. 한국사에 대한 관심과 애정만 있다면 응시자의 학력수준이나 연령 등은 더욱 다양해질 것이다.

국가기관인 국사편찬위원회가 주관한다.

국사편찬위원회는 우리 역사에 대한 자료를 관장하고 있는 교육부 직속 기관이다. 한국사능력검정시험은 우리나라 역사에 관한 자료를 조사·연구·편찬하는 국사편찬위원회가 주관·시행을 함으로써, 수준 높고 참신한 문항과 공신력 있는 관리를 통해 안정적인 시험 운영을 하고 있다.

참신한 문항 개발에 노력하고 있다.

매회 시험마다 단순 암기 위주의 보편적인 문항보다는, 다양한 영역에서 여러 접근 방법을 통해 풀 수 있는 참신한 문항을 새로 개발하고 있다. 또한 탐구력을 증진할 수 있는 문항 개발을 통해 기존 시험의 틀을 탈피하려고 노력하고 있다.

'선발 시험'이 아니라 '인증 시험'이다.

합격의 당락을 결정하는 선발 시험의 성격이 아니라, 한국사의 학습 능력을 인증하는 시험이다.

6 응시자 유의사항

- **입실 시간 및 고사실 확인**
  - 시험 당일 고사실 입실은 08:30 부터 10:00 까지 가능하다(10시부터 고사실이 있는 건물의 출입문 통제).
  - 오전 10시 20분(시험 시작) 이후에는 고사실(교실)에 들어갈 수 없다.
  - 시험장을 착오한 응시생은 시험에 응시할 수 없다.
  - 수험번호대로 고사실의 지정된 자리에 앉아 응시해야 한다.

- **시험 진행 중 유의사항**
  - 시험 시간 중에는 신분증과 수험표를 자기 책상의 좌측 상단에 놓아야 한다.
  - 시험 종료 15분 전까지는 퇴실할 수 없다.
  - 시험 중 퇴실할 경우에는 답안지를 감독관에게 직접 제출하며 다른 응시자에게 방해가 되지 않도록 조용히 퇴실해야 한다.
  - 시험 도중 화장실 이용 등으로 부득이하게 고사실을 출입할 상황 발생시에는 복도감독관의 인솔 하에 이동하여야 한다.

7 평가 내용

시험 종류	평가 내용
심화	한국사 심화과정으로서 한국사에 대한 체계적인 이해를 바탕으로 한국사의 주요 사건과 개념을 종합적으로 이해하고, 역사 자료를 분석하고 해석하는 능력, 한국사의 흐름 속에서 시대적 상황 및 쟁점을 파악하는 능력을 평가
기본	한국사 기본과정으로서 기초적인 역사 상식을 바탕으로 한국사의 필수 지식과 기본적인 흐름을 이해하는 능력을 평가

8 한국사능력검정시험의 시험 종류 및 인증 등급

시험 종류	심화	기본
인증 등급	1급(80점 이상) 2급(70점~79점) 3급(60점~69점)	4급(80점 이상) 5급(70점~79점) 6급(60점~69점)
문항 수	50문항(5지 택 1형)	50문항(4지 택 1형)

※ 100점 만점(문항별 1점~3점 차등배점)

9 한국사능력검정시험의 활용 및 특전

- 2급 이상 합격자에 한해 인사혁신처에서 시행하는 5급 국가공무원 공개경쟁채용시험 및 외교관후보자 선발시험에 응시자격 부여
- 한국사능력검정시험 3급 이상 합격자에 한해 교원임용시험 응시자격 부여
- 국비 유학생, 해외 파견 공무원, 이공계 전문연구요원(병역) 선발 시 한국사 시험을 한국사능력검정시험 3급 이상 합격으로 대체
- 2급 이상 합격자에 한해 인사혁신처 시행 지역인재 7급 수습직원 선발시험에 추천 자격요건 부여
- 공무원 경력경쟁채용시험 가산점 부여
- 4대 사관학교(공군 · 육군 · 해군 · 국군간호사관학교) 입시 가산점 부여
- 군무원 경력경쟁채용시험에서 한국사 과목을 한국사능력검정시험으로 대체
- 일부 공기업 및 민간기업의 직원 채용이나 승진 시 반영
- 경찰청 및 해양경찰청 순경 등 공개경쟁채용시험에서 한국사 과목을 한국사능력검정시험으로 대체

10 시험 시간

시험 종류	시간	내용	소요 시간
심화	10:00~10:10	오리엔테이션(시험시 주의 사항)	10분
	10:10~10:15	신분증 확인(감독관)	5분
	10:15~10:20	문제지 배부	5분
	10:20~11:40	시험 실시(50문항) ※ 파본 확인	80분
기본	10:00~10:10	오리엔테이션(시험시 주의 사항)	10분
	10:10~10:15	신분증 확인(감독관)	5분
	10:15~10:20	문제지 배부	5분
	10:20~11:30	시험 실시(50문항) ※ 파본 확인	70분

한국사능력검정 시험과 관련된 각종 수험정보는 위의 내용과 다르게 변경될 수 있으므로, 시험 주관처의 홈페이지(www.historyexam.go.kr)에서 꼭 확인하시기 바랍니다.

구성과 특징

한국사능력검정시험 최신기출 10회

최신 기출문제 10회분 수록

최신 기출문제 10회분을 회차별로 풀어볼 수 있도록 구성하여 한국사 시험의 패턴과 문제 유형을 쉽게 익힐 수 있도록 하였다.

정답 및 해설

❶ 문항별 주제

출제의도를 파악함으로써 문제의 본질을 파악하기!

❷ 암기박사

이것만 알면 정답이 보인다! 정답을 여는 핵심 Key!

❸ 정답 해설

군더더기 없는 깔끔한 해설로 문제 완전 정복

❹ 오답 해설

오답 선택지의 상세한 해설로 핵심 이론 간파!

❺ 핵심노트

문제와 관련한 심화 학습을 통해 고득점을 향해 한 발짝 나아가기!

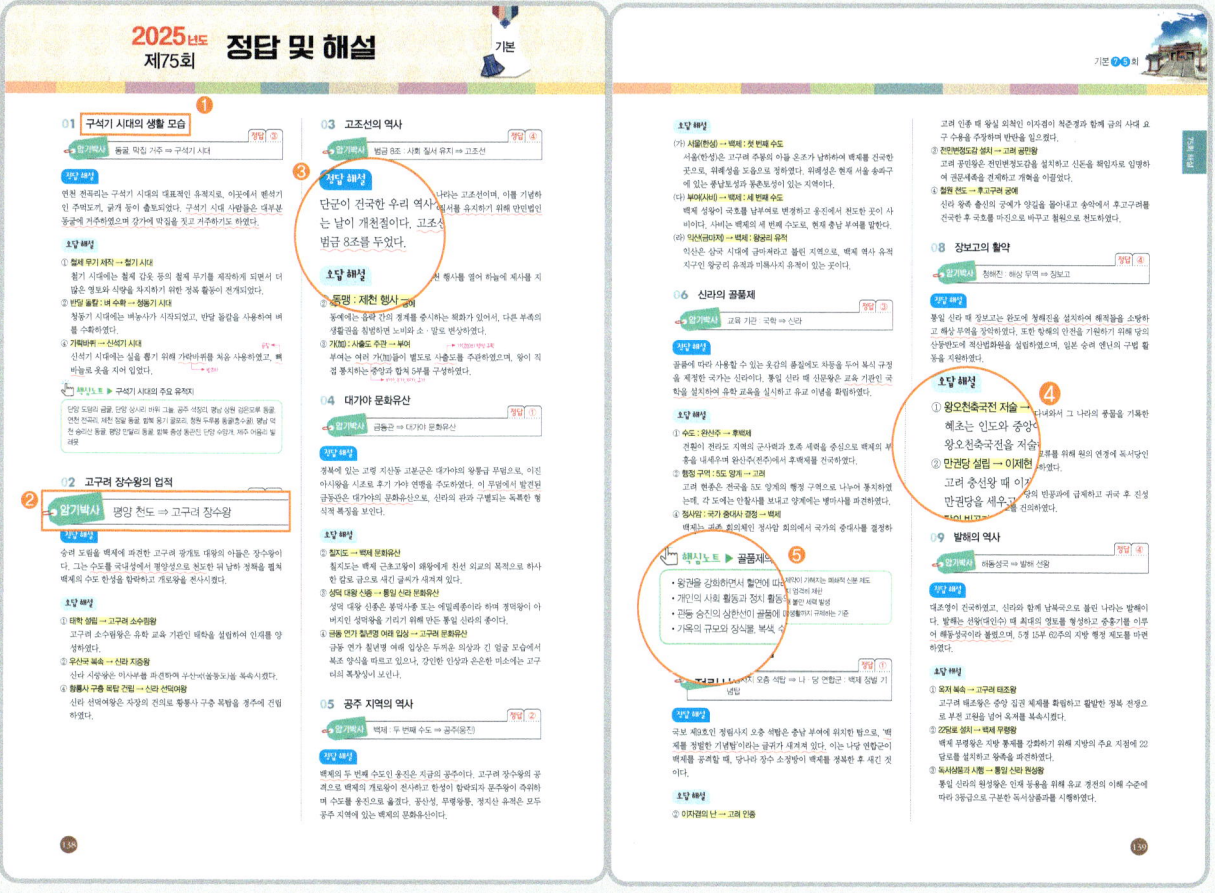

목 차

한국사능력검정시험 기본 기출문제

제75회 ······ 14

제73회 ······ 26

제71회 ······ 38

제69회 ······ 50

제67회 ······ 62

제66회 ······ 74

제64회 ······ 86

제63회 ······ 98

제61회 ······ 110

제60회 ······ 122

한국사능력검정시험 기본 정답 및 해설

제75회 ····· 138

제73회 ····· 149

제71회 ····· 160

제69회 ····· 171

제67회 ····· 182

제66회 ····· 193

제64회 ····· 204

제63회 ····· 215

제61회 ····· 226

제60회 ····· 237

▶ 김좌진 장군 / 단장지통

적막한 달밤에 칼머리의 바람은 세찬데
칼 끝에 찬 서리가 고국생각을 돋구누나
삼천리 금수강산에 왜놈이 웬말인가
단장의 아픈 마음 쓰러버릴 길 없구나.

― 단장지통(斷腸之痛) ―

한국사능력검정시험
최신기출 10회

75회   66회

73회   64회

71회   63회

69회   61회

67회   60회

|정답 및 해설| 138p

01

(가) 시대의 생활 모습으로 가장 적절한 것은? [1점]

연천 전곡리 유적은 뗀석기가 처음 사용된 □(가)□ 시대의 유적입니다. 주한 미군이었던 저 그렉 보웬이 이곳에서 우연히 주먹도끼를 발견하면서 세상에 알려지게 되었고, 이후 이 유적에 대한 발굴 조사가 활발히 이루어졌습니다.

① 철제 무기를 제작하였다.
② 반달 돌칼로 벼를 수확하였다.
③ 주로 동굴이나 막집에서 살았다.
④ 가락바퀴를 이용하여 실을 뽑았다.

02

(가) 왕에 대한 설명으로 옳은 것은? [2점]

삼국사기 챗봇

Q 도림 이야기의 주요 내용을 출처와 함께 알려줘.

A 도림 이야기는 『삼국사기』 백제본기, 개로왕 21년 기사에 담겨 있습니다.
이에 따르면 승려 도림은 고구려 광개토 대왕의 아들인 □(가)□ 이/가 백제에 파견한 첩자였습니다. 도림은 바둑으로 개로왕의 환심을 산 후, 대규모 토목 공사를 벌이도록 부추겨 국력을 소모하게 만들었습니다. 이를 틈타 □(가)□ 은/는 군사를 보내 한성을 함락하고 개로왕을 죽였습니다.

① 태학을 설립하였다.
② 우산국을 복속시켰다.
③ 평양으로 수도를 옮겼다.
④ 황룡사 구층 목탑을 건립하였다.

03

(가) 나라에 대한 설명으로 옳은 것은? [2점]

史 국경일로 보는 역사 ◀ 10월 03일 ▶

개천절

개천절은 단군이 우리 역사상 최초의 나라인 □(가)□ 을/를 건국한 것을 기념하는 날이다. 일제 강점기에는 대한민국 임시 정부가 건국 기원절로 부르며 기념식을 열기도 하였다. 1949년 대한민국 정부는 음력 10월 3일이었던 개천절을 양력으로 변경하고 국경일로 지정하였다.

개천절 기념식(1953)

① 10월에 동맹이라는 제천 행사를 열었다.
② 읍락 간의 경계를 중시하는 책화가 있었다.
③ 여러 가(加)들이 별도로 사출도를 주관하였다.
④ 사회 질서를 유지하기 위해 범금 8조를 두었다.

04

밑줄 그은 '이 나라'의 문화유산으로 옳은 것은? [3점]

지금 촬영하고 있는 곳은 고령 지산동 고분군입니다. 유네스코는 이곳을 포함한 7개 고분군이 문화적 공통성을 공유하면서도 자율적인 연맹 체제를 유지했던 이 나라의 특징을 보여준다는 점에 주목하여 세계유산으로 등재하였습니다.

① 금동관
② 칠지도
③ 성덕 대왕 신종
④ 금동 연가 칠년명 여래 입상

05

다음 답사가 이루어진 지역을 지도에서 옳게 고른 것은? [2점]

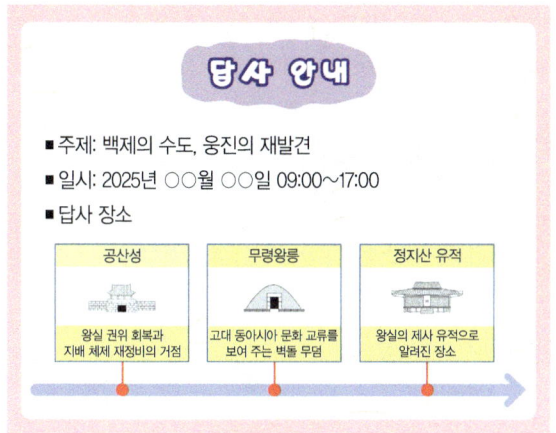

답사 안내

■ 주제: 백제의 수도, 웅진의 재발견
■ 일시: 2025년 ○○월 ○○일 09:00~17:00
■ 답사 장소

공산성	무령왕릉	정지산 유적
왕실 권위 회복과 지배 체제 재정비의 거점	고대 동아시아 문화 교류를 보여 주는 벽돌 무덤	왕실의 제사 유적으로 알려진 장소

① (가)　　② (나)　　③ (다)　　④ (라)

06

밑줄 그은 '이 국가'에 대한 설명으로 옳은 것은? [2점]

자료는 흥덕왕 대 제정된 복식 규정의 일부를 정리한 것입니다. 이 국가에서는 골품에 따라 사용할 수 있는 옷감의 품질에도 차등을 두었음을 보여줍니다.

〈옷감 '포(布)' 사용에 대한 허용 규정〉

	진골대등	6두품	5두품	4두품	평민
남성	26승* 이하	18승 이하	15승 이하	13승 이하	12승 이하
	진골	6두품	5두품	4두품	평민
여성	28승 이하	25승 이하	20승 이하	18승 이하	15승 이하

*승: 옷감의 촘촘함을 나타내는 단위로, 숫자가 높을수록 품질이 좋음.

① 완산주를 도읍으로 하였다.
② 전국을 5도 양계로 나누었다.
③ 교육 기관으로 국학을 두었다.
④ 정사암에서 국가 중대사를 결정하였다.

07

밑줄 그은 '이 비문'에 대한 탐구 활동으로 가장 적절한 것은? [3점]

정림사지 오층 석탑의 1층 몸돌에는 백제를 멸망시킨 소정방의 공적이 새겨져 있습니다. 이 비문 때문에 한때는 백제 정벌 기념탑이라는 의미의 평제탑으로 불리기도 했습니다.

① 나당 연합군의 활동을 조사한다.
② 이자겸이 일으킨 난의 결과를 알아본다.
③ 전민변정도감이 설치되는 과정을 분석한다.
④ 궁예가 철원으로 수도를 옮긴 이유를 파악한다.

08

(가)에 들어갈 내용으로 가장 적절한 것은? [1점]

〈한국사 공개 강좌〉

신라인 장보고, 동아시아를 잇다

우리 기념관에서는 한반도를 넘어 동아시아를 무대로 활약했던 장보고의 행적을 살펴보는 시간을 마련하였습니다.

1강: (가)
2강: 산동반도에 적산법화원을 세우다.
3강: 일본 승려 엔닌의 구법 활동을 지원하다.

■ 일시: 2025년 ○○월 1~3주, 화요일 저녁 7시
■ 장소: □□기념관 소회의실

① 왕오천축국전을 저술하다.
② 만권당에서 학자들과 교유하다.
③ 당에 유학하여 빈공과에 급제하다.
④ 청해진을 중심으로 해상 무역을 장악하다.

09

(가) 국가에 대한 설명으로 옳은 것은? [1점]

> **이달의 고문헌 이야기**
>
> 『대동지지』는 『대동여지도』의 제작자로 널리 알려진 김정호가 쓴 지리서이다. 이 책은 조선 8도의 인문 지리와 함께 고조선부터 조선까지의 역사 지리를 담고 있다. 김정호는 이 책에서 대조영이 건국한 (가) 을/를 신라와 함께 남북국으로 서술하였고, 이 나라의 지방 행정 구역인 5경 15부 62주의 위치를 추론하여 기록하였다.

① 옥저를 복속시켰다.
② 22담로를 설치하였다.
③ 독서삼품과를 시행하였다.
④ 해동성국이라고도 불렸다.

10

밑줄 그은 '왕'의 업적으로 옳은 것은? [2점]

> • 신 최승로가 시무 28조를 기록하여 장계와 함께 왕께 올립니다.
> • 왕이 교서를 내려 서재와 학사를 세우고 국자감을 창설하도록 하였다.

① 노비안검법을 실시하였다.
② 쌍성총관부를 공격하였다.
③ 12목에 지방관을 파견하였다.
④ 공산 전투를 승리로 이끌었다.

11

(가)~(다)를 일어난 순서대로 옳게 나열한 것은? [3점]

① (가) - (나) - (다)
② (가) - (다) - (나)
③ (나) - (다) - (가)
④ (다) - (가) - (나)

12

(가) 왕에 대한 설명으로 옳은 것은? [2점]

〈특별 기획전〉

개태사
태평성대의 염원을 담다

개태사는 (가) 이/가 후삼국을 통일하고 창건한 유서 깊은 사찰입니다. 이번 특별 기획전에서는 석조 여래 삼존 입상과 오층 석탑을 비롯한 개태사 관련 유물들을 디지털 실감 영상으로 만나볼 수 있습니다.

■ 일정: 2025년 ○○월 ○○일~○○일
■ 장소: □□박물관

① 과거제를 도입하였다.
② 농사직설을 편찬하였다.
③ 사심관 제도를 시행하였다.
④ 북한산에 순수비를 건립하였다.

13

(가)에 들어갈 기구로 옳은 것은? [2점]

> 원 간섭기에 고려는 금, 은을 비롯하여 인삼, 매 등의 특산물을 원에 조공으로 보냈어요. 특히 충렬왕 때에는 매사냥과 매 사육을 담당하는 (가) 을 두어 사냥매를 원에 바치기도 했답니다.

① 도방 ② 응방 ③ 정방 ④ 중방

14

학생들이 공통으로 이야기하는 인물로 옳은 것은? [1점]

공민왕 때 침입한 홍건적을 물리치는 데 큰 공을 세웠어.

우왕 때에는 홍산에서 왜구를 격파하여 큰 승리를 거두었지.

우왕과 함께 요동 정벌을 추진하기도 했어.

① 최영　② 이규보　③ 정도전　④ 최무선

15

(가)에 들어갈 문화유산으로 가장 적절한 것은? [2점]

문화유산 탐구 보고서

○학년 ○반 이름: □□□

선정한 문화유산	알게 된 점
(가)	• 고려 전기의 대표적 석탑입니다. • 송의 영향을 받아 만들었습니다. • 각이 많고 층이 여러 개인 탑입니다. • 청동으로 만든 풍경과 금동 머리 장식이 있습니다.

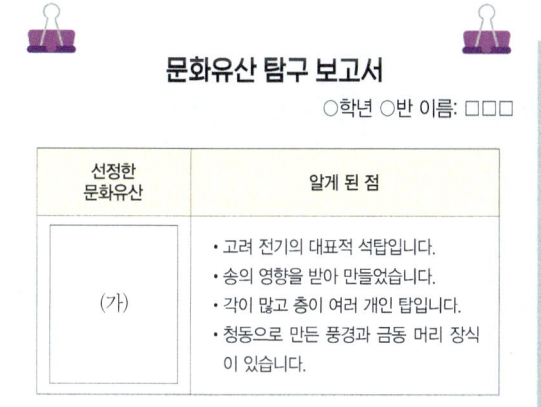

① 여주 고달사지 승탑　② 원주 법천사지 지광 국사 탑

③ 평창 월정사 팔각 구층 석탑　④ 개성 경천사지 십층 석탑

16

밑줄 그은 '시기'에 있었던 사실로 옳은 것은? [2점]

고려는 몽골의 침입에 맞서 싸우던 시기 불교의 힘으로 외적을 물리치고자 팔만대장경을 만들었어요. 글자가 많음에도 경판의 서체가 한 사람의 솜씨처럼 일정하고, 오탈자가 거의 없을 정도로 정교하답니다.

① 송시열이 북벌을 주장하였다.
② 허준이 동의보감을 저술하였다.
③ 김윤후가 처인성 전투에서 활약하였다.
④ 망이 · 망소이가 공주 명학소에서 봉기하였다.

17

(가) 인물의 활동으로 옳은 것은? [2점]

작품명: 척경입비도

이 그림은 조선 후기에 만들어진 『북관유적도첩』에 실려 있는 「척경입비도」입니다. (가) 이/가 여진을 정벌하고 동북 9성을 개척한 후 '고려의 경계'라고 새겨진 비석을 세우는 장면을 담았습니다.

① 대마도를 정벌하였다.
② 강동 6주를 확보하였다.
③ 별무반 설치를 건의하였다.
④ 일리천 전투에서 승리하였다.

18

(가)에 들어갈 내용으로 가장 적절한 것은? [2점]

 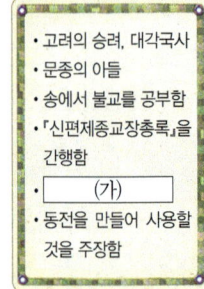

(앞면) (뒷면)

- 고려의 승려, 대각국사
- 문종의 아들
- 송에서 불교를 공부함
- 『신편제종교장총록』을 간행함
- (가)
- 동전을 만들어 사용할 것을 주장함

① 천태종을 창시함
② 삼국유사를 저술함
③ 수선사 결사를 제창함
④ 화통도감 설치를 건의함

19

(가)에 들어갈 사건으로 옳은 것은? [2점]

오전 11:00 100%

대한민국 방방곡곡 – 단종의 유배지였던 영월 청령포

한국사 채널 조회 수 120,815

청령포는 삼면이 강으로 둘러싸이고 한쪽으로는 험준한 암벽이 솟아 있어 나룻배를 이용하지 않고는 밖으로 출입할 수 없는 마치 섬과도 같은 곳입니다.
수양 대군은 (가) 을/를 일으켜 권력을 잡은 이후에 단종을 이곳으로 유배 보냈습니다. 지금은 수려한 풍경으로 인해 관광객의 발길이 끊이지 않는 명소가 되었습니다.

① 갑자사화　　　　② 경신환국
③ 계유정난　　　　④ 기해예송

20

밑줄 그은 '사절단'으로 옳은 것은? [1점]

그림으로 보는 역사

이 그림은 말을 타고 곡예를 선보이는 '마상재'의 모습을 그린 것입니다. 마상재인은 에도 막부의 요청으로 조선이 파견한 공식 사절단에 포함되기도 하였는데, 이들이 펼친 특별 공연은 일본에서 큰 인기를 끌었습니다.

① 수신사　　　　② 연행사
③ 영선사　　　　④ 통신사

21

밑줄 그은 '이 전쟁' 중에 있었던 사실로 적절한 것은?
[2점]

이 책에 대해 소개해 주시겠습니까?

'심양일기'는 이 전쟁으로 청의 수도 심양에 볼모로 끌려간 소현 세자 일행에 대한 기록입니다. 세자 일행이 8년 동안 청에 억류되며 겪은 상황이 자세히 기록되어, 당시 조선과 청의 외교 관계를 이해하는 데 중요한 자료로 활용되고 있습니다.

심양일기

① 권율이 행주산성에서 승리하였다.
② 인조가 남한산성으로 피란하였다.
③ 곽재우가 의병장으로 활약하였다.
④ 양헌수가 정족산성에서 적군을 격퇴하였다.

22

(가) 인물이 저술한 책으로 옳은 것은? [3점]

도산에서 퇴계처럼
서원에서의 하루

체험 안내

안동 도산 서원은 (가) 의 제자들이 그의 학문과 덕행을 기리기 위해 조성한 공간입니다. 서원 체험을 통해 그의 삶과 정신을 체험하는 기회를 마련하였으니, 많은 참여 바랍니다.

〈주요 프로그램〉
■ 유생 의복 입어 보기
■ 예안 향약 공부해 보기
■ 서원 제사 체험하기

①  동사강목
② 목민심서
③  반계수록
④  성학십도

23

다음 장면 이후에 있었던 사실로 옳은 것은? [2점]

중앙과 지방에서 천거한 사람들을 대궐로 모아 전하께서 친히 시험하신다면 인재를 많이 얻을 수 있을 것입니다. 이는 한(漢)에서 시행한 현량과의 뜻을 이은 것입니다.

조광조

① 기묘사화가 일어났다.
② 칠정산이 편찬되었다.
③ 경국대전이 반포되었다.
④ 위화도 회군이 단행되었다.

24

(가)에 들어갈 군사 조직으로 옳은 것은? [2점]

왜란으로부터 조선을 구하라!

(가) 군사 모집

■ 지원 자격: 큰 돌을 들 수 있고, 높은 담을 뛰어넘을 수 있는 자
■ 분야: 삼수병(포수, 살수, 사수)
■ 급료: 매월 쌀로 지급

① 9서당　② 삼별초　③ 장용영　④ 훈련도감

25

(가) 왕에 대한 설명으로 옳은 것은? [1점]

이 현판에는 '조세를 공평하게 하여 백성을 사랑하고, 씀씀이를 절약하여 힘을 비축하라'는 의미의 글자가 적혀 있어. (가) 이/가 재정을 담당하는 호조에 내린 것이라고 해.

(가) 은/는 백성들의 세금 부담을 줄여주기 위해 균역법을 실시하기도 했어.

① 집현전을 설치하였다.
② 탕평비를 건립하였다.
③ 대전회통을 편찬하였다.
④ 초계문신제를 시행하였다.

26

다음 가상 인터뷰의 주인공에 대한 설명으로 옳은 것은?

[1점]

① 동학을 창시하였다.
② 추사체를 창안하였다.
③ 거중기를 설계하였다.
④ 열하일기를 저술하였다.

27

밑줄 그은 '이 조약'에 대한 설명으로 옳은 것은? [3점]

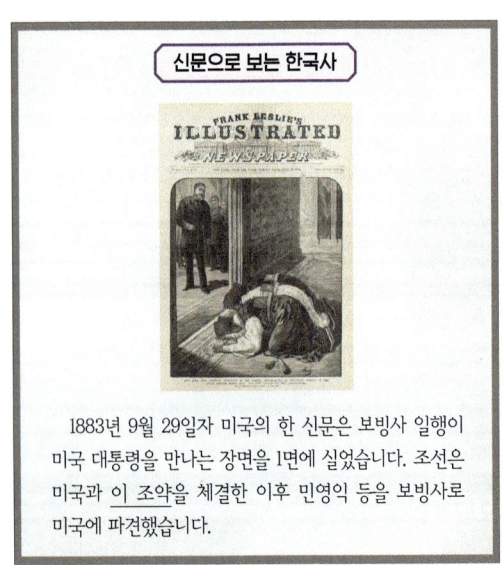

1883년 9월 29일자 미국의 한 신문은 보빙사 일행이 미국 대통령을 만나는 장면을 1면에 실었습니다. 조선은 미국과 이 조약을 체결한 이후 민영익 등을 보빙사로 미국에 파견했습니다.

① 러일 전쟁 중에 체결되었다.
② 최혜국 대우가 처음으로 규정되었다.
③ 병인양요가 일어나는 배경이 되었다.
④ 운요호 사건이 일어나는 계기가 되었다.

28

(가)에 들어갈 내용으로 가장 적절한 것은? [2점]

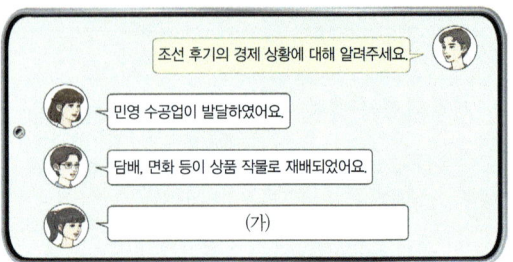

① 솔빈부의 말을 특산물로 수출하였어요.
② 활구라고 불린 은병이 화폐로 사용되었어요.
③ 시장을 감독하기 위한 동시전이 설치되었어요.
④ 관청에 물품을 조달하는 공인이 활동하였어요.

29

(가)에 들어갈 기구로 옳은 것은? [2점]

지금은 …… 증기선이 전 세계를 누비고 전선이 서양까지 연결되며, 공법(公法)을 제정하여 국교를 수립하고, 항만과 포구를 축조하여 서로 교역하므로 …… 우리 조정에서도 (가) 을 설치하고 관리를 두어 외국의 신문을 폭넓게 번역하고 아울러 국내의 일까지 기록하여 나라 안에 알리는 동시에 다른 나라에까지 알리기로 하였습니다.

– 「한성순보」 –

① 교정청　② 기기창　③ 박문국　④ 전환국

30

(가) 시기에 있었던 사실로 옳은 것은? [2점]

○○박물관 이달의 소장품 **국새 칙명지보**

1897년 황제로 등극한 고종이 새로운 국호인 (가) 을/를 선포하고, 황제 국가의 품격에 맞게 제작한 국새 중 하나입니다.
이전에는 거북이 모양으로 만들었던 국새 손잡이를 황제를 상징하는 용으로 바꾼 점이 눈에 띕니다.

① 지계가 발급되었다.
② 신미양요가 일어났다.
③ 신해통공이 단행되었다.
④ 영국이 거문도를 점령하였다.

31

(가)에 들어갈 단체로 옳은 것은? [1점]

S#5. 서울 종로 백목전(白木廛)

작은 연단과 목제 탁자가 설치되어 있다. 많은 사람이 모여 술렁이고 있다. 무대 중앙, 송수만이 단상에 오른다.

송수만: (목소리를 높이며) 여러분, 들으셨소? 일본이 우리의 산과 들을 황무지라 부르며 빼앗으려고 합니다. 그들이 내세운 개간은 문명이 아니라 약탈입니다!

사람 1: 왜 우리는 침묵해야 합니까! 약탈을 막아야 합니다!

송수만: 그래서 우리는 오늘부터 이 모임을 시작합니다. 나랏일을 돕고 백성을 편안하게 한다는 의미를 담아 ___(가)___ 라고 하겠습니다.

① 권업회
② 보안회
③ 송죽회
④ 신민회

32

다음 자료를 활용한 탐구 활동으로 가장 적절한 것은?

[2점]

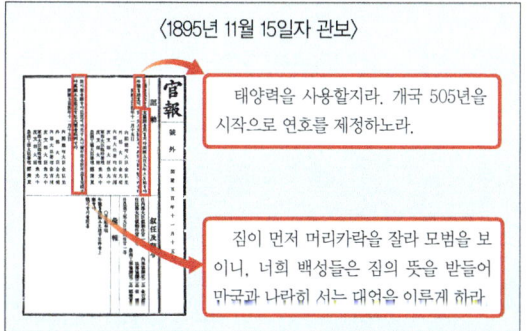

〈1895년 11월 15일자 관보〉

태양력을 사용할지라. 개국 505년을 시작으로 연호를 제정하노라.

짐이 먼저 머리카락을 잘라 모범을 보이니, 너희 백성들은 짐의 뜻을 받들어 만국과 나란히 서는 대업을 이루게 하라

① 을미개혁의 내용을 조사한다.
② 독립문의 건립 과정을 알아본다.
③ 삼정이정청의 설치 배경을 살펴본다.
④ 삼전도비가 세워진 장소를 파악한다.

33

(가) 부대에 대한 설명으로 옳은 것은? [2점]

전국의 의병 부대가 경기도 양주에 집결하여 ___(가)___ 을/를 결성했다더군. 총대장에는 이인영이 추대되었다고 하네.

맞네. 해산된 군인들도 가담했다고 하니 의병의 전력이 한층 강해질 것 같네.

① 서울 진공 작전을 전개하였다.
② 백산에서 4대 강령을 발표하였다.
③ 자유시 참변으로 세력이 약화하였다.
④ 고종의 해산 권고 조칙에 따라 해산하였다.

34

(가)에 들어갈 내용으로 가장 적절한 것은? [3점]

〈다큐멘터리 기획안〉

코리안 디아스포라
– 미주 지역으로 이주한 한인들의 삶 –

■ 기획 의도

1903년 하와이에 공식 이주한 것을 시작으로, 많은 한국인이 미국과 멕시코 등지로 이주하여 뿌리를 내렸습니다. 힘든 노동과 인종 차별 속에서도 한인 사회를 형성하고, 독립운동을 전개했던 이들의 삶을 조명하고자 합니다.

■ 구성 내용

1부 : 하와이 사진 신부의 생애
2부 : 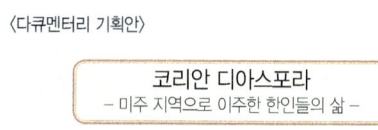 ___(가)___
3부 : 대조선 국민 군단 조직

① 중광단 조직
② 신한 청년당 결성
③ 신흥 강습소 설립
④ 대한인 국민회 창설

35

밑줄 그은 '이 운동'에 대한 설명으로 적절한 것은? [2점]

① 근우회를 중심으로 전개되었다.

② 대한매일신보 등 언론의 지원을 받았다.

③ 황국 중앙 총상회 조직에 영향을 주었다.

④ 조만식 등의 주도로 평양에서 시작되었다.

36

(가) 단체에 대한 설명으로 옳은 것은? [2점]

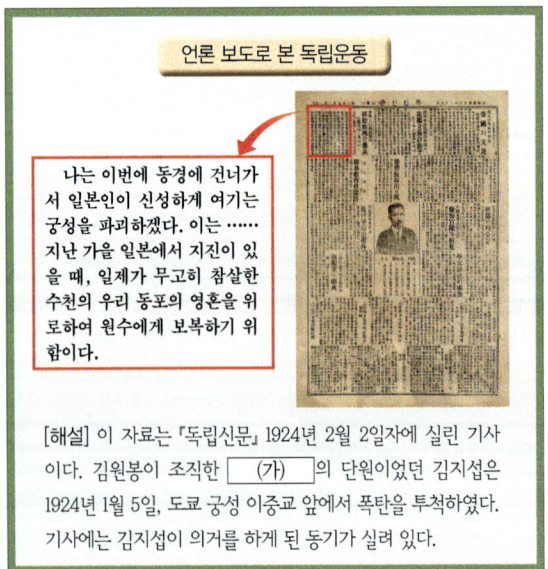

① 105인 사건으로 와해되었다.

② 연통제와 교통국을 운영하였다.

③ 파리 강화 회의에 대표를 파견하였다.

④ 조선 혁명 선언을 활동 지침으로 삼았다.

37

(가) 민족 운동에 대한 설명으로 옳은 것은? [2점]

① 순종의 인산일에 일어났다.

② 조선 형평사가 주도하였다.

③ 신간회에서 진상 조사단을 파견하였다.

④ 국민 대표 회의 개최의 배경이 되었다.

38

밑줄 그은 '이 시기'에 있었던 사실로 옳지 않은 것은?

[3점]

① 심훈이 소설 상록수를 저술하였다.

② 나운규가 영화 아리랑을 제작하였다.

③ 헐버트가 육영 공원의 교사로 활동하였다.

④ 손기정이 베를린 올림픽 마라톤 경기에서 우승하였다.

39

(가)에 해당하는 인물로 옳은 것은?　　　　　　[2점]

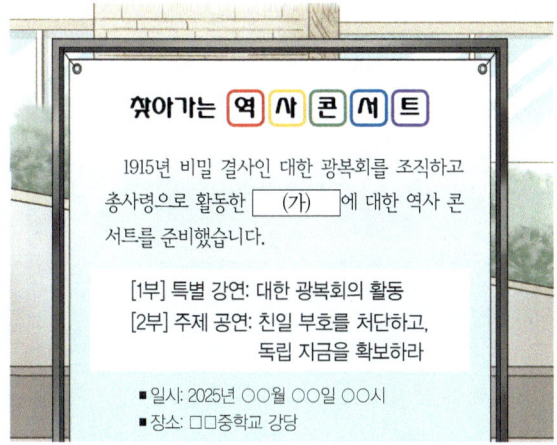

> **찾아가는 역사 콘서트**
>
> 1915년 비밀 결사인 대한 광복회를 조직하고 총사령으로 활동한 　(가)　 에 대한 역사 콘서트를 준비했습니다.
>
> **[1부] 특별 강연:** 대한 광복회의 활동
> **[2부] 주제 공연:** 친일 부호를 처단하고, 독립 자금을 확보하라
>
> ■ 일시: 2025년 ○○월 ○○일 ○○시
> ■ 장소: □□중학교 강당

①  박상진　　②  안창호　　③  윤봉길　　④ 이회영

40

밑줄 그은 '이 지역'에서 있었던 사실로 옳은 것은? [3점]

> 엄마, 오늘 당근김치 만들어요? 당근김치 만드는 법을 할머니가 알려주셨죠?

> 맞아. 당근김치는 무 대신 당근으로 담근 김치인데, 마르코프차라고 불리기도 한단다. 할머니처럼 1937년 소련 당국의 강제 이주 정책에 의해 이 지역을 떠나 중앙아시아에 정착한 한인들이 만든 음식이야.

① 신한촌이 건설되었다.
② 봉오동 전투가 일어났다.
③ 한국 광복군이 창설되었다.
④ 2·8 독립 선언서가 발표되었다.

41

(가)에 들어갈 내용으로 가장 적절한 것은?　　[1점]

> **광복 80주년**
> AI 기술로 구현한 독립운동가
>
> **백범 김구**
>
> ◆ 주요 활동
> - 한인 애국단 조직
> - 대한민국 임시 정부 주석 역임
> - 　(가)　
>
> 화면에 가까이 가면 인공지능(AI) 기술로 구현한 백범 김구의 미소 짓는 모습이 동영상으로 재생됩니다.

① 흥사단 결성
② 남북 협상 추진
③ 조선 의용대 창설
④ 조선 건국 동맹 조직

42

다음 가상 인터뷰의 밑줄 그은 '나'로 옳은 것은? [2점]

> 간송 선생님, 막대한 자금을 들여 훈민정음 해례본 등의 문화유산을 수집하신 이유를 말씀해 주세요.

> 주변에서는 나라도 없는 주제에 금싸라기 땅을 팔아 골동품이나 모은다고 손가락질 했지만, 나는 우리 문화유산을 지키고 싶었어요. 그래서 수집한 문화유산을 보존하기 위해 이곳 보화각을 세웠지요.

① 박은식　　　　　② 석주명
③ 전형필　　　　　④ 주시경

43

(가) 부대에 대한 설명으로 옳은 것은? [3점]

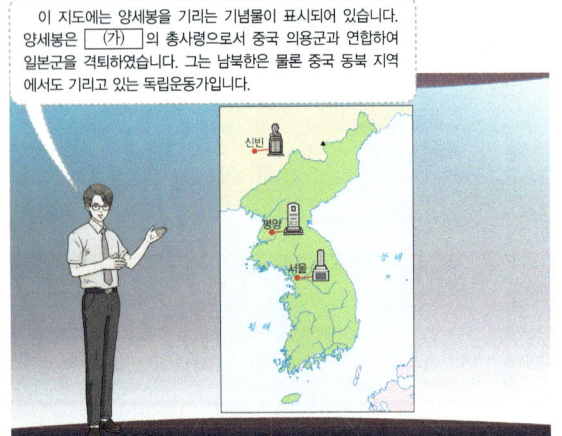

> 이 지도에는 양세봉을 기리는 기념물이 표시되어 있습니다. 양세봉은 (가) 의 총사령으로서 중국 의용군과 연합하여 일본군을 격퇴하였습니다. 그는 남북한은 물론 중국 동북 지역에서도 기리고 있는 독립운동가입니다.

① 고종의 밀지를 받아 결성되었다.
② 영릉가 전투에서 승리를 거두었다.
③ 영국군의 요청으로 인도 · 미얀마 전선에 투입되었다.
④ 중국 관내에서 결성된 최초의 한인 무장 조직이었다.

44

밑줄 그은 '이 시기'에 볼 수 있는 모습으로 가장 적절한 것은? [2점]

> 일제가 중일 전쟁을 일으키고 침략을 확대하던 이 시기, 군함도로 강제 동원된 많은 한국인이 해저 탄광의 열악한 작업 환경 속에서 목숨을 잃었습니다.

〈과제 발표〉
군함도와 강제 동원의 역사

① 태형을 집행하는 헌병 경찰
② 황국 신민 서사를 암송하는 학생
③ 6 · 10 만세 운동에 참여하는 청년
④ 토지 조사령을 공포하는 일본인 관리

45

(가) 사건에 대한 설명으로 옳은 것은? [2점]

> 이것은 남한만의 단독 선거에 반대하는 무장대와 토벌대 간의 무력 충돌과 그 진압 과정에서 많은 주민이 희생된 (가) 을/를 상징하는 동백꽃 조형물입니다. 당시 희생된 사람들의 영혼이 붉은 동백꽃처럼 차가운 땅으로 소리 없이 스러져갔다는 의미를 담아 이곳 평화 공원에 설치되었습니다.

① 굴욕적인 한일 국교 정상화에 반대하였다.
② 좌우 합작 7원칙이 발표되는 배경이 되었다.
③ 신군부의 비상계엄 확대와 무력 진압에 저항하였다.
④ 진상 규명 및 희생자 명예 회복에 관한 특별법이 제정되었다.

46

(가)에 들어갈 민주화 운동으로 옳은 것은? [1점]

> 3 · 15 부정 선거는 전 국민적인 분노를 일으켜 (가) 의 계기가 되었습니다. 오늘 부정 선거 관련자에 대한 재판이 열렸습니다. 이날 법정 주변에 특별히 마련된 스피커 앞에는 재판 실황 중계를 듣기 위해서 수많은 시민이 모여 들었습니다.

① 6 · 3 시위
② 4 · 19 혁명
③ 6월 민주 항쟁
④ 5 · 18 민주화 운동

47

밑줄 그은 '이 전쟁' 중에 있었던 사실로 옳은 것은?[2점]

내가 학도병에 자원한 건 이 전쟁 도중 유엔군이 인천 상륙 작전에 성공해 서울을 수복할 즈음이에요. 전쟁터를 다니며 통일 노래를 부르고, 홍보 방송을 하는 등 주로 선전 활동을 했지요.

구술로 만나는 생생한 역사

① 부산이 임시 수도가 되었다.
② 4 · 13 호헌 조치가 발표되었다.
③ 미소 공동 위원회가 개최되었다.
④ 반민족 행위 처벌법이 제정되었다.

48

(가)에 들어갈 사진으로 가장 적절한 것은?　　[3점]

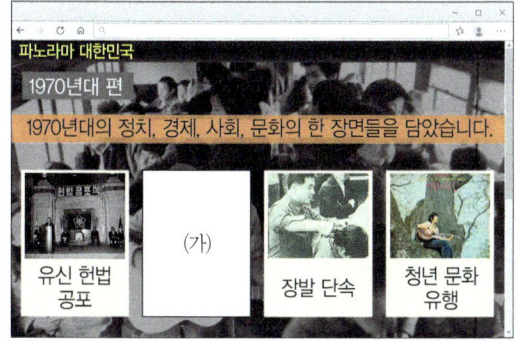

파노라마 대한민국
1970년대 편
1970년대의 정치, 경제, 사회, 문화의 한 장면들을 담았습니다.

유신 헌법 공포　(가)　장발 단속　청년 문화 유행

①

금융 실명제 실시

②

100억 달러 수출 달성

③
개성 공단 조성

④

아시아·태평양 경제 협력체 (APEC) 정상 회의 개최

49

(가) 정부 시기에 있었던 사실로 옳은 것은?　　[2점]

이 우표는 (가) 대통령의 노벨 평화상 수상을 기념하여 발행되었습니다. 그는 민주주의와 인권, 그리고 특히 북한과의 평화와 화해를 위해 노력한 업적을 인정받아 이 상을 수상하였습니다.

대한민국 KOREA 170

① 남북한이 유엔에 동시 가입하였다.
② 6 · 15 남북 공동 선언이 발표되었다.
③ 한반도 비핵화 공동 선언이 채택되었다.
④ 남북 이산가족 상봉이 최초로 성사되었다.

50

(가)~(라)에 들어갈 내용으로 옳은 것은?　　[2점]

한국사 탐구 보고서

지하철 역명에서 찾은 역사

⊙ 주제: 지하철 역명과 관련된 역사 인물의 활동을 알아본다.
⊙ 방법: 문헌 조사, 인터넷 검색
⊙ 조사 내용

지하철 역명	탐구 내용
을지로입구역	'을지'는 수의 침입 당시 (가) 에서 활약한 을지문덕의 이름에서 따옴.
낙성대역	'낙성대'는 (나) 을/를 승리로 이끌어 거란의 3차 침입을 물리친 강감찬이 태어났다고 알려진 곳임.
충무로역	'충무'는 1592년 일본의 침입으로 시작된 (다) 당시 수군을 이끈 이순신의 시호임.
충정로역	'충정'은 (라) (으)로 외교권이 박탈되자, 자결로써 이에 항의한 민영환의 시호임.

① (가) - 귀주 대첩
② (나) - 안시성 전투
③ (다) - 병자호란
④ (라) - 을사늑약

I정답 및 해설I 149p

01

(가) 시대의 생활 모습으로 옳은 것은? [1점]

> 이곳 울주 검단리 유적에서는 마을 내부를 방어하기 위해 조성한 도랑인 환호가 확인되었어. 완전한 모습의 환호가 발견된 것은 국내 최초로, 인근에서는 다수의 고인돌도 발견되어 계급이 출현한 [가] 시대의 모습을 잘 보여주는 유적으로 평가받고 있어.

① 우경이 널리 보급되었다.

② 비파형 동검을 제작하였다.

③ 주로 동굴이나 막집에서 살았다.

④ 실을 뽑기 위해 가락바퀴를 처음 사용하였다.

02

(가) 나라에 대한 설명으로 옳은 것은? [2점]

> 이것은 중국 지린 마오얼산 유적에서 출토된 [가] 의 수레바퀴 부품입니다. 기록에 따르면 [가] 에서는 좋은 말이 생산되었으며, 마가·우가 등의 여러 가들이 각각 사출도를 다스렸습니다.

① 영고라는 제천 행사를 열었다.

② 신성 지역인 소도가 존재하였다.

③ 혼인 풍습으로 민며느리제가 있었다.

④ 사회 질서를 유지하기 위하여 범금 8조를 만들었다.

03

(가) 나라에 대한 탐구 활동으로 가장 적절한 것은? [2점]

한국사-미술 융합 수업 활동지

○반 이름 ○○○

다음은 수로왕이 건국하였다고 전해지는 [가] 의 문화유산입니다. 이것을 활용하여 제작할 수 있는 기념품을 제안해 주세요.

김해 대성동 고분군 출토 금동 허리띠	김해 대성동 고분군 출토 긴목항아리와 그릇받침
열쇠고리	가습기

① 서옥제의 의미를 찾아본다.

② 칠지도에 새겨진 명문을 해석한다.

③ 이차돈이 순교한 배경을 파악한다.

④ 구지가가 나오는 건국 신화를 분석한다.

04

(가)에 들어갈 인물로 옳은 것은? [1점]

> 〈한국사인물 설문조사〉
> [가] 하면 가장 먼저 떠오르는 것에 스티커를 붙여주세요.
> 화엄종 개창 / 부석사 건립 / 관음 신앙 강조

① 원광

② 원효

③ 의상

④ 유정

05

다음 검색창에 들어갈 왕으로 옳은 것은? [2점]

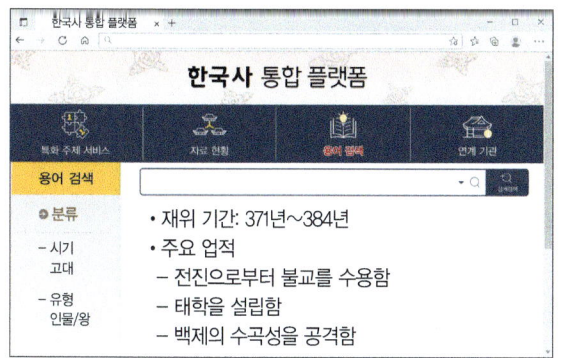

- 한국사 통합 플랫폼
- 특화 주제 서비스 / 자료 현황 / 용어 목록 / 연계 기관
- 용어 검색
- ● 분류
  - 시기 고대
  - 유형 인물/왕
- 재위 기간: 371년~384년
- 주요 업적
  - 전진으로부터 불교를 수용함
  - 태학을 설립함
  - 백제의 수곡성을 공격함

① 미천왕 ② 장수왕 ③ 소수림왕 ④ 광개토대왕

06

(가) 국가의 사회 모습에 대한 설명으로 옳은 것은? [2점]

○○박물관 문화유산 카드

도기 기마인물형 명기

(앞면)

문화유산 소개

[(가)]의 수도였던 경주의 금령총에서 출토된 한 쌍의 토기이다. 명기란 장사 지낼 때 무덤에 묻는 그릇, 인형 등을 뜻한다. 말에 탄 인물들은 각각 주인과 하인으로 추정되는데 주인은 하인보다 크게 묘사되어 있으며, 더 화려하게 치장된 말을 타고 있다.

(뒷면)

① 경당을 설치하였다. ② 골품제를 실시하였다.
③ 진대법을 시행하였다. ④ 책화라는 풍습이 있었다.

07

다음 상황 이후에 전개된 사실로 옳은 것은? [3점]

의자왕이 밤을 틈타 웅진성으로 도망치고, 의자왕의 아들인 부여융이 대좌평 천복 등과 함께 나와서 항복하였다. 김법민*이 부여융을 말 앞에 꿇어앉히고 꾸짖어 말하기를, "예전에 너의 아비가 나의 누이를 죽여 오랫동안 마음이 원통하였는데, 오늘 너의 목숨은 내 손안에 있구나!"라고 하였다.

*김법민: 훗날의 문무왕

① 대가야가 신라에 정복되었다.
② 신라가 우산국을 복속하였다.
③ 고구려가 한성을 함락하였다.
④ 나당 연합군이 평양성을 점령하였다.

08

다음 가상 공모전에 제출할 지역화폐 도안으로 가장 적절한 것은? [3점]

○○ 지역화폐 디자인 공모

백제의 수도였던 우리 지역의 경제 활성화를 위해 지역화폐를 발행하려고 합니다. 사비로 불렸던 우리 지역을 상징하는 지역화폐가 제작될 수 있도록 관심 있는 분들의 많은 참여를 바랍니다.

- ◆ 접수 기간: 2025년 □□월 □□일 ~ □□월 □□일
- ◆ 도안 조건: ○○ 지역에 위치한 백제의 문화유산을 소재로 할 것
- ◆ 접수 방법: 방문, 우편, 홈페이지 탑재
- ◆ 제출 서류: 제안서 및 도안

① 1,000 풍납토성 동전무늬 수막새

② 1,000 석굴암 본존불

③ 1,000 정림사지 오층 석탑
④ 1,000 호우총 청동 그릇

09

(가) 국가에 대한 설명으로 옳은 것은? [2점]

[(가)]은/는 해동성국이다. 비록 먼 변방에 있었다고 해도 반드시 석실에 보관된 서적이 있었을 것인데 증거로 삼을 만한 문헌이 없는 것은 어찌된 일인가? …… [(가)]이/가 망한 지 천년만에 다행히 유득공 선생을 만나 역사가 후세에 전해질 수 있게 되었으니, 사람들이 감격하게 되었다.

① 대조영이 동모산에서 건국하였다.
② 안시성에서 당의 군대를 물리쳤다.
③ 최고 행정 기구로 집사부를 설치하였다.
④ 무태, 성책 등의 독자적 연호를 사용하였다.

10

(가) 인물에 대한 설명으로 옳은 것은? [2점]

아들 신검에 의해 금산사에 유폐되었던 (가) 이/가 탈출하여 왕건에게 의탁하였습니다. 왕건은 귀부한 그를 크게 반기며 우대하였다고 합니다.

(가) , 고려로 귀부

① 훈요 10조를 남겼다.

② 국호를 마진으로 바꾸었다.

③ 완산주에서 후백제를 세웠다.

④ 경주의 사심관으로 임명되었다.

11

(가)에 해당하는 인물로 옳은 것은? [1점]

이곳은 고려의 외교가이자 문신이었던 (가) 의 무덤으로 부인의 묘도 함께 있습니다. 그는 대군을 이끌고 온 거란 장수 소손녕과 외교 담판을 벌여 강동 6주를 확보하는 성과를 올렸습니다.

①  서희

②  윤관

③  최영

④  정도전

12

(가)에 들어갈 문화유산으로 적절한 것은? [2점]

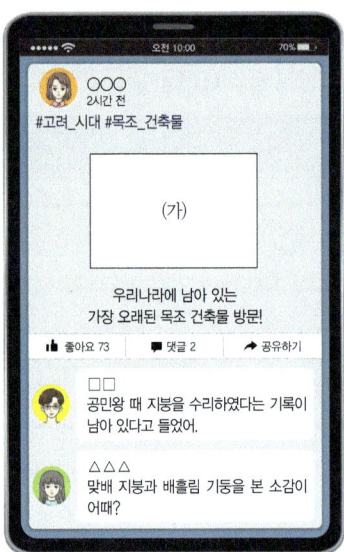

○○○ 2시간 전
#고려_시대 #목조_건축물

(가)

우리나라에 남아 있는 가장 오래된 목조 건축물 방문!

👍 좋아요 73   💬 댓글 2   ↗ 공유하기

□□ 공민왕 때 지붕을 수리하였다는 기록이 남아 있다고 들었어.

△△△ 맞배 지붕과 배흘림 기둥을 본 소감이 어때?

①  강화 전등사 대웅전

② 안동 봉정사 극락전

③  보은 법주사 팔상전

④  구례 화엄사 각황전

13

다음 상황이 나타난 시기를 연표에서 옳게 고른 것은? [3점]

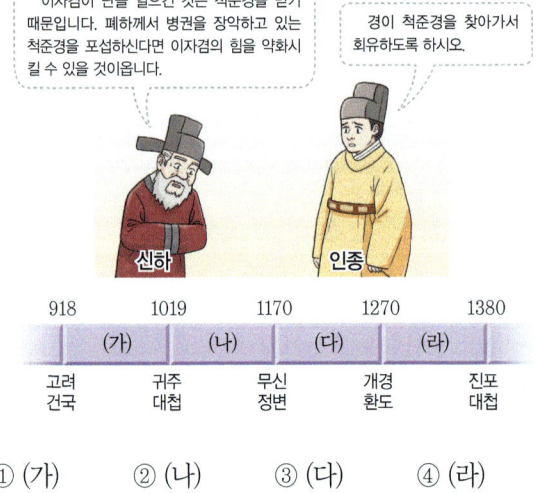

이자겸이 난을 일으킨 것은 척준경을 믿기 때문입니다. 폐하께서 병권을 장악하고 있는 척준경을 포섭하신다면 이자겸의 힘을 약화시킬 수 있을 것이옵니다.

경이 척준경을 찾아가서 회유하도록 하시오.

신하   인종

918	1019	1170	1270	1380
(가)	(나)	(다)	(라)	
고려 건국	귀주 대첩	무신 정변	개경 환도	진포 대첩

① (가)   ② (나)   ③ (다)   ④ (라)

14

다음 퀴즈의 정답으로 옳은 것은? [1점]

한국사 퀴즈 대회

제시된 단계별 힌트를 종합하여 알 수 있는 책은 무엇일까요?

1단계 본기, 열전 등으로 구성된 기전체 형식으로 서술하였습니다.

2단계 김부식 등이 왕명을 받아 편찬하였습니다.

3단계 현존하는 가장 오래된 역사서입니다.

① 동국통감
② 삼국사기
③ 삼국유사
④ 제왕운기

15

(가)에 들어갈 내용으로 가장 적절한 것은? [2점]

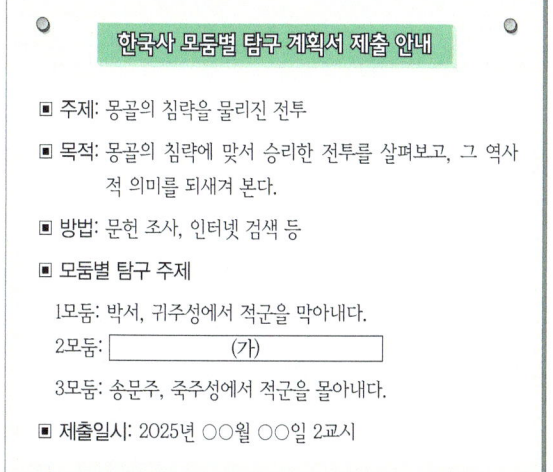

한국사 모둠별 탐구 계획서 제출 안내

■ 주제: 몽골의 침략을 물리진 전투

■ 목적: 몽골의 침략에 맞서 승리한 전투를 살펴보고, 그 역사적 의미를 되새겨 본다.

■ 방법: 문헌 조사, 인터넷 검색 등

■ 모둠별 탐구 주제

　1모둠: 박서, 귀주성에서 적군을 막아내다.
　2모둠: (가)
　3모둠: 송문주, 죽주성에서 적군을 몰아내다.

■ 제출일시: 2025년 ○○월 ○○일 2교시

① 양헌수, 정족산성에서 적군을 물리치다.

② 이순신, 명량에서 적의 함대를 대파하다.

③ 을지문덕, 살수에서 적군을 크게 격파하다.

④ 김윤후, 처인성에서 부곡민과 함께 적장 살리타를 사살하다.

16

다음 검색창에 들어갈 기구로 옳은 것은? [2점]

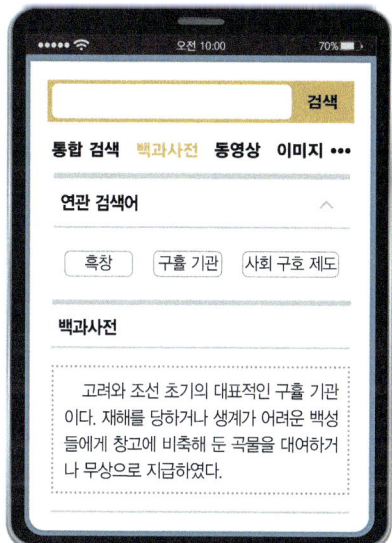

오전 10:00

검색

통합 검색 백과사전 동영상 이미지 •••

연관 검색어

흑창 | 구휼 기관 | 사회 구호 제도

백과사전

고려와 조선 초기의 대표적인 구휼 기관이다. 재해를 당하거나 생계가 어려운 백성들에게 창고에 비축해 둔 곡물을 대여하거나 무상으로 지급하였다.

① 의창
② 박문국
③ 제중원
④ 활인서

17

다음 가상 인터뷰에 등장하는 왕의 업적으로 옳은 것은? [2점]

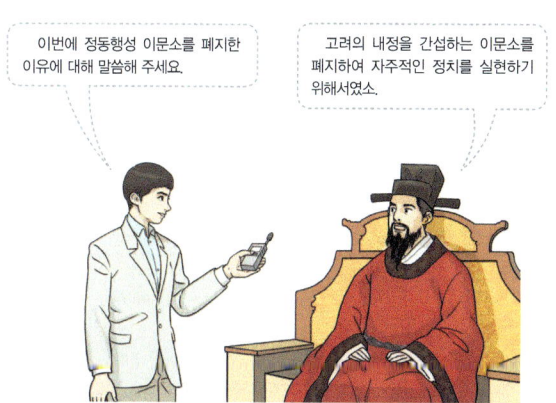

이번에 정동행성 이문소를 폐지한 이유에 대해 말씀해 주세요.

고려의 내정을 간섭하는 이문소를 폐지하여 자주적인 정치를 실현하기 위해서였소.

① 12목을 설치하였다.

② 해동통보를 발행하였다.

③ 쌍성총관부를 공격하였다.

④ 노비안검법을 실시하였다.

18

다음 자료에 해당하는 인물에 대한 설명으로 옳은 것은? [2점]

① 천태종을 창시하였다.
② 수선사 결사를 제창하였다.
③ 스스로를 미륵불이라고 칭하였다.
④ 인도 등에 다녀와 왕오천축국전을 지었다.

19

(가)에 들어갈 인물로 적절한 것은? [1점]

문화유산이 전하는 이야기 – 남원 황산대첩비지

🕐 한국사 채널   조회수 221,203

고려 말 양광전라경상도 도순찰사였던 (가) 이/가 황산에서 아지발도가 이끈 왜구를 무찌른 사실을 기록한 승전비가 1577년에 세워졌습니다. 이 전투로 백성의 신망을 얻은 (가) 은/는 이후 위화도 회군으로 권력을 장악하였습니다. 일제 강점기에 훼손되었던 비와 그 터는 국가 사적으로 지정되어 관리되고 있습니다.

① 권율   ② 양규
③ 이성계   ④ 강감찬

20

(가)에 대한 조선의 대외 정책으로 옳은 것은? [3점]

이것은 해동제국기에 실려 있는 (가) 의 지도로 군주가 머물고 있는 수도 등이 표시되어 있습니다. 해동제국기에는 지도뿐만 아니라 (가) 의 쇼군이 파견한 사절단 등 정치, 외교, 사회에 관한 내용이 서술되어 있습니다.

① 삼포를 개항하였다.
② 별무반을 편성하였다.
③ 4군 6진을 개척하였다.
④ 장문휴를 보내 등주를 공격하였다.

21

(가) 왕의 업적으로 옳은 것은? [2점]

이 책은 (가) 이/가 훈민정음을 창제한 목적과 훈민정음의 음가 및 제작 원리 등을 담고 있습니다. 그 가치를 인정받아 1997년에 유네스코 세계 기록 유산에 등재되었습니다.

우리나라의 세계 기록 유산

훈민정음(해례본)

① 칠정산을 편찬하였다.
② 악학궤범을 완성하였다.
③ 혼일강리 역대국도지도를 제작하였다.
④ 관촉사 석조 미륵보살 입상을 건립하였다.

22

(가)에 해당하는 문화유산으로 가장 적절한 것은? [3점]

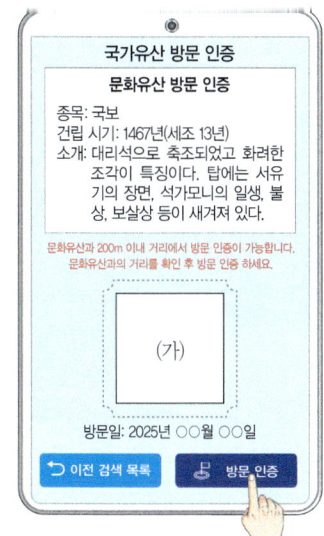

국가유산 방문 인증

문화유산 방문 인증

종목: 국보
건립 시기: 1467년(세조 13년)
소개: 대리석으로 축조되었고 화려한
조각이 특징이다. 탑에는 서유
기의 장면, 석가모니의 일생, 불
상, 보살상 등이 새겨져 있다.

문화유산과 200m 이내 거리에서 방문 인증이 가능합니다.
문화유산과의 거리를 확인 후 방문 인증 하세요.

(가)

방문일: 2025년 ○○월 ○○일

↩ 이전 검색 목록   📍 방문 인증

①
서울 원각사지 십층 석탑

②
평창 월정사 팔각 구층 석탑

③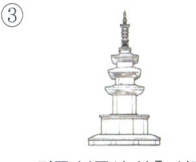
경주 불국사 삼층 석탑

④
익산 미륵사지 석탑

23

다음 자료에 해당하는 민속놀이로 옳은 것은? [1점]

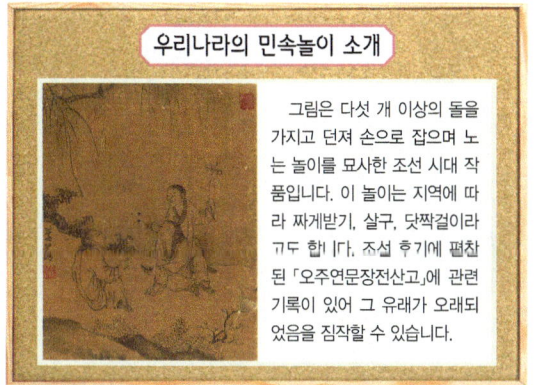

우리나라의 민속놀이 소개

그림은 다섯 개 이상의 돌을
가지고 던져 손으로 잡으며 노
는 놀이를 묘사한 조선 시대 작
품입니다. 이 놀이는 지역에 따
라 짜게받기, 살구, 닷짝걸이라
고도 합니다. 조선 후기에 편찬
된 「오주연문장전산고」에 관련
기록이 있어 그 유래가 오래되
었음을 짐작할 수 있습니다.

① 윷놀이   ② 공기놀이

③ 쥐불놀이   ④ 차전놀이

24

밑줄 그은 '이 전쟁' 중에 있었던 사실로 옳은 것은? [2점]

이것은 김시민이 진주성 전투에서 활약한 내용을 기록한 전공비입니다. 비문에는 그가 이 전쟁 당시 진주성에서 기묘한 계책으로 적을 물리치고, 전사하는 순간까지 전투에 임한 사실을 칭송하는 내용이 기록되어 있습니다. 그의 활약으로 조선은 적군의 보급로를 끊고 전라도의 곡창 지대를 지킬 수 있었습니다.

① 김상용이 강화도에서 순절하였다.

② 한성근이 문수산성에서 항전하였다.

③ 곽재우가 의령에서 의병을 일으켰다.

④ 계백이 황산벌에서 결사대를 이끌었다.

25

(가)에 들어갈 용어로 옳은 것은? [2점]

(가) 에 대해
검색해 줘.

검색 결과입니다.

1. 개관
　조선 시대에 남자 의원에게 진료
받기를 꺼려하는 여인들을 위해 생
겨난 여자 의원입니다. 내의원, 혜
민서 등에서 환자들을 치료하였습
니다. 관련하여 장금, 장덕의 활동
이 「조선왕조실록」에 기록되어 있습
니다.

2. 관련 삽화

① 의녀   ② 무당

③ 백정   ④ 광대

26

(가)에 들어갈 그림으로 적절한 것은? [1점]

특별전
단원, 조선을 화폭에 담다

(가)

화면을 넘기면 다른 작품을 볼 수 있습니다.

①
서당

②
고사관수도

③
세한도

④
인왕제색도

27

(가) 왕의 재위 기간에 볼 수 있는 모습으로 가장 적절한 것은? [2점]

이곳에서는 우리나라에서 네 번째로 건조된 이지스 구축함의 진수식이 거행되고 있습니다. 군함의 이름은 금난전권 폐지, 장용영 설치 등 부국강병에 힘쓴 (가) 에서 따왔습니다. 앞으로 우리의 해상 방어 체계가 더욱 굳건해질 것으로 기대됩니다.

① 수원화성을 축조하는 백성
② 만적과 봉기를 모의하는 노비
③ 원산 총파업에 참여하는 노동자
④ 외규장각 도서를 약탈하는 프랑스군

28

(가)에 들어갈 용어로 옳은 것은? [2점]

이곳은 기기창의 건물 중 하나인 번사창입니다. 나는 무기 제조법을 도입하고 외교 교섭을 위해 청에 (가) (으)로 파견되었습니다. 톈진 기기국을 방문한 후 귀국하여 근대식 무기 제조 공장인 기기창 설립을 위해 노력하였습니다.

풍강 현실 역사 여행

① 보빙사　　　　　② 수신사
③ 영선사　　　　　④ 조사 시찰단

29

밑줄 그은 '전투' 이후에 있었던 사실로 옳은 것은? [3점]

어재연이 전투에서 흉악한 적들과 싸우다 장렬히 전사하였으니, 그 절개가 군사들의 마음을 움직일 만하다. 그에게 특별히 병조판서와 지삼군부사를 추증할 것이니, 함께 의논하여 시호를 정하도록 하라.

① 병인박해가 일어났다.
② 집현전이 설치되었다.
③ 천리장성이 축조되었다.
④ 전국 각지에 척화비가 세워졌다.

30

(가)에 해당하는 지역으로 옳은 것은? [2점]

(가) 에 대해 시대별로 조사한 내용을 발표해 볼까요?

조동리 유적에서 빗살무늬 토기 등이 다량 출토되었어요.

남한 지역에서 유일하게 고구려비가 발견되었어요.

고려 시대에 충청도와 경상도의 세곡 운송을 담당한 덕흥창이 설치되었어요.

조선 시대에 신립 등이 탄금대에서 왜군에 맞서 싸웠어요.

① 나주　② 상주　③ 청주　④ 충주

31

다음 인물에 대한 설명으로 옳은 것은? [2점]

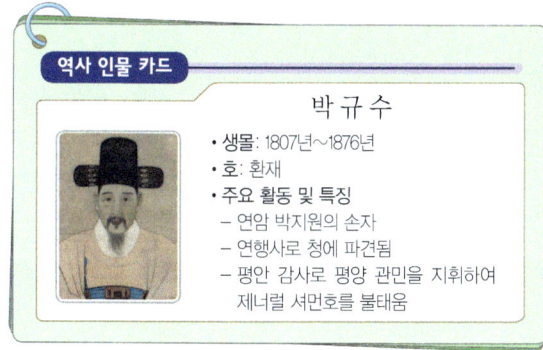

역사 인물 카드

박 규 수

• 생몰: 1807년~1876년
• 호: 환재
• 주요 활동 및 특징
　- 연암 박지원의 손자
　- 연행사로 청에 파견됨
　- 평안 감사로 평양 관민을 지휘하여 제너럴 셔먼호를 불태움

① 추사체를 창안하였다.
② 서전서숙을 설립하였다.
③ 대동여지도를 제작하였다.
④ 삼정이정청 설치를 건의하였다.

32

(가) 시기에 있었던 사실로 옳은 것은? [3점]

황룡촌 전투　→　(가)　→　우금치 전투

① 최제우가 처형되었다.
② 홍경래의 난이 일어났다.
③ 전주 화약이 체결되었다.
④ 농민들이 고부 관아를 습격하였다.

33

(가) 단체의 활동으로 옳은 것은? [2점]

역사 신문

제△△호　　　　　　　　○○○○년 ○○월 ○○일

새로운 중추원 관제가 반포되다

이틀 전, 법령의 제정과 폐지를 심사하는 중추원의 관제가 개편되었다. 개편안에 따라 중추원 의관 50인 중 절반은 (가) 의 회원 중에서 선출하기로 하였다. 의정부 참정 박정양의 명단 제출 요청에 따라 (가) 은/는 독립관에서 의관 25명을 선출할 것이라고 밝혔다.

① 잡지 개벽을 창간하였다.
② 형평 운동을 전개하였다.
③ 대성 학교를 설립하였다.
④ 만민 공동회를 개최하였다.

34

다음 가상 대화가 이루어진 시기에 볼 수 있는 모습으로 가장 적절한 것은? [3점]

황성신문에 러시아와 일본 사이에 벌어진 전쟁의 활동 사진을 상영한다는 광고가 실렸구나.

전쟁이 시작된 지 벌써 일 년이 넘었는데 아직도 끝나지 않았군요. 제물포 앞바다에서 해전이 벌어지기도 하였는데, 전쟁이 우리에게 어떤 영향을 끼칠지 두려워요.

① 경부선 기차를 이용하는 승객
② 조총으로 무장한 훈련도감 군인
③ 우정총국 개국 축하연에 참석하는 관리
④ 치안 유지법 위반으로 연행되는 독립운동가

35

밑줄 그은 '조약'에 대한 설명으로 옳은 것은?　　[2점]

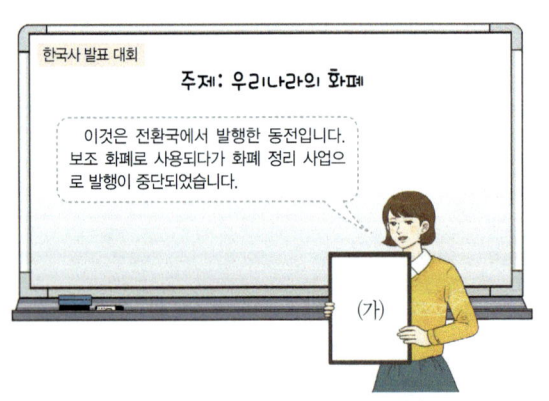

> 이것은 대한 제국 황제가 영국 왕에게 보내는 친서의 사본으로, 일본의 압력에 의해 부당하게 조약이 체결되었다는 내용 등이 있습니다. 외교권을 박탈한 조약의 부당함을 국제 사회에 알리고자 하였습니다.

① 최혜국 대우 조항이 들어있다.
② 통감부가 설치되는 결과를 가져왔다.
③ 청일 전쟁이 발발하는 원인이 되었다.
④ 대한국 국제가 반포되는 배경이 되었다.

36

(가)에 들어갈 화폐로 옳은 것은?　　[1점]

한국사 발표 대회

주제: 우리나라의 화폐

> 이것은 전환국에서 발행한 동전입니다. 보조 화폐로 사용되다가 화폐 정리 사업으로 발행이 중단되었습니다.

(가)

① 당백전
② 백동화
③ 건원중보
④ 삼한통보

37

밑줄 그은 '의병'에 대한 설명으로 옳은 것은?　　[3점]

> 이곳은 원주진위대의 본부였던 옛 강원 감영입니다. 원주진위대 특무정교였던 민긍호는 군대 해산 조칙에 반발하여 원주진위대를 중심으로 의병을 결성하고 무기고를 습격하였습니다. 이후 그는 의병을 이끌고 여러 전투에서 활약하였습니다.

① 서울 진공 작전을 전개하였다.
② 조선 혁명 선언을 활동 지침으로 삼았다.
③ 독립 공채를 발행하여 자금을 마련하였다.
④ 고종의 해산 권고 조칙에 따라 해산하였다.

38

밑줄 그은 '시기'에 있었던 사실로 옳은 것은?　　[2점]

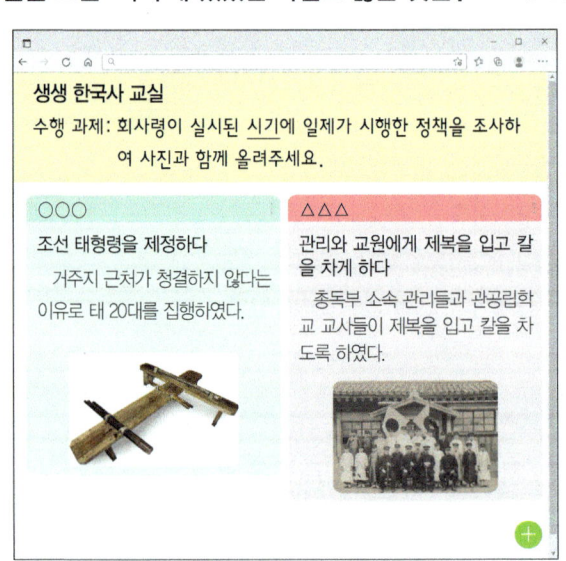

생생 한국사 교실

수행 과제: 회사령이 실시된 시기에 일제가 시행한 정책을 조사하여 사진과 함께 올려주세요.

○○○
조선 태형령을 제정하다
거주지 근처가 청결하지 않다는 이유로 태 20대를 집행하였다.

△△△
관리와 교원에게 제복을 입고 칼을 차게 하다
총독부 소속 관리들과 관공립학교 교사들이 제복을 입고 칼을 차도록 하였다.

① 홍범 14조가 반포되었다.
② 군국기무처가 설치되었다.
③ 토지 조사 사업이 실시되었다.
④ 경성 제국 대학이 설립되었다.

39

(가) 민족 운동의 영향으로 가장 적절한 것은? [2점]

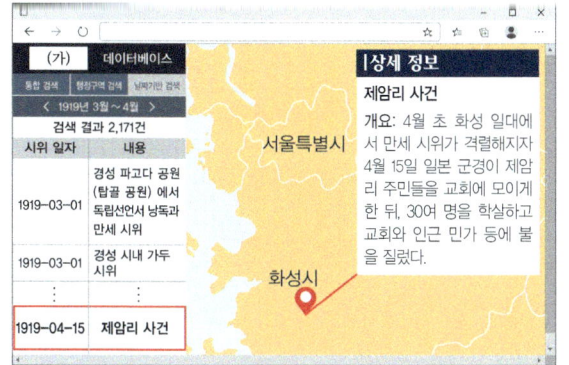

① 독립 의군부가 조직되었다.
② 국채 보상 운동이 전개되었다.
③ 교육 입국 조서가 반포되었다.
④ 대한민국 임시 정부가 수립되었다.

41

(가)에 들어갈 민족 운동으로 옳은 것은? [1점]

① 새마을 운동
② 브나로드 운동
③ 문자 보급 운동
④ 물산 장려 운동

40

(가) 단체의 활동으로 옳은 것은? [2점]

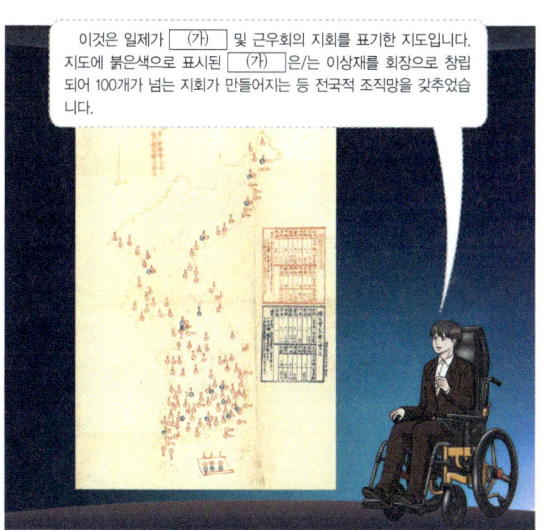

① 고종 강제 퇴위 반대 운동을 전개하였다.
② 신흥 강습소를 세워 독립군을 양성하였다.
③ 일제의 황무지 개간권 요구를 철회시켰다.
④ 광주 학생 항일 운동에 진상 조사단을 파견하였다.

42

밑줄 그은 '시기'에 볼 수 모습으로 가장 적절한 것은? [2점]

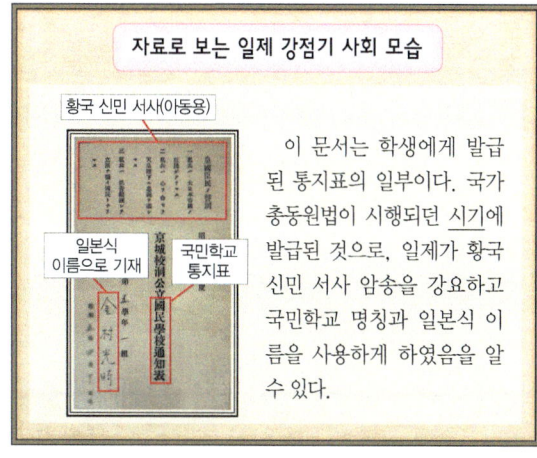

① 한성순보를 발행하는 관리
② 공출을 독려하는 애국반 반장
③ 조선책략 유포에 반발하는 유생
④ 육영 공원에서 영어를 배우는 학생

43

(가)에 해당하는 인물로 옳은 것은?　　　　　[2점]

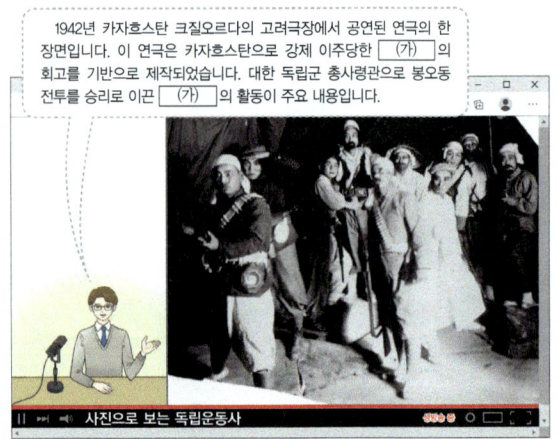

1942년 카자흐스탄 크질오르다의 고려극장에서 공연된 연극의 한 장면입니다. 이 연극은 카자흐스탄으로 강제 이주당한 (가) 의 회고를 기반으로 제작되었습니다. 대한 독립군 총사령관으로 봉오동 전투를 승리로 이끈 (가) 의 활동이 주요 내용입니다.

사진으로 보는 독립운동사

① 나석주　　　　② 안중근

③ 지청천　　　　④ 홍범도

44

(가)에 들어갈 내용으로 가장 적절한 것은?　　　　　[2점]

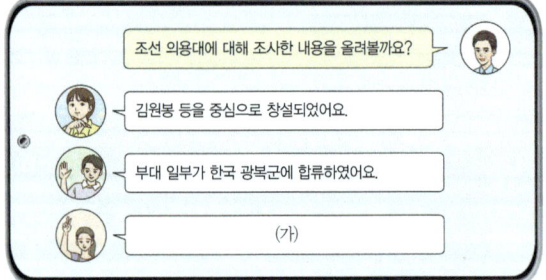

조선 의용대에 대해 조사한 내용을 올려볼까요?

김원봉 등을 중심으로 창설되었어요.

부대 일부가 한국 광복군에 합류하였어요.

(가)

① 청산리 대첩에서 활약하였어요.

② 연통제와 교통국을 운영하였어요.

③ 자유시 참변으로 큰 타격을 입었어요.

④ 중국 관내에서 결성된 최초의 한인 무장 조직이었어요.

45

(가)에 해당하는 인물로 옳은 것은?　　　　　[1점]

이 포스터의 영화에 대해 소개해 주세요.

이 영화는 1926년 단성사에서 개봉한 아리랑으로 (가) 이/가 감독과 주연을 맡았습니다. 농촌 사회를 배경으로 나라 잃은 민중의 울분과 설움을 생생하게 그려냈다고 평가받고 있습니다.

① 심훈　　　　② 나운규

③ 이육사　　　　④ 이중섭

46

(가) 정부 시기에 있었던 사실로 옳은 것은?　　　　　[2점]

史 역사 속 오늘

#12월_22일 #수출_100억_달러_달성

100억불 수출의 날

1977년 12월 22일은 우리나라의 연간 수출액이 100억 달러를 최초로 돌파한 날이다. 이는 (가) 정부가 수출 1억 달러를 달성한 지 13년 만에 이뤄낸 성과로, 목표한 바를 4년이나 앞당긴 것이다.

👍 좋아요 58　　💬 댓글 3　　↗ 공유하기

① 개성 공단이 조성되었다.

② 신한 공사가 설립되었다.

③ 경부 고속 도로가 준공되었다.

④ 한미 자유 무역 협정(FTA)이 체결되었다.

47

(가) 전쟁 중에 있었던 사실로 옳은 것은? [2점]

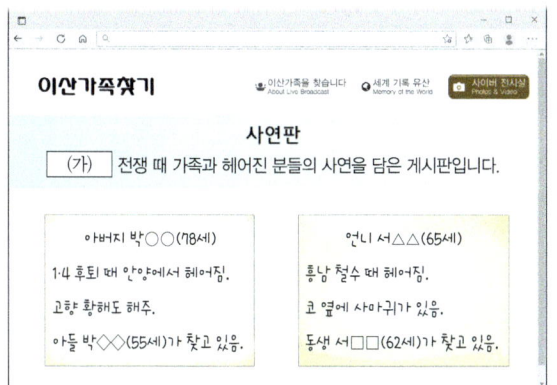

이산가족찾기 · 이산가족을 찾습니다 · 세계 기록 유산 · 사이버 전시실

사연판

(가) 전쟁 때 가족과 헤어진 분들의 사연을 담은 게시판입니다.

| 아버지 박○○(78세)
1·4 후퇴 때 안양에서 헤어짐.
고향 황해도 해주.
아들 박◇◇(55세)가 찾고 있음. | 언니 서△△(65세)
흥남 철수 때 헤어짐.
코 옆에 사마귀가 있음.
동생 서□□(62세)가 찾고 있음. |

① 5·10 총선거가 실시되었다.

② 인천 상륙 작전이 전개되었다.

③ 국민 대표 회의가 개최되었다.

④ 조선 건국 준비 위원회가 결성되었다.

48

(가) 정부 시기에 볼 수 있는 모습으로 가장 적절한 것은? [2점]

사진으로 보는 (가) **정부**

| 지방 자치제
전면 실시 | 조선 총독부
건물 철거 | 경제 협력 개발 기구
(OECD) 가입 |

① 베트남 전쟁에 파병되는 군인

② 금융 실명제 실시 속보를 시청하는 은행원

③ 야간 통행 금지 해제 조치에 환호하는 시민

④ 반민족 행위 특별 조사 위원회로 연행되는 친일 행위자

49

다음 자료에 나타난 민주화 운동에 대한 설명으로 옳은 것은? [3점]

대통령은 지난 4월 13일 반민주적인 현행 헌법의 호헌과 그 헌법에 따라 선출된 차기 대통령에게 권력을 이양하겠다고 발표하였다. 그 후 4·13 호헌 조치에 대한 국민의 항의는 전국을 휩쓸었다. …… 이제 우리는 호헌 반대 운동을 하나로 결집시켜 나가야 한다는 데 뜻을 모아 민주 헌법 쟁취 국민 운동 본부 설립을 선언하는 바이다. 이를 통하여 우리는 대통령 직선제를 비롯하여, 국민이 주인이 되는 민주 사회를 건설하는 길로 나아가고자 한다.

① 긴급 조치 철폐를 요구하였다.

② 시민군이 자발적으로 조직되었다.

③ 장면 내각이 출범하는 배경이 되었다.

④ 시위 도중 대학생 이한열이 희생되었다.

50

(가)에 들어갈 내용으로 적절한 것은? [2점]

주제: ○○○정부의 통일 노력

북방 외교를 통해 사회주의 국가들과 국교를 수립하였어.

남북한 유엔 동시 가입을 성사시켰어.

(가)

① 남북 기본 합의서를 교환하였어.

② 미국과 브라운 각서에 합의하였어.

③ 7·4 남북 공동 성명을 발표하였어.

④ 6·15 남북 공동 선언을 채택하였어.

|정답 및 해설| 160p

01

(가) 시대의 생활 모습으로 가장 적절한 것은? [1점]

선사 문화 축제 안내

우리 박물관에서는 농경과 목축이 시작된 (가) 시대를 체험해 볼 수 있는 축제를 개최합니다. 많은 관심과 참여 바랍니다.

■ 기간: 2024년 ○○월 ○○일~○○일
■ 장소: □□□ 선사 박물관

주요 체험 활동

● 빗살무늬 토기 만들기

● 갈돌과 갈판으로 곡식 갈기

① 가락바퀴를 이용하여 실을 뽑았다.
② 철제 농기구를 만들어 농사를 지었다.
③ 지배층의 무덤으로 고인돌을 만들었다.
④ 거푸집을 사용하여 청동기를 제작하였다.

02

다음 퀴즈의 정답으로 옳은 것은? [2점]

한국사 퀴즈 대회

제시된 힌트를 종합하여 알 수 있는 나라의 이름은 무엇일까요?

1단계	단궁, 과하마, 반어피 등이 특산물이었습니다.
2단계	무천이라는 제천 행사를 열었습니다.
3단계	책화의 풍습이 있었습니다.

① 동예   ② 마한   ③ 부여   ④ 옥저

03

다음 대본에 등장하는 왕의 업적으로 옳은 것은? [2점]

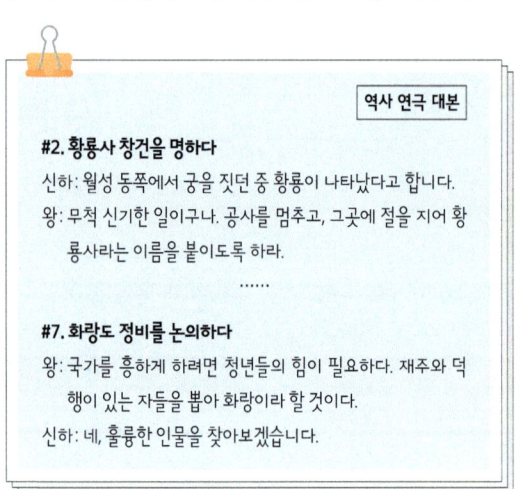

역사 연극 대본

#2. 황룡사 창건을 명하다
신하: 월성 동쪽에서 궁을 짓던 중 황룡이 나타났다고 합니다.
왕: 무척 신기한 일이구나. 공사를 멈추고, 그곳에 절을 지어 황룡사라는 이름을 붙이도록 하라.
......

#7. 화랑도 정비를 논의하다
왕: 국가를 흥하게 하려면 청년들의 힘이 필요하다. 재주와 덕행이 있는 자들을 뽑아 화랑이라 할 것이다.
신하: 네, 훌륭한 인물을 찾아보겠습니다.

① 주자감을 설립하였다.
② 왜에 칠지도를 보냈다.
③ 김흠돌의 난을 진압하였다.
④ 북한산에 순수비를 세웠다.

04

다음 가상 일기의 주인공으로 옳은 것은? [2점]

○○월 ○○일

오늘도 나랏일을 돌보느라 힘든 하루였다. 하지만 왕으로 즉위한 후 지금까지 내가 한 일을 생각하니 뿌듯하다. 수도를 웅진에서 사비로 옮겨 나라 발전을 꾀하였고, 국호를 남부여로 바꾸기도 하였다. 그리고 최근에는 고구려에 빼앗겼던 한강 유역 일부를 수복하였다. 되찾은 소중한 영토를 반드시 지켜야겠다.

① 성왕   ② 무령왕
③ 근초고왕   ④ 소수림왕

05

(가) 나라에 대한 설명으로 옳은 것은? [2점]

화면에 표시한 부분은 김해 구지봉입니다. 김수로
의 (가) 건국 설화에 등장하는 곳이지요. 낙동강
하류에 위치한 (가) 에서는 철이 풍부하게 생산
되었습니다.

영상 한국사

① 낙랑군, 왜와 활발히 교류하였다.

② 중경에서 상경으로 도읍을 옮겼다.

③ 화백 회의라 불리는 합의 기구가 있었다.

④ 사회 질서를 유지하기 위해 범금 8조를 만들었다.

06

(가) 국가에 대한 설명으로 옳은 것은? [3점]

문화유산 기념품 제작 공모 제안서 제안자: ○○○

개요: 수도 국내성을 중심으로 영토를 넓혀 나갔던 (가) 의
대표적인 문화유산을 소재로 다음과 같이 기념품 제작을
제안합니다.

문화유산	기념품
광개토 대왕릉비	조명등
안악 3호분 행렬도	반팔 티셔츠

① 독서삼품과를 실시하였다.

② 지배자를 마립간이라고 불렀다.

③ 정사암에서 국가 중대사를 결정하였다.

④ 태학과 경당을 두어 인재를 양성하였다.

07

다음 자료를 활용한 탐구 주제로 가장 적절한 것은? [1점]

○ 주와 군에서 세금을 바치지 않아 나라의 창고가 텅 비어, 왕이
관리를 보내 독촉하니 곳곳에서 도적들이 벌떼처럼 일어났다.
이때 원종과 애노 등이 사벌주에서 반란을 일으켰다.

○ 도적들이 나라의 서남쪽에서 일어났다. 그들은 붉은색 바지를
입어 모습을 다르게 하였으므로 적고적이라고 불렸다. 여러 고
을을 공격하여 해를 입혔다.

① 백제의 불교 수용

② 신라 말의 사회 동요

③ 고구려 부흥 운동의 전개

④ 삼국과 일본의 문화 교류

08

(가)에 들어갈 인물로 옳은 것은? [2점]

학습 주제: 신라의 유학자 (가)

이 사람은
원효 대사의
아들입니다.

한자의 음과 뜻을
빌려 우리말을 표기한
이두를 체계화했어요.

신문왕에게
화왕계를 지어
바쳤어요.

① 강수   ② 설총   ③ 의상   ④ 혜초

09

(가) 국가에 대한 설명으로 옳은 것은? [2점]

이것은 문왕의 둘째 딸인 정혜 공주의 무덤에서 발견된 묘지석 탁본입니다. 묘지의 내용 중 문왕을 황상으로 표현하고 보력이라는 독자적 연호를 사용한 점에서 (가) 이/가 황제국을 표방하였음을 알 수 있습니다.

① 안시성에서 당의 군대를 물리쳤다.
② 여러 가(加)들이 각각 사출도를 다스렸다.
③ 청해진을 중심으로 해상 무역을 전개하였다.
④ 5경 15부 62주의 지방 행정 제도를 마련하였다.

10

(가)~(다)를 일어난 순서대로 옳게 나열한 것은? [3점]

만화로 보는 후삼국 시대

이곳 완산주에 도읍하여 의자왕의 억울함을 풀겠다.

우리 신라의 운수가 다하였으니, 신하로 받아 주시길 바랍니다.

이곳 고창에서 공산 전투의 패배를 되갚아 주었다.

견훤 (가)　경순왕 (나)　유금필 (다)

① (가) – (나) – (다)　② (가) – (다) – (나)
③ (나) – (가) – (다)　④ (다) – (가) – (나)

11

(가)에 들어갈 내용으로 옳은 것은? [1점]

(앞면)　(뒷면)

- 고려 제4대 왕
- 광덕 등 독자적인 연호를 사용함
- (가)
- 처음으로 과거 제도를 실시함
- 관리의 공복을 제정함

① 녹읍을 폐지함
② 훈요 10조를 남김
③ 노비안검법을 시행함
④ 전민변정도감을 설치함

12

(가) 국가에 대한 설명으로 옳은 것은? [2점]

이 수월관음도는 정교한 문양과 화려한 장식 표현, 금가루를 이용한 채색 방식이 특징입니다. (가) 시대에 제작된 이 불화는 당시의 수준 높은 예술성을 보여 주는 귀중한 작품입니다.

① 22담로에 왕족을 파견하였다.
② 주요한 5곳에 소경을 설치하였다.
③ 국경 지역에 동계와 북계를 두었다.
④ 9서당 10정의 군사 조직을 운영하였다.

13

밑줄 그은 '왕'의 재위 시기에 있었던 사실로 옳은 것은? [3점]

○ 강조가 정변을 일으켜 새로운 왕을 옹립하였다.

○ 거란이 서경을 공격하여 아군이 패하였다는 소식을 듣고, 왕이 나주로 피란하였다.

○ 강감찬이 거란을 물리치고 돌아오자, 왕이 몸소 영파역에 나아가 그를 맞이하였다.

① 교정도감이 설치되었다.

② 농사직설이 편찬되었다.

③ 초조대장경이 제작되었다.

④ 이자겸의 난이 발생하였다.

14

다음 학생이 보고 있는 국가유산으로 가장 적절한 것은? [2점]

이 건물은 고려 시대 목조 건축물로, 배흘림 기둥과 주심포 양식이 특징이구나.

①
경주 불국사 대웅전

②
영주 부석사 무량수전

③
김제 금산사 미륵전

보은 법주사 팔상전

15

다음 사건이 일어난 시기를 연표에서 옳게 고른 것은? [3점]

우리 고향 공주 명학소를 현으로 승격해 줄 땐 언제고 다시 군대를 보내 토벌하러 오다니!

차라리 죽을지언정 굴복하지 않고 개경까지 진격하겠다!

망이 망소이

1135	1170	1232	1356	1388
(가)	(나)	(다)	(라)	
묘청의 난	무신 정변	강화도 천도	쌍성총관부 수복	위화도 회군

① (가)　　② (나)　　③ (다)　　④ (라)

16

(가) 시기에 있었던 사실로 옳은 것은? [2점]

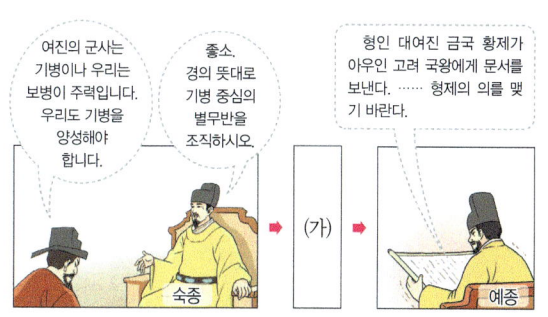

여진의 군사는 기병이나 우리는 보병이 주력입니다. 우리도 기병을 양성해야 합니다.

좋소. 경의 뜻대로 기병 중심의 별무반을 조직하시오.

형인 대여진 금국 황제가 아우인 고려 국왕에게 문서를 보낸다. …… 형제의 의를 맺기 바란다.

숙종 → (가) → 예종

① 윤관이 동북 9성을 축조하였다.

② 서희가 강동 6주 지역을 확보하였다.

③ 최무선이 진포에서 왜구를 물리쳤다.

④ 김윤후가 충주성 전투에서 승리하였다.

17

(가)에 들어갈 행사로 옳은 것은? [1점]

역사 신문

제△△호 ○○○○년 ○○월 ○○일

(가) , 개경에서 성대하게 열리다

며칠 전 고려의 국가 행사인 (가) 이/가 개경 궁궐에서 성대하게 열렸다. 일찍이 태조는 부처를 받들고 여러 신들을 즐겁게 하는 이 행사의 중요성을 후대 왕들에게 강조하였다고 전한다. 행사 기간 동안 왕은 태조의 제사를 지내고 신하들과 함께 춤과 노래 등 공연을 즐겼다. 주변 여러 나라의 상인과 사신들도 찾아와 특산물을 바쳤다.

① 영고
② 단오제
③ 팔관회
④ 종묘 제례

18

교사의 질문에 대한 학생의 답변으로 옳은 것은? [2점]

고려의 경제 상황에 대해 말해 볼까요?

① 감자, 고구마 등의 작물이 널리 재배되었어요.

② 활구라고 불리는 은병이 사용되었어요.

③ 시장을 감독하기 위한 동시전이 설치되었어요.

④ 만상, 내상 등이 무역을 하였어요.

19

(가) 국왕의 재위 시기에 있었던 사실로 옳은 것은? [2점]

이곳은 태조 이성계의 계비 신덕 왕후의 무덤인 정릉입니다. 왕자의 난을 일으켜 신덕 왕후가 낳은 동생들을 제거하고 사병을 혁파했던 (가) 이/가 죽위 후 원래 정동에 있던 것을 지금의 위치로 옮겼습니다.

① 현량과가 실시되었다.
② 호패법이 시행되었다.
③ 경국대전이 반포되었다.
④ 5군영 체제가 완성되었다.

20

(가)에 들어갈 국가유산으로 가장 적절한 것은? [2점]

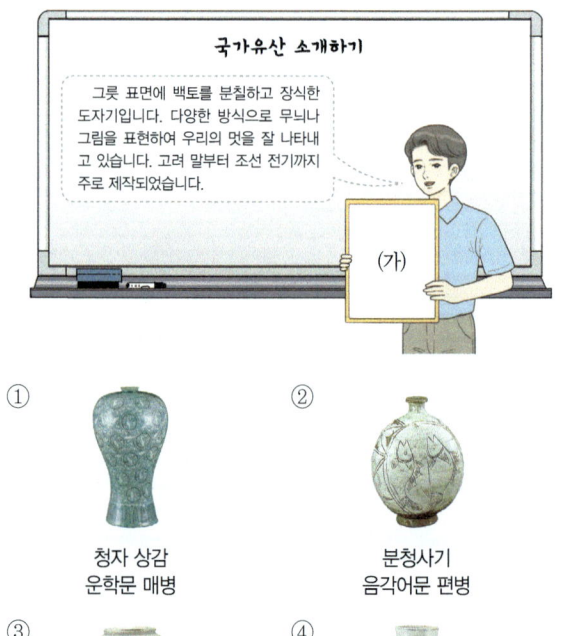

국가유산 소개하기

그릇 표면에 백토를 분칠하고 장식한 도자기입니다. 다양한 방식으로 무늬나 그림을 표현하여 우리의 멋을 잘 나타내고 있습니다. 고려 말부터 조선 전기까지 주로 제작되었습니다.

(가)

① 청자 상감 운학문 매병

② 분청사기 음각어문 편병

③ 백자 달항아리

④ 백자 청화 운룡문호

21

밑줄 그은 '이 제도'로 옳은 것은? [2점]

전하께서 과전을 개혁하여 <u>이 제도</u>를 실시하라고 명하셨습니다. 본래 과전은 사대부를 기르기 위함입니다. 그런데 <u>이 제도</u>가 실시되면 현직 관리들만 수조권을 받게 되어 대를 이어 왕을 섬기는 신하가 없게 될 것입니다.

세조 / 양성지

① 균역법　　② 영정법　　③ 직전법　　④ 호포법

22

(가)에 들어갈 용어로 옳은 것은? [2점]

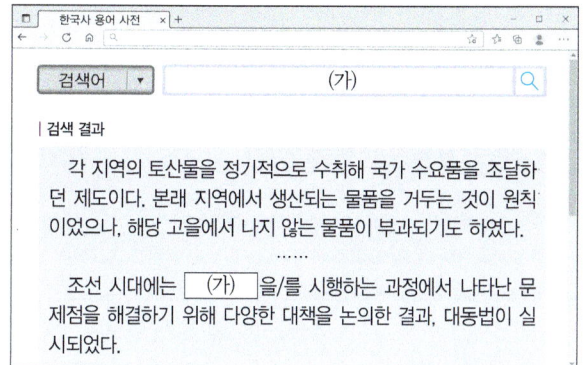

한국사 용어 사전

검색어 ▼ [　　　(가)　　　] 🔍

| 검색 결과

각 지역의 토산물을 정기적으로 수취해 국가 수요품을 조달하던 제도이다. 본래 지역에서 생산되는 물품을 거두는 것이 원칙이었으나, 해당 고을에서 나지 않는 물품이 부과되기도 하였다.
……

조선 시대에는 　(가)　을/를 시행하는 과정에서 나타난 문제점을 해결하기 위해 다양한 대책을 논의한 결과, 대동법이 실시되었다.

① 공납　　② 군역　　③ 전세　　④ 환곡

23

(가) 전쟁 중에 있었던 사실로 옳은 것은? [2점]

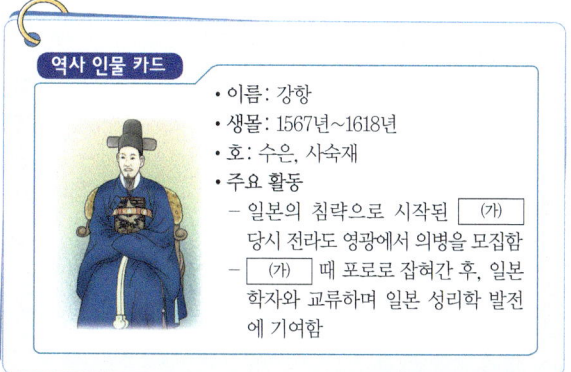

역사 인물 카드

- 이름 : 강항
- 생몰 : 1567년~1618년
- 호 : 수은, 사숙재
- 주요 활동
  - 일본의 침략으로 시작된 　(가)　 당시 전라도 영광에서 의병을 모집함
  - 　(가)　 때 포로로 잡혀간 후, 일본 학자와 교류하며 일본 성리학 발전에 기여함

① 김종서가 6진을 개척하였다.
② 어재연이 광성보에서 항전하였다.
③ 이종무가 쓰시마섬을 정벌하였다.
④ 이순신이 명량 해전을 승리로 이끌었다.

24

밑줄 그은 '국왕'의 업적으로 옳은 것은? [3점]

지지대비가 있는 이곳은 수원에서 의왕으로 넘어가는 지지대 고개입니다. 아버지 사도 세자의 무덤에 참배하고 이 고개를 넘어 돌아가던 국왕이 아버지를 그리워하며 신하들에게 천천히 가자 했다는 기록이 전합니다. 이에 늦을 지(遲) 자 두 개를 써서 이곳을 지지대 고개라고 부르게 되었습니다.

① 삼국사기를 편찬하였다.
② 훈민정음을 창제하였다.
③ 초계문신제를 실시하였다.
④ 통리기무아문을 설치하였다.

25

다음 특별전에서 볼 수 있는 작품으로 가장 적절한 것은? [1점]

△△ 미술관 특별전
김홍도의 풍속화 속 사람들

■ 기간 : 2024년 ○○월 ○○일~○○월 ○○일
■ 장소 : △△ 미술관 특별 전시실

초대의 글

우리 미술관에서는 김홍도의 풍속화 속 사람들을 만날 수 있는 전시를 준비하였습니다. 조선 후기 서민들의 생활 모습을 생생하게 묘사한 김홍도의 그림 세계로 여러분을 초대합니다.

①
고사관수도

②
아집도대련

③
무동

④
월하정인

26

다음 가상 대화의 상황이 나타난 시기에 볼 수 있는 모습으로 적절하지 <u>않은</u> 것은? [2점]

전라도 진산 사람 윤지충이 서학을 믿어 어머니의 신주를 불살랐다네. 그 일로 조정에서 체포 명령을 내렸다더군.

도망갔던 윤지충은 결국 자수를 했고, 며칠 전 처형되었다고 하네.

① 정감록을 읽는 양반
② 판소리 공연을 하는 소리꾼
③ 삼별초의 일원으로 훈련하는 군인
④ 상평통보로 물건을 구입하는 농민

27

(가)에 들어갈 사건으로 옳은 것은? [2점]

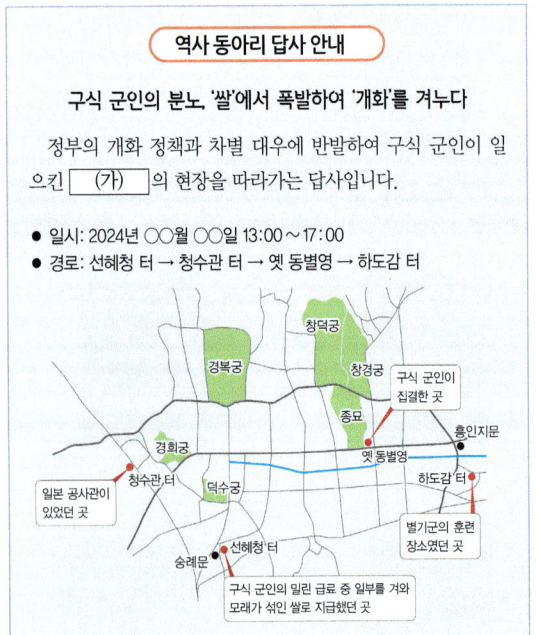

역사 동아리 답사 안내

구식 군인의 분노, '쌀'에서 폭발하여 '개화'를 겨누다

정부의 개화 정책과 차별 대우에 반발하여 구식 군인이 일으킨 (가) 의 현장을 따라가는 답사입니다.

- 일시: 2024년 ○○월 ○○일 13:00～17:00
- 경로: 선혜청 터 → 청수관 터 → 옛 동별영 → 하도감 터

창덕궁
경복궁
창경궁
구식 군인이 집결한 곳
종묘
경희궁
흥인지문
일본 공사관이 있었던 곳
청수관 터
덕수궁
옛 동별영
하도감 터
별기군의 훈련 장소였던 곳
숭례문
선혜청 터
구식 군인의 밀린 급료 중 일부를 겨와 모래가 섞인 쌀로 지급했던 곳

① 갑신정변 ② 병인양요 ③ 을미사변 ④ 임오군란

28

(가)에 들어갈 내용으로 가장 적절한 것은? [3점]

조선 시대 서얼에 대해 이야기해 볼까요?

양반의 첩이 낳은 자식을 말해요.

(가)

① 소속 관청에 신공을 바쳤어요.
② 매매, 상속, 증여의 대상이었어요.
③ 골품에 따라 관등 승진에 제한을 받았어요.
④ 차별 철폐를 위해 통청 운동을 전개하였어요.

29

(가) 인물의 활동으로 옳은 것은? [2점]

우리 전하께서는 어린 나이에 왕으로 즉위하셔서 (가) (으)로 하여금 백성을 돌보고 살피게 하셨습니다. 그런데 (가) 이/가 경복궁 중건을 위해 부유한 자에게 원납전을 거두었으나 부족하였습니다. 또한 새롭게 당백전까지 주조하여 백성들의 삶을 힘들게 하였습니다.

① 척화비를 건립하였다.
② 동의보감을 완성하였다.
③ 신해통공을 실시하였다.
④ 나선 정벌을 단행하였다.

30

(가)에 들어갈 인물로 옳은 것은? [2점]

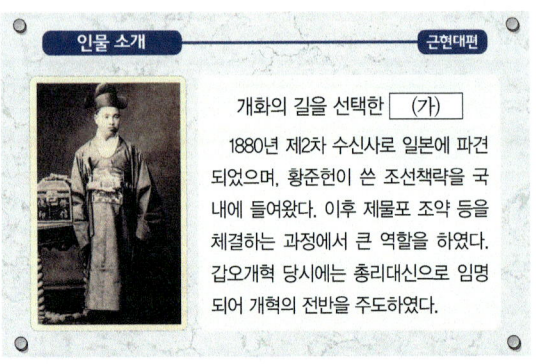

인물 소개   근현대편

개화의 길을 선택한 (가)

1880년 제2차 수신사로 일본에 파견되었으며, 황준헌이 쓴 조선책략을 국내에 들여왔다. 이후 제물포 조약 등을 체결하는 과정에서 큰 역할을 하였다. 갑오개혁 당시에는 총리대신으로 임명되어 개혁의 전반을 주도하였다.

① 김옥균 ② 김홍집 ③ 서재필 ④ 유인석

31

밑줄 그은 '조약'으로 옳은 것은?　　　　　[1점]

원산에 이어 인천이 개항하였는데, 그 배경에 대해 알려 주시겠습니까?

병자년에 일본과 체결한 조약에 따라 부산 외 두 개 항구를 추가로 개항하기로 했기 때문이지요.

① 기유약조
② 한성 조약
③ 정미 7조약
④ 강화도 조약

32

다음 그림 카드를 활용한 학습 주제로 가장 적절한 것은?　　　　　[2점]

옛날에는 전쟁으로 나라가 망했는데, 오늘날에는 조약 때문이다. 우리가 스스로 외교하지 못하고 타인이 대신하니, 이는 나라가 없는 것이다. 조약을 제멋대로 허락한 을사오적은 실로 우리나라 만대의 역적이니, 마땅히 제거해야 한다.

최익현

① 비변사의 설치
② 기묘사화의 발생
③ 임술 농민 봉기의 발발
④ 항일 의병 운동의 전개

33

(가) 운동 중에 있었던 사실로 옳은 것은?　　　　　[2점]

지금 촬영하고 있는 곳은 장성 황룡 전적입니다. ☐(가)☐ 당시 전봉준이 이끄는 농민군이 중앙에서 파견된 관군을 격파한 곳이지요. 농민군이 들고 있었던 죽창 모양의 황룡촌 전투 기념탑도 보입니다.

① 독립 협회가 창립되었다.
② 전주 화약이 체결되었다.
③ 백두산정계비가 건립되었다.
④ 박규수가 안핵사로 파견되었다.

34

다음 기사에 나타난 시기에 볼 수 있는 모습으로 가장 적절한 것은?　　　　　[3점]

역사 신문

제△△호　　　　　○○○○년 ○○월 ○○일

전등, 대한 제국의 거리를 밝히다

　동대문 발전소에서 전등 개설식이 거행되었다. 2년 전 서대문과 청량리 사이에 최초의 전차를 개통했던 한성 전기 회사는 이번 행사를 위해 특별 전차까지 동원하였다. 작년에는 종로에 세 개의 가로등만이 점등되었으나, 이제 전선이 연결된 길을 따라 큰 거리도 전등으로 환하게 밝히게 되었다.

① 경인선 기차를 타고 가는 승객
② 텔레비전 뉴스를 보도하는 기자
③ 박문국에서 한성순보를 인쇄하는 기술자
④ 라디오 방송을 송출하는 경성 방송국 직원

35

(가) 정책이 추진된 시기에 있었던 사실로 옳은 것은? [2점]

이것은 (가) 을/를 위해 설치된 임시 토지 조사국의 국원 양성소 졸업생 사진입니다. 조선 총독부는 식민 통치에 필요한 지세 수취 등을 목적으로 (가) 을/를 시행하였습니다. 이를 위해 임시 토지 조사국원 양성소를 두어 토지 측량 등 실무 담당 인력을 배출하였습니다.

① 회사령이 시행되었다.
② 관민 공동회가 열렸다.
③ 원산 총파업이 일어났다.
④ 국가 총동원법이 제정되었다.

36

(가)에 들어갈 전투로 옳은 것은? [1점]

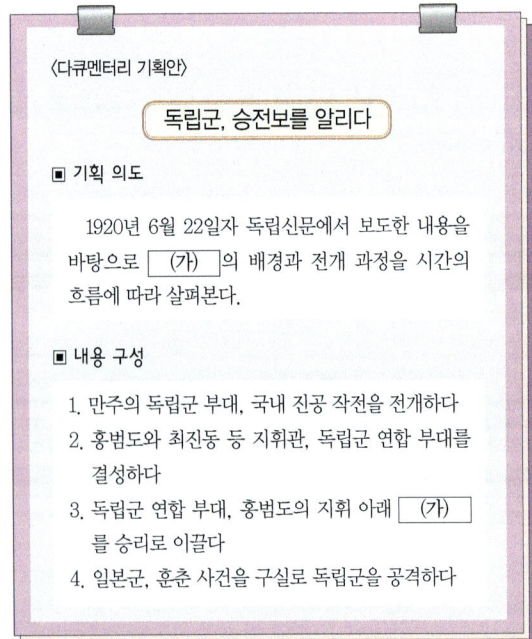

〈다큐멘터리 기획안〉

독립군, 승전보를 알리다

■ 기획 의도

1920년 6월 22일자 독립신문에서 보도한 내용을 바탕으로 (가) 의 배경과 전개 과정을 시간의 흐름에 따라 살펴본다.

■ 내용 구성

1. 만주의 독립군 부대, 국내 진공 작전을 전개하다
2. 홍범도와 최진동 등 지휘관, 독립군 연합 부대를 결성하다
3. 독립군 연합 부대, 홍범도의 지휘 아래 (가) 를 승리로 이끌다
4. 일본군, 훈춘 사건을 구실로 독립군을 공격하다

① 봉오동 전투   ② 쌍성보 전투
③ 우금치 전투   ④ 청산리 전투

37

(가)에 들어갈 내용으로 옳은 것은? [1점]

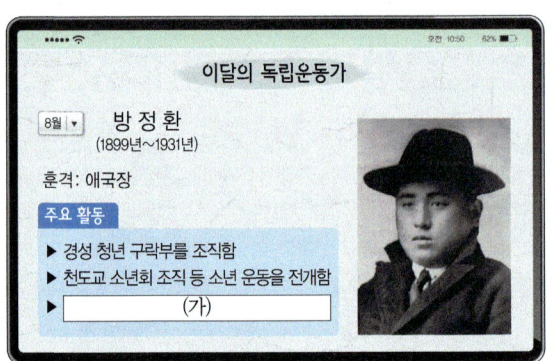

이달의 독립운동가

8월 ▼ **방 정 환**
(1899년~1931년)

훈격: 애국장

주요 활동
▶ 경성 청년 구락부를 조직함
▶ 천도교 소년회 조직 등 소년 운동을 전개함
▶ (가)

① 의열단 창설을 주도함
② 베를린 올림픽에 참가함
③ 어린이날 제정에 기여함
④ 헤이그에 특사로 파견됨

38

밑줄 그은 '시기'에 있었던 사실로 옳은 것은? [2점]

충남의 한 읍성 발굴 조사 현장에서 황국 신민 서사가 새겨진 돌기둥이 발견되었습니다. 황국 신민 서사는 일제가 중일 전쟁을 일으켜 침략 전쟁을 확대하던 시기에 만들어져 한국인들에게 암송하도록 강요되었습니다. 돌기둥이 발견된 장소가 과거 초등학교 부지였던 것으로 보아 아동을 대상으로 제작된 것으로 추정됩니다.

황국 신민 서사 돌기둥 발견

① 신간회가 창립되었다.
② 신사 참배가 강요되었다.
③ 교육 입국 조서가 발표되었다.
④ 동양 척식 주식회사가 설립되었다.

39

(가) 민족 운동에 대한 설명으로 옳은 것은? [2점]

> 이것은 고종의 장례 행렬 모습이 담긴 사진입니다. 고종의 장례 기간 중 일어난 (가) 은/는 탑골 공원 등에서 학생과 시민들의 만세 시위로 시작하여 전국으로 확산하였습니다.

① 청군의 개입으로 진압되었다.
② 대한매일신보의 후원을 받았다.
③ 황국 중앙 총상회를 중심으로 전개되었다.
④ 대한민국 임시 정부 수립의 계기가 되었다.

40

학생들이 공통으로 이야기하는 민족 운동으로 옳은 것은? [1점]

> 1920년대 이상재 등이 중심이 되어 한국인의 고등 교육 실현을 위해 전개하였어.

> 1천만 원을 목표로 전국에서 모금 활동을 벌였지.

> 일제의 감시와 자연재해 등으로 모금 활동에 어려움을 겪었어.

① 새마을 운동
② 국채 보상 운동
③ 물산 장려 운동
④ 민립 대학 설립 운동

41

다음 기사가 보도된 시기에 볼 수 있는 모습으로 가장 **적절한 것은?** [3점]

> 제주도에서 소년 축구 대회가 개최되었는데, 비가 내려 다음 날로 경기가 연기되었다. …… 그런데 돌연 경찰이 대회의 우승기를 압수하고 주최 측을 조사한 후 개최를 불허하였다. …… 경찰은 치안 유지법에 위반될 수도 있다는 이유를 밝혔다.

> 소년 축구 대회가 국가 체제를 부정하려는 모임일 리 없는데, 올해 제정된 치안 유지법을 무리하게 적용하려 하다니 너무하는구먼.

① 장용영에서 훈련하는 군인
② 군국기무처에서 회의하는 관리
③ 산미 증식 계획을 추진하는 총독부 직원
④ 조선 건국 준비 위원회에 참여하는 민족 운동가

42

(가)에 들어갈 단체로 옳은 것은? [2점]

> **史 역사 속 오늘**
>
> #1월_8일 #대한_독립_만세
>
> 1932년 1월 8일은 일본 도쿄에서 (가) 의 단원인 이봉창이 일왕을 향해 폭탄을 던지는 거사를 일으킨 날이다.
>
> 👍 좋아요 58   💬 댓글 3   ➦ 공유하기

① 보안회
② 독립 의군부
③ 조선어 학회
④ 한인 애국단

43

밑줄 그은 '나'로 옳은 것은? [2점]

① 김원봉
② 신채호
③ 이육사
④ 한용운

44

밑줄 그은 ㉠이 발표된 시기를 연표에서 옳게 고른 것은? [3점]

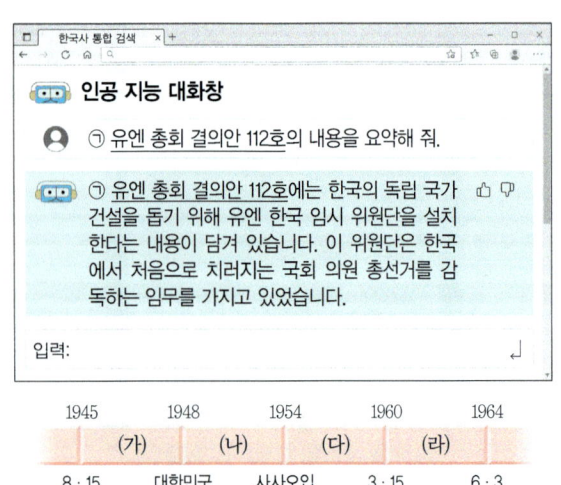

1945		1948		1954		1960		1964
	(가)		(나)		(다)		(라)	
8·15 광복		대한민국 정부 수립		사사오입 개헌		3·15 부정 선거		6·3 시위

① (가)   ② (나)   ③ (다)   ④ (라)

45

(가) 정부 시기에 있었던 사실로 옳은 것은? [2점]

① 농지 개혁법이 제정되었다.
② 최초로 100억 달러 수출이 달성되었다.
③ 경제 협력 개발 기구(OECD) 가입이 이루어졌다.
④ 국제 통화 기금(IMF)의 구제 금융 자금이 조기 상환되었다.

46

(가)에 들어갈 민주화 운동으로 옳은 것은? [1점]

① 4·19 혁명
② 6월 민주 항쟁
③ 부마 민주 항쟁
④ 5·18 민주화 운동

47

(가) 정부 시기의 경제 상황으로 옳은 것은? [2점]

이것은 경부 고속 도로 순직자 위령탑입니다. (가) 정부 시기 2년 5개월여의 단기간에 진행된 경부 고속 도로 공사 중 77명의 노동자가 사망하였습니다. 이들을 추모하기 위한 위령탑이 금강 나들목 부근에 세워졌습니다.

① 금융 실명제가 전면 실시되었다.
② 칠레와 자유 무역 협정(FTA)이 체결되었다.
③ 제2차 경제 개발 5개년 계획이 시행되었다.
④ 저금리 · 저유가 · 저달러의 3저 호황이 있었다.

48

다음 뉴스가 보도된 정부 시기에 있었던 사실로 옳은 것은? [3점]

내일부터 공식적으로 국민학교라는 명칭이 모두 초등학교로 바뀝니다. 이는 지난해 8월 광복 50주년을 맞아 일제의 잔재를 청산하기 위해 정부가 추진한 정책의 일환입니다.

① 조선 총독부 건물이 철거되었다.
② 서울에서 G20 정상 회의가 열렸다.
③ 이라크에 자이툰 부대가 파병되었다.
④ 한일 월드컵 축구 대회가 개최되었다.

49

(가)에 들어갈 내용으로 옳은 것은? [2점]

분단 이후 두 번째로 열린 남북 정상 회담을 위해 대통령으로서는 처음으로 군사 분계선을 걸어서 통과하였습니다.

6 · 15 남북 공동 선언의 계승 등 남북 관계 발전과 평화 번영을 위한 (가) 을/를 발표하였습니다.

돌아오는 길에 개성 공업 지구를 방문하여 남북 경제 협력의 중요성을 강조하였습니다.

1/3　　2/3　　3/3

① 남북 기본 합의서
② 7 · 4 남북 공동 성명
③ 10 · 4 남북 정상 선언
④ 한반도 비핵화 공동 선언

50

(가)~(다)를 일어난 순서대로 옳게 나열한 것은? [2점]

주제로 보는 한국사

제국에서 민국으로

대한국의 정치는 만세불변의 전제 정치이며, 대한국 대황제는 무한한 군주권을 누린다.

대한민국의 주권은 국민에게 있고, 모든 권력은 국민으로부터 나온다.

순종 황제가 주권을 포기한 8월 29일은 황제권이 소멸한 때이자 민권이 발생한 때이다.

대한국 국제 반포　제헌 헌법 공포　대동단결 선언 발표
(가)　　(나)　　(다)

① (가) – (나) – (다)
② (가) – (다) – (나)
③ (나) – (가) – (다)
④ (다) – (가) – (나)

정답 및 해설 171p

01

(가) 시대의 생활 모습으로 가장 적절한 것은? [1점]

우리가 오늘 만들어 볼 것은 뗀석기를 처음 사용한 (가) 시대의 대표적 유물인 주먹도끼입니다. 주먹도끼는 짐승을 사냥하거나 가죽을 벗기는 등 다양한 용도로 사용되었습니다.

연천 전곡리 선사 체험장

주먹도끼 제작하기

① 우경이 널리 보급되었다.
② 주로 동굴이나 막집에서 살았다.
③ 가락바퀴를 이용하여 실을 뽑았다.
④ 지배층의 무덤으로 고인돌을 축조하였다.

02

밑줄 그은 '이 나라'에 대한 설명으로 옳은 것은? [2점]

우리 역사상 최초의 국가인 이 나라의 건국 이야기에 나오는 단군왕검, 곰, 호랑이를 표현해 보았어요.

한국사 모둠 발표

그림으로 소개하는 건국 이야기

① 영고라는 제천 행사를 열었다.
② 혼인 풍습으로 민며느리제가 있었다.
③ 읍락 간의 경계를 중시하는 책화가 있었다.
④ 범금 8조를 만들어 사회 질서를 유지하였다.

03

다음 전시회에서 볼 수 있는 문화유산으로 가장 적절한 것은? [2점]

△△ 박물관 특별전

철의 왕국 가야를 만나다

■ 기간: 2024년 ○○월 ○○일 ~ ○○월 ○○일
■ 장소: △△ 박물관 특별 전시실

초대의 글

우리 박물관에서는 가야 고분군의 유네스코 세계유산 등재를 기념하여 가야 문화유산 특별전을 마련하였습니다. 많은 관람 바랍니다.

① 호우명 그릇
② 성덕 대왕 신종
③ 칠지도
④ 철제 판갑옷

04

다음 검색창에 들어갈 왕으로 옳은 것은? [2점]

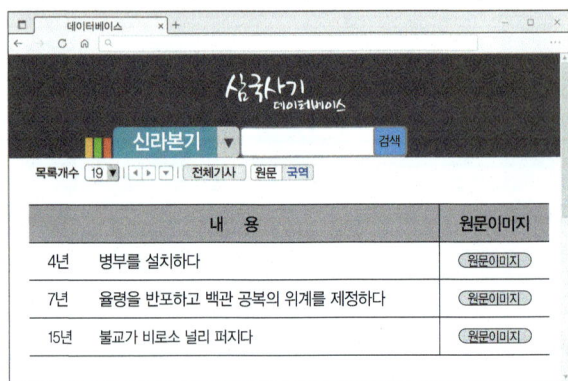

삼국사기 데이터베이스

신라본기 [　　　] 검색

목록개수 19▼ ◀▶▼ 전체기사 원문 국역

	내 용	원문이미지
4년	병부를 설치하다	원문이미지
7년	율령을 반포하고 백관 공복의 위계를 제정하다	원문이미지
15년	불교가 비로소 널리 퍼지다	원문이미지

① 법흥왕
② 지증왕
③ 진평왕
④ 진흥왕

05

(가) 국가에 대한 설명으로 옳은 것은?　　[2점]

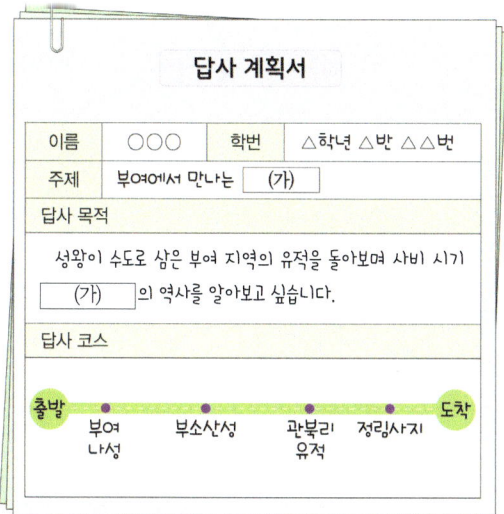

답사 계획서

이름	○○○	학번	△학년 △반 △△번

주제	부여에서 만나는 (가)

답사 목적

성왕이 수도로 삼은 부여 지역의 유적을 돌아보며 사비 시기 (가) 의 역사를 알아보고 싶습니다.

답사 코스

출발 — 부여 나성 · 부소산성 · 관북리 유적 · 정림사지 — 도착

① 주몽이 건국하였다.
② 지방에 22담로를 두었다.
③ 독서삼품과를 시행하였다.
④ 한의 침략을 받아 멸망하였다.

06

선생님의 질문에 대한 학생의 대답으로 적절한 것은?

[2점]

고구려가 외세의 침략을 막아낸 사례에 대해 말해 볼까요?

① 을지문덕이 살수에서 수의 군대를 물리쳤어요.
② 계백이 이끄는 결사대가 황산벌에서 항전하였어요.
③ 이성계가 황산에서 왜구를 격퇴하였어요.
④ 왕건이 일리천에서 승리하였어요.

07

밑줄 그은 '이 인물'에 대한 설명으로 옳은 것은?　　[3점]

오전 10:10　82%

좋아요 69회　　　8시간 전

이 인물은 『대승기신론소』 등을 통해 모든 것이 한마음에서 나온다는 일심 사상을 주장했어요.

#신라_불교 #나무아미타불 #십문화쟁론

① 왕오천축국전을 지었다.
② 수선사 결사를 제창하였다.
③ 황룡사 구층 목탑의 건립을 건의하였다.
④ 무애가를 짓는 등 불교 대중화에 힘썼다.

08

(가) 국가에 대한 설명으로 옳은 것은?　　[1점]

문화유산으로 만나는 (가)

정효 공주 묘지에서는 문왕 때 사용한 '대흥'이라는 연호를 확인할 수 있습니다.

상경성에서 출토된 이불병좌상은 석가불과 다보불이 나란히 앉아 있는 모습을 형상화한 것입니다.

① 9주 5소경을 두었다.
② 기인 제도를 실시하였다.
③ 해동성국이라고도 불렸다.
④ 백두산정계비를 건립하였다.

09

밑줄 그은 '시기'에 볼 수 있는 모습으로 적절한 것은?

[2점]

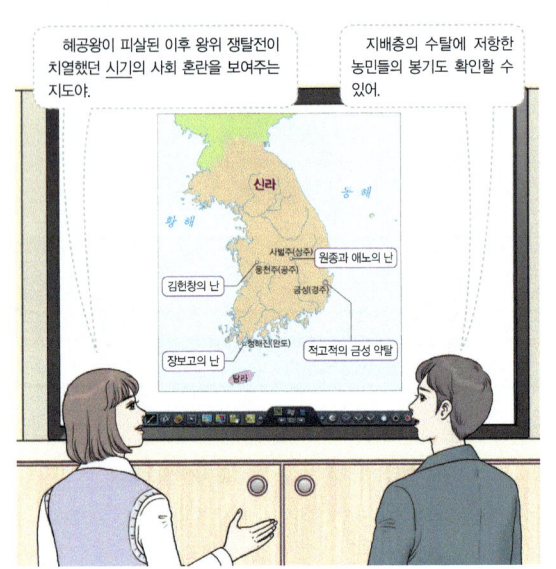

① 장용영에서 훈련하는 군인
② 의정부에 모여 회의하는 관리
③ 여진 정벌에 나선 별무반 병사
④ 스스로를 성주, 장군이라 칭하는 호족

10

(가) 인물에 대한 설명으로 옳은 것은?

[3점]

① 우산국을 복속하였다
② 백제 계승을 내세웠다.
③ 국호를 태봉으로 바꾸었다.
④ 중앙군으로 9서당을 설치하였다.

11

(가)에 들어갈 내용으로 가장 적절한 것은?

[2점]

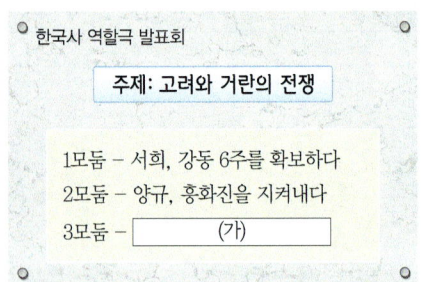

① 김종서, 6진을 개척하다
② 윤관, 동북 9성을 축조하다
③ 강감찬, 귀주에서 승리하다
④ 김윤후, 충주성에서 적을 막아내다

12

(가)에 들어갈 화폐로 적절한 것은?

[2점]

①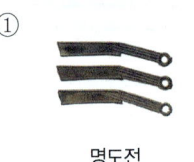
  명도전
② 백동화
③ 상평통보
④
  해동통보

13

다음 사건이 일어난 시기를 연표에서 옳게 고른 것은?

[3점]

만적이 개경의 북산에서 땔나무를 하다 노비들을 모아 놓고 다음과 같이 말했어요.
"장군과 재상에 어찌 타고난 씨가 있겠는가? 때를 만나면 누구나 할 수 있다."

이에 동의한 노비들은 정(丁)자가 쓰인 종이를 증표로 나눠 가진 후 봉기하기로 약속했어요. 그러나 봉기가 실패할 것이 두려워진 노비 순정의 밀고로 만적 등 100여 명은 붙잡혀 죽임을 당했어요.

918	1009	1170	1351	1392
(가)	(나)	(다)	(라)	
고려 건국	강조의 정변	무신 정변	공민왕 즉위	조선 건국

① (가)　　② (나)
③ (다)　　④ (라)

14

(가)에 들어갈 기구로 옳은 것은?　　[2점]

처음 　(가)　 을 설치하였는데 판사 최무선의 말을 따른 것이다. 최무선이 원의 염초 기술자인 같은 마을 사람 이원을 잘 대우하여 그 기술을 물어보고, 아랫사람들에게 익히게 하여 시험해 본 후 왕에게 건의하여 설치한 것이다.
－『고려사』－

① 교정도감　　② 식목도감
③ 화통도감　　④ 훈련도감

15

(가) 시기에 있었던 사실로 옳은 것은?　　[3점]

① 삼국사기가 편찬되었다.
② 이자겸의 난이 일어났다.
③ 팔만대장경판이 제작되었다.
④ 묘청이 서경 천도를 주장하였다.

16

(가)에 들어갈 인물로 옳은 것은?　　[1점]

군위 인각사 보각국사비는 삼국유사를 저술한 　(가)　 의 행적을 기리기 위해 세운 것입니다. 비문에는 그의 출생부터 인각사에서 입적하기까지의 생애가 기록되어 있습니다.

① 도선　　② 일연
③ 의상　　④ 지눌

17

다음 대화 이후에 있었던 사실로 옳은 것은?　　[2점]

며칠 전 도평의사사의 건의로 과전법이 제정되었다네.

나도 들었네. 경기 지역의 토지만을 대상으로 실시한다더군.

① 쌍성총관부가 설치되었다.
② 위화도 회군이 단행되었다.
③ 한양이 새로운 도읍으로 정해졌다.
④ 화랑도가 국가적인 조직으로 개편되었다.

18

(가)에 들어갈 스탬프로 적절하지 않은 것은? [1점]

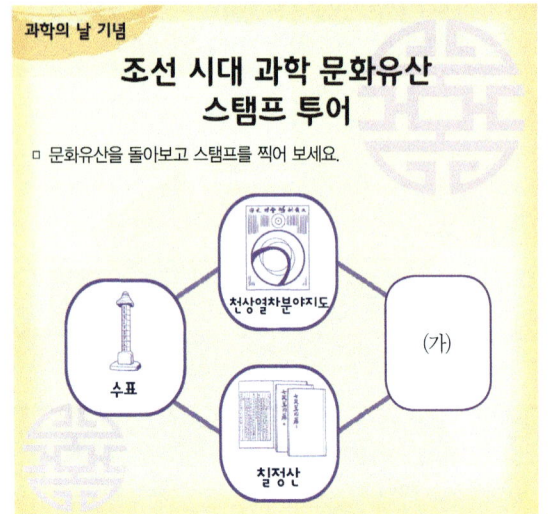

① 측우기
② 자격루
③ 혼천의
④ 첨성대

19

다음 자료를 활용한 탐구 활동으로 가장 적절한 것은? [3점]

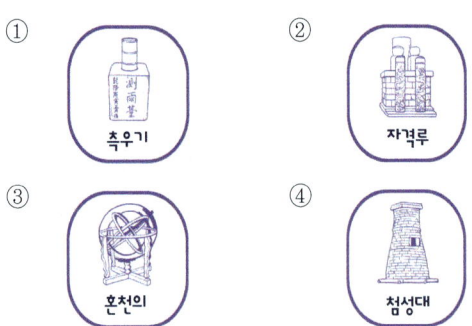

> 앞으로 우리 고을의 모든 선비가 인간 본성의 이치에 근거하고 나라의 가르침을 따라 집에서나 고을에서나 각기 사람의 도리를 다해 훌륭한 선비가 된다면, 따로 조목을 정해 권하거나 형벌을 쓰지 않아도 될 것이다. 그러나 이를 알지 못하여 예의를 침범하고 고을의 풍속을 해친다면, 이는 곧 하늘이 버린 백성이니 어찌 벌하지 않을 수 있겠는가. 이 점이 오늘날 향약을 세우는 이유이다.
> ─ 『퇴계집』 ─

① 송상, 만상의 교역 물품을 조사한다.
② 연등회, 팔관회가 열린 배경을 살펴본다.
③ 향, 부곡, 소의 주민들이 받은 차별의 내용을 찾아본다.
④ 양반 중심의 향촌 자치 질서가 자리 잡는 과정을 알아본다.

20

밑줄 그은 '이 전쟁' 중에 있었던 사실로 옳은 것은? [2점]

① 권율이 행주산성에서 승리하였다.
② 어재연이 광성보에서 항전하였다.
③ 이종무가 쓰시마섬을 정벌하였다.
④ 인조가 남한산성으로 피란하였다.

21

(가) 문화유산에 대한 설명으로 옳은 것은? [2점]

① 근정전을 정전으로 하였다.
② 몽골의 침략으로 소실되었다.
③ 정조의 명에 의해 축조되었다.
④ 역대 왕과 왕비의 신주를 모셨다.

22

(가)에 들어갈 인물로 옳은 것은?　[1점]

이곳은 신사임당과 그의 아들, (가) 이/가 살았던 오죽헌입니다. 신사임당은 시와 그림에 뛰어나 많은 작품을 남겼으며, (가) 은/는 조선의 대표적인 유학자로 동호문답, 성학집요 등을 저술하였습니다.

① 이이　② 조식　③ 송시열　④ 홍대용

23

밑줄 그은 '봉기'에 대한 설명으로 옳은 것은?　[2점]

홍경래 등이 주도한 봉기를 진압하기 위해 관군이 정주성으로 몰려오고 있다고 하네.

봉기를 진압하는 과정에서 우리에게까지 해가 미칠까 걱정이네.

① 전개 과정에서 집강소가 설치되었다.
② 서북 지역민에 대한 차별이 원인이 되었다.
③ 흥선 대원군이 재집권하는 결과를 가져왔다.
④ 사태 수습을 위해 박규수가 안핵사로 파견되었다.

24

다음 장면에서 나타난 제도로 가장 적절한 것은?　[1점]

수원 화성

두 개의 불이 피어오른 것을 보니 적이 나타난 것 같습니다.

나는 보고하러 갈테니, 자네들은 서둘러 불 하나를 더 올리게.

① 봉수 제도　② 역참 제도　③ 조운 제도　④ 파발 제도

25

(가)에 들어갈 책으로 옳은 것은?　[2점]

(가) 은/는 조선 왕조가 유교 윤리 정책을 위해 효자, 충신, 열녀의 이야기를 엮어 편찬한 책으로, 성종 때에는 그 내용을 한글로 풀이하여 보급하였습니다.

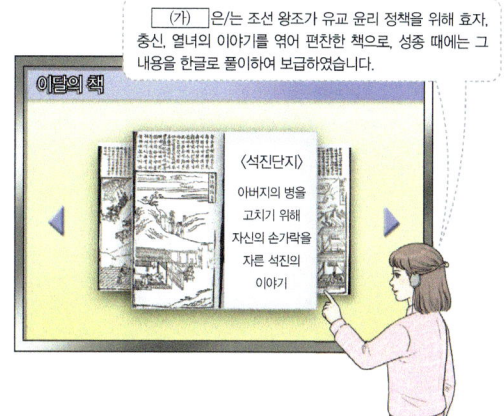

이달의 책

〈석진단지〉 아버지의 병을 고치기 위해 자신의 손가락을 자른 석진의 이야기

① 동의보감　　② 목민심서
③ 삼강행실도　　④ 조선경국전

26

밑줄 그은 '이 시기'의 경제 상황으로 가장 적절한 것은?　[2점]

박지원의 열하일기에는 허생을 주인공으로 한 소설이 수록되어 있어요. 허생이 매점매석으로 큰 이익을 거두는 장면 등에서 소설이 집필된 이 시기 사회 현실에 대한 저자의 비판 의식을 엿볼 수 있어요.

〈열하일기〉　〈박지원〉

① 동시전이 설치되었다.
② 솔빈부의 말이 특산물로 수출되었다.
③ 벽란도가 국제 무역항으로 번성하였다.
④ 관청에 물품을 조달하는 공인이 활동하였다.

27

(가) 왕에 대한 설명으로 옳은 것은? [2점]

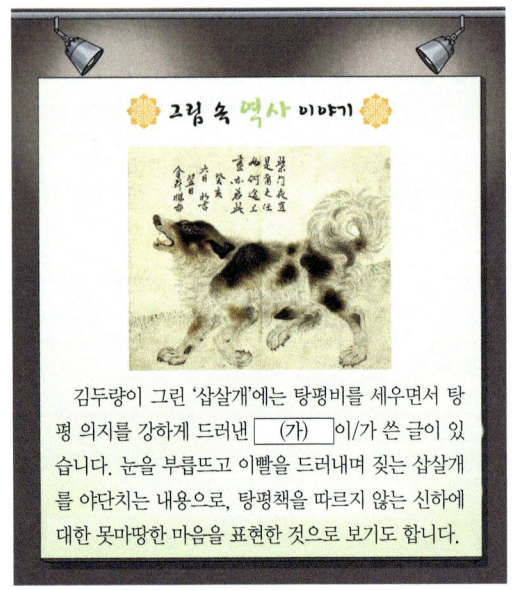

그림 속 역사 이야기

김두량이 그린 '삽살개'에는 탕평비를 세우면서 탕평 의지를 강하게 드러낸 (가) 이/가 쓴 글이 있습니다. 눈을 부릅뜨고 이빨을 드러내며 짖는 삽살개를 야단치는 내용으로, 탕평책을 따르지 않는 신하에 대한 못마땅한 마음을 표현한 것으로 보기도 합니다.

① 규장각을 설치하였다.
② 균역법을 실시하였다.
③ 비변사를 폐지하였다.
④ 훈민정음을 창제하였다.

28

(가)~(다) 학생이 발표한 내용을 일어난 순서대로 옳게 나열한 것은? [3점]

사림의 성장과 붕당 정치의 전개

(가) 희빈 장씨 소생의 원자 책봉 문제를 둘러싸고 환국이 발생하여 남인이 권력을 장악하였습니다.

(나) 효종이 죽은 후 자의 대비가 상복을 입는 기간을 두고 서인과 남인 사이에 예송이 발생하였습니다.

(다) 조광조가 주도한 개혁에 불만을 품은 훈구 세력에 의해 사화가 발생하였습니다.

① (가) - (나) - (다)
② (가) - (다) - (나)
③ (나) - (가) - (다)
④ (다) - (나) - (가)

29

밑줄 그은 '정변' 이후에 있었던 사실로 옳은 것은? [2점]

역사 신문

제△△호 　　　　〇〇〇〇년 〇〇월 〇〇일

개화당 정부, 무너지다

어제 구성한 개화당 정부가 하루 만에 청군의 개입으로 붕괴하였다. 새 정부를 구성하고 개혁 정강을 발표하였던 김옥균, 박영효, 서재필 등은 현재 일본 공사를 따라 일본 공사관으로 피신해 있는 것으로 알려졌다. 우정국 개국 축하연에서의 소동으로 시작된 정변은 이로써 3일 만에 막을 내리게 되었다.

① 임오군란이 일어났다.
② 한성 조약이 체결되었다.
③ 통리기무아문이 설치되었다.
④ 제너럴 셔먼호 사건이 발생하였다.

30

(가)에 들어갈 내용으로 옳은 것은? [1점]

올해 130주년을 맞는 (가) 의 역사적 의미를 살펴보고자 합니다. 먼저 사회 분야의 개혁에 대한 의견을 말씀해 주세요.

노비제와 연좌제 등을 폐지한 근대적 개혁으로서 큰 의미가 있습니다.

하지만 백정 등에 대한 제도적, 사회적 차별이 여전히 남아 있었다는 점도 주목해야 합니다.

① 3·1 운동
② 갑오개혁
③ 광무 개혁
④ 아관 파천

31

다음 인물에 대한 설명으로 옳은 것은? [3점]

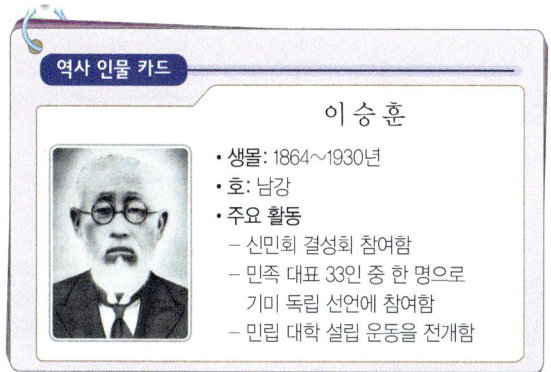

역사 인물 카드

이 승 훈

• 생몰: 1864~1930년
• 호: 남강
• 주요 활동
 – 신민회 결성회 참여함
 – 민족 대표 33인 중 한 명으로 기미 독립 선언에 참여함
 – 민립 대학 설립 운동을 전개함

① 상하이 훙커우 공원에서 의거를 일으켰다.
② 평양 을밀대 지붕에서 고공 농성을 벌였다.
③ 오산 학교를 설립하여 인재 양성에 힘썼다.
④ 헤이그 만국 평화 회의에 특사로 파견되었다.

32

(가)에 해당하는 단체로 옳은 것은? [2점]

오늘 이곳 대구복심법원에서 박상진에 대한 판결이 내려질 예정입니다. 그는 지난 1915년 비밀 결사인 (가) 을/를 조직하고, 독립 전쟁 자금 모금과 부호 처단을 주도하다 1918년 체포된 바 있습니다.

① 의열단
② 대한 광복회
③ 독립 의군부
④ 대한인 국민회

33

(가) 의병에 대한 설명으로 옳은 것은? [2점]

역사 뮤지컬

총을 들어 의(義)를 외치다

"일본의 노예로 사느니, 끝까지 싸우다 죽겠소."

1907년 고종의 강제 퇴위, 군대 해산에 반발하여 (가) 이/가 일어났습니다. 의(義)를 외치며 일어난 사람들과 그들의 목소리를 세상에 알린 기자 매켄지의 이야기를 뮤지컬로 만나 보세요.

■ **일시**: 2024년 ○○월 ○○일 18시
■ **장소**: △△ 아트홀

① 최익현이 주도하였다.
② 13도 창의군을 결성하였다.
③ 백산에서 4대 강령을 발표하였다.
④ 제물포 조약이 체결되는 계기가 되었다.

34

(가)~(다)를 일어난 순서대로 옳게 나열한 것은? [3점]

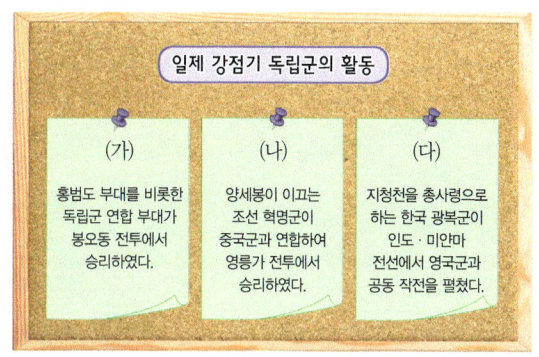

일제 강점기 독립군의 활동

(가) 홍범도 부대를 비롯한 독립군 연합 부대가 봉오동 전투에서 승리하였다.

(나) 양세봉이 이끄는 조선 혁명군이 중국군과 연합하여 영릉가 전투에서 승리하였다.

(다) 지청천을 총사령으로 하는 한국 광복군이 인도·미얀마 전선에서 영국군과 공동 작전을 펼쳤다.

① (가) – (나) – (다)
② (가) – (다) – (나)
③ (나) – (가) – (다)
④ (다) – (나) – (가)

35

(가) 인물에 대한 설명으로 옳은 것은? [2점]

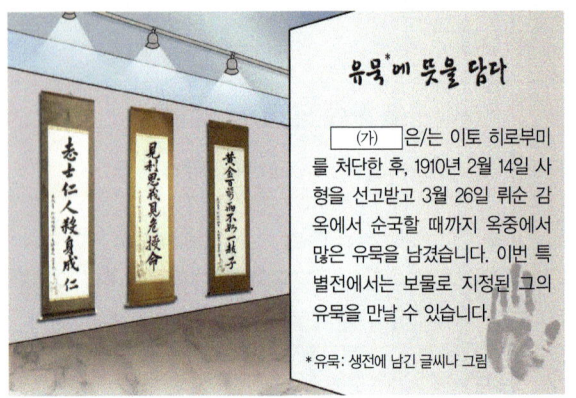

① 동양 평화론을 저술하였다.
② 한인 애국단을 조직하였다.
③ 조선 혁명 선언을 작성하였다.
④ 청산리 전투를 승리로 이끌었다.

37

(가) 정부의 활동으로 옳은 것은? [2점]

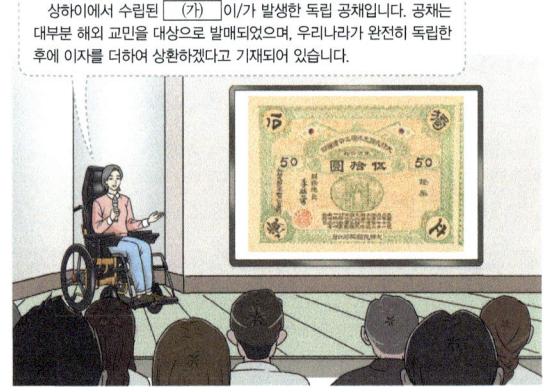

① 한성순보를 발행하였다.
② 구미 위원부를 설치하였다.
③ 만민 공동회를 개최하였다.
④ 신흥 무관 학교를 설립하였다.

36

다음 퀴즈의 정답으로 옳은 것은? [2점]

① 김규식   ② 여운형
③ 윤봉길   ④ 이승만

38

밑줄 그은 '이 정책'으로 옳은 것은? [1점]

① 방곡령   ② 남면북양 정책
③ 산미 증식 계획   ④ 토지 조사 사업

39

(가) 민족 운동에 대한 설명으로 옳은 것은?　　[2점]

이 사진을 보니 여러 학교 학생들이 모여 있는 것 같네요.

그렇습니다. 광주의 비밀 학생 조직인 성진회 결성을 기념하여 찍은 사진입니다. 성진회에 참여했던 장재성, 왕재일 등은 1929년 한일 학생들 간의 충돌로 촉발된 (가) 에서 핵심 인물로 활동하였습니다.

① 대한매일신보의 지원을 받았다.
② 통감부의 탄압으로 실패하였다.
③ 순종의 인산일을 계기로 일어났다.
④ 신간회에서 진상 조사단을 파견하였다.

40

밑줄 그은 '이 시기'에 일제가 추진한 정책으로 가장 적절한 것은?　　[2점]

이 사진은 일본 나고야 미쓰비시 중공업에 강제 동원된 조선 여자 근로 정신대 여성들의 모습입니다. 일제는 중일 전쟁 이후 침략 전쟁을 확대하던 이 시기에 한국인을 탄광, 군수 공장 등으로 끌고 가 열악한 환경에서 혹사시켰습니다.

① 지계를 발급하였다.
② 조선 태형령을 공포하였다.
③ 미곡 공출제를 시행하였다.
④ 헌병 경찰 제도를 실시하였다.

41

밑줄 그은 '이 회의'가 개최된 시기를 연표에서 옳게 고른 것은?　　[3점]

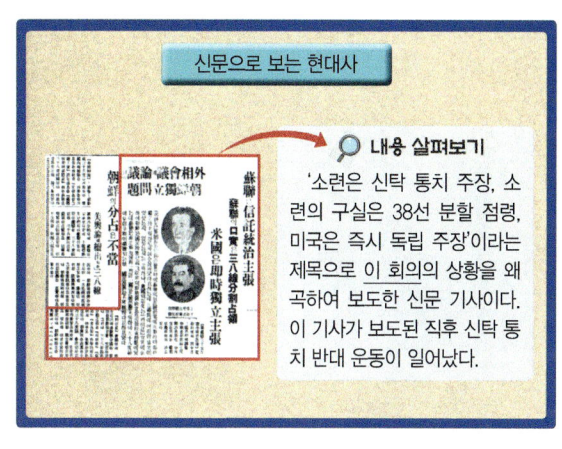

신문으로 보는 현대사

🔍 **내용 살펴보기**

'소련은 신탁 통치 주장, 소련의 구실은 38선 분할 점령. 미국은 즉시 독립 주장'이라는 제목으로 이 회의의 상황을 왜곡하여 보도한 신문 기사이다. 이 기사가 보도된 직후 신탁 통치 반대 운동이 일어났다.

1945		1948		1954		1960		1964
	(가)		(나)		(다)		(라)	
8·15 광복		대한민국 정부 수립		사사오입 개헌		4·19 혁명		6·3 시위

① (가)　　② (나)　　③ (다)　　④ (라)

42

(가)에 들어갈 운동으로 옳은 것은?　　[2점]

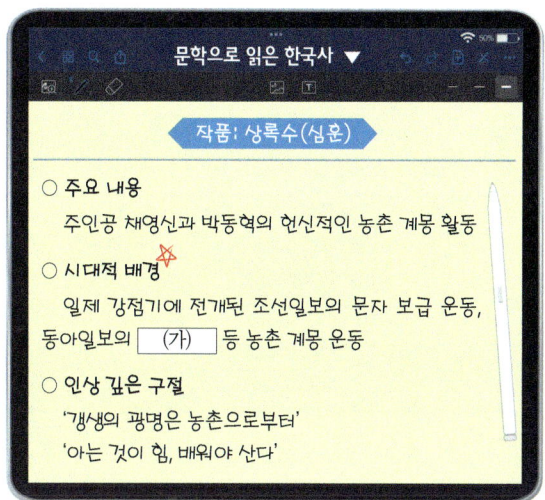

문학으로 읽은 한국사 ▼

작품: 상록수(심훈)

○ 주요 내용
　주인공 채영신과 박동혁의 헌신적인 농촌 계몽 활동

○ 시대적 배경
　일제 강점기에 전개된 조선일보의 문자 보급 운동, 동아일보의 (가) 등 농촌 계몽 운동

○ 인상 깊은 구절
　'갱생의 광명은 농촌으로부터'
　'아는 것이 힘, 배워야 산다'

① 형평 운동　　② 브나로드 운동
③ 국채 보상 운동　　④ 물산 장려 운동

43

(가) 전쟁 중에 있었던 사실로 옳지 않은 것은? [2점]

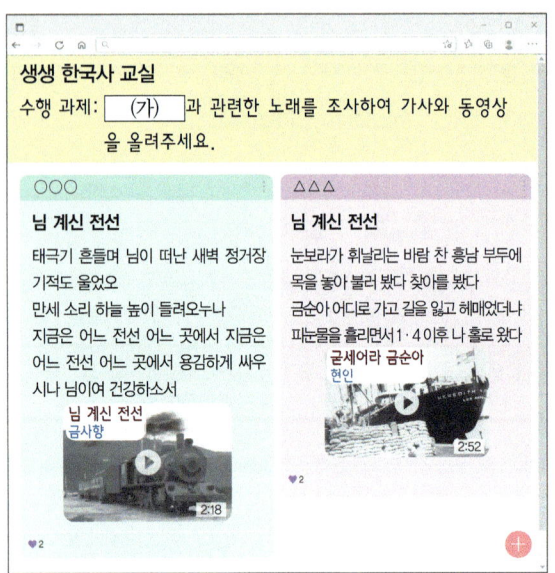

① 유엔군이 참전하였다.
② 발췌 개헌안이 통과되었다.
③ 인천 상륙 작전이 전개되었다.
④ 반민족 행위 처벌법이 제정되었다.

44

(가) 민중화 운동에 대한 설명으로 옳은 것은? [2점]

① 유신 체제가 붕괴하는 계기가 되었다.
② 3·15 부정 선거에 항의하여 일어났다.
③ 5년 단임의 대통령 직선제 개헌을 이끌어냈다.
④ 전개 과정에서 시민군이 자발적으로 조직되었다.

45

(가) 정부 시기의 경제 상황으로 옳은 것은? [2점]

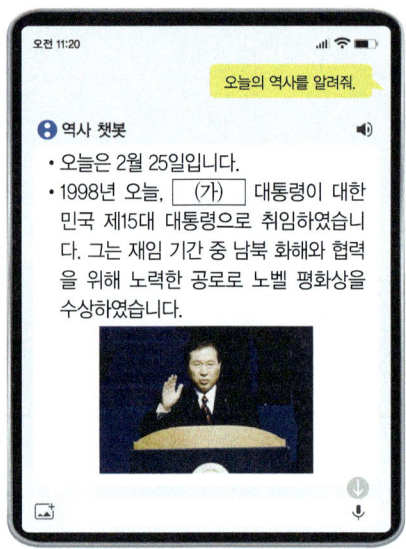

① 최초로 수출 100억 달러를 달성하였다.
② 경제 협력 개발 기구 (OECD)에 가입하였다.
③ 미국과 자유 무역 협정(FTA)을 체결하였다.
④ 국제 통화 기금(IMF)의 구제 금융 자금을 조기 상환하였다.

46

(가)~(라) 왕에 대한 설명으로 옳은 것은? [3점]

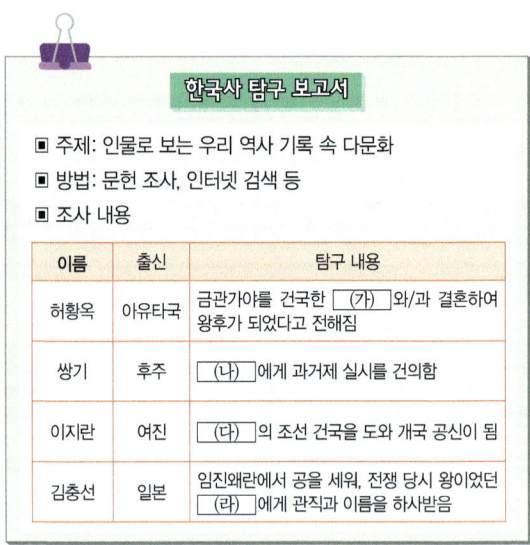

① (가) - 태학을 설립하였다.
② (나) - 노비안검법을 실시하였다.
③ (다) - 대동법을 시행하였다.
④ (라) - 경국대전을 완성하였다.

47

(가)에 들어갈 지역으로 옳은 것은? [1점]

① 경주   ② 순천   ③ 전주   ④ 청주

48

(가)~(라)에 들어갈 내용으로 적절한 것은? [2점]

① (가) – 시무 10여 조를 건의하다
② (나) – 백운동 서원을 건립하다
③ (다) – 동사강목을 저술하다
④ (라) – 영남 만인소를 주도하다

49

(가) 문화유산에 대한 설명으로 옳은 것은? [2점]

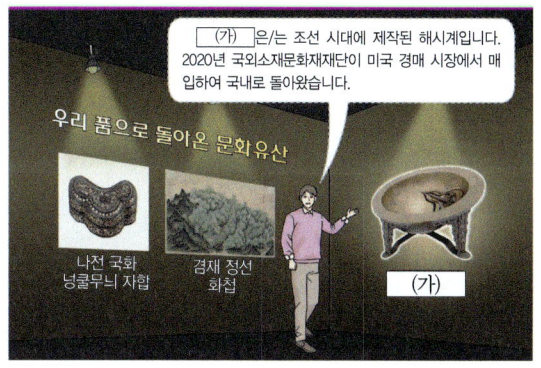

① 박문국에서 제작하였다.
② 10리마다 눈금을 표시하였다.
③ 영침의 그림자로 시각을 표시하였다.
④ 소리로 시간을 알려주는 장치가 있다.

50

(가)에 들어갈 내용으로 옳은 것은? [1점]

① 동지   ② 추석
③ 삼짇날   ④ 정월 대보름

|정답 및 해설| 182p

01

(가) 시대의 생활 모습으로 가장 적절한 것은? [1점]

고인돌의 고장 **화순**으로 오세요

괴바위 고인돌 / 마당바위 고인돌 / 핑매바위 고인돌 / 감태바위 채석장 / 관청바위 고인돌

고인돌 유적 탐방 경로

화순에는 처음으로 금속 도구를 사용한 (가) 시대의 문화유산인 고인돌 유적이 있습니다. 이곳에는 고인돌의 덮개돌을 떼어 냈던 채석장이 남아 있어서 고인돌을 만들었던 과정을 확인할 수 있습니다.

① 철제 농기구로 농사를 지었다.
② 주로 동굴이나 막집에서 살았다.
③ 반달 돌칼로 벼 이삭을 수확하였다.
④ 빗살무늬 토기에 곡식을 저장하기 시작하였다.

02

다음 퀴즈의 정답으로 옳은 것은? [2점]

한국사 퀴즈 대회

제시된 힌트를 종합하여 알 수 있는 나라의 이름은 무엇일까요?

1단계 | 철기 문화를 바탕으로 동해안 지역에서 일어난 나라입니다.
2단계 | 여자아이를 데려와 기른 후 성인이 되면 며느리로 삼는 풍속이 있었습니다.
3단계 | 왕이 따로 없고, 읍군이나 삼로라고 불리는 군장이 자기 영역을 다스렸습니다.

① 부여
② 옥저
③ 동예
④ 마한

03

밑줄 그은 '나'의 업적으로 옳은 것은? [2점]

고구려 제19대 왕인 나는 거란, 숙신, 후연, 동부여 등을 정벌하고, 영토를 크게 넓혔소.

① 태학을 설립하였다.
② 천리장성을 축조하였다.
③ 도읍을 평양성으로 옮겼다.
④ 신라에 침입한 왜를 격퇴하였다.

04

(가)에 들어갈 문화유산으로 적절한 것은? [3점]

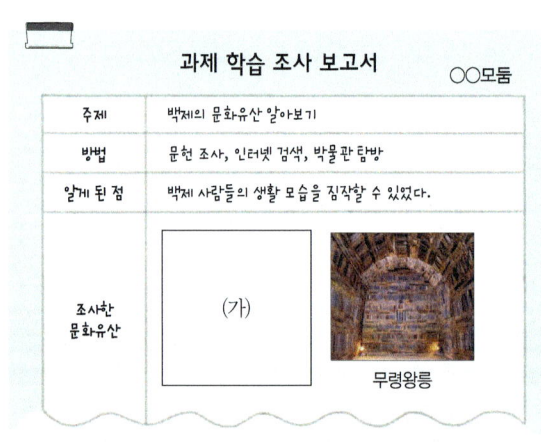

과제 학습 조사 보고서 ○○모둠

주제	백제의 문화유산 알아보기
방법	문헌 조사, 인터넷 검색, 박물관 탐방
알게 된 점	백제 사람들의 생활 모습을 짐작할 수 있었다.
조사한 문화유산	(가) / 무령왕릉

① 금동 연가 7년명 여래 입상
② 천마총 장니 천마도

③ 몽촌 토성
④ 장군총

05

(가) 왕의 업적으로 옳은 것은? [2점]

단양 신라 적성비는 (가) 대에 고구려 영토인 적성을 점령하고 세워진 것입니다. 비문에는 이사부 등 당시 공을 세운 인물이 기록되어 있으며, 충성을 다한 적성 사람 야이차에게 상을 내렸다는 내용도 담겨 있습니다.

① 국학을 설치하였다.
② 화랑도를 정비하였다.
③ 독서삼품과를 시행하였다.
④ 김헌창의 난을 진압하였다.

06

밑줄 그은 '이 나라'에 대한 설명으로 옳은 것은? [2점]

이 나라의 김해 대성동 고분군, 고령 지산동 고분군, 함안 말이산 고분군 등에서 나온 유물을 통해 당시 사람들의 뛰어난 세공 기술을 엿볼 수 있습니다.

금동 허리띠   금동관   봉황장식 금동관

① 지방에 22담로를 두었다.
② 한의 침략을 받아 멸망하였다.
③ 낙랑과 왜에 철을 수출하였다.
④ 화백 회의에서 중요한 일을 결정하였다.

07

(가)~(다) 사건을 일어난 순서대로 옳게 나열한 것은? [3점]

인물로 보는 한국사

삼국 통일 과정

(가) 고구려에 가서 군대를 보내줄 것을 요청하였소. 김춘추

(나) 기벌포 앞바다에서 당의 수군을 몰아내었소. 문무왕

(다) 황산벌에서 계백이 이끄는 백제군과 싸워 승리하였소. 김유신

① (가) - (나) - (다)   ② (가) - (다) - (나)
③ (나) - (가) - (다)   ④ (다) - (가) - (나)

08

(가) 국가의 문화유산으로 옳지 <u>않은</u> 것은? [2점]

(가) 은/는 여러 번 도읍을 옮겼지만, 이곳 상경성을 가장 오랫동안 도읍으로 삼았습니다. 문왕은 당의 도읍 장안성의 구조를 본떠 상경성을 만들었습니다.

①
칠지도

②

이불병좌상

③
영광탑

④

정효 공주 무덤 벽화

09

밑줄 그은 '불상'에 해당하는 것으로 옳은 것은? [1점]

제가 오늘 소개해 드릴 한국의 문화유산은 석굴암이에요. 석굴암은 화강암을 이용하여 인공적으로 만든 사원이에요. 이곳에서 특히 인상 깊었던 것은 바로 석굴암 내부에 있는 아름다운 불상이었어요. 감동 그 자체였지요. 여러분, 한국에 오면 여기 꼭 가봐야 하겠죠?

한국의 세계유산 3화

①

②

③

④

10

(가)에 들어갈 내용으로 적절한 것은? [1점]

<역사 학습 내용 정리>

(가)

1. 신라 말 지방에서 독자적인 세력을 형성하여 성장함
2. 일정한 지역에서 정치·군사·경제적 지배권을 장악함
3. 스스로 성주 또는 장군이라고 칭하기도 함

① 성골　　　　② 호족
③ 권문세족　　④ 신진 사대부

11

(가) 왕의 업적으로 옳은 것은? [2점]

고려 (가) 이/가 민족 통합을 위해 노력한 점에 대해 이야기 나눠볼까요?

발해 유민을 받아들이고, 조상의 제사를 지낼 수 있도록 배려해 주었죠.

오랜 기간 적대 관계였던 견훤까지 포용한 일도 빠뜨릴 수 없지요.

역사 토크

① 흑창을 두었다.
② 강화도로 천도하였다.
③ 과거제를 처음 실시하였다.
④ 전민변정도감을 설치하였다.

12

(가) 국가에서 볼 수 있는 모습으로 적절한 것은? [2점]

이 문화유산은 태안 마도 2호선에서 발견된 청자 매병과 죽찰입니다. 죽찰에는 개경의 중방 도장교 오문부에게 좋은 꿀을 단지에 담아 보낸다는 내용이 적혀 있습니다. 이를 통해 (가) 사람들의 생활 모습을 엿볼 수 있습니다.

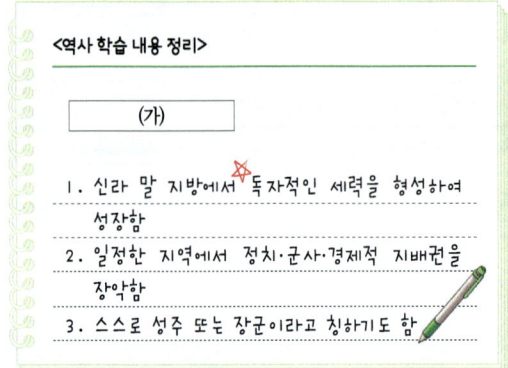

청자 연꽃줄기 무늬 매병과 죽찰

① 광산 개발을 감독하는 덕대
② 신해통공 실시를 알리는 관리
③ 청과의 무역으로 부를 축적하는 만상
④ 활구라고도 불린 은병을 제작하는 장인

13

다음 사건이 일어난 시기를 연표에서 옳게 고른 것은?

[3점]

우리 거란과 국경을 맞대고 있는데도 너희 고려가 바다 건너 송을 섬기는 까닭에 군사를 일으킨 것이다.

여진이 압록강 안팎을 차지하고 있기 때문에 거란과 통하는 길이 막혔다. 여진을 내쫓고 우리 옛 땅을 돌려준다면 어찌 교류하지 않겠는가?

936		1019		1104		1232		1359
	(가)		(나)		(다)		(라)	
후삼국 통일		귀주 대첩		별무반 설치		처인성 전투		홍건적 침입

① (가) ② (나) ③ (다) ④ (라)

14

(가)에 들어갈 내용으로 가장 적절한 것은?

[1점]

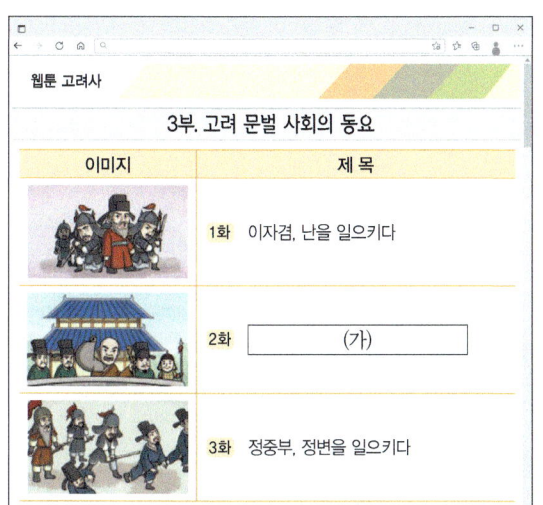

웹툰 고려사

3부. 고려 문벌 사회의 동요

이미지	제목
	1화 이자겸, 난을 일으키다
	2화 (가)
	3화 정중부, 정변을 일으키다

① 이괄, 도성을 점령하다

② 김흠돌, 반란을 도모하다

③ 묘청, 서경 천도를 주장하다

④ 이성계, 위화도에서 회군하다

15

밑줄 그은 '나'에 해당하는 인물로 옳은 것은?

[2점]

소수 서원 문성공묘에 오신 것을 환영합니다. 나는 고려 후기 문신으로 성리학 도입과 후학 양성에 힘썼습니다. 후대 사람들이 이러한 공로를 기리기 위해 소수 서원을 지어 매년 이곳에서 제향을 올리고 있답니다.

① 안향   ② 김부식   ③ 이규보   ④ 정몽주

16

(가) 군사 조직에 대한 설명으로 옳은 것은?

[2점]

지금 촬영하는 곳은 진도 용장성입니다. 고려 정부가 몽골과 강화를 맺고 개경으로 환도하자 강화도에서 옮겨온 (가) 이/가 쌓은 성으로 알려져 있습니다.

① 쌍성총관부를 공격하였다.

② 백강 전투에서 활약하였다.

③ 신기군, 신보군, 항마군으로 구성되었다.

④ 최씨 무신 정권의 군사적 기반이 되었다.

17

다음 학생들이 표현하고 있는 사건으로 적절한 것은?

[2점]

역사의 한 장면 그리기

무기 선택

화포

왜구에 맞서 군대를 지휘하는 최무선을 그렸어.

전투에서 사용한 화포도 그려 넣자.

① 명량 대첩
② 살수 대첩
③ 진포 대첩
④ 행주 대첩

18

다음 가상 대화에 등장하는 왕의 업적으로 옳지 않은 것은?

[2점]

명하신 대로 편경을 만들었사옵니다.

우리가 만든 편경의 소리 음이 잘 맞는구나. 이제 그대가 아악을 체계적으로 정비하도록 하라.

박연

① 자격루를 제작하였다.
② 농사직설을 간행하였다.
③ 악학궤범을 완성하였다.
④ 삼강행실도를 편찬하였다.

19

(가)에 들어갈 문화유산으로 옳은 것은?

[1점]

(가) 에 대해 검색해 줘.

검색 결과입니다.

태조에서 철종에 이르는 470여 년간의 역사를 역대 왕 별로 기록하였습니다. 방대한 규모와 내용의 정확성을 인정받아 유네스코 세계 기록 유산에 등재되었습니다.

① 경국대전
② 동의보감
③ 목민심서
④ 조선왕조실록

20

밑줄 그은 '왕'에 대한 설명으로 옳은 것은?

[3점]

○ 왕께서 명하기를, "집현전을 파하고 경연을 정지하며, 거기에 소장하였던 서책은 모두 예문관에서 관장하게 하라."라고 하였다.

○ 왕께서 명령을 내려, "전날 성삼문 등이 상왕도 모의에 참여하였다고 말하였으니 …… 상왕을 노산군으로 낮추고, 궁에서 내보내 영월에 거주시키도록 하라."라고 하였다.

① 시헌력을 도입하였다.
② 탕평책을 실시하였다.
③ 한양으로 도읍을 옮겼다.
④ 6조 직계제를 시행하였다.

21

(가)에 들어갈 사건으로 옳은 것은?

[2점]

이곳은 조선 시대 문신인 김종직이 살았던 집터에 후손들이 지은 밀양 추원재입니다. 그가 쓴 조의제문은 연산군 때 일어난 (가) 의 빌미가 되기도 하였습니다.

① 경신환국
② 기해예송
③ 무오사화
④ 신유박해

22

(가) 제도에 대한 설명으로 옳은 것은? [3점]

> (가) 은/는 실로 백성을 구제하는 데 절실합니다. 경기도와 강원도에서 이미 시행하고 있으니, 우리 충청도에서도 시행하면 좋겠습니다.

김육

① 군포를 2필에서 1필로 줄였다.
② 양반에게도 군포를 부과하였다.
③ 전세를 1결당 4~6두로 고정하였다.
④ 특산물 대신 쌀, 베 등으로 납부하게 하였다.

24

밑줄 그은 '왕'의 업적으로 옳은 것은? [1점]

① 장용영을 설치하였다.
② 당백전을 발행하였다.
③ 속대전을 편찬하였다.
④ 훈민정음을 반포하였다.

23

다음 가상 대화 이후에 전개된 사실로 옳은 것은? [2점]

① 북벌론이 전개되었다.
② 4군 6진이 개척되었다.
③ 삼포왜란이 진압되었다.
④ 정동행성이 설치되었다.

25

(가)~(다)를 실시한 순서대로 옳게 나열한 것은? [3점]

① (가) - (나) - (다)　　② (가) - (다) - (나)
③ (나) - (가) - (다)　　④ (다) - (가) - (나)

26

다음 가상 대화가 이루어진 시기에 볼 수 있는 모습으로 적절하지 **않은** 것은? [2점]

이번에 통신사로 일본에 다녀오며 가져온 고구마인데, 농민들에게 재배하도록 하면 어떻겠나?

그렇게 해보겠습니다.

조엄

① 상평통보로 거래하는 상인
② 판소리 공연을 구경하는 농민
③ 한글 소설을 읽어주는 전기수
④ 황룡사 구층 목탑을 만드는 목수

27

학생들이 공통으로 이야기하고 있는 사건에 대한 설명으로 옳은 것은? [2점]

세도 정치기에 일어난 농민 봉기야.

경상 우병사 백낙신의 수탈에 저항하여 몰락 양반인 유계춘을 중심으로 봉기하였어.

삼정이정청이 설치되는 계기가 되었어.

① 청군의 개입으로 진압되었다.
② 박규수가 안핵사로 파견되었다.
③ 조선 형평사의 주도로 전개되었다.
④ 서북 지역민에 대한 차별이 원인이 되었다.

28

다음 가상 인터뷰에 등장하는 인물로 옳은 것은? [2점]

북한산비가 진흥왕 순수비임을 고증하셨다지요. 또 어떤 활동을 하셨나요?

금석학을 연구하여 독창적인 서체를 만들었고, 제주도에서 유배 생활을 할 때 세한도를 그렸지요.

① 김정희   ② 박지원   ③ 송시열   ④ 유득공

29

(가) 사건에 대한 설명으로 옳은 것은? [2점]

부패한 지도층과 외세의 침략에 저항했던 (가) 관련 기록물인 전봉준, 공초, 개인 일기와 문집, 각종 임명장 등이 유네스코 세계 기록 유산으로 지정되었습니다.

백성이 주체가 된 역사, 세계 기록 유산으로 남다

① 9서당을 창설하는 계기가 되었다.
② 청산리에서 일본군과 전투를 벌였다.
③ 집강소를 통해 폐정 개혁을 추진하였다.
④ 제물포 조약이 체결되는 결과를 가져왔다.

30

(가)에 들어갈 인물로 옳은 것은? [1점]

(가)

(앞면)

• 평민 출신 의병장으로 알려짐
• 을미사변이 발생하자 영해에서 의병으로 활동함
• 을사늑약이 체결되자 울진, 평해 등지에서 일본군에 맞서 싸움
• 뛰어난 전술을 펼쳐 태백산 호랑이라고 불림

(뒷면)

① 신돌석   ② 유인석   ③ 최익현   ④ 홍범도

31

(가)~(라)에 들어갈 인물로 옳지 <u>않은</u> 것은? [2점]

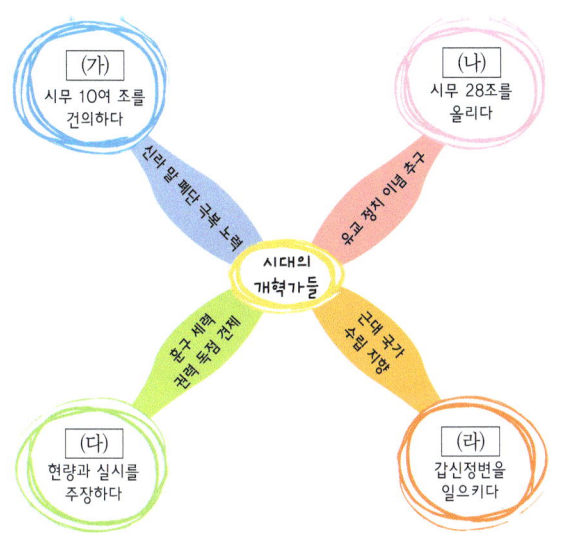

① (가) – 최치원
② (나) – 최승로
③ (다) – 정도전
④ (라) – 김옥균

32

(가) 사건에 대한 설명으로 옳은 것은? [2점]

① 제너럴 셔먼호 사건의 배경이 되었다.
② 강화도 조약이 체결되는 계기가 되었다.
③ 오페르트가 남연군 묘 도굴을 시도하였다.
④ 양헌수 부대가 정족산성에서 활약하였다.

33

(가) 단체의 활동으로 옳은 것은? [2점]

① 광혜원을 설립하였다.
② 태극 서관을 운영하였다.
③ 독립문 건설을 주도하였다.
④ 파리 강화 회의에 대표를 파견하였다.

34

밑줄 그은 '이 시기'에 볼 수 있는 모습으로 적절한 것은? [2점]

① 제복을 입고 칼을 찬 교사
② 한성순보를 발간하는 관리
③ 단발령 시행에 반발하는 유생
④ 경인선 철도 개통식을 구경하는 청년

35

(가)에 들어갈 내용으로 적절한 것은? [3점]

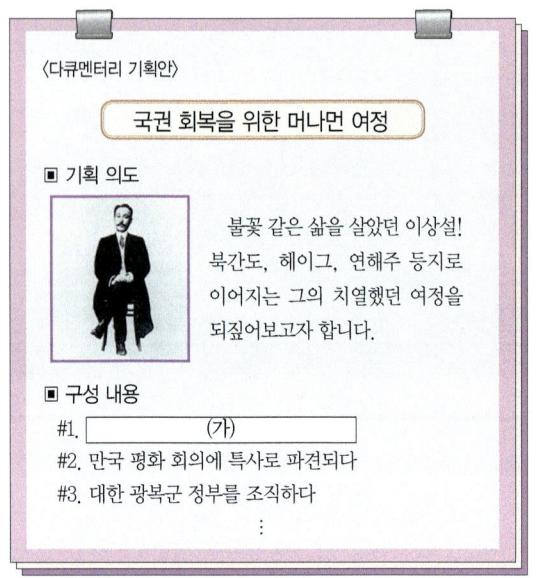

〈다큐멘터리 기획안〉

국권 회복을 위한 머나먼 여정

■ 기획 의도

불꽃 같은 삶을 살았던 이상설! 북간도, 헤이그, 연해주 등지로 이어지는 그의 치열했던 여정을 되짚어보고자 합니다.

■ 구성 내용
#1. ___(가)___
#2. 만국 평화 회의에 특사로 파견되다
#3. 대한 광복군 정부를 조직하다
⋮

① 의열단을 조직하다
② 서전서숙을 설립하다
③ 동양 평화론을 집필하다
④ 시일야방성대곡을 발표하다

36

밑줄 그은 '만세 시위'에 대한 설명으로 옳은 것은? [2점]

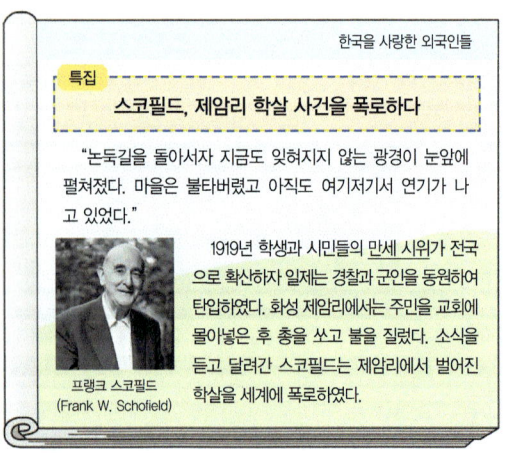

한국을 사랑한 외국인들

특집 스코필드, 제암리 학살 사건을 폭로하다

"논둑길을 돌아서자 지금도 잊혀지지 않는 광경이 눈앞에 펼쳐졌다. 마을은 불타버렸고 아직도 여기저기서 연기가 나고 있었다."

1919년 학생과 시민들의 만세 시위가 전국으로 확산하자 일제는 경찰과 군인을 동원하여 탄압하였다. 화성 제암리에서는 주민을 교회에 몰아넣은 후 총을 쏘고 불을 질렀다. 소식을 듣고 달려간 스코필드는 제암리에서 벌어진 학살을 세계에 폭로하였다.

프랭크 스코필드
(Frank W. Schofield)

① 순종의 인산일에 전개되었다.
② 대한매일신보의 후원을 받았다.
③ 대한민국 임시 정부 수립의 계기가 되었다.
④ 신간회에서 진상 조사단을 파견하여 지원하였다.

37

(가)에 들어갈 민족 운동으로 옳은 것은? [2점]

① 브나로드 운동
② 물산 장려 운동
③ 국채 보상 운동
④ 민립 대학 설립 운동

38

다음 공연의 소재가 된 인물에 대한 설명으로 옳은 것은? [3점]

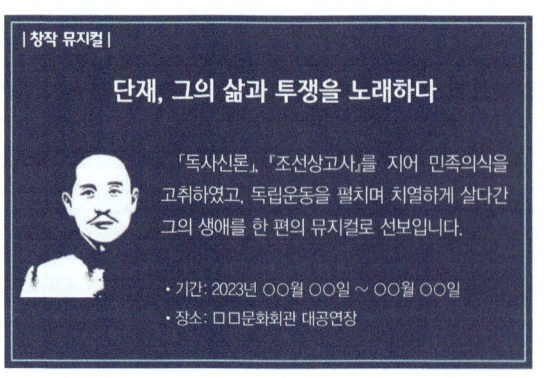

│ 창작 뮤지컬 │

단재, 그의 삶과 투쟁을 노래하다

「독사신론」, 「조선상고사」를 지어 민족의식을 고취하였고, 독립운동을 펼치며 치열하게 살다간 그의 생애를 한 편의 뮤지컬로 선보입니다.

• 기간: 2023년 ○○월 ○○일 ~ ○○월 ○○일
• 장소: □□문화회관 대공연장

① 대한 광복회를 조직하였다.
② 조선 의용군을 창설하였다.
③ 조선 혁명 선언을 작성하였다.
④ 조선말 큰사전 편찬을 주도하였다.

39

(가)에 들어갈 인물로 가장 적절한 것은? [1점]

독립운동가 (가) 특별 사진전

한인 애국단에 가입함

홍커우 공원 의거를 일으킴

김구에게 시계를 남김

① 김원봉
② 나석주
③ 윤봉길
④ 이동휘

40

밑줄 그은 '시기'에 볼 수 있는 모습으로 가장 적절한 것은? [2점]

태평양 전쟁이 전개되던 시기에 일제에 의해 강제 동원되었다가 희생된 한국인의 유해가 태평양의 작은 섬 타라와에서 발견되었습니다.

① 근우회에 가입하는 학생
② 6 · 10 만세 운동에 참여하는 청년
③ 토지 조사령을 공포하는 일본인 관리
④ 미얀마 전선에서 활동하는 한국 광복군 대원

41

(가)에 들어갈 단체로 옳은 것은? [2점]

1946년 7월, 미군정의 지원 아래 여운형, 김규식 등이 중심이 되어 결성한 단체입니다. 정치 세력의 대립을 넘어 민주의 임시 정부 수립을 위해 노력한 이 단체의 이름은 무엇일까요?

(가)

① 권업회
② 대한인 국민회
③ 좌우 합작 위원회
④ 남북 조절 위원회

42

(가)에 들어갈 사건으로 옳은 것은? [2점]

영상 속 역사

학생들이 제작한 영상의 배경이 된 (가) 은/는 미군정기에 시작되어 이승만 정부 수립 이후까지 지속되었습니다. 당시에 남한만의 단독 정부 수립에 반대하는 무장대와 토벌대 간의 무력 충돌과 그 진압 과정에서 많은 주민이 희생되었습니다.

제작: ○○ 역사 동아리

① 6 · 3 시위
② 제주 4 · 3 사건
③ 2 · 28 민주 운동
④ 5 · 16 군사 정변

43

(가) 전쟁 중에 있었던 사실로 옳지 <u>않은</u> 것은?   [2점]

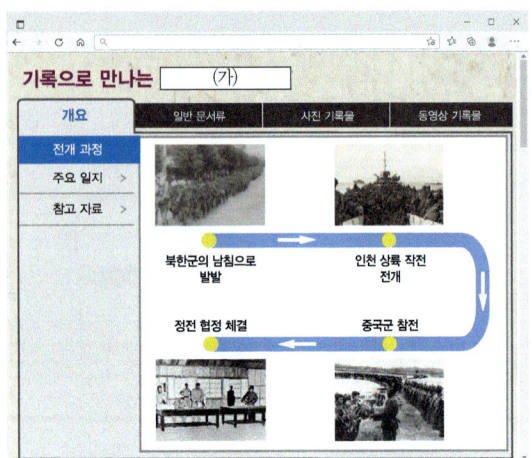

① 유엔군이 참전하였다.
② 흥남 철수 작전이 펼쳐졌다.
③ 거제도에 포로 수용소가 설치되었다.
④ 13도 창의군이 서울 진공 작전을 전개하였다.

44

다음 가상 일기에 나타난 민주화 운동에 대한 설명으로 옳은 것은?   [2점]

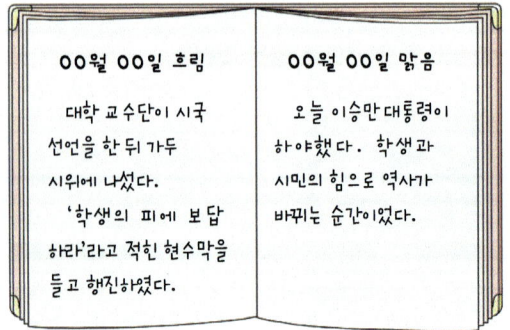

① 신군부의 무력 진압에 저항하였다.
② 대통령 직선제 개헌을 이끌어 냈다.
③ 유신 체제가 붕괴하는 계기가 되었다.
④ 3·15 부정 선거에 항의하여 일어났다.

45

(가)에 들어갈 내용으로 옳은 것은?   [3점]

① 개성 공단 조성
② 남북 기본 합의서 채택
③ 7·4 남북 공동 성명 발표
④ 6·15 남북 공동 선언 합의

46

다음 가상 뉴스에서 보도하는 사건이 일어난 정부 시기의 사실로 옳은 것은?   [2점]

① 농지 개혁법을 제정하였다.
② 경부 고속 도로를 개통하였다.
③ 경제 협력 개발 기구(OECD)에 가입하였다.
④ 미국과 자유 무역 협정(FTA)을 체결하였다.

47

(가)에 들어갈 인물로 옳은 것은?　　　　　　　　[1점]

내가 그린 (가) 은/는 서울 평화 시장에서 재단사로 일하셨어. 바보회를 조직하고 1970년 노동자들의 인권을 위해 자신을 희생하셨어.

근로 기준법을 준수하라! 우리는 기계가 아니다!

① 윤동주　　　　　　② 이한열
③ 장준하　　　　　　④ 전태일

48

(가)에 들어갈 내용으로 적절한 것은?　　　　　　　[2점]

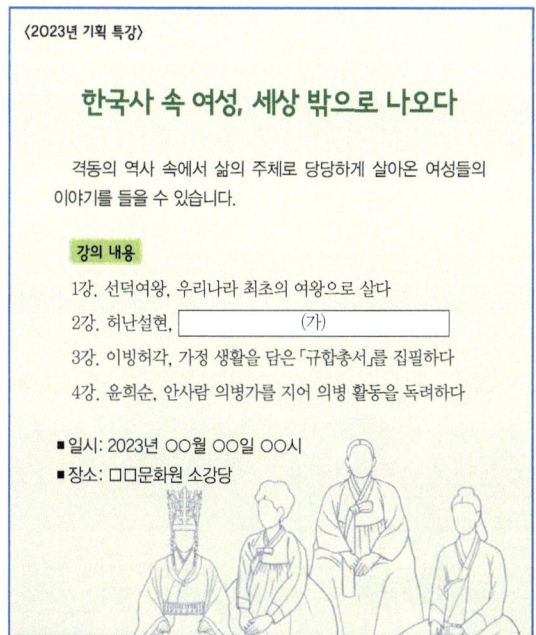

〈2023년 기획 특강〉

한국사 속 여성, 세상 밖으로 나오다

격동의 역사 속에서 삶의 주체로 당당하게 살아온 여성들의 이야기를 들을 수 있습니다.

강의 내용

1강. 선덕여왕, 우리나라 최초의 여왕으로 살다
2강. 허난설헌, (가)
3강. 이빙허각, 가정 생활을 담은 「규합총서」를 집필하다
4강. 윤희순, 안사람 의병가를 지어 의병 활동을 독려하다

■일시: 2023년 ○○월 ○○일 ○○시
■장소: □□문화원 소강당

① 시인으로 이름을 떨치다
② 여성 비행사로 활약하다
③ 임금 삭감에 저항하여 농성을 벌이다
④ 재산을 기부하여 제주도민을 구제하다

49

(가) 지역에 있었던 사실로 옳은 것은?　　　　　　[3점]

뚜벅뚜벅 역사 여행

■주제: (가) 에서 만나는 시간과 공간, 그리고 사람들
■일자: 2023년 ○○월 ○○일
■답사 경로: 동삼동 패총 전시관 – 초량왜관 – 임시 수도 기념관 – 민주 공원

① 이봉창이 의거를 일으켰다.
② 망이 · 망소이가 봉기하였다.
③ 장보고가 청해진을 설치하였다.
④ 송상현이 동래성에서 순절하였다.

50

(가)에 들어갈 내용으로 옳은 것은?　　　　　　　[1점]

한국의 세시 풍속

일 년 중 밤이 가장 긴 날
(가)

(가) 은/는 24절기의 하나로 '작은 설'이라고도 불렀어요.
이날에는 나쁜 기운을 물리치기 위해 팥죽을 쑤어 먹었어요. 또 대문이나 담장 벽에 팥죽을 뿌렸어요.

① 단오　　② 동지　　③ 칠석　　④ 한식

|정답 및 해설| 193p

01

다음 가상 공간에서 체험할 수 있는 활동으로 가장 적절한 것은? [1점]

이곳은 농경과 목축이 시작된 신석기 시대의 마을을 체험할 수 있는 가상 공간입니다. 마을 곳곳을 거닐며 다양한 활동을 해볼까요?

① 청동 방울 흔들기
② 빗살무늬 토기 만들기
③ 철제 농기구로 밭 갈기
④ 거친무늬 거울 목에 걸기

02

밑줄 그은 '이 나라'에 대한 설명으로 옳은 것은? [2점]

이 유물은 여러 가들이 별도로 사출도를 다스린 이 나라의 금제 허리띠 장식이에요.

날개 달린 말의 모습이 새겨져 있네요.

① 영고라는 제천 행사를 열었다.
② 신성 지역인 소도가 존재하였다.
③ 혼인 풍습으로 민며느리제가 있었다.
④ 읍락 간의 경계를 중시하는 책화가 있었다.

03

다음 검색창에 들어갈 왕으로 옳은 것은? [2점]

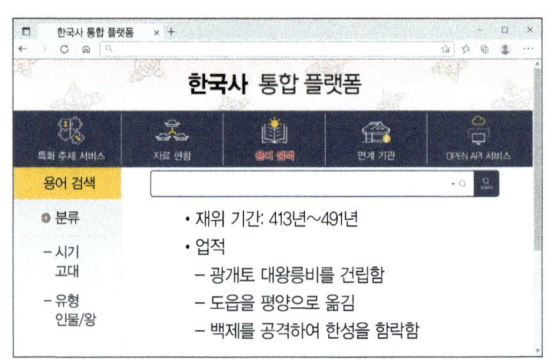

한국사 통합 플랫폼

용어 검색

• 재위 기간: 413년~491년
• 업적
  − 광개토 대왕릉비를 건립함
  − 도읍을 평양으로 옮김
  − 백제를 공격하여 한성을 함락함

① 미천왕
② 장수왕
③ 고국천왕
④ 소수림왕

04

밑줄 그은 '그날'에 해당하는 세시 풍속으로 옳은 것은? [1점]

일년 중 한번 직녀님을 만나는 그날이 곧 오네요. 그녀를 만날 생각에 소 치는 일도 전혀 힘들지 않아요.

까치와 까마귀가 많이 모여 오작교를 놓아야 저희가 만날 수 있어요. 여러분이 도와주시겠어요?

견우성

직녀성

오작교 만들기 시작

① 단오
② 동지
③ 추석
④ 칠석

05

(가) 왕에 대한 설명으로 옳은 것은? [2점]

부여 야행, 백제의 밤을 느끼다

[(가)] 이/가 도읍으로 정한 부여에서 열리는 다양한 행사에 참여해보세요.

행사1 정림사지 오층 석탑 탑돌이
행사2 궁남지에서 연꽃 유등 띄우기

① 왜에 칠지도를 보냈다.
② 동진으로부터 불교를 받아들였다.
③ 신라를 공격하여 대야성을 점령하였다.
④ 진흥왕과 연합하여 한강 하류 지역을 되찾았다.

06

(가)~(다)를 일어난 순서대로 옳게 나열한 것은? [3점]

만화로 보는 삼국 통일 과정

고구려의 평양성이 함락되었다.	왜군이 백강 전투에서 패배하였다.	신라군이 기벌포에서 당군에 승리하였다.
(가)	(나)	(다)

① (가) – (나) – (다)
② (가) – (다) – (나)
③ (나) – (가) – (다)
④ (다) – (가) – (나)

07

밑줄 그은 '이 왕'의 업적으로 옳은 것은? [2점]

문무왕의 아들인 이 왕은 동해에 작은 산이 떠다닌다는 이야기를 듣고 이견대로 갔어요. 용이 나타나 말하기를, 산에 있는 대나무로 피리를 만들면 천하가 평온해질 것이라고 했어요. 이후 그 대나무로 피리를 만들어 만파식적이라 부르고, 나라의 보물로 삼았어요.

① 국학을 설립하였다.
② 우산국을 정벌하였다.
③ 천리장성을 축조하였다.
④ 화랑도를 국가 조직으로 개편하였다.

08

(가)에 들어갈 문화유산으로 옳은 것은? [2점]

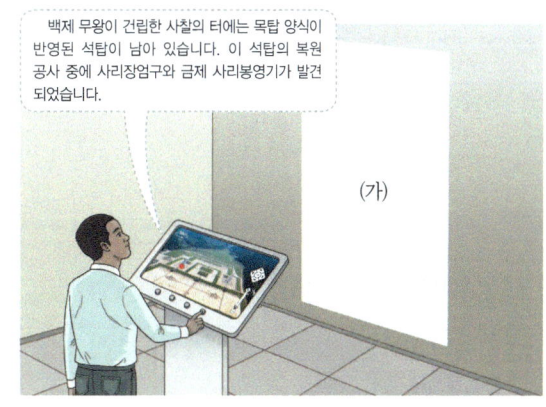

백제 무왕이 건립한 사찰의 터에는 목탑 양식이 반영된 석탑이 남아 있습니다. 이 석탑의 복원 공사 중에 사리장엄구와 금제 사리봉영기가 발견되었습니다.

(가)

①
경천사지 십층 석탑

② 화엄사 사사자 삼층 석탑

③
미륵사지 석탑

④ 분황사 모전 석탑

09

밑줄 그은 '이 시기'에 볼 수 있는 모습으로 가장 적절한 것은? [2점]

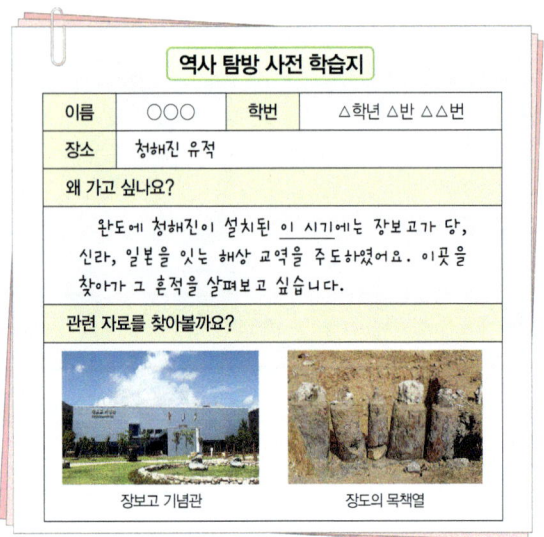

역사 탐방 사전 학습지

이름	○○○	학번	△학년 △반 △△번
장소	청해진 유적		

왜 가고 싶나요?

완도에 청해진이 설치된 이 시기에는 장보고가 당, 신라, 일본을 잇는 해상 교역을 주도하였어요. 이곳을 찾아가 그 흔적을 살펴보고 싶습니다.

관련 자료를 찾아볼까요?

장보고 기념관   장도의 목책열

① 분청사기를 만드는 도공
② 녹읍을 지급받는 진골 귀족
③ 장시에서 책을 읽어주는 전기수
④ 상평통보로 물건값을 치르는 농민

10

다음 특별전에 전시될 문화유산으로 적절하지 않은 것은? [1점]

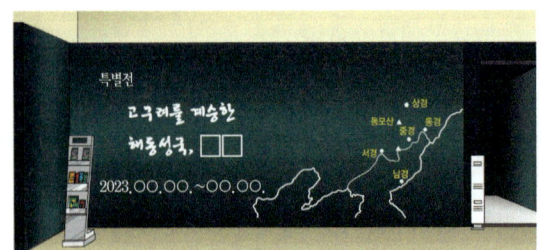

특별전
고구려를 계승한
해동성국, □□
2023.00.00.~00.00.

① 치미

② 연꽃무늬 수막새

③ 이불병좌상

④ 성덕 대왕 신종

11

다음 사건이 일어난 시기를 연표에서 옳게 고른 것은? [3점]

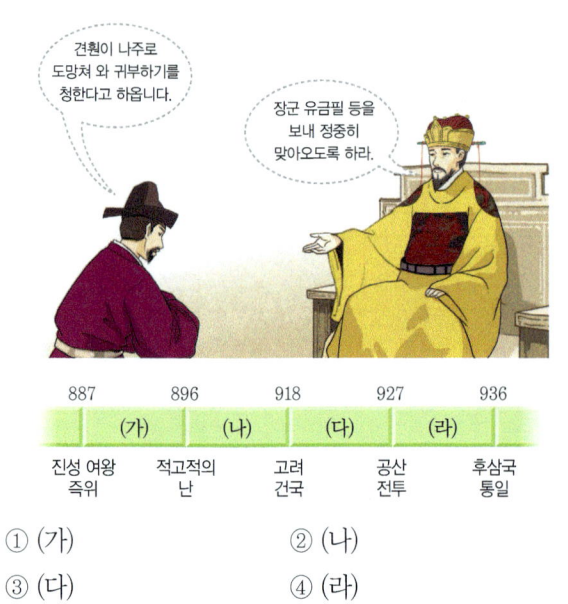

887		896		918		927		936
	(가)		(나)		(다)		(라)	
진성 여왕 즉위		적고적의 난		고려 건국		공산 전투		후삼국 통일

① (가) ② (나)
③ (다) ④ (라)

12

밑줄 그은 '전쟁'에 대한 탐구 활동으로 가장 적절한 것은? [2점]

이 성벽은 북방 세력의 침입에 대비하여 강감찬의 건의로 개경 외곽에 쌓은 나성의 일부입니다. 고려와 거란의 전쟁이 끝난 후 현종 20년에 완공되었습니다.

① 귀주 대첩의 의의를 파악한다.
② 위화도 회군의 결과를 조사한다.
③ 안시성 전투의 전개 과정을 살펴본다.
④ 진포 전투에서 새롭게 사용된 무기를 찾아본다.

13

다음 퀴즈의 정답으로 옳은 것은?　　　　　[1점]

한국사 퀴즈 대회

제시된 힌트를 종합하여 알 수 있는 고려의 왕은 누구일까요?

1단계	국자감 정비
2단계	건원중보 발행
3단계	최승로의 시무 28조 수용

① 광종　　　　　② 문종
③ 성종　　　　　④ 예종

14

다음 대화가 이루어진 시기의 경제 상황으로 가장 적절한 것은?　　　　　[2점]

자네 들었는가? 송 사신단이 곧 수도 개경에 도착한다고 하더군.

사신단의 규모가 엄청나다니 가져온 물품도 상당하겠어.

① 공인이 관청에 물품을 조달하였다.
② 모내기법이 전국적으로 확산되었다.
③ 벽란도가 국제 무역항으로 기능하였다.
④ 고추와 담배가 상품 작물로 재배되었다.

15

(가)에 들어갈 내용으로 가장 적절한 것은?　　　　　[2점]

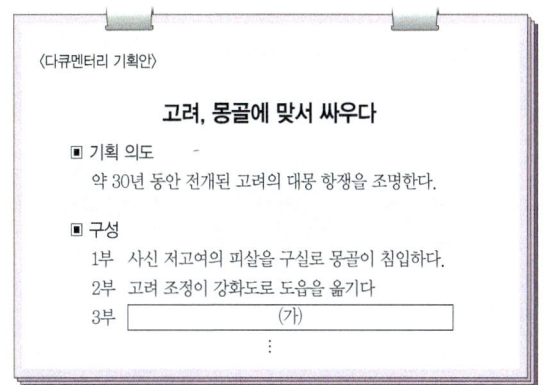

〈다큐멘터리 기획안〉

고려, 몽골에 맞서 싸우다

■ 기획 의도
약 30년 동안 전개된 고려의 대몽 항쟁을 조명한다.

■ 구성
1부　사신 저고여의 피살을 구실로 몽골이 침입하다.
2부　고려 조정이 강화도로 도읍을 옮기다
3부　　　　　　(가)
⋮

① 윤관이 별무반 편성을 건의하다
② 김윤후가 처인성 전투에서 활약하다
③ 을지문덕이 살수에서 적군을 물리치다
④ 서희가 외교 담판을 통해 강동 6주 지역을 확보하다

16

(가)에 들어갈 가상 우표로 가장 적절한 것은?　　　　　[1점]

저희 모둠은 태조 왕건이 세운 국가의 대표적인 문화유산을 소재로 우표 도안을 만들었습니다.

〈 수행 과제 발표 〉

| 대한민국 KOREA 500 수월관음도 | 대한민국 KOREA 500 팔만대장경판 |
| 대한민국 KOREA 500 부석사 무량수전 | (가) |

① 대한민국 KOREA 500
산수무늬 벽돌

② 대한민국 KOREA 500
도기 바퀴장식 뿔잔

③ 대한민국 KOREA 500
황남대총 금관

④ 대한민국 KOREA 500
청자 상감 운학문 매병

17

밑줄 그은 '왕'의 재위 기간에 있었던 사실로 옳은 것은? [2점]

왼편은 기철 등 친원파를 제거하고 정동행성 이문소를 폐지한 왕의 무덤이야.

오른편은 왕비 노국 대장 공주의 무덤이야. 왕과 왕비를 나란히 같은 곳에 모셨대.

① 동북 9성을 축조하였다.
② 독서삼품과가 실시되었다.
③ 쌍성총관부를 공격하였다.
④ 백두산정계비가 건립되었다.

18

(가)에 해당하는 인물로 옳은 것은? [2점]

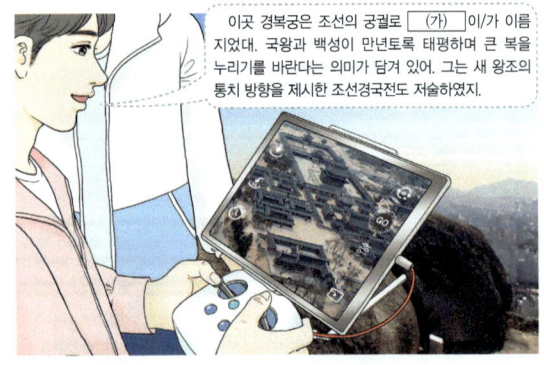

이곳 경복궁은 조선의 궁궐로 (가) 이/가 이름 지었대. 국왕과 백성이 만년토록 태평하며 큰 복을 누리기를 바란다는 의미가 담겨 있어. 그는 새 왕조의 통치 방향을 제시한 조선경국전도 저술하였지.

① 송시열 ② 채제공

③ 정몽주 ④ 정도전

19

(가)에 들어갈 기구로 옳은 것은? [2점]

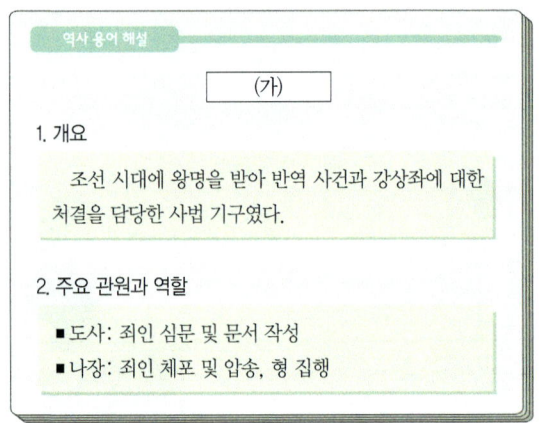

역사 용어 해설

(가)

1. 개요

조선 시대에 왕명을 받아 반역 사건과 강상좌에 대한 처결을 담당한 사법 기구였다.

2. 주요 관원과 역할

■ 도사: 죄인 심문 및 문서 작성
■ 나장: 죄인 체포 및 압송, 형 집행

① 사헌부 ② 의금부 ③ 춘추관 ④ 홍문관

20

(가)에 들어갈 내용으로 옳은 것은? [3점]

(앞면)

〈조선 제7대 왕〉

■ 단종을 몰아냄
■ 경연을 폐지함
■ 진관 체제를 실시함
■ (가)

(뒷면)

① 직전법을 시행함 ② 탕평비를 건립함
③ 교정도감을 설치함 ④ 금난전권을 폐지함

21

(가) 시기에 있었던 사실로 옳은 것은? [2점]

광해군이 유배 가는 모습을 보니 세상 참 덧없군.

청을 쳐서 삼전도의 치욕을 씻자.

북벌

① 병자호란이 일어났다.
② 4군 6진이 개척되었다.
③ 훈련도감이 창설되었다.
④ 외규장각 도서가 약탈되었다.

22

(가) 왕의 업적으로 옳지 <u>않은</u> 것은? [3점]

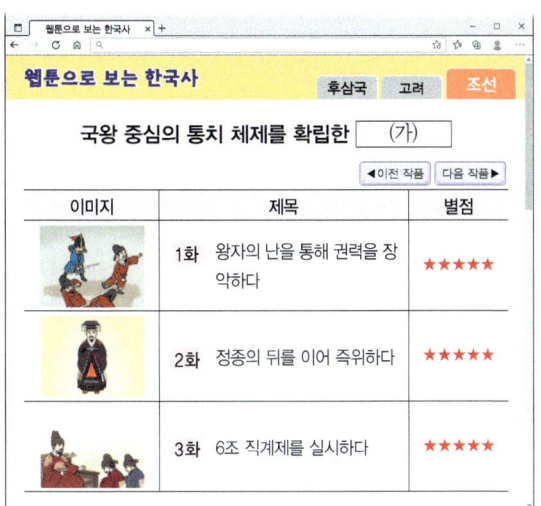

웹툰으로 보는 한국사

후삼국 | 고려 | 조선

국왕 중심의 통치 체제를 확립한 **(가)**

◀이전 작품 | 다음 작품▶

이미지		제목	별점
	1화	왕자의 난을 통해 권력을 장악하다	★★★★★
	2화	정종의 뒤를 이어 즉위하다	★★★★★
	3화	6조 직계제를 실시하다	★★★★★

① 신문고를 설치하였다.
② 계미자를 주조하였다.
③ 칠정산을 편찬하였다.
④ 호패법을 마련하였다.

23

(가)에 들어갈 문화유산으로 옳은 것은? [1점]

(가) 가 종묘 앞에 처음 설치되었습니다. 이 기기는 영침의 그림자로 시각을 표시하며, 동지나 하지와 같은 절기도 확인할 수 있습니다.

종묘 앞에 새 기기 설치

① 자격루　　　② 측우기
③ 혼천의　　　④ 앙부일구

24

(가) 인물의 활동으로 옳은 것은? [2점]

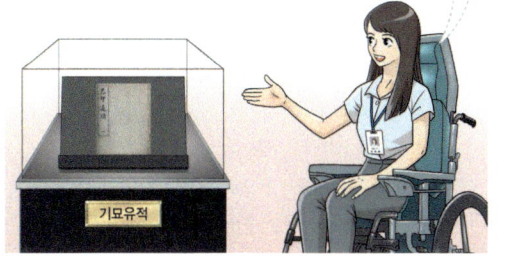

이 책은 기묘사화의 전말을 다룬 기묘유적입니다. 현량과 실시와 위훈 삭제를 주장한 **(가)** 이/가 관직에서 쫓겨나는 과정이 잘 기록되어 있습니다.

기묘유적

① 발해고를 저술하였다.
② 대동여지도를 제작하였다.
③ 백운동 서원을 건립하였다.
④ 소격서 폐지를 건의하였다.

25

다음 답사가 이루어진 장소로 적절하지 <u>않은</u> 것은? [2점]

□□ 학회 정기 답사

임진왜란의 격전지를 가다

답사 개관 임진왜란 중 치열한 전투가 벌어진 유적을 답사하여 나라를 지키고자 노력한 선조들의 호국 정신을 기린다.
답사 기간 2023년 ○○월 ○○일~○○월 ○○일
신청 방법 방문 접수, 이메일 접수

① 탄금대　　　② 행주산성
③ 수원화성　　　④ 울산왜성

26

(가)에 들어갈 제도로 옳은 것은? [1점]

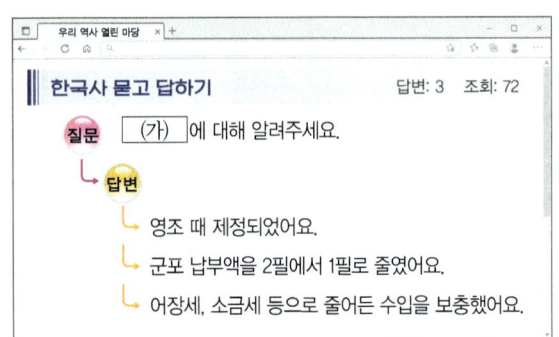

우리 역사 열린 마당

한국사 묻고 답하기 답변: 3 조회: 72

질문 [(가)]에 대해 알려주세요.

답변

└ 영조 때 제정되었어요.

└ 군포 납부액을 2필에서 1필로 줄였어요.

└ 어장세, 소금세 등으로 줄어든 수입을 보충했어요.

① 과전법 ② 균역법
③ 대동법 ④ 영정법

27

(가)에 들어갈 그림으로 옳은 것은? [2점]

메타버스에서 만나는 조선의 회화

두 그림은 조선 후기 풍속화가 신윤복의 작품입니다. 그는 양반의 풍류와 여성의 생활 등을 소재로 한 많은 작품을 남겼습니다.

단오풍정 (가)

학생 1 학생 2 학생 3 해설사

①

씨름도

②

노상알현도

③

고사관수도

④
월하정인

28

밑줄 그은 '봉기'에 대한 설명으로 옳은 것은? [2점]

이것은 1862년에 진주에서 일어난 농민 봉기의 주요 지점을 조선 시대 지도에 표시한 것입니다. 유계춘을 중심으로 모인 농민들은 축곡에서 모의하고 수곡에서 읍회를 연 뒤, 덕산 장시를 출발하여 진주성으로 진격했습니다.

수곡

시천 (덕산 장시)

축곡

진주성

① 김부식이 이끄는 관군에 진압되었다.
② 삼정이정청이 설치되는 계기가 되었다.
③ 서북인에 대한 차별에 반발하여 일어났다.
④ 흥선 대원군이 재집권하는 결과를 가져왔다.

29

(가) 인물의 활동으로 옳은 것은? [2점]

남양주 [(가)] 유적지 내에 있는 이 가옥의 이름은 여유당입니다. [(가)]은/는 목민심서 등 많은 책을 저술한 실학자로 유명합니다.

① 거중기를 설계하였다.
② 몽유도원도를 그렸다.
③ 동의보감을 완성하였다.
④ 열하일기를 저술하였다.

30

다음 대화 이후에 있었던 사실로 옳은 것은? [2점]

며칠 전 미군이 포를 마구 쏘며 손돌목을 지나갔다고 하니 곧 큰일이 벌어지겠어.

어재연 장군이 이끄는 군사들이 광성보에서 대비하고 있으니 기대해 보세.

① 병인박해가 일어났다.
② 장용영이 창설되었다.
③ 척화비가 건립되었다.
④ 화통도감이 설치되었다.

31

밑줄 그은 '사절단'으로 옳은 것은? [2점]

이 그림은 1883년 미국 신문에 실린 삽화입니다. 푸트 미국 공사의 조선 부임에 대한 답례로 파견된 민영익 등의 사절단이 아서 대통령을 만나는 상황을 표현하였습니다.

① 보빙사
② 수신사
③ 영선사
④ 조사 시찰단

32

(가)에 해당하는 인물로 옳은 것은? [1점]

□□신문

제△△호   ○○○○년 ○○월 ○○일

(가) , 쓰시마섬에서 순국하다

을사늑약 체결에 저항하여 태인에서 의병을 일으켰던 (가) 이/가 오늘 절명하였다. 그는 관군이 진압하러 오자 같은 동포끼리는 서로 죽일 수 없다며 전투를 중단하고 체포되었다. 서울로 압송된 뒤 쓰시마섬에 끌려가 최후를 맞이하였다.

①
신돌석

②
최익현

③
안중근

④
홍범도

33

밑줄 그은 '비상 수단'에 해당하는 사건으로 옳은 것은? [2점]

나라를 어지럽히는 신하를 살해하고, 국왕을 보호하여 정령(政令)*의 남발을 막을 수밖에 없었다. 그러므로 희생을 무릅쓰고 비상 수단을 쓰기로 결심한 것이다.

홍영식: 모의를 총괄한 제1인자
박영효: 실행 총지휘
서광범: 거사 계획 수립
김옥균: 일본 공사관과의 교섭 및 통역
서재필: 병사 통솔

– 박영효의 회고–

*정령(政令): 정치상의 명령

① 갑신정변
② 을미사변
③ 삼국 간섭
④ 아관 파천

34

다음 문서가 작성된 시기를 연표에서 옳게 고른 것은?

[3점]

영국 공관에 보냄

근래 국내에 전해지는 소문을 통해 귀국이 거문도에 뜻을 두고 있다는 것을 알았습니다. 이 섬은 우리나라의 땅으로, 다른 나라는 점유할 수 없는 곳입니다. 귀국처럼 공법에 밝은 나라가 이처럼 뜻밖의 일을 저지를 줄이야 어떻게 알 수 있었겠습니까?

```
      1863        1876        1882        1894        1905
        │   (가)   │   (나)   │   (다)   │   (라)   │
      고종        강화도       임오        갑오        을사
      즉위        조약        군란        개혁        늑약
```

① (가)　　② (나)　　③ (다)　　④ (라)

35

(가)에 들어갈 학교로 옳은 것은?

[2점]

역사 인물 카드

- 생몰: 1878년~1983년
- 호: 도산
- 주요 활동
  - 신민회 결성
  - [(가)] 설립
  - 대한인 국민회 중앙 총회 조직
  - 흥사단 창설

① 대성 학교　　② 원산 학사
③ 육영 공원　　④ 이화 학당

36

(가), (나) 사이의 시기에 체결된 조약으로 옳은 것은?

[2점]

(가)

역사 신문

국외 중립 선언 무효화되다

한일 의정서

(나)

역사 신문

일제가 국권을 강탈하다

한일 병합 조약

① 톈진 조약　　② 정미 7조약
③ 제물포 조약　　④ 시모노세키 조약

37

다음 시나리오의 상황 이후에 전개된 사실로 옳은 것은?

[2점]

$#17. 전주성 안 선화당

농민군 대장 전봉준과 전라 감사 김학진이 대화를 나누고 있다.

김학진: 일본군이 궁궐을 점령하여 국가에 큰 위기가 닥쳤소.

전봉준: 청군과 일본군이 들어와 있는 상황에서 이런 일이 생기다니 참으로 큰일입니다.

① 동학을 창시한 최제우가 처형되었다.
② 동학 농민군이 우금치 전투에서 패하였다.
③ 교조 신원을 요구하는 삼례 집회가 열렸다.
④ 조병갑의 탐학에 맞서 고부 농민 봉기가 일어났다.

38

다음 장면에 나타난 운동으로 옳은 것은?

[1점]

① 국채 보상 운동
② 문자 보급 운동
③ 물산 장려 운동
④ 민립 대학 설립 운동

39

밑줄 그은 ㉠에 해당하는 내용으로 적절하지 <u>않은</u> 것은? [3점]

이 사진은 무엇인가요?

동대문에서 열린 전차 개통식에 참석한 대한 제국의 고위 관리들을 찍은 사진이에요. 전차를 비롯하여 ㉠ 대한 제국 시기에 도입된 많은 근대 문물은 당시 사람들의 생활에 큰 변화를 주었어요.

① 극장인 원각사가 세워졌다.

② 덕수궁에 중명전이 건립되었다.

③ 박문국에서 한성순보가 발행되었다.

④ 서울과 부산을 잇는 경부선 철도가 부설되었다.

40

다음 상황 이후에 일어난 사실로 옳은 것은? [2점]

호외요! 호외! 대한 제국의 마지막 황제께서 승하하셨소!

① 6 · 10 만세 운동이 일어났다.

② 헤이그 특사가 파견되었다.

③ 토지 조사 사업이 실시되었다.

④ 제너럴 셔먼호 사건이 발생하였다.

41

밑줄 그은 '시기'에 볼 수 있는 모습으로 가장 적절한 것은? [2점]

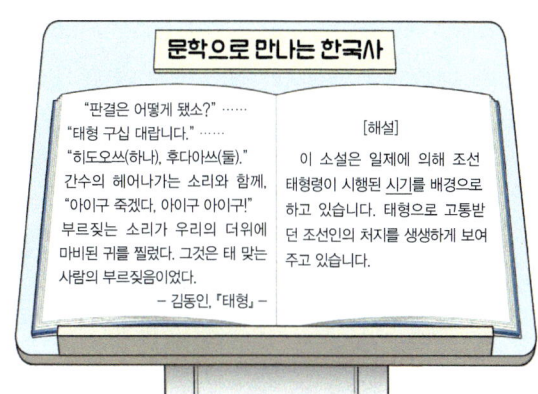

문학으로 만나는 한국사

"판결은 어떻게 됐소?" ……
"태형 구십 대랍니다." ……
"히도오쓰(하나), 후다아쓰(둘)."
간수의 헤어나가는 소리와 함께,
"아이구 죽겠다, 아이구 아이구!"
부르짖는 소리가 우리의 더위에 마비된 귀를 찔렀다. 그것은 태 맞는 사람의 부르짖음이었다.
－ 김동인, 「태형」 －

[해설]
이 소설은 일제에 의해 조선 태형령이 시행된 <u>시기</u>를 배경으로 하고 있습니다. 태형으로 고통받던 조선인의 처지를 생생하게 보여 주고 있습니다.

① 경성 제국 대학에 다니는 학생

② 제복을 입고 칼을 찬 헌병 경찰

③ 조선책략 유포에 반발하는 유생

④ 국민 징용령에 의해 끌려가는 청년

42

(가)의 활동으로 옳은 것은? [2점]

이것은 네 엄마를 키우면서 쓴 일기야. 네 할아버지랑 나는 3 · 1 운동을 계기로 상하이에 수립된 ⎡ (가) ⎤ 이/가 창사로 옮겼을 때 합류해서 독립운동을 했어. 김구, 이시영 선생님이 네 엄마를 참 예뻐하셨지.

와, 그 힘든 독립 운동을 하시면서도 육아 일기를 쓰셨네요!

① 독립 공채를 발행하였다.

② 만민 공동회를 개최하였다.

③ 신흥 강습소를 설립하였다.

④ 잡지 어린이를 발간하였다.

43

(가)에 들어갈 군사 조직으로 옳은 것은? [2점]

① 대한 독립군
② 북로 군정서
③ 조선 의용대
④ 조선 혁명군

45

(가)~(다)에 대한 설명으로 옳은 것은? [3점]

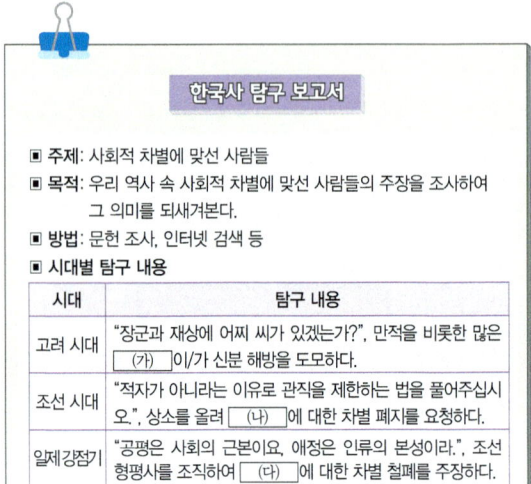

① (가) – 고려 시대에 공음전을 지급받았다.
② (나) – 일부가 규장각 검서관에 기용되었다.
③ (다) – 골품에 따라 관직 승진의 제한을 받았다.
④ (가), (나), (다) – 매매, 상속, 증여의 대상이 되었다.

44

(가) 지역에 대한 탐구 활동으로 가장 적절한 것은? [2점]

① 운요호 사건의 과정을 검색한다.
② 삼별초의 최후 항쟁지를 조사한다.
③ 고려 왕릉이 조성된 지역을 찾아본다.
④ 대한 제국 칙령 제41호의 내용을 파악한다.

46

밑줄 그은 '국회'의 활동으로 적절하지 않은 것은? [3점]

① 제헌 헌법을 제정하였다.
② 반민족 행위 처벌법을 가결하였다.
③ 한미 상호 방위 조약을 비준하였다.
④ 이승만을 초대 대통령으로 선출하였다.

47

(가)에 들어갈 내용으로 옳은 것은? [1점]

좋아요 66회   3일 전

수업 시간에는 [(가)] 당시 시민군의 항쟁 중심지였던 옛 전남도청 모형을 만들었다. 실제 옛 도청 앞 시계탑에서는 매일 같은 시간에 '임을 위한 행진곡'이 나온다고 한다. 많은 분의 희생으로 우리나라의 민주주의가 발전하게 되었음을 깨닫게 되었다.

① 4 · 19 혁명
② 부마 민주 항쟁
③ 6월 민주 항쟁
④ 5 · 18 민주화 운동

48

다음 뉴스가 보도된 정부 시기의 통일 노력으로 옳은 것은? [3점]

분단 26년 만에 처음으로 남측 자유의 집과 북측 판문각을 연결하는 직통 전화가 개설되었습니다. 이로써 남북 적십자 회담을 열기 위한 대화의 통로가 마련되었습니다.

남북 직통 전화 개설

① 금강산 관광 사업을 시작하였다.
② 남북한이 유엔에 동시 가입하였다.
③ 7 · 4 남북 공동 성명을 발표하였다.
④ 최초로 남북 정상 회담을 개최하였다.

49

다음 연설이 있었던 정부 시기의 경제 상황으로 옳은 것은? [2점]

국민 여러분, 금융 실명제 실시를 위한 대통령 긴급 명령은 깨끗한 사회로 가기 위해 필수적인 제도 개혁입니다. 지하 경제가 사라질 것입니다. 검은 돈이 없어질 것입니다.

① 경부 고속 도로를 준공하였다.
② 3저 호황으로 수출이 증가하였다.
③ 제1차 경제 개발 5개년 계획을 추진하였다.
④ 경제 협력 개발 기구(OECD)에 가입하였다.

50

(가)~(다)에 대한 설명으로 옳은 것은? [3점]

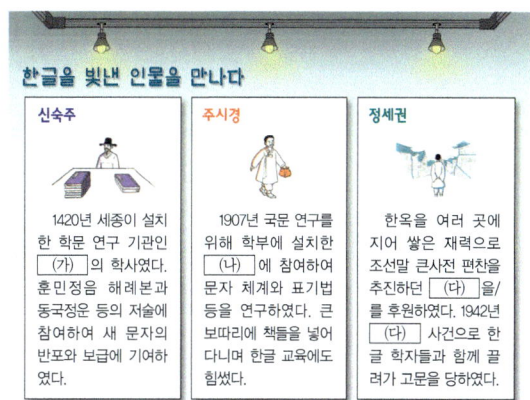

한글을 빛낸 인물을 만나다

신숙주	주시경	정세권
1420년 세종이 설치한 학문 연구 기관인 [(가)]의 학사였다. 훈민정음 해례본과 동국정운 등의 저술에 참여하여 새 문자의 반포와 보급에 기여하였다.	1907년 국문 연구를 위해 학부에 설치한 [(나)]에 참여하여 문자 체계와 표기법 등을 연구하였다. 큰 보따리에 책들을 넣어 다니며 한글 교육에도 힘썼다.	한옥을 여러 곳에 지어 쌓은 재력으로 조선말 큰사전 편찬을 추진하던 [(다)]을/를 후원하였다. 1942년 [(다)] 사건으로 한글 학자들과 함께 끌려가 고문을 당하였다.

① (가) – 삼강행실도 언해본을 편찬하였다.
② (나) – 한글 신문인 독립신문을 간행하였다.
③ (다) – 한글 맞춤법 통일안을 제정하였다.
④ (가), (나), (다) – 창덕궁 후원에 설치되었다.

|정답 및 해설| 204p

01

(가) 시대의 생활 모습으로 옳은 것은? [1점]

VR가상 체험관

금속 도구를 사용하기 시작한 (가) 시대의 대표적 유물인 비파형 동검을 만들어 봅시다. 손잡이를 돌려 거푸집에 주물을 부어 보세요.

① 우경이 널리 보급되었다.
② 철제 농기구를 사용하였다.
③ 주로 동굴이나 막집에서 살았다.
④ 지배층의 무덤으로 고인돌을 만들었다.

02

(가)에 들어갈 나라로 옳은 것은? [1점]

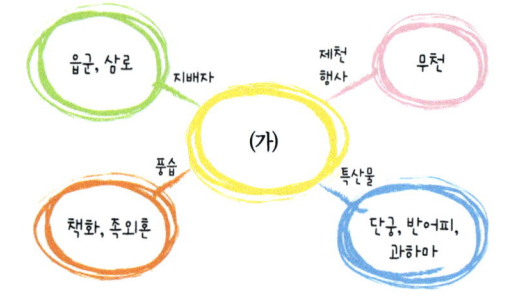

읍군, 삼로 / 지배자
제천 행사 / 무천
(가)
풍습
책화, 족외혼
특산물 / 단궁, 반어피, 과하마

① 동예   ② 부여   ③ 삼한   ④ 옥저

03

(가)에 들어갈 내용으로 옳은 것은? [2점]

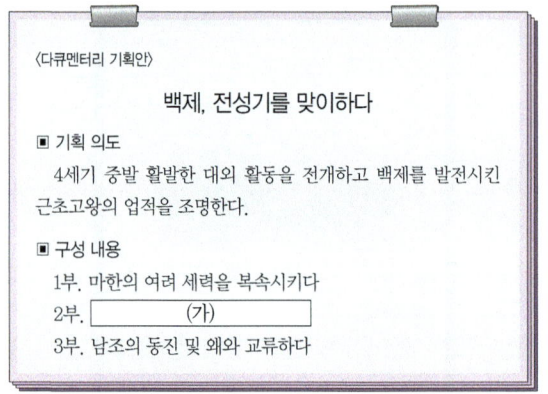

〈다큐멘터리 기획안〉

백제, 전성기를 맞이하다

■ 기획 의도
　4세기 중발 활발한 대외 활동을 전개하고 백제를 발전시킨 근초고왕의 업적을 조명한다.

■ 구성 내용
　1부. 마한의 여러 세력을 복속시키다
　2부. ___(가)___
　3부. 남조의 동진 및 왜와 교류하다

① 사비로 천도하다
② 22담로를 설치하다
③ 고국원왕을 전사시키다
④ 독서삼품과를 시행하다

04

(가) 시기에 있었던 사실로 옳은 것은? [2점]

수의 군대를 이곳 살수에서 크게 물리쳤노라.

(가)

우리가 안시성에서 힘을 합쳐 당군을 물리쳤다.

① 김흠돌이 반란을 도모하였다.
② 연개소문이 정변을 일으켰다.
③ 장문휴가 당의 산둥 반도를 공격하였다.
④ 검모잠이 고구려 부흥 운동을 전개하였다.

05

다음 퀴즈의 정답으로 옳은 것은? [1점]

> 혈통에 따라 관직 진출뿐만 아니라 일상생활까지 차별한 신라의 신분 제도는 무엇일까요?

① 골품제도
② 기인제도
③ 음서제도
④ 상수리제도

06

(가)에 들어갈 문화유산으로 옳은 것은? [1점]

문화유산 카드

(가)
- ●종목: 국보
- ●소재지: 경상북도 경주시
- ●소개: 신라 선덕여왕 때 벽돌 모양으로 돌을 다듬어 쌓은 탑으로, 기단 위 모퉁이에 화강암으로 조각한 사자상이 놓여 있다.

① 분황사 모전 석탑
② 정림사지 오층 석탑
③ 월정사 팔각 구층 석탑
④ 화엄사 사사자 삼층 석탑

07

다음 사건이 일어난 시기를 연표에서 옳게 고른 것은? [2점]

> 진성왕 3년, 나라 안의 모든 주와 군에서 공물과 부세를 보내지 않아 창고가 텅 비어 나라의 재정이 궁핍해졌다. 왕이 관리를 보내 독촉하니 곳곳에서 도적이 벌떼처럼 일어났다. 이때 원종과 애노 등이 사벌주를 거점으로 반란을 일으켰다.
> － 『삼국사기』 －

433	562	676	780	918
(가)	(나)	(다)	(라)	
나제 동맹 성립	진흥왕 대가야 병합	신라 삼국 통일	혜공왕 피살	고려 건국

① (가)
② (나)
③ (다)
④ (라)

08

밑줄 그은 '인물'에 대한 설명으로 옳은 것은? [2점]

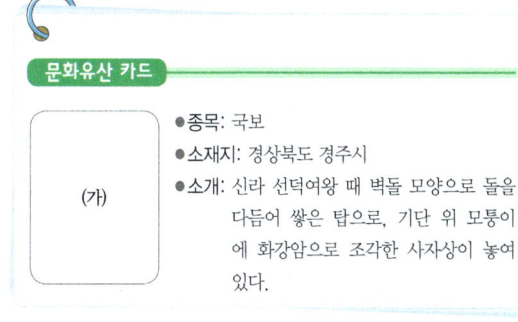

문화유산을 찾아서 - 상주 편

> 이 사당은 후백제를 세운 인물을 기리고 있어.

> 그는 아들 신검에 의해 금산사에 유폐된 비운의 왕이기도 해.

① 청해진을 설치하였다.
② 국호를 마진으로 하였다.
③ 경주의 사심관으로 임명되었다.
④ 공산 전투에서 고려에 승리하였다.

09

다음 자료에 해당하는 국가의 문화유산으로 옳은 것은? [2점]

> ○ 대조영은 마침내 그 무리를 거느리고 동쪽으로 가서 계루부의 옛 땅을 차지하고, 동모산에 웅거하여 성을 쌓고 살았다.
> ○ 대인수가 왕위에 올라 연호를 건흥으로 바꾸었다. …… 여러 차례 학생들을 유학 보내어 고금의 제도를 익히게 하니, 비로소 해동성국에 이르렀다.

① 영광탑 ② 금관총 금관 ③ 금동 대향로 ④ 판갑옷과 투구

10

(가)에 들어갈 내용으로 옳은 것은? [2점]

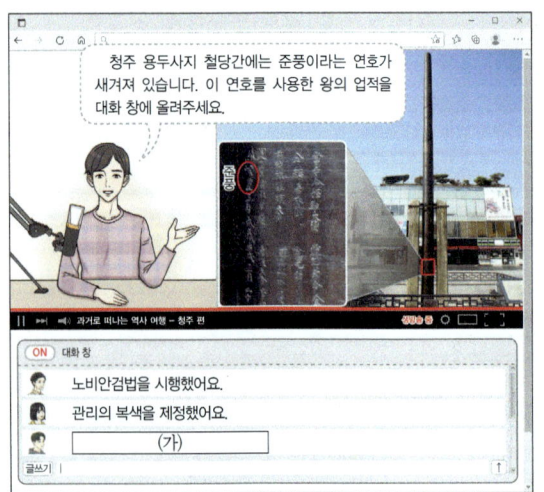

청주 용두사지 철당간에는 준풍이라는 연호가 새겨져 있습니다. 이 연호를 사용한 왕의 업적을 대화 창에 올려주세요.

ON 대화 창
- 노비안검법을 시행했어요.
- 관리의 복색을 제정했어요.
- (가)

글쓰기 |

① 강화도로 천도했어요.

② 쌍성총관부를 수복했어요.

③ 지방에 12목을 설치했어요.

④ 과거제를 처음으로 시행했어요.

11

(가) 시기에 있었던 사실로 옳은 것은? [2점]

우리 여진이 부모의 나라인 고려에 말과 담비 가죽을 바칩니다. / 의복과 은그릇을 답례로 보내겠노라. / 현종 → (가) → 인종 / 금이 강성해져 섬기지 않을 수 없습니다. / 이자겸

① 박위가 대마도를 정벌하였다.

② 윤관이 별무반 설치를 건의하였다

③ 김윤후가 처인성 전투에서 승리하였다.

④ 김춘추가 당과의 군사 동맹을 성사시켰다.

12

(가)에 들어갈 화폐로 옳은 것은? [1점]

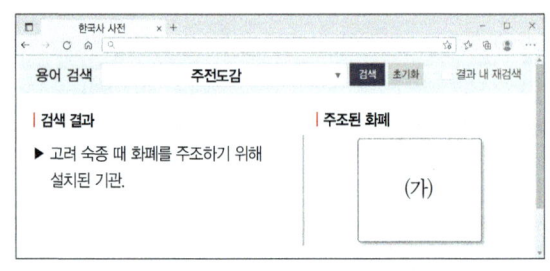

한국사 사전

용어 검색 주전도감 ▼ 검색 초기화 결과 내 재검색

검색 결과	주조된 화폐
▶ 고려 숙종 때 화폐를 주조하기 위해 설치된 기관.	(가)

① 명도전 ② 당백전

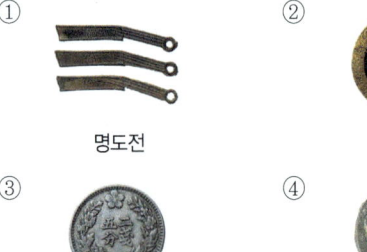

③ 백동화 ④ 해동통보

13

(가)에 들어갈 문화유산으로 옳은 것은?　　　　[2점]

오늘 합천 해인사에서는 　(가)　을 머리에 이고 가는 정대불사가 진행되었습니다. 이 행사는 부처의 힘으로 몽골의 침략을 물리치고자 만든 　(가)　을 강화도에서 해인사로 옮긴 것을 기념하기 위해 시작되었습니다.

해인사에서 정대불사 기념 행사 열려

① 초조대장경
② 직지심체요절
③ 팔만대장경판
④ 무구정광대다라니경

14

(가) 시기에 볼 수 있는 장면으로 옳은 것은?　　　　[3점]

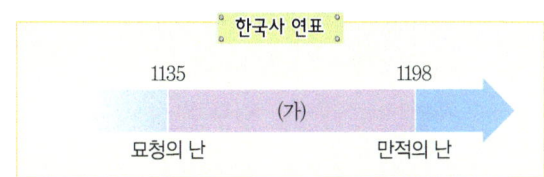

한국사 연표

1135　　　　　　　　　　1198
　　　　(가)
묘청의 난　　　　　　　　만적의 난

① 문신의 관을 쓰고 있는 자는 모두 죽여라.
정중부

② 새로 제작한 화포로 진포에 침입한 왜구를 물리치자.
최무선

③ 이곳 흥화진에서 거란군을 모두 물리쳐라.
강감찬

④ 우리 삼별초는 여기 진도 용장성에서 적에 맞서 끝까지 싸울 것이다.
배중손

15

밑줄 그은 '이 왕'의 업적으로 옳은 것은?　　　　[2점]

이 왕은 후삼국을 통일하고 발해 유민까지 포용했어요. 저는 이것을 그림으로 표현해 보았어요.

후삼국통일 / 신라 / 백제 / 발해 / 고구려

① 흑창을 만들었다.
② 천리장성을 축조하였다.
③ 전민변정도감을 설치하였다.
④ 전시과를 처음으로 시행하였다.

16

밑줄 그은 '이 시기'에 볼 수 있는 모습으로 적절하지 않은 것은?　　　　[2점]

왼쪽 그림에서는 발립을 쓴 관리의 모습, 오른쪽 그림에서는 변발과 호복을 한 무사의 모습을 볼 수 있습니다. 이러한 복식은 이 시기 지배층 사이에서 유행하였습니다.

복식으로 배우는 한국사

이조년 초상　　　　천산대렵도(일부)

① 매를 조련시키는 응방 관리
② 원에 공녀로 끌려가는 여인
③ 황룡사 구층 목탑을 세우는 목공
④ 권문세족에게 땅을 빼앗기는 농민

17

(가) 인물에 대한 설명으로 옳은 것은?　[3점]

① 강동 6주를 획득하였다.

② 비격진천뢰를 제작하였다.

③ 황산에서 왜구를 물리쳤다.

④ 매소성 전투를 승리로 이끌었다.

18

다음 가상 인터뷰에 등장하는 왕의 업적으로 옳은 것은?　[2점]

① 비변사를 폐지하였다.

② 칠정산을 편찬하였다.

③ 동의보감을 간행하였다.

④ 백두산정계비를 건립하였다.

19

(가)에 들어갈 왕으로 옳은 것은?　[1점]

① 태종　② 세조　③ 중종　④ 영조

20

밑줄 그은 '제도'로 옳은 것은?　[2점]

① 균역법　② 대동법　③ 영정법　④ 직전법

21

(가) 전쟁에 대한 설명으로 옳지 <u>않은</u> 것은?　[3점]

① 조헌이 금산에서 의병을 이끌었다.

② 임경업이 백마산성에서 항전하였다.

③ 곽재우가 의병을 일으켜 정암진에서 싸웠다.

④ 신립이 탄금대에서 배수의 진을 치고 전투를 벌였다.

22

(가)~(다) 학생이 발표한 내용을 일어난 순서대로 옳게 나열한 것은? [3점]

명청 교체기 조선의 대외 관계

강홍립의 부대가 파병되어 후금과 전투하였어요.

청의 요청으로 나선 정벌에 조총 부대가 파견되었어요.

남한산성에서 나온 인조가 삼전도에서 청에 항복하였어요.

(가)   (나)   (다)

① (가) – (나) – (다)
② (가) – (다) – (나)
③ (나) – (가) – (다)
④ (다) – (나) – (가)

23

(가)에 해당하는 사건으로 옳은 것은? [2점]

이곳은 유네스코 세계유산에 등재된 필암 서원으로 인종의 스승이었던 김인후를 배향하고 있습니다. 그는 명종 즉위 후 왕의 외척들 간 권력 다툼으로 (가) 이/가 일어나자, 고향으로 돌아와 성리학 연구와 후학 양성에 힘썼습니다.

① 경신환국
② 기해예송
③ 병인박해
④ 을사사화

24

다음 특별전에서 볼 수 있는 작품으로 옳은 것은? [2점]

○○미술관 특별전

겸재 정선, 우리 자연의 아름다움을 화폭에 담다

화면을 넘기면 다른 작품을 볼 수 있습니다.

① 영통동구도

② 인왕제색도

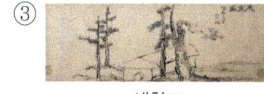
③ 세한도

④ 몽유도원도

25

선생님의 질문에 대한 학생의 대답으로 옳지 않은 것은? [2점]

이 화폐가 전국에 유통된 시기의 경제 상황에 대해서 말해볼까요?

① 정기 시장인 장시가 전국 각지에서 열렸어요.

② 관청에 물품을 조달하는 공인이 활동했어요.

③ 송상이 각지에 송방이라는 지점을 설치했어요.

④ 벽란도에서 활발한 국제 무역이 이루어졌어요.

26

밑줄 그은 '이 왕'의 업적으로 옳은 것은? [2점]

화면에 펼쳐진 자료에 대해 설명해 주시겠습니까?

네, 이것은 초계문신제를 시행한 이 왕이 규장각의 관원 등을 초대하여 함께 지은 시를 모은 것입니다.

① 경복궁을 중건하였다.
② 영선사를 파견하였다.
③ 장용영을 창설하였다.
④ 훈민정음을 창제하였다.

27

밑줄 그은 '사건'에 대한 설명으로 옳은 것은? [2점]

이 지도는 홍경래가 주도하여 일으킨 사건을 진압하기 위해 관군이 정주성을 포위한 상황을 보여주고 있습니다.

정주성공함작전도(모사본)

① 보국안민, 제폭구민을 기치로 내걸었다.
② 한성 조약이 체결되는 결과를 가져왔다.
③ 서북 지역민에 대한 차별에 반발하여 일어났다.
④ 전개 과정에서 선혜청과 일본 공사관을 공격하였다.

28

(가)에 들어갈 사건으로 옳은 것은? [1점]

역사 신문

제△△호 ○○○○년 ○○월 ○○일

일본과의 조약이 체결되다

무력 시위하는 일본 군인들

작년 가을 강화도와 영종도 일대에서 (가) 을 일으킨 일본과의 회담이 최근 수 차례 열렸다. 일본이 피해 보상과 조선의 개항을 일방적으로 요구하자, 조정에서는 이에 대한 찬반 논쟁 끝에 신헌을 파견하여 조일 수호 조규를 체결하였다.

① 운요호 사건
② 105인 사건
③ 제너럴 셔먼호 사건
④ 오페르트 도굴 사건

29

밑줄 그은 '변란'으로 옳은 것은? [2점]

메타버스로 만나보는 한국사 인물

중국 톈진에 억류당하시게 된 경위를 들을 수 있을까요?

구식 군인들이 변란을 일으키자, 나는 사태 수습을 위해 입궐하여 통리기무아문과 별기군을 폐지하였소. 그런데 청군이 나를 변란의 책임자로 지목하여 이곳으로 납치하였소.

홍선 대원군

① 갑신정변
② 신미양요
③ 임오군란
④ 임술 농민 봉기

30

밑줄 그은 '나'에 대한 설명으로 옳은 것은? [2점]

나는 대한 제국의 주권을 침탈한 이토 히로부미를 대한의군 참조중장 자격으로 하얼빈역에서 처단하였습니다.

① 중광단을 결성하였다.
② 독립 의군부를 조직하였다.
③ 동양 평화론을 집필하였다.
④ 시일야방성대곡을 발표하였다.

31

(가)에 해당하는 지역을 지도에서 옳게 찾은 것은? [2점]

이 책에 대해 소개해 주시겠습니까?

이 책은 [(가)] 시종기입니다. 우당 이회영의 부인이자 독립운동가인 이은숙이 국권 피탈 후 [(가)] 에서의 망명 생활과 신흥 강습소 설립 과정 등을 기록한 책입니다.

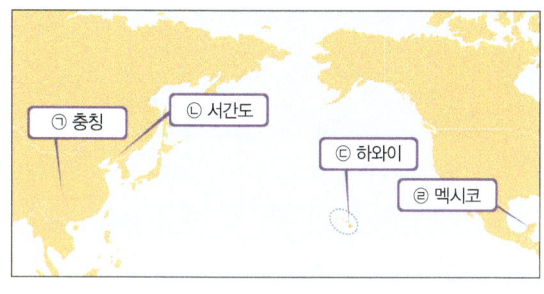

① ㉠ 충칭
② ㉡ 서간도
③ ㉢ 하와이
④ ㉣ 멕시코

① ㉠   ② ㉡   ③ ㉢   ④ ㉣

32

다음 공고가 발표된 시기 일제의 정책으로 옳은 것은? [2점]

〈토지 조사 사무원 생도 모집〉

조선 총독부에서는 토지 조사 사업을 진행할 사무원 및 기술원 생도를 모집합니다.

■ 모집 인원: 150명
■ 수업 기간: 6개월 이내
■ 담당 기관: 임시 토지 조사국 사무원 양성과

① 농광 회사를 설립하였다.
② 조선 태형령을 시행하였다.
③ 산미 증식 계획을 실시하였다.
④ 화폐 정리 사업을 추진하였다.

33

(가)에 들어갈 인물로 옳은 것은? [2점]

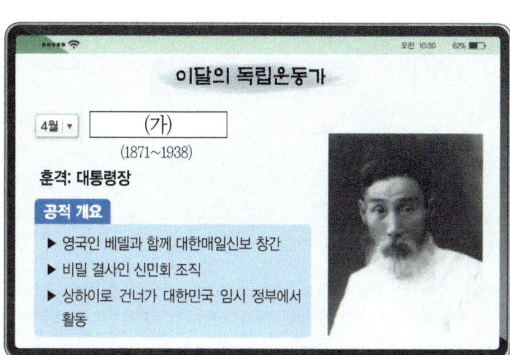

이달의 독립운동가

4월 ▼   [(가)]
(1871~1938)

훈격: 대통령장

공적 개요

▶ 영국인 베델과 함께 대한매일신보 창간
▶ 비밀 결사인 신민회 조직
▶ 상하이로 건너가 대한민국 임시 정부에서 활동

① 김원봉   ② 나석주   ③ 신익희   ④ 양기탁

34

다음 상황 이후에 볼 수 있는 모습으로 가장 적절한 것은? [3점]

저것이 며칠 전 동대문에서 서대문까지 운행을 시작한 전차라는 것인가?

그렇다네. 한성 전기 회사에서 전기를 공급하여 운행한다더군.

① 한성순보를 발간하는 직원
② 만민 공동회에서 연설하는 백정
③ 경부선 철도 개통식에 참석하는 관리
④ 동문학에서 영어를 공부하고 있는 학생

35

(가)에 들어갈 전투로 옳은 것은? [1점]

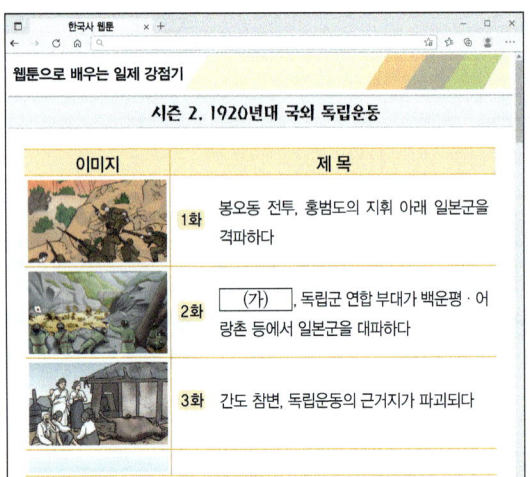

웹툰으로 배우는 일제 강점기

시즌 2. 1920년대 국외 독립운동

이미지		제 목
	1화	봉오동 전투, 홍범도의 지휘 아래 일본군을 격파하다
	2화	(가), 독립군 연합 부대가 백운평·어랑촌 등에서 일본군을 대파하다
	3화	간도 참변, 독립운동의 근거지가 파괴되다

① 영릉가 전투   ② 청산리 전투
③ 홍경성 전투   ④ 대전자령 전투

36

(가)의 활동으로 옳은 것은? [2점]

이 장면은 새로운 기법으로 구현한 (가) 의 충칭 청사와 그 요인들입니다. (가) 은/는 3·1 운동을 계기로 수립되어 독립운동을 활발하게 전개하였습니다.

① 독립문을 건립하였다.
② 서전서숙을 설립하였다.
③ 대한국 국제를 반포하였다.
④ 한국 광복군을 창설하였다.

37

(가)에 들어갈 내용으로 옳은 것은? [2점]

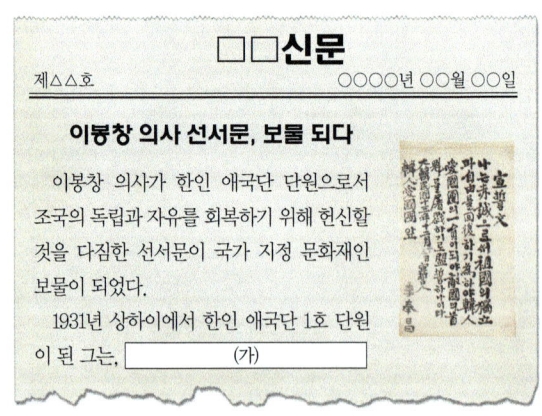

□□신문

제△△호   ○○○○년 ○○월 ○○일

이봉창 의사 선서문, 보물 되다

이봉창 의사가 한인 애국단 단원으로서 조국의 독립과 자유를 회복하기 위해 헌신할 것을 다짐한 선서문이 국가 지정 문화재인 보물이 되었다.

1931년 상하이에서 한인 애국단 1호 단원이 된 그는, (가)

① 도쿄에서 일왕을 향해 폭탄을 투척하였다.
② 훙커우 공원에서 일본군 장성 등을 살상하였다.
③ 명동 성당 앞에서 이완용을 습격하여 중상을 입혔다.
④ 샌프란시스코에서 친일 인사인 스티븐스를 사살하였다.

38

(가) 시기에 있었던 사실로 옳은 것은? [2점]

고종이 러시아 공사관에서 경운궁으로 돌아와 황제로 즉위하고 국호를 (가) (으)로 선포한 이후에 사용한 어새입니다.

(가) 고종 황제어새와 내함

① 지계가 발급되었다.
② 척화비가 건립되었다.
③ 육영 공원이 설립되었다.
④ 군국기무처가 설치되었다.

39

밑줄 그은 '이 시기'에 볼 수 있는 모습으로 적절하지 않은 것은? [3점]

이것은 일제 강점기 학적부의 일부입니다. 중일 전쟁 이후 침략 전쟁을 확대하던 이 시기에 일제는 학생들에게도 일본식으로 성명을 바꾸게 하는 창씨개명을 강요하였습니다.

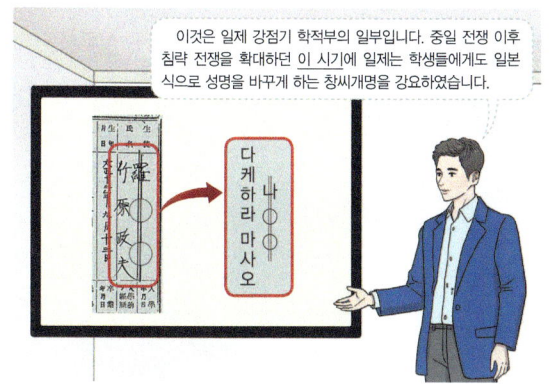

① 공출을 독려하는 애국반 반장
② 황국 신민 서사를 암송하는 학생
③ 국민 징용령에 의해 끌려가는 청년
④ 회사령을 공포하는 조선 총독부 관리

40

다음 퀴즈의 정답으로 옳은 것은? [1점]

제시된 힌트를 종합하여 알 수 있는 단체의 이름은 무엇일까요?

한국사 퀴즈 대회

1단계	1927년에 결성된 여성 운동 단체
2단계	민족주의 세력과 사회주의 세력이 협동하여 설립
3단계	신간회의 자매 단체로 전국에 지회를 두고 활동

① 근우회   ② 보안회
③ 송죽회   ④ 색동회

41

밑줄 그은 '이 민주화 운동'에 대한 설명으로 옳은 것은? [3점]

'고바우가 바라본 우리 현대사

이 만화는 김성환이 그린 '고바우 영감'으로 1987년 7월 1일자 신문에 게재되었다.

호헌 철폐, 독재 타도를 외친 이 민주화 운동으로 대통령 직선제 개헌을 약속하는 발표가 나자, 기뻐하는 국민들의 모습을 작가가 네 컷 만화로 표현하였다.

① 유신 체제가 붕괴되는 계기가 되었다.
② 양원제 국회가 출현하는 결과를 가져왔다.
③ 박종철과 이한열 등의 희생으로 확산되었다.
④ 전개 과정에서 시민군이 자발적으로 조직되었다.

42

(가)에 들어갈 내용으로 옳은 것은? [3점]

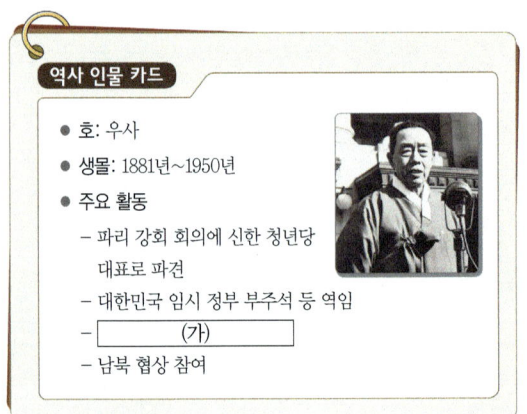

역사 인물 카드

● 호: 우사
● 생몰: 1881년~1950년
● 주요 활동
　－ 파리 강화 회의에 신한 청년당
　　대표로 파견
　－ 대한민국 임시 정부 부주석 등 역임
　－ _____(가)_____
　－ 남북 협상 참여

① 대성 학교 설립
② 조선 혁명 선언 작성
③ 좌우 합작 위원회 결성
④ 한국독립운동지혈사 저술

43

(가) 전쟁 중에 있었던 사실로 옳지 <u>않은</u> 것은? [2점]

1·4 후퇴에 대해 검색해 줘.

검색 결과입니다.

[(가)] 전쟁 당시 압록강과 두만강 유역까지 북진했던 국군과 유엔군이 중국군의 공세에 밀려 서울 이남 지역까지 철수한 사건입니다. 이로 인해 수많은 피란민이 발생하였습니다.

① 흥남 철수 전개
② 발췌 개헌안 통과
③ 인천 상륙 작전 개시
④ 반민족 행위 처벌법 제정

44

(가) 정부 시기에 있었던 사실로 옳은 것은? [2점]

사진으로 보는 (가) 정부

새마을 운동 | 광주 대단지 사건 | 100억 달러 수출 달성

① 농지 개혁법이 제정되었다.
② 경부 고속 도로를 준공하였다.
③ 금융 실명제를 전면 실시하였다.
④ 경제 협력 개발 기구 (OECD)에 가입하였다.

45

밑줄 그은 '정부'의 통일 노력으로 옳은 것은? [2점]

IMF 구제 금융을 조기 상환한 이 정부 시기에 또 어떤 일들이 있었나요?

역사 토크

정주영이 소 떼를 몰고 북한을 방문하였어요.

한일 월드컵 축구 대회가 개최되었지요.

① 남북 기본 합의서를 채택하였다.
② 남북한이 유엔에 동시 가입하였다.
③ 6·15 남북 공동 선언을 발표하였다.
④ 최초로 남북 간 이산가족 상봉을 성사시켰다.

46

밑줄 그은 '이 섬'에 대한 설명으로 옳은 것은? [1점]

우리나라 동쪽 끝에 있는 이 섬은 1900년 대한제국 칙령 41호에서 우리 영토임을 분명히 하였습니다.

① 정약전이 자산어보를 저술한 섬이다.
② 하멜 일행이 표류하다 도착한 섬이다.
③ 이종무가 왜구를 소탕하기 위해 정벌한 섬이다.
④ 안용복이 일본에 가서 우리 영토임을 확인받은 섬이다.

47

(가) 문화유산으로 옳은 것은? [2점]

이 실감 콘텐츠는 정조와 혜경궁이 함께 수원 화성에 행차하는 장면을 구현한 것으로, 조선 시대 왕실이나 국가의 중대한 행사를 글과 그림으로 기록한 책인 (가) 을/를 바탕으로 제작되었어요.

① 의궤
② 경국대전
③ 삼강행실도
④ 조선왕조실록

48

(가)에 들어갈 지역으로 옳은 것은? [2점]

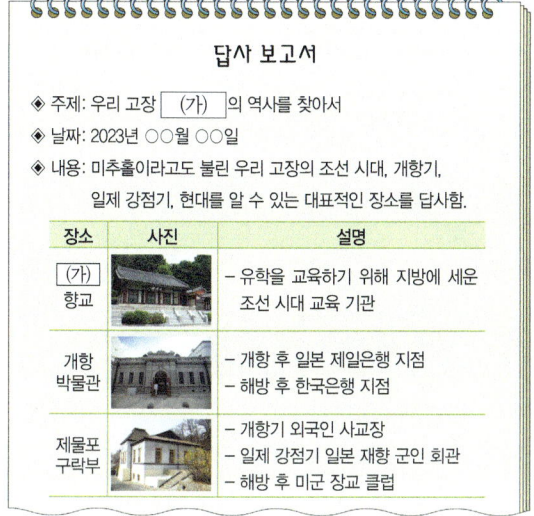

답사 보고서

◆ 주제: 우리 고장 (가) 의 역사를 찾아서
◆ 날짜: 2023년 ○○월 ○○일
◆ 내용: 미추홀이라고도 불린 우리 고장의 조선 시대, 개항기, 일제 강점기, 현대를 알 수 있는 대표적인 장소를 답사함.

장소	사진	설명
(가) 향교		– 유학을 교육하기 위해 지방에 세운 조선 시대 교육 기관
개항 박물관		– 개항 후 일본 제일은행 지점 – 해방 후 한국은행 지점
제물포 구락부		– 개항기 외국인 사교장 – 일제 강점기 일본 재향 군인 회관 – 해방 후 미군 장교 클럽

① 군산　　② 마산　　③ 목포　　④ 인천

49

(가)~(라)에 들어갈 내용으로 옳은 것은? [3점]

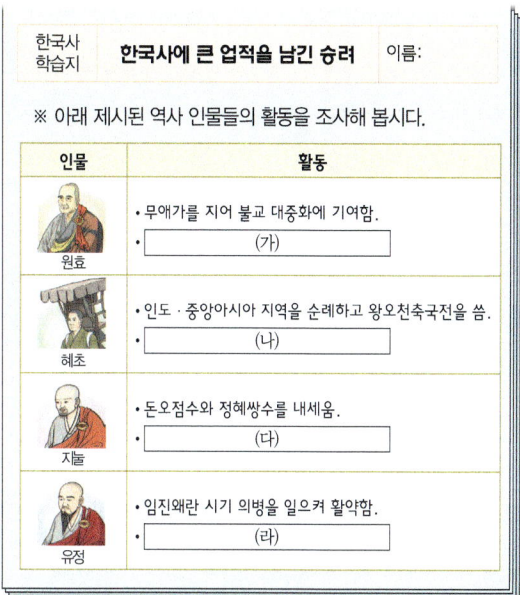

한국사 학습지	**한국사에 큰 업적을 남긴 승려**	이름:

※ 아래 제시된 역사 인물들의 활동을 조사해 봅시다.

인물	활동
원효	• 무애가를 지어 불교 대중화에 기여함. • (가)
혜초	• 인도 · 중앙아시아 지역을 순례하고 왕오천축국전을 씀. • (나)
지눌	• 돈오점수와 정혜쌍수를 내세움. • (다)
유정	• 임진왜란 시기 의병을 일으켜 활약함. • (라)

① (가) – 십문화쟁론을 저술함.
② (나) – 해동 천태종을 창시함.
③ (다) – 세속 5계를 지음.
④ (라) – 수선사 결사를 제창함.

50

(가)~(다)를 설립한 순서대로 옳게 나열한 것은? [3점]

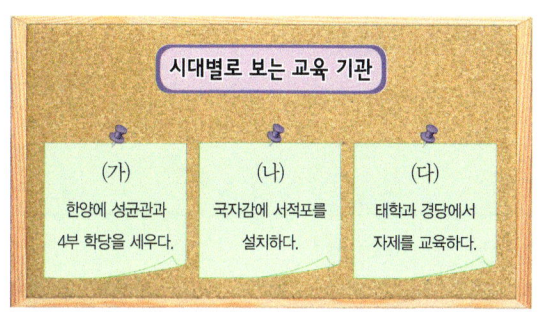

시대별로 보는 교육 기관

(가)	(나)	(다)
한양에 성균관과 4부 학당을 세우다.	국자감에 서적포를 설치하다.	태학과 경당에서 자제를 교육하다.

① (가) – (나) – (다)
② (가) – (다) – (나)
③ (나) – (가) – (다)
④ (다) – (나) – (가)

정답 및 해설 215p

01

(가)에 들어갈 내용으로 가장 적절한 것은? [1점]

겨울 방학 한국사 학습지

신석기 시대 사람의 하루가 담긴 가상 일과표를 만들어 봅시다.

꿈나라

간석기 손질하기
저녁 식사
가락 바퀴로 실 뽑기
사슴 사냥하기
(가)
불씨 확인하기
아침 식사

① 거친 무늬 거울 닦기
② 비파형 동검 제작하기
③ 빗살무늬 토기 만들기
④ 철제 농기구로 밭 갈기

02

(가) 나라에 대한 설명으로 옳은 것은? [2점]

우리 역사상 최초의 나라, (가)

신간 도서 소개

우리 역사상 첫 나라는 어떻게 세워졌을까요?
단군의 탄생부터 왕검성이 함락될 때까지의 생생한 역사를 만나 보세요.

독자평

□□□ 단군 신화의 내용이 인상적이었어요. ★★★★★
△△△ 한의 공격을 받아 멸망하는 모습이 안타까웠어요. ★★★★☆

① 범금 8조가 있었다.
② 책화라는 풍습이 있었다.
③ 낙랑군과 왜에 철을 수출하였다.
④ 제가 회의에서 나라의 중요한 일을 결정하였다.

03

다음 가상 인터뷰의 주인공으로 옳은 것은? [2점]

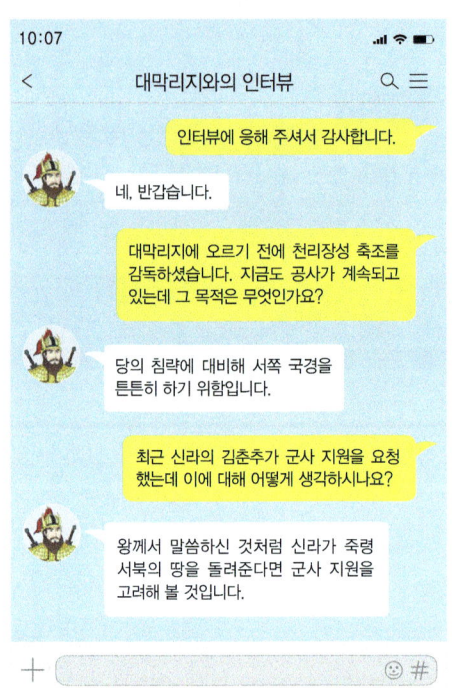

10:07

대막리지와의 인터뷰

인터뷰에 응해 주셔서 감사합니다.

네, 반갑습니다.

대막리지에 오르기 전에 천리장성 축조를 감독하셨습니다. 지금도 공사가 계속되고 있는데 그 목적은 무엇인가요?

당의 침략에 대비해 서쪽 국경을 튼튼히 하기 위함입니다.

최근 신라의 김춘추가 군사 지원을 요청했는데 이에 대해 어떻게 생각하시나요?

왕께서 말씀하신 것처럼 신라가 죽령 서북의 땅을 돌려준다면 군사 지원을 고려해 볼 것입니다.

① 김유신 ② 장보고 ③ 연개소문 ④ 흑치상지

04

밑줄 그은 '이 국가'에 대한 설명으로 옳은 것은? [2점]

이 유물은 2009년 포항 중성리에서 발견되었습니다. 현재 남아 있는 이 국가의 비석 중 가장 오래된 것으로, 당시의 관등 체계 및 골품제의 정비 과정 등을 알 수 있는 귀중한 자료입니다.

① 진대법을 실시하였다.
② 영고라는 제천 행사를 열었다.
③ 화백 회의라 불리는 합의 기구가 있었다.
④ 왕족인 부여씨와 8성의 귀족이 지배층을 이루었다.

05

(가)에 들어갈 문화유산으로 옳은 것은? [1점]

특별 사진전

문화유산으로 보는 백제의 대외 교류

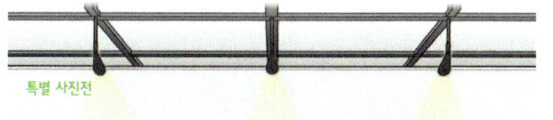

백제 금동 대향로   (가)   무령왕릉

①
칠지도

②
청감 상감 운학문 매병

③
천마총 장니 천마도

④
호우총 청동 그릇

06

(가) 국가에 대한 설명으로 옳은 것은? [2점]

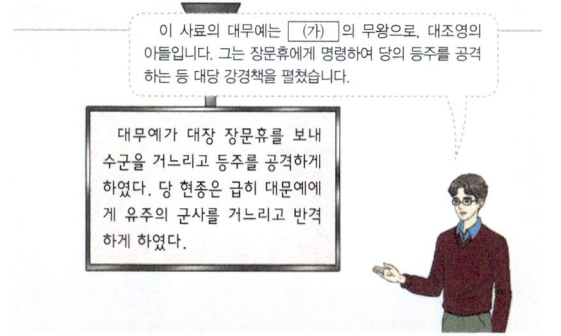

이 사료의 대무예는 (가) 의 무왕으로, 대조영의 아들입니다. 그는 장문휴에게 명령하여 당의 등주를 공격하는 등 대당 강경책을 펼쳤습니다.

대무예가 대장 장문휴를 보내 수군을 거느리고 등주를 공격하게 하였다. 당 현종은 급히 대문예에게 유주의 군사를 거느리고 반격하게 하였다.

① 마한의 소국 중 하나였다.

② 상수리 제도를 실시하였다.

③ 전성기에 해동성국이라 불렸다

④ 광덕, 준풍 등의 연호를 사용하였다.

07

다음 퀴즈의 정답으로 옳은 것은? [2점]

제시된 힌트를 종합하여 알 수 있는 기구는 무엇일까요?

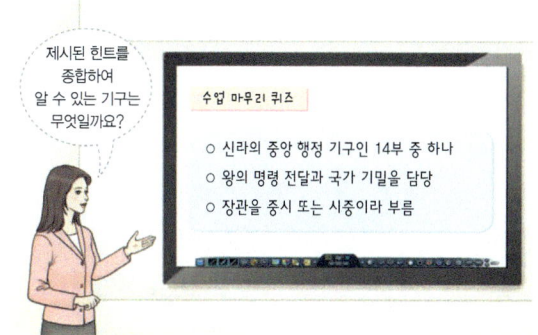

수업 마무리 퀴즈

○ 신라의 중앙 행정 기구인 14부 중 하나
○ 왕의 명령 전달과 국가 기밀을 담당
○ 장관을 중시 또는 시중이라 부름

①
의정부

②
정당성

③
집사부

④
도병마사

08

(가) 국가의 경제 상황으로 옳은 것은? [3점]

이것은 촌락 문서의 일부를 정리한 것입니다. 민정 문서라고도 불리는 촌락 문서는 (가) 의 조세 수취 제도를 살펴볼 수 있는 중요한 자료입니다.

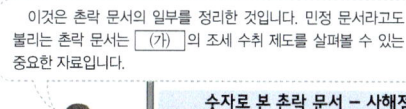

숫자로 본 촌락 문서 – 사해점촌

| 인구 147명 | 말 25마리
소 22마리 |
| 논 102결
밭 62결 | 뽕나무 1,004그루
잣나무 120그루
가래나무 112그루 |

① 활구라고 불리는 은병이 유통되었다.

② 고추, 담배 등이 상품 작물로 재배되었다.

③ 관청에 물품을 조달하는 공인이 활동하였다.

④ 시장을 감독하기 위한 기구로 동시전이 설치되었다.

09

밑줄 그은 '이 인물'로 옳은 것은? [1점]

역사 인물 소개하기

이 인물은 호가 고운으로, 신라 말기에 활동하였습니다. 당의 빈공과에 합격하였으며, 난을 일으킨 황소에게 항복을 권하는 격문을 써서 문장가로 이름을 날렸습니다. 귀국한 이후에는 진성 여왕에게 개혁안을 올리기도 하였습니다.

① 강수　　② 설총　　③ 김부식　　④ 최치원

10

(가) 왕에 대한 설명으로 옳은 것은? [2점]

짐의 후사들이 나라의 기강을 어지럽힐까 걱정되어 훈요 10조를 남기니, 후세에 전하여 귀감으로 삼도록 하라.

네, 분부대로 하겠습니다.

(가)

박술희

① 집현전을 설치하였다.
② 기인 제도를 실시하였다.
③ 나선 정벌을 단행하였다.
④ 노비안검법을 시행하였다.

11

(가)~(다)를 일어난 순서대로 옳게 나열한 것은? [3점]

문신의 관을 쓴 자는 모두 죽여라!

정중부

(가)

왕이 우리를 죽이려 했다. 군사를 동원하여 궁궐로 가자!

이자겸

(나)

국호를 대위, 연호를 천개라 하겠다!

묘청

(다)

① (가) - (나) - (다)　　② (나) - (가) - (다)
③ (나) - (다) - (가)　　④ (다) - (나) - (가)

12

다음 사건이 있었던 국가의 지방 통치에 대한 설명으로 옳은 것은? [2점]

역사 신문

제△△호　　　　　　　　　　　○○○○년 ○○월 ○○일

공주 명학소, 충순현으로 승격

공주 명학소 사람 망이 · 망소이가 무리를 불러 모아 난을 일으켜 공주를 함락하였다. 이에 정부는 명학소를 충순현으로 승격하는 조치를 취했다. 이는 소의 주민으로서 그들이 겪어야 했던 차별이 철폐됨을 의미하는 것으로, 정부의 이번 조치가 해결책이 될 수 있을지 결과가 주목된다.

① 지방에 22담로를 두었다.
② 양계에 병마사를 파견하였다.
③ 주요 지역에 5소경을 설치하였다.
④ 전국을 5경 15부 62주로 나누었다.

13

교사의 질문에 대한 답변으로 옳지 않은 것은? [2점]

고려의 교육 기관에 대해 말해 볼까요?

① 최고 국립 교육 기관으로 국자감을 두었어요.

② 경당에서 글과 활쏘기를 가르쳤어요.

③ 문헌공도 등 사학 12도가 번성하였어요.

④ 지방에 유학 교육을 담당하는 향교가 있었어요.

14

밑줄 그은 '시기'에 있었던 사실로 옳은 것은? [2점]

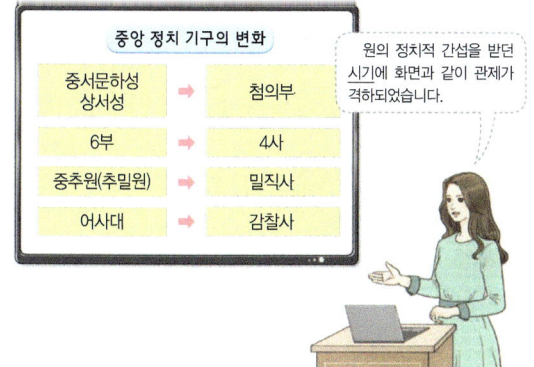

중앙 정치 기구의 변화

중서문하성 상서성	➡	첨의부
6부	➡	4사
중추원(추밀원)	➡	밀직사
어사대	➡	감찰사

원의 정치적 간섭을 받던 시기에 화면과 같이 관제가 격하되었습니다.

① 별무반에 편성되었다.
② 정동행성이 설치되었다.
③ 6조 직계제가 실시되었다.
④ 김흠돌의 난이 진압되었다.

15

(가) 왕의 업적으로 옳은 것은? [2점]

동영상으로 보는 (가) 이야기

기철 등 친원 세력을 제거하다
조회수 63만 회

쌍성총관부를 공격하다
조회수 36만 회

① 사비로 천도하였다.
② 북한산 순수비를 세웠다.
③ 독서삼품과를 실시하였다.
④ 전민변정도감을 설치하였다.

16

(가)에 들어갈 문화유산으로 가장 적절한 것은? [2점]

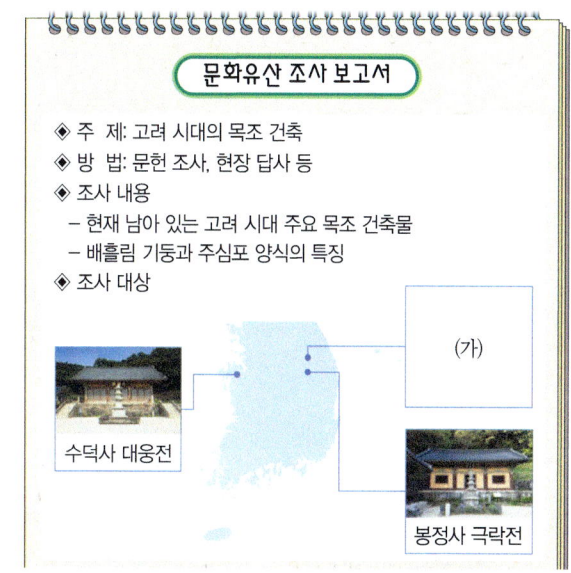

문화유산 조사 보고서

◈ 주 제: 고려 시대의 목조 건축
◈ 방 법: 문헌 조사, 현장 답사 등
◈ 조사 내용
 – 현재 남아 있는 고려 시대 주요 목조 건축물
 – 배흘림 기둥과 주심포 양식의 특징
◈ 조사 대상

수덕사 대웅전

(가)

봉정사 극락전

①
종묘 정전

②
경복궁 근정전

③
법주사 팔상전

④
부석사 무량수전

17

다음 건의를 받아들여 제정한 법으로 옳은 것은? [3점]

전하께서는 무릇 수도에 거주하는 관료에게는 단지 경기 안의 토지만을 지급하고, 그 밖의 토지는 허락하지 마십시오. 이를 법으로 제정하셔서 백성과 더불어 다시 시작하십시오. 그렇게 하여 국가 재정을 넉넉하게 하고, 백성의 삶을 풍요롭게 하며, 조정의 선비들을 우대하고, 군대의 군량을 넉넉하게 하십시오.
– 조준의 상소 –

① 과전법 ② 대동법 ③ 영정법 ④ 호패법

18

밑줄 그은 '왕'의 재위 시기에 있었던 사실로 옳은 것은? [2점]

> 이 책은 정초, 변효문 등이 왕의 명을 받아 편찬한 농서입니다. 우리 풍토에 맞는 농법을 보급하기 위해 각 지역에 있는 노련한 농부들의 경험을 수집하여 간행하였습니다.

농사직설

① 자격루가 제작되었다.
② 화통도감이 설치되었다.
③ 삼국유사가 저술되었다.
④ 백두산정계비가 건립되었다.

19

밑줄 그은 '왕'에 대한 설명으로 옳은 것은? [2점]

> 조선 왕실은 자손이 태어나면 전국 각지의 명당에 태실을 만들어 탯줄을 보관하였습니다. 이곳은 국조오례의를 편찬하는 등 통치 체제 정비에 큰 역할을 한 조선 제9대 왕의 태실입니다. 원래 경기도 광주시에 있던 것을 조선 총독부가 창경궁으로 옮겨 왔습니다.

① 훈민정음을 창제하였다.
② 경국대전을 완성하였다.
③ 초계문신제를 시행하였다.
④ 위화도 회군을 단행하였다.

20

(가), (나) 사이의 시기에 있었던 사실로 옳은 것은? [3점]

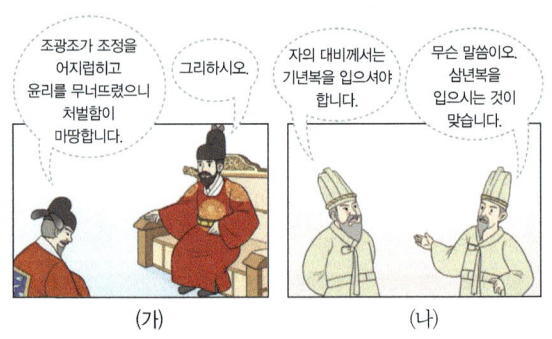

> (가) 조광조가 조정을 어지럽히고 윤리를 무너뜨렸으니 처벌함이 마땅합니다. / 그리하시오.
>
> (나) 자의 대비께서는 기년복을 입으셔야 합니다. / 무슨 말씀이오. 삼년복을 입으시는 것이 맞습니다.

(가)   (나)

① 김옥균 등이 갑신정변을 일으켰다.
② 사림이 동인과 서인으로 나뉘었다.
③ 성균관 입구에 탕평비가 건립되었다.
④ 왕자의 난으로 정도전 등이 피살되었다.

21

(가)에 들어갈 내용으로 옳은 것은? [1점]

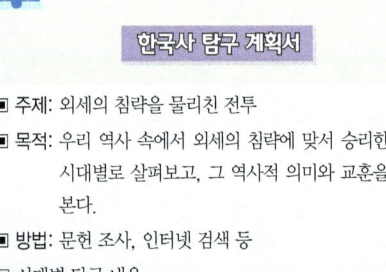

한국사 탐구 계획서

- **주제**: 외세의 침략을 물리친 전투
- **목적**: 우리 역사 속에서 외세의 침략에 맞서 승리한 전투를 시대별로 살펴보고, 그 역사적 의미와 교훈을 되새겨 본다.
- **방법**: 문헌 조사, 인터넷 검색 등
- **시대별 탐구 내용**

시대	탐구 내용
삼국 시대	을지문덕의 지략으로 수의 침략을 물리친 살수 대첩
고려 시대	강감찬의 지휘로 거란의 대군을 섬멸한 (가)
조선 시대	이순신이 학익진으로 왜군을 격퇴한 한산도 대첩

① 귀주대첩   ② 진포대첩
③ 행주대첩   ④ 황산대첩

22

다음 대화에 나타난 시기의 경제 상황으로 옳은 것은? [2점]

기근이 심하다고 들었는데, 호남의 상황은 어떠하오?

통신사 조엄이 들여온 고구마가 구황 작물의 역할을 할 것으로 기대하였으나 흉년에도 이를 재배하는 백성을 찾아보기 어렵습니다. 수령과 아전들의 수탈로 재배를 포기하였기 때문입니다.

① 상평통보가 유통되었다.

② 전시과 제도가 실시되었다.

③ 벽란도가 국제 무역항으로 번성하였다.

④ 팔관회의 경비 마련을 위해 팔관보가 설치되었다.

23

(가)에 들어갈 인물로 옳은 것은? [1점]

여기는 도산 서당으로, 성학십도를 저술한 성리학자 (가) 이/가 제자들을 양성한 곳입니다. 그의 사후 제자들이 스승을 추모하고자 서당 뒤편으로 도산 서원을 조성하면서 한 공간에 서원과 서당이 공존하는 보기 드문 형태를 갖추게 되었습니다.

① 서희   ② 이황   ③ 박제가   ④ 정몽주

24

다음 상황 이후에 전개된 사실로 옳은 것은? [2점]

남한산성을 나와 삼전도에 도착한 왕께서 청 황제 앞에 나아가 항복의 예를 행하였다. 예를 마치고 해 질 무렵이 되자 청 황제가 왕에게 도성으로 돌아가도록 허락하였다. 포로로 사로잡힌 이들이 도성으로 돌아가는 왕을 보고 "우리 임금이시여, 우리 임금이시여. 우리를 버리고 가십니까."라며 울부짖는데, 그 수가 만 명을 헤아렸다.

① 북벌이 추진되었다.

② 강화도로 천도하였다.

③ 쓰시마섬을 정벌하였다.

④ 최씨 무신 정권이 붕괴하였다.

25

(가)에 들어갈 부대로 옳은 것은? [2점]

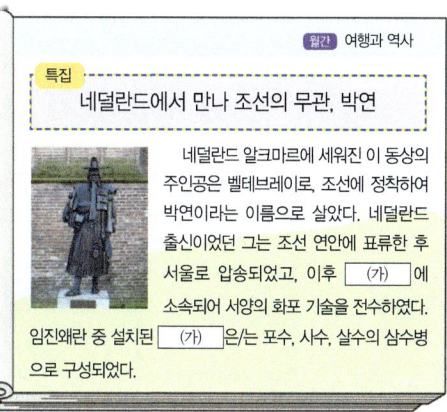

월간 여행과 역사

특집

네덜란드에서 만난 조선의 무관, 박연

네덜란드 알크마르에 세워진 이 동상의 주인공은 벨테브레이로, 조선에 정착하여 박연이라는 이름으로 살았다. 네덜란드 출신이었던 그는 조선 연안에 표류한 후 서울로 압송되었고, 이후 (가) 에 소속되어 서양의 화포 기술을 전수하였다.

임진왜란 중 설치된 (가) 은/는 포수, 사수, 살수의 삼수병으로 구성되었다.

① 9서당   ② 별기군

③ 삼별초   ④ 훈련도감

26

밑줄 그은 '시기'의 사실로 옳은 것은? [3점]

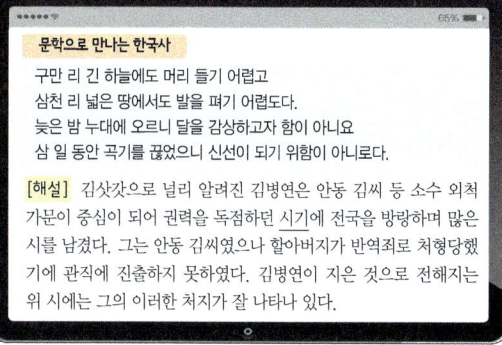

문학으로 만나는 한국사

구만 리 긴 하늘에도 머리 들기 어렵고

삼천 리 넓은 땅에서도 발을 펴기 어렵도다.

늦은 밤 누대에 오르니 달을 감상하고자 함이 아니요

삼 일 동안 곡기를 끊었으니 신선이 되기 위함이 아니로다.

[해설] 김삿갓으로 널리 알려진 김병연은 안동 김씨 등 소수 외척 가문이 중심이 되어 권력을 독점하던 시기에 전국을 방랑하며 많은 시를 남겼다. 그는 안동 김씨였으나 할아버지가 반역죄로 처형당했기에 관직에 진출하지 못하였다. 김병연이 지은 것으로 전해지는 위 시에는 그의 이러한 처지가 잘 나타나 있다.

① 최승로가 시무 28조를 올렸다.

② 수양 대군이 계유정란을 일으켰다.

③ 지방 세력 통제를 위해 사심관 제도가 실시되었다.

④ 삼정의 문란을 바로잡기 위해 삼정이정청이 설치되었다.

63회 문제

27

밑줄 그은 '이 인물'에 대한 설명으로 옳은 것은? [2점]

> 조선 후기 북학파 실학자인 이 인물에 대해 알려 주세요.

> 이 인물은 유학, 서양 과학 등 여러 학문을 융합하여 독창적 사상을 정립하였습니다. 그가 저술한 의산문답에는 무한 우주론에 대한 설명과 함께, 중국 중심 세계관에 대한 비판적 인식이 잘 드러나 있습니다.

① 추사체를 창안하였다.

② 지전설을 주장하였다.

③ 사상 의학을 정립하였다.

④ 대동여지도를 제작하였다.

28

(가)에 들어갈 문화유산으로 옳은 것은? [1점]

조사 보고서

△학년 △반 이름: ○○○○

■ 주제: ___(가)___의 축조와 복원

___(가)___은 정조의 명에 의해 축조된 성으로, 거중기 등을 이용하여 공사 기간과 경비를 줄일 수 있었다. 일제 강점기와 6·25 전쟁을 거치면서 일부 훼손되었지만, 의궤의 기록을 바탕으로 원형에 가깝게 복원되었다. 아래의 사진과 그림은 이 성의 일부인 남포루가 엄밀한 고증을 거쳐 복원되었음을 보여 준다.

| 훼손된 모습 | 의궤에 묘사된 포루 | 복원 후 모습 |

① 공산성

② 전주성

③ 수원 화성

④ 한양 도성

29

(가)에 들어갈 내용으로 가장 적절한 것은? [2점]

> 이곳은 석파정으로 고종의 아버지인 이하응의 별장이었습니다. 그는 아들 고종이 12세의 어린 나이에 왕위에 오르자 10여 년간 국정을 장악하였습니다. 이 시기에 있었던 사실을 대화 창에 올려 주세요.

▶ 역사의 현장을 찾아서

ON 대화 창

당백전이 발행되었어요.

호포제가 실시되었어요.

글쓰기 [___(가)___]

① 녹읍이 폐지되었어요.

② 장용영이 설치되었어요.

③ 척화비가 건립되었어요.

④ 요동 정벌이 추진되었어요.

30

(가)~(다)를 일어난 순서대로 옳게 나열한 것은? [3점]

만화로 보는 한국 음악사

| 우륵이 가야금 연주곡 12곡을 만들었다. | 성현이 악학궤범을 편찬하였다. | 신재효가 판소리 여섯 마당을 정리하였다. |
| (가) | (나) | (다) |

① (가) – (나) – (다)

② (나) – (가) – (다)

③ (나) – (다) – (가)

④ (다) – (나) – (가)

31

밑줄 그은 '조약'에 대한 설명으로 옳은 것은?   [3점]

이것은 민영익을 대표로 한 보빙사의 모습이 담긴 사진입니다. 조선책략 유포로 미국과의 수교론이 제기된 상황에서, 청의 주선으로 조약이 체결된 이후 조선은 보빙사를 미국에 파견하였습니다.

① 최혜국 대우가 규정되어 있다.

② 통감부가 설치되는 결과를 가져왔다.

③ 부산, 원산, 인천을 개항하는 배경이 되었다.

④ 일본 공사관에 경비병이 주둔하는 계기가 되었다.

32

(가)에 들어갈 내용으로 옳은 것은?   [2점]

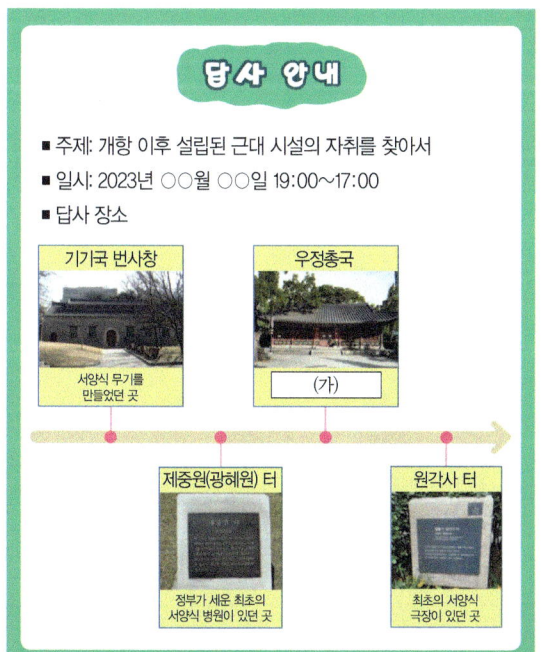

답사 안내

■ 주제: 개항 이후 설립된 근대 시설의 자취를 찾아서
■ 일시: 2023년 ○○월 ○○일 19:00~17:00
■ 답사 장소

기기국 번사창	우정총국
서양식 무기를 만들었던 곳	(가)

제중원(광혜원) 터	원각사 터
정부가 세운 최초의 서양식 병원이 있던 곳	최초의 서양식 극장이 있던 곳

① 나운규의 아리랑이 개봉되었던 곳

② 근대적 우편 업무를 담당하였던 곳

③ 순 한문 신문인 한성순보가 발간되었던 곳

④ 헐버트를 교사로 초빙해 근대 학문을 가르쳤던 곳

33

(가)에 들어갈 기구로 옳은 것은?   [2점]

노비 제도가 폐지되었다는 소식 들었는가?

들었네. (가) 에서 과거 제도를 없애고 연좌제를 폐지하는 개혁 안건도 통과시켰다더군.

① 비변사   ② 원수부

③ 홍문관   ④ 군국기무처

34

밑줄 그은 '이 신문'에 대한 설명으로 옳은 것은?   [2점]

史 오늘의 역사
10분 전

#신문의_날 #1896년_4월_7일

1896년 4월 7일은 서재필이 우리나라 최초의 민간 신문인 이 신문을 창간한 날입니다. 언론계에서는 이를 기념해 4월 7일을 '신문의 날'로 지정하였습니다.

👍 좋아요 58   💬 댓글 3   ➡ 공유하기

① 천도교의 기관지였다.

② 박문국에서 발간하였다.

③ 한글판과 영문판으로 발행되었다.

④ 시일야방성대곡이라는 논설을 실었다.

35

다음 가상 뉴스가 보도된 이후에 전개된 사실로 옳은 것은? [2점]

속보입니다. 오늘 새벽 한성에 주둔 중인 일본군 수비대 등이 궁궐에 침입하여 왕비를 시해하는 만행을 저질렀습니다. 최근 부임한 일본 공사가 사건을 지휘한 것으로 지목되고 있어 충격을 더하고 있습니다.

속보 | 일본군 수비대 등이 왕비 시해

① 외규장각 도서가 약탈되었다.
② 김윤식이 영선사로 파견되었다.
③ 제너럴 셔먼호 사건이 발생하였다.
④ 고종이 러시아 공사관으로 피신하였다.

36

(가)에 들어갈 단체로 옳은 것은? [1점]

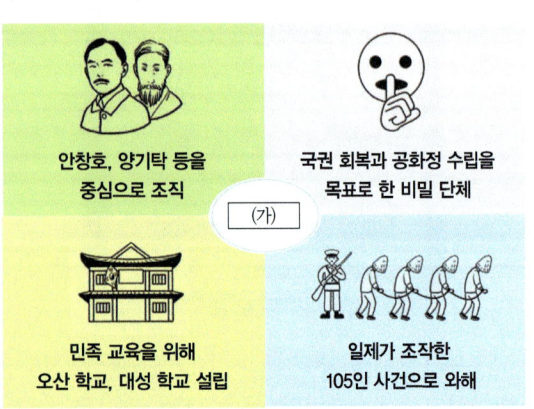

안창호, 양기탁 등을 중심으로 조직

국권 회복과 공화정 수립을 목표로 한 비밀 단체

(가)

민족 교육을 위해 오산 학교, 대성 학교 설립

일제가 조작한 105인 사건으로 와해

① 근우회　　　　② 보안회
③ 신민회　　　　④ 조선어 학회

37

(가)에 들어갈 인물로 옳은 것은? [2점]

이것은 구 서울역사 앞에 세워진 (가) 의사의 동상입니다. 당시 65세였던 그는 새로 부임하는 사이토 총독을 향해 이곳에서 폭탄을 던졌으나, 뜻을 이루지 못하고 체포되어 이듬해 서대문 형무소에서 순국하였습니다.

① 김구　　② 강우규　　③ 윤봉길　　④ 이승만

38

다음 인물에 대한 설명으로 옳은 것은? [3점]

역사 인물 카드

손 병 희
• 생몰: 1861년~1922년
• 호: 의암
• 주요 활동
 – 교조 신원 운동에 참여함
 – 동학의 3대 교주로 취임함
 – 동학을 천도교로 선포함

① 청산리 전투를 승리로 이끌었다.
② 하얼빈에서 이토 히로부미를 처단하였다.
③ 헤이그 만국 평화 회의에 특사로 파견되었다.
④ 민족 대표 33인 중 한 명으로 독립 선언에 참여하였다.

39

(가)에 들어갈 민족 운동으로 옳은 것은? [1점]

(가)에 대해 검색해 줘.

검색 결과입니다.

1920년대 초반 실력 양성 운동의 일환으로 이상재, 이승훈 등이 고등 교육 기관을 설립하기 위해 전개한 운동입니다.

1년 내 1천만 원 조성을 목표로 모금 활동을 추진하였으나, 조선 총독부의 방해와 자연재해 등으로 성과를 거두지 못하였습니다.

① 6 · 10 만세 운동
② 물산 장려 운동
③ 광주 학생 항일 운동
④ 민립 대학 설립 운동

40

(가)에 해당하는 인물로 옳은 것은? [2점]

신문으로 보는 일제 강점기 노동 운동

🔍 내용 살펴보기

평양 을밀대 지붕 위에 올라갔다가 평양 경찰서에 검속되어 있는 평원 고무 공장 파업 여공 (가) 이 31일 밤까지 단식을 계속하고 있다. …… 그는 평원 고무 공장이 임금 삭감을 취소하지 않으면 먹지 않겠다고 버티는 중이다.

①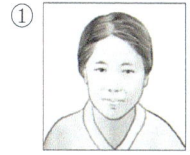
강주룡

②
남자현

③
유관순

④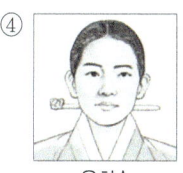
윤희순

41

(가)에 들어갈 무장 투쟁 단체로 옳은 것은? [3점]

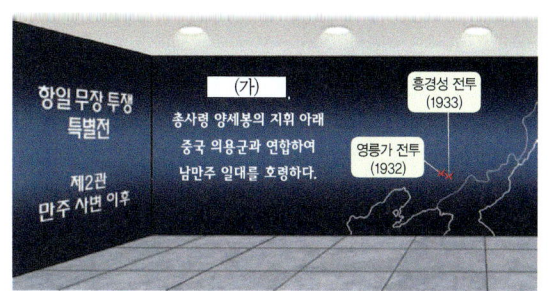

항일 무장 투쟁 특별전
제2관 만주 사변 이후

(가)
총사령 양세봉의 지휘 아래 중국 의용군과 연합하여 남만주 일대를 호령하다.

흥경성 전투 (1933)
영릉가 전투 (1932)

① 의열단
② 북로 군정서
③ 조선 혁명군
④ 한국 광복군

42

밑줄 그은 '시기'에 볼 수 있는 모습으로 가장 적절한 것은? [2점]

저는 지금 제주 송악산에 있는 일제 동굴 진지에 와 있습니다. 동굴 진지는 일제가 일으킨 태평양 전쟁이 전개되던 시기에 송악산 주변 군사 시설 경비와 연안으로 침투하는 연합군에 대한 대비를 위해 만들어졌습니다.

① 원산 총파업에 참여하는 노동자
② 만민 공동회에서 연설하는 백정
③ 황국 신민 서사를 암송하는 학생
④ 조선 태형령을 관보에 싣는 관리

43

(가)에 들어갈 단체로 옳은 것은? [2점]

광복을 위한 노력 ▼

(가)

○ 결성: 여운형의 주도로 1944년 국내에서 조직
○ 주요활동
 - 민주 국가 건설을 위한 강령 발표
 - 국외 독립운동 단체와 연합 시도
○ 변천
 - 광복 직후 조직된 조선 건국 준비 위원회의
  기반이 됨

여운형

① 독립 의군부 ② 민족 혁명당
③ 조선 의용대 ④ 조선 건국 동맹

44

밑줄 그은 '국회'에 대한 설명으로 옳은 것은? [3점]

이 사진은 5 · 10 총선거를 통해 구성된 국회의
개원식 모습입니다. 임기 2년의 국회의원으로 구성된
이 국회는 국호를 대한민국으로 결정하고 헌법을
제정하였습니다.

① 3선 개헌안을 통과시켰다.
② 농지 개혁법을 제정하였다.
③ 5 · 16 군사 정변으로 해산되었다.
④ 국회의원의 3분의 1을 대통령이 추천하였다.

45

밑줄 그은 '정부' 시기에 볼 수 있는 사회 모습으로 가장
적절한 것은? [2점]

긴급 조치 9호로 피해를 당한 국민과 그 가족에 대해 국가의 배상
책임이 있다는 대법원 판결이 나왔습니다. 긴급 조치 9호에는
정부가 선포한 유신 헌법을 부정하거나 반대 또는 비방하는 행위
등을 금지하고, 위반할 경우 영장 없이 체포 · 구속해 1년 이상의
징역에 처한다는 내용이 담겨 있습니다.

당시 대한뉴스 화면
헌법 부정행위 금지

대법원 "긴급 조치 9호로 인한 피해, 국가가 배상해야"

① 부마 민주 항쟁에 참여하는 학생
② 서울 올림픽 대회 개막식을 관람하는 시민
③ 금융 실명제 시행 속보를 시청하는 회사원
④ 반민족 행위 특별 조사 위원회에 체포되는 친일 행위자

46

(가) 정부 시기의 경제 상황으로 옳은 것은? [2점]

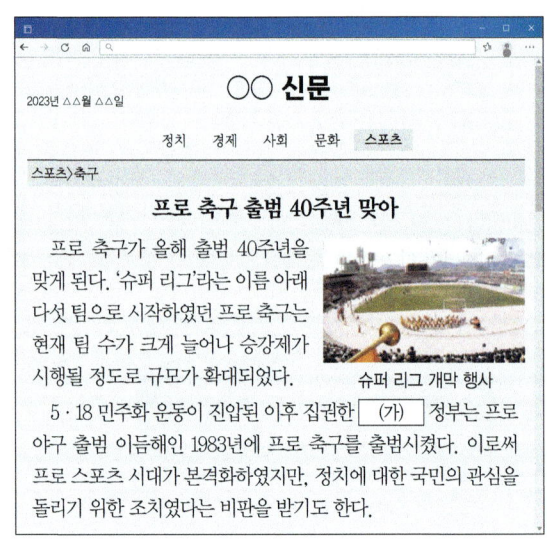

2023년 △△월 △△일

○○ 신문

정치 경제 사회 문화 스포츠

스포츠〉축구

프로 축구 출범 40주년 맞아

프로 축구가 올해 출범 40주년을
맞게 된다. '슈퍼 리그'라는 이름 아래
다섯 팀으로 시작하였던 프로 축구는
현재 팀 수가 크게 늘어나 승강제가
시행될 정도로 규모가 확대되었다.

슈퍼 리그 개막 행사

5 · 18 민주화 운동이 진압된 이후 집권한 (가) 정부는 프로
야구 출범 이듬해인 1983년에 프로 축구를 출범시켰다. 이로써
프로 스포츠 시대가 본격화하였지만, 정치에 대한 국민의 관심을
돌리기 위한 조치였다는 비판을 받기도 한다.

① 제1차 경제 개발 5개년 계획이 수립되었다.
② 경제 협력 개발 기구(OECD)에 가입하였다.
③ 저금리 · 저유가 · 저달러의 3저 호황이 있었다.
④ 미국과의 자유 무역 협정(FTA)이 체결되었다.

47

학생들이 공통으로 이야기하는 인물로 옳은 것은? [2점]

제15대 대통령에 당선되어 평화적 여야 정권 교체를 이루었어.

분단 이후 처음으로 남북 정상 회담을 갖고, 6 · 15 남북 공동 선언을 발표하였지.

민주주의와 인권, 한반도 긴장 완화에 기여한 공로를 인정받아 노벨 평화상을 수상하였어.

① 김대중
② 김영삼
③ 윤보선
④ 최규하

48

(가)에 들어갈 명절로 옳은 것은? [1점]

○○○
30분 전
#세시_풍속 #부럼_깨기
#오곡밥_먹기

오늘은 음력 1월 15일
(가) 맞이 부럼 깨기 완료!

👍 좋아요 48   💬 댓글 2   ➤ 공유하기

□□
부럼 깨기가 뭐야?

○○○
부스럼을 예방하고 치아를 튼튼하게 하려는 뜻이 담긴 세시 풍속이야.

① 단오
② 동지
③ 한식
④ 정월 대보름

49

(가)에 들어갈 섬으로 옳은 것은? [1점]

초대합니다

우리 땅 (가) 체험 교실

우리 박물관에서는 우리 땅 (가) 를 주제로 다양한 전시와 체험 프로그램을 마련하였습니다. 많은 관심과 참여 바랍니다.

◆ 전시 내용: 안용복, 홍순칠 등의 우리 땅 지키기 활동
◆ 체험 내용

동도, 서도 종이 모형 만들기   강치 열쇠고리 만들기

◆ 기간: 2023년 ○○월 ○○일~○○월 ○○일
◆ 장소: □□ 박물관 체험 학습장

① 독도
② 진도
③ 거문도
④ 제주도

50

학생들이 공통으로 이야기하는 지역으로 옳은 것은?

[2점]

모둠별 학습 활동

주제: ○○의 역사 알아보기

고려 시대 12목의 하나였어.

임진왜란 때 김시민 장군이 왜군에 맞서 싸운 장소지.

조선 후기에 유계춘의 주도로 농민 봉기가 일어난 곳이야.

일제 강점기에 조선 형평사 창립 대회가 개최되었어.

① 강릉
② 군산
③ 대구
④ 진주

|정답 및 해설| 226p

01

다음 축제에서 체험할 수 있는 활동으로 적절한 것은? [1점]

청동기 문화 체험 축제

부여 송국리 유적에서 출토된 유물을 중심으로 청동기 시대의 생활 모습을 체험할 수 있는 축제에 여러분을 초대합니다.

■ 기간: 2022년 ○○월 ○○일~○○일
■ 장소: 부여 송국리 유적 일대

① 막집 지어 보기
② 민무늬 토기 만들기
③ 철제 갑옷 입어 보기
④ 주먹도끼로 나무 손질하기

02

(가)에 들어갈 내용으로 옳은 것은? [2점]

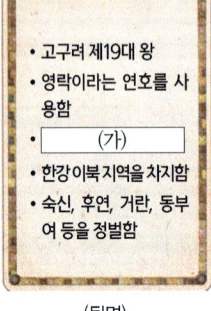

• 고구려 제19대 왕
• 영락이라는 연호를 사용함
• ___(가)___
• 한강 이북지역을 차지함
• 숙신, 후연, 거란, 동부여 등을 정벌함

(앞면)　　(뒷면)

① 태학을 설립함
② 평양으로 천도함
③ 천리장성을 축조함
④ 신라에 침입한 왜를 격퇴함

03

다음 퀴즈의 정답으로 옳은 것은? [2점]

퀴즈왕 한국사

제시된 힌트를 종합하여 알 수 있는 나라는 어디일까요?

1단계 만주 쑹화강 유역에서 성장하였습니다.

2단계 12월에 영고라는 제천 행사를 열었습니다.

3단계 여러 가(加)들이 별도로 사출도를 다스렸습니다.

① 가야
② 동예
③ 부여
④ 옥저

04

(가)에 들어갈 문화유산으로 옳지 않은 것은? [2점]

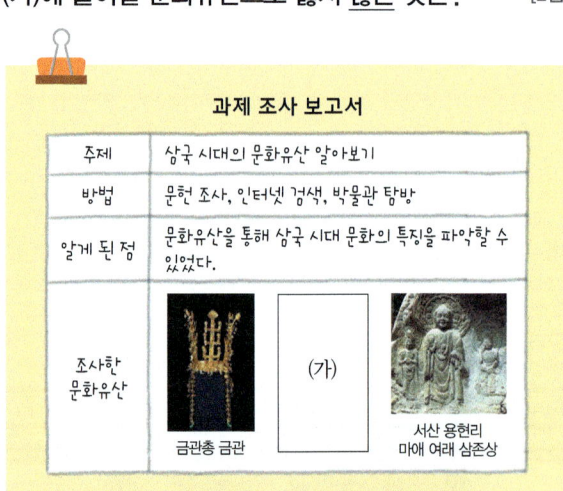

과제 조사 보고서

주제	삼국 시대의 문화유산 알아보기
방법	문헌 조사, 인터넷 검색, 박물관 탐방
알게 된 점	문화유산을 통해 삼국 시대 문화의 특징을 파악할 수 있었다.
조사한 문화유산	금관총 금관　(가)　서산 용현리 마애 여래 삼존상

①
금동 연가 7년명 여래 입상

②
논산 관촉사 석조 미륵보살 입상

③
천마총 장니 천마도

④
장군총

05

(가) 국가에 대한 설명으로 옳은 것은? [2점]

이 전시실에서는 한성을 빼앗긴 뒤 웅진과 사비에서 국력을 회복하며 문화의 꽃을 피운 [(가)]의 문화유산을 감상할 수 있습니다.

① 주몽이 건국하였다.

② 지방에 22담로를 두었다.

③ 8조법으로 백성을 다스렸다.

④ 골품제라는 신분 제도가 있었다.

06

다음 가상 뉴스에서 보도하고 있는 사건이 일어난 시기를 연표에서 옳게 고른 것은? [3점]

을지문덕이 이끄는 우리 고구려군이 수의 군대를 살수에서 크게 무찔렀다는 소식입니다.

수의 30여만 대군을 상대로 대승을 거둬

433	512	554	645	660
(가)	(나)	(다)	(라)	
나제 동맹 성립	신라 우산국 정복	관산성 전투	안시성 전투	백제 멸망

① (가)

② (나)

③ (다)

④ (라)

07

(가)~(다)를 일어난 순서대로 옳게 나열한 것은? [3점]

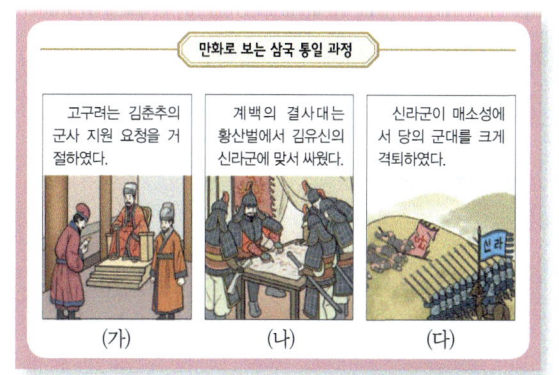

만화로 보는 삼국 통일 과정

고구려는 김춘추의 군사 지원 요청을 거절하였다. (가)

계백의 결사대는 황산벌에서 김유신의 신라군에 맞서 싸웠다. (나)

신라군이 매소성에서 당의 군대를 크게 격퇴하였다. (다)

① (가) - (나) - (다)

② (나) - (가) - (다)

③ (나) - (다) - (가)

④ (다) - (나) - (가)

08

다음 일기의 소재가 된 절에서 볼 수 있는 문화유산으로 옳은 것은? [1점]

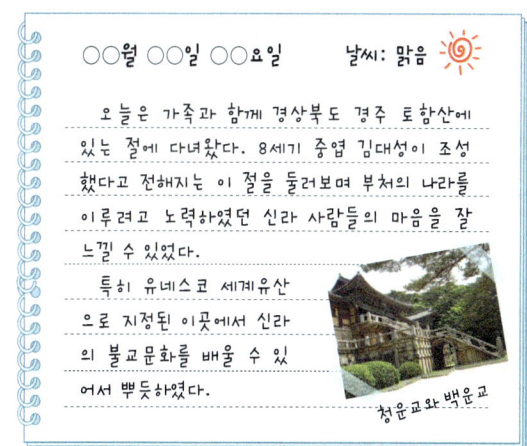

○○월 ○○일 ○○요일   날씨: 맑음

오늘은 가족과 함께 경상북도 경주 토함산에 있는 절에 다녀왔다. 8세기 중엽 김대성이 조성했다고 전해지는 이 절을 둘러보며 부처의 나라를 이루려고 노력하였던 신라 사람들의 마음을 잘 느낄 수 있었다.

특히 유네스코 세계유산으로 지정된 이곳에서 신라의 불교문화를 배울 수 있어서 뿌듯하였다.

청운교와 백운교

① 불국사 삼층 석탑

② 쌍봉사 철감선사탑

③ 이불병좌상

④ 성덕 대왕 신종

09

(가) 국가에 대한 설명으로 옳은 것은? [2점]

역사 신문

제△△호   ○○○년 ○○월 ○○일

특집 기획 해동성국으로 우뚝 서다

고구려를 계승한 (가) 은/는 선왕 때 요동에서 연해주에 이르는 최대 영토를 확보하였다. 이후 당으로부터 '바다 동쪽의 융성한 나라'를 뜻하는 '해동성국'이라 불렸다. 이를 통해 이 국가의 국제적 위상을 알 수 있다.

① 한의 침략을 받아 멸망하였다.
② 중앙 정치 조직을 3성 6부로 정비하였다.
③ 정사암에서 국가의 중대사를 결정하였다.
④ 화랑도를 국가적인 조직으로 운영하였다.

10

(가) 지역에 있었던 사실로 옳은 것은? [2점]

① 묘청이 난을 일으켰다.
② 원이 쌍성총관부를 설치하였다.
③ 만적이 신분 해방을 도모하였다.
④ 삼별초가 최후의 항쟁을 전개하였다.

11

(가) 왕이 추진한 정책으로 옳은 것은? [2점]

① 노비안검법을 시행하였다.
② 지방에 12목을 설치하였다.
③ 사심관 제도를 실시하였다.
④ 활구라고 불린 은병을 제작하였다.

12

다음 인물의 활동으로 옳은 것은? [3점]

① 9재 학당을 열었다.
② 삼국유사를 집필하였다.
③ 제왕운기를 저술하였다.
④ 시무 28조를 작성하였다.

13

(가) 국가의 경제 상황으로 옳은 것은? [2점]

① 모내기법이 전국적으로 확산되었다.
② 벽란도가 국제 무역항으로 번성하였다.
③ 낙랑군과 왜 사이에서 중계 무역을 하였다.
④ 청해진을 중심으로 해상 무역을 전개하였다.

14

(가), (나) 사이의 시기에 있었던 사실로 옳은 것은? [3점]

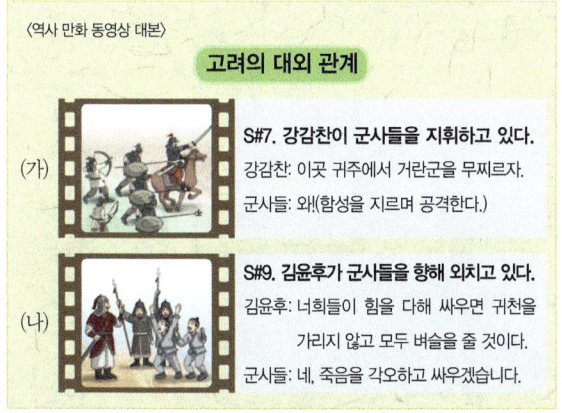

① 서희가 강동 6주를 획득하였다.
② 윤관이 동북 9성을 축조하였다.
③ 박위가 쓰시마섬을 토벌하였다.
④ 최무선이 진포에서 왜구를 물리쳤다.

15

밑줄 그은 '그 일'에 해당하는 내용으로 옳은 것은? [2점]

몽골군의 침략으로 부인사에 보관된 대장경판이 남김없이 불에 탔습니다. 이런 큰 보배가 없어졌는데 어찌 감히 일이 어려운 것을 염려하여 다시 만들지 않겠습니까? 이제 왕과 신하 모두 한마음으로 담당 관청을 설치하고 그 일을 맡아 시작할 것을 다짐합니다. 원하옵건대 부처님께서는 신통한 힘으로 흉악한 오랑캐를 물리치시고 다시는 우리 땅을 밟는 일이 없게 해 주소서.

① 삼국사기 편찬
② 팔만대장경 제작
③ 직지심체요절 간행
④ 무구정광대다라니경 인쇄

16

다음 상황 이후에 일어난 사실로 옳은 것은? [2점]

무신 이소응이 무술 겨루기에서 이기지 못하고 달아나자, 문신 한뢰가 갑자기 이소응의 뺨을 때렸어요. 이때 왕과 문신들이 손뼉을 치며 웃었어요.

이에 차별 대우를 받아 불만이 쌓여 왔던 무신들은 정변을 일으켜 문신들을 제거하고 권력을 장악하였어요.

① 김헌창이 난을 일으켰다.
② 장문휴가 등주를 공격하였다.
③ 최치원이 시무 10여 조를 건의하였다.
④ 망이 · 망소이가 공주 명학소에서 봉기하였다.

17

학생들이 공통으로 이야기하는 기구로 옳은 것은? [2점]

고려의 독자적인 정치 기구야.

국방과 군사 문제 등을 논의했어.

중서문하성과 중추원의 고위 관료가 참여했어.

충렬왕 때 명칭이 도평의사사로 바뀌었지.

① 도방
② 어사대
③ 의금부
④ 도병마사

18

(가)에 들어갈 인물로 옳은 것은? [2점]

이곳은 고려 말 홍산에서 왜구의 침입을 격퇴하는 데 큰 공을 세운 (가) 의 무덤이란다. 그는 우왕 때 요동 정벌을 추진했으나, 이성계의 위화도 회군으로 뜻을 이루지 못하였단다.

① 양규
② 최영
③ 이종무
④ 정몽주

19

(가)에 들어갈 문화유산으로 옳은 것은? [1점]

임금께서 큰 복을 받으시라는 뜻에서 한양의 새로운 궁궐 이름을 (가) 으로 하기를 청합니다. 또한 중심이 되는 정전은 나랏일을 부지런히 해야 한다는 의미로 근정전이라 짓고자 합니다.

그 뜻이 좋구나. 그렇게 하도록 하라.

정도전   태조

① 경복궁   ② 경운궁   ③ 경희궁   ④ 창경궁

20

(가) 왕의 재위 기간에 있었던 사실로 옳은 것은? [2점]

카드 뉴스 제작

주제: 조선의 국왕, (가)

계유정난을 일으키는 장면부터 시작해 볼까?

왕권 강화를 위해 집현전을 폐지한 내용을 다루자.

현직 관리에게만 수조권을 지급한 직전법의 내용도 넣어보자.

① 계미자가 주조되었다.
② 균역법이 실시되었다.
③ 기묘사화가 일어났다.
④ 6조 직계제가 시행되었다.

21

밑줄 그은 '이 전쟁' 중에 있었던 사실로 옳은 것은? [3점]

쇄미록은 오희문이 이 전쟁 중에 있었던 일을 적은 일기입니다. 개인 일기인 까닭에 주로 사생활을 기록한 부분이 많지만 왜군의 침입과 약탈을 비롯해 곽재우, 김덕령 등 의병장의 활동도 기록되어 있습니다.

네, 그렇습니다. 이 일기를 통해 전란으로 인한 피란민의 생활 등 당시의 사회상도 알 수 있어 그 가치가 더욱 크다고 할 수 있습니다.

① 별기군 창설
② 2군 6위 편성
③ 훈련도감 설치
④ 나선 정벌 단행

22

(가)에 들어갈 내용으로 옳은 것은? [2점]

옥당이라 쓰여 있는 이 현판은 창덕궁 내의 홍문관 청사에 걸려있던 것입니다. 홍문관은 활발한 언론 활동을 통해 사헌부·사간원과 함께 3사라고 불렸습니다. 또한 (가)

① 수원 화성에 외영을 두었습니다.
② 한양의 치안과 행정을 맡았습니다.
③ 재정의 출납과 회계를 관장하였습니다.
④ 왕의 정책 자문과 경연을 담당하였습니다.

23

다음 검색창에 들어갈 사건으로 옳은 것은? [1점]

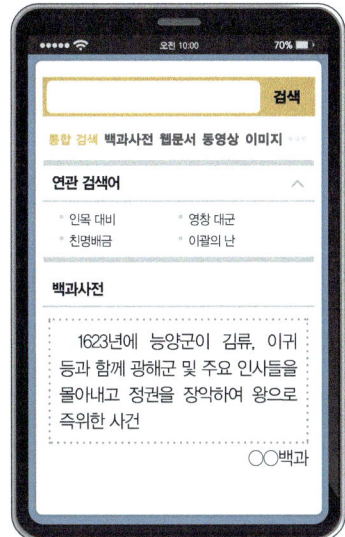

검색

통합 검색 백과사전 웹문서 동영상 이미지 ···

연관 검색어 ∧

· 인목 대비   · 영창 대군
· 친명배금   · 이괄의 난

백과사전

1623년에 능양군이 김류, 이귀 등과 함께 광해군 및 주요 인사들을 몰아내고 정권을 장악하여 왕으로 즉위한 사건

○○백과

① 경신환국   ② 무오사화
③ 신유박해   ④ 인조반정

24

다음 대화가 이루어진 시기에 볼 수 있는 모습으로 적절하지 <u>않은</u> 것은? [2점]

이보게! 자네 형님이 공명첩을 샀다는 소문이 진짜인가?

그렇다네. 담배 농사를 시작하더니, 그걸로 돈을 많이 모으셨다는군.

① 녹읍을 지급받는 귀족
② 고구마를 재배하는 농민
③ 관청에 물품을 조달하는 공인
④ 청과의 무역으로 부를 축적한 만상

25

(가)에 들어갈 인물로 옳은 것은? [1점]

조선 후기 실학자 / 연행사의 일원으로 청에 다녀 옴 / (가) / 양반전을 지어 양반의 무능함을 비판함 / 열하일기를 지어 청의 선진 문물 도입을 주장함

① 이이   ② 김정희
③ 박지원   ④ 송시열

26

다음 자료에 대한 탐구 활동으로 적절한 것은? [2점]

문학으로 만나는 한국사

시아버지 죽어 이미 상복 입었고,
갓난아기 배냇물은 아직 마르지도 않았는데,
삼대(三代) 이름은 군적에 모두 올랐네.
달려가서 억울함을 호소해도,
호랑이 같은 문지기가 가로막고,
이정(里正)은 호통치며 외양간 소마저 끌고 가네.

이것은 정약용의 여유당전서에 실린 시의 일부입니다.
정약용은 유배 당시에 전해 들은 농민들의 비참함과
원통함을 시로 표현하였습니다.

① 과전법 실시의 배경에 대해 살펴본다.
② 조선 형평사의 활동 내용을 조사한다.
③ 전민변정도감이 설치되는 과정을 알아본다.
④ 세도 정치 시기 삼정의 문란에 대해 찾아본다.

27

밑줄 그은 '학교'로 옳은 것은? [2점]

할머니, 이 사진은 무엇인가요?

이것은 1886년에 선교사 스크랜턴이 여성의 신학문 교육을 위해 세운 학교 사진이야. 최초의 여의사 박에스더, 3·1 운동으로 순국한 유관순 등이 이 학교에서 공부했지.

① 배재 학당
② 오산 학교
③ 육영 공원
④ 이화 학당

28

(가) 사건에 대한 설명으로 옳은 것은? [2점]

이달의 인물 소개

한국의 문화유산을 지켜낸 박병선 박사

프랑스 국립 도서관 사서였던 박병선 박사는 (가) 때 프랑스군이 약탈해 간 외규장각 의궤의 소재를 확인하였다.
그는 오랜 노력 끝에 의궤의 목록을 만들어 세상에 공개하였고, 2011년 의궤가 145년 만에 우리 땅으로 돌아오게 하는 데 기여하였다.

① 청군의 개입으로 진압되었다.
② 제너럴 셔먼호 사건이 배경이 되었다.
③ 양헌수 부대가 정족산성에서 활약하였다.
④ 제물포 조약이 체결되는 결과를 가져왔다.

29

(가) 시기에 있었던 사실로 옳은 것은? [3점]

이번에 설치할 통리기무아문의 담당 업무와 관리 임용에 대해 정해 보았습니다.

(가)

외국 군대를 끌어들여 변란을 일으킨 김옥균, 박영효 등을 처벌하게 하소서.

① 탕평비가 건립되었다.
② 간도 협약이 체결되었다.
③ 구식 군인들이 임오군란을 일으켰다.
④ 어영청을 강화하며 북벌이 추진되었다.

30

(가)에 들어갈 사절단으로 옳은 것은? [2점]

(가) 활동 정리	

1. 기간: 1880.5.28.~8.28.
2. 참여자: 김홍집 외 50여 명
3. 주요 활동

날짜	내용
5.28.~7.6.	한성에서 부산포, 고베를 거쳐 도쿄로 이동
7.7.~8.3.	일본 정부 관리들과 면담 일본 근대 문물 견학 김홍집, 청 외교관 황준헌과 비공식 면담
8.4.~8.28.	귀국 및 왕에게 결과 보고(조선책략 올림)

① 보빙사
② 성절사
③ 수신사
④ 영선사

31

(가) 운동에 대한 설명으로 옳은 것은? [2점]

사발통문
봉기의 주모자가 드러나지 않게 작성된 문서

장태(복원)
황룡촌 전투에서 사용한 농민의 무기

공주 우금치 전적
농민군이 일본군·관군을 상대로 격전을 벌였던 곳

① 박규수가 안핵사로 파견되었다.
② 전개 과정에서 집강소가 설치되었다.
③ 한성 조약이 체결되는 결과를 가져왔다.
④ 평안도 지역 차별에 반발하여 일어났다.

33

(가)에 들어갈 단체로 옳은 것은? [1점]

① 신민회
② 독립 협회
③ 대한 자강회
④ 조선어 학회

32

(가)~(라) 제도에 대한 설명으로 옳은 것은? [3점]

기록으로 보는 관리 등용 제도

(가) 처음으로 독서삼품을 정하여 관리를 선발하였다.

(나) 쌍기의 말을 받아들여 과거로 관리를 뽑았으며, 이로부터 학문을 숭상하는 풍조가 비로소 일어났다.

(다) 천거한 사람들을 한곳에 모아 시험을 치르면 많은 인재를 얻을 수 있을 것입니다. 이는 한(漢)에서 시행한 현량과의 뜻을 이은 것입니다.

(라) 군국기무처에서 올린 의안에, …… 과거제의 변통에 대한 재가를 받아 별도로 선거조례(選擧條例)를 정한다.

① (가) – 문과, 무과, 잡과로 구분하여 선발하였다.
② (나) – 신라 원성왕 재위 시기에 시행되었다.
③ (다) – 조광조 등 사림 세력이 실시를 주장하였다.
④ (라) – 광무 개혁의 일환으로 단행되었다.

34

밑줄 그은 '이 조약'에 대한 설명으로 옳은 것은? [2점]

이곳은 네덜란드 헤이그에 있는 이준 열사 기념관입니다. 그는 대한 제국의 외교권을 박탈한 이 조약의 부당함을 세계에 알리기 위해 이상설, 이위종과 함께 만국 평화 회의에 특사로 파견되었습니다.

① 청일 전쟁의 배경이 되었다.
② 최혜국 대우의 조항이 들어 있다.
③ 운요호 사건을 계기로 체결되었다.
④ 통감부가 설치되는 결과를 가져왔다.

35

(가) 시기에 시행된 정책으로 옳은 것은?　　　[2점]

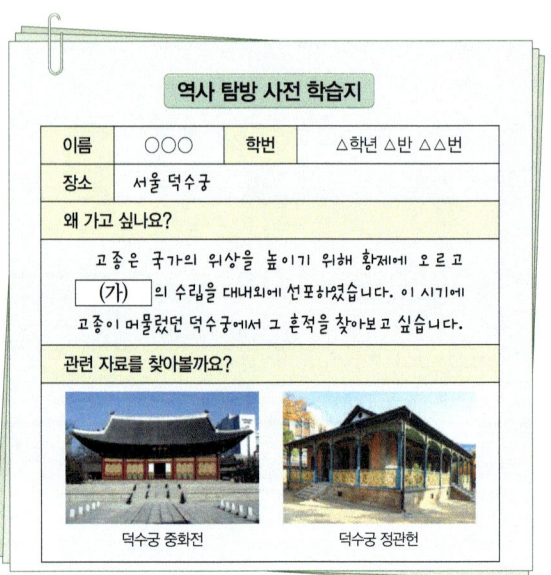

역사 탐방 사전 학습지

이름	○○○	학번	△학년 △반 △△번
장소	서울 덕수궁		

왜 가고 싶어요?

고종은 국가의 위상을 높이기 위해 황제에 오르고 (가) 의 수립을 대내외에 선포하셨습니다. 이 시기에 고종이 머물렀던 덕수궁에서 그 흔적을 찾아보고 싶습니다.

관련 자료를 찾아볼까요?

덕수궁 중화전　　　덕수궁 정관헌

① 지계가 발급되었다.
② 척화비가 건립되었다.
③ 홍범 14조가 반포되었다.
④ 치안 유지법이 제정되었다.

36

밑줄 그은 '이 부대'에 대한 설명으로 옳은 것은?　[2점]

○○에게
이보게, 나는 마침내 의병에 합류하였네.
황제 폐하께서 강제로 그 자리에서 내려오셔야 했던 사건은 여전히 울분을 참을 수 없게 만드네. 일제가 끝내 우리 군대를 강제로 해산시키는 과정에서 동료들의 죽음을 보며 가만히 있을 수 없었네. 나는 13도의 의병이 모여 조직되고 이인영 총대장이 지휘하는 이 부대에 가담하여 끝까지 나라를 지키려고 하네.
자네도 우리와 뜻을 같이하면 좋겠네.
옛 동료가

① 서울 진공 작전을 전개하였다.
② 일제의 탄압을 피해 자유시로 이동하였다.
③ 어재연의 지휘 아래 광성보에서 활약하였다.
④ 황푸 군관 학교에서 군사 훈련을 실시하였다.

37

밑줄 그은 '전투'로 옳은 것은?　　　[1점]

이것은 1920년 10월 김좌진의 북로 군정서군 등 독립군 연합 부대가 백운평, 천수평, 어랑촌 일대에서 일본군과 싸워 크게 승리한 전투입니다.

① 백강 전투
② 진주성 전투
③ 청산리 전투
④ 대전자령 전투

38

(가)에 해당하는 인물로 옳은 것은?　　　[2점]

이 시는 일제 강점기 민족 저항 시인 (가) 의 대표적인 작품입니다. 그는 조선은행 대구 지점 폭파 사건에 연루되어 수감 생활을 하던 당시의 수인 번호를 따서 호를 지었습니다. 이제 그의 시를 노래로 만나 보겠습니다.

광야

지금 눈 내리고
매화 향기 홀로 아득하니
내 여기 가난한 노래의 씨를 뿌려라

다시 천고의 뒤에
백마 타고 오는 초인이 있어
이 광야에서 목놓아 부르게 하리라

①
심훈

②
윤동주

③
이육사

④
한용운

39

밑줄 그은 '이 정책'으로 옳은 것은?   [2점]

그렇다네. 일제가 1920년부터 실시한 이 정책으로 쌀 생산량이 늘었지만 이보다 더 많은 양의 쌀을 일본으로 가져가 우리의 식량 사정이 더욱 나빠졌다네.

이 많은 쌀을 전부 일본으로 가져간다는 말인가?

① 방곡령
② 신해통공
③ 산미 증식 계획
④ 토지 조사 사업

40

다음 다큐멘터리에서 볼 수 있는 장면으로 적절하지 않은 것은?   [3점]

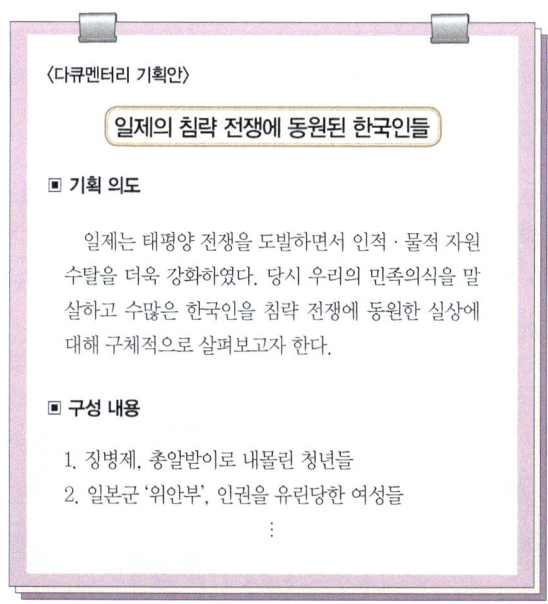

〈다큐멘터리 기획안〉

일제의 침략 전쟁에 동원된 한국인들

■ **기획 의도**

  일제는 태평양 전쟁을 도발하면서 인적·물적 자원 수탈을 더욱 강화하였다. 당시 우리의 민족의식을 말살하고 수많은 한국인을 침략 전쟁에 동원한 실상에 대해 구체적으로 살펴보고자 한다.

■ **구성 내용**

1. 징병제, 총알받이로 내몰린 청년들
2. 일본군 '위안부', 인권을 유린당한 여성들
                    ⋮

① 태형을 집행하는 헌병 경찰
② 강제 징용으로 끌려가는 청년
③ 공출로 가마솥을 빼앗기는 농민
④ 황국 신민 서사를 암송하는 학생

41

밑줄 그은 '이날'에 해당하는 세시 풍속으로 옳은 것은?   [1점]

음력 5월 5일인 오늘은 한국의 전통 명절입니다. 여러분이 드시는 수리취떡은 이날에 만들어 먹는 음식입니다. 마당에서도 다양한 체험 행사가 진행 중입니다. 어떤 행사에 참여하실 건가요?

저는 창포물에 머리를 감아보려 합니다.

저는 친구와 함께 씨름 경기에 참여할 겁니다.

① 단오   ② 동지   ③ 추석   ④ 한식

42

(가)에 들어갈 인물로 옳은 것은?   [1점]

나는 지금 상하이에 있는 매헌 기념관에 와 있어.

거기는 어떤 곳이야?

한인 애국단 소속으로 훙커우 공원에서 의거를 일으킨   (가)   을/를 기념하는 곳이야.

그런 의미가 있는 곳이구나.

① 나석주   ② 윤봉길   ③ 이봉창   ④ 이회영

43

(가) 군대에 대한 설명으로 옳은 것은? [2점]

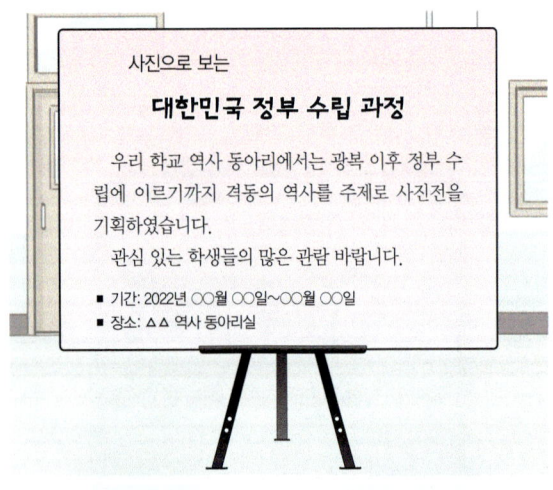

뮤지컬로 역사를 만나다
작전명 독수리

"오늘 이 시간부터 아메리카 합중국과 대한민국 임시 정부의 비밀 공작이 시작되었다."

대한민국 임시 정부의 [(가)] 와/과 미국의 전략 정보국(OSS)이 합작한 국내 진공 작전, 일명 '독수리 작전'에 대한 이야기를 뮤지컬로 보여드립니다.

- 일시: 2022년 ○○월 ○○일 오후 7시
- 장소: △△문화회관 ◇◇홀

① 고종의 밀지를 받아 조직되었다.
② 조선 혁명 선언을 활동 지침으로 삼았다.
③ 지청천을 총사령관으로 하여 창설되었다.
④ 영릉가 전투에서 한중 연합 작전을 전개하였다.

44

다음 사진전에 전시될 사진으로 적절하지 <u>않은</u> 것은? [2점]

사진으로 보는
대한민국 정부 수립 과정

우리 학교 역사 동아리에서는 광복 이후 정부 수립에 이르기까지 격동의 역사를 주제로 사진전을 기획하였습니다.

관심 있는 학생들의 많은 관람 바랍니다.

- 기간: 2022년 ○○월 ○○일~○○월 ○○일
- 장소: △△ 역사 동아리실

①
5 · 10 총선거 실시

②
6 · 10 만세 운동 전개

③
좌우 합작 위원회 활동

④
제1차 미소 공동 위원회 개최

45

(가)에 들어갈 민주화 운동으로 옳은 것은? [1점]

| 온라인 추모관 | 사진첩 | 자유 게시판 | 관련 기록물 |

[(가)] 추모관

신군부에 맞서 민주주의를 외친 시민들의 넋을 위로합니다.

추모글을 남겨주세요

계엄군의 무자비한 진압에 희생된 시민들을 추모합니다.

민주화 운동에 헌신한 광주 시민들의 정신을 기억하겠습니다.

① 4 · 19 혁명
② 6월 민주 항쟁
③ 부마 민주 항쟁
④ 5 · 18 민주화 운동

46

다음 자료에 나타난 정부 시기의 통일 노력으로 옳은 것은? [3점]

북방 외교를 통해 소련과 국교를 수립하고, 남북 관계의 진전을 이루었다.
1/3

화해와 불가침 및 교류 협력에 관한 내용을 담은 남북 기본 합의서를 채택하였다.
2/3

평화와 통일을 위한 준비 과정으로 한반도 비핵화 공동 선언에 합의하였다.
3/3

① 남북한 유엔 동시 가입
② 남북 이산가족 최초 상봉
③ 7 · 4 남북 공동 성명 발표
④ 6 · 15 남북 공동 선언 채택

47

밑줄 그은 '정부' 시기에 있었던 사실로 옳은 것은? [3점]

□□신문

제△△호 ○○○○년 ○○월 ○○일

국민학교 명칭, 역사 속으로 사라지다

정부는 광복 50주년을 맞이하여 일제 강점기에 황국 신민의 양성을 목적으로 지어진 국민학교 명칭을 초등학교로 변경한다고 발표했다. 이에 따라 내년 2월말까지 전국 국민학교의 간판을 초등학교로 바꿔 달고 학교의 직인과 생활기록부 등에 적혀 있는 국민학교라는 명칭도 모두 바꾸기로 하였다.

① 삼청 교육대가 운영되었다.
② 조선 총독부 건물이 철거되었다.
③ 반민족 행위 처벌법이 제정되었다.
④ 서울에서 G20 정상 회의가 개최되었다.

48

다음 뉴스가 보도된 정부 시기의 경제 상황으로 옳은 것은? [2점]

오늘 서울 월드컵 경기장에서 제17회 FIFA 한일 월드컵 축구 대회 개막식이 열렸습니다. 이번 월드컵 대회는 아시아 지역에서 처음 열리는 대회로서 세계인의 큰 관심을 끌고 있습니다.

서울에서 월드컵 개막식 성공적으로 열려

① 경부 고속 도로를 준공하였다.
② 세계 무역 기구(WTO)에 가입하였다.
③ 제1차 경제 개발 5개년 계획이 추진되었다.
④ 국제 통화 기금(IMF)의 구제 금융을 조기 상환하였다.

49

(가)에 들어갈 내용으로 옳은 것은? [2점]

주제 탐구 활동 계획서

○학년 ○반 ○모둠

주제: 역사 속 백성들을 위한 구휼 제도

• 선정 이유

우리 역사 속에서 자연 재해나 경제적 위기 상황에 직면한 백성들을 위해 국가가 실시한 구휼 제도에 대해 시대별로 살펴보고, 그 역사적 의미와 교훈에 관하여 생각해 보고자 한다.

• 시대별 탐구 내용

구분	삼국 시대	고려 시대	조선 시대
내용	고구려의 진대법 실시	(가)	환곡제 운영

① 의창 설치
② 신문고 운영
③ 제중원 설립
④ 호포제 실시

50

(가)에 들어갈 지역으로 옳은 것은? [2점]

학생 모둠 활동

주제: (가) 의 역사 알아보기

신문왕이 이곳으로 천도를 하려고 했어.

고려와 후백제 사이에 치열했던 공산 전투가 벌어진 곳이야.

김광제 등을 중심으로 국채 보상 운동이 시작되었지.

학생들을 중심으로 이승만 독재 정권에 저항한 ○○○○○가 일어났어.

① 대구　　② 안동　　③ 울산　　④ 청주

정답 및 해설 237p

01

(가) 시대의 생활 모습으로 옳은 것은? [2점]

제△△회 선사 문화 축제

정착 생활과 농경이 시작된 (가) 시대로의
시간 여행에 여러분을 초대합니다.

■ 기간: 2022년 ○○월 ○○일~○○월 ○○일
■ 장소: □□□ 선사 유적 박물관 일대

① 가락바퀴를 이용하여 실을 뽑았다.
② 무덤 껴묻거리로 오수전 등을 묻었다.
③ 철제 농기구를 사용하여 농사를 지었다.
④ 의례 도구로 청동 방울 등을 사용하였다.

02

(가) 나라에 대한 설명으로 옳은 것은? [3점]

(가) 의 사회 모습을 알려 주는 내용이네.

사료로 만나는 한국사

국읍마다 한 사람을 세워 천신에게
지내는 제사를 주관하게 하니 천군이라
하였다. 또 나라마다 별읍이 있으니 이를
소도라 하였는데 …… 그 안으로 도망쳐
온 사람들은 모두 돌려보내지 않았다.

– 『삼국지』 동이전 –

① 영고라는 제천 행사가 있었다.
② 신지, 읍차 등의 지배자가 있었다.
③ 혼인 풍습으로 민며느리제가 있었다.
④ 읍락 간의 경계를 중시하는 책화가 있었다.

03

밑줄 그은 '제도'로 옳은 것은? [2점]

우리나라에 이런 제도가 생겼군!

매년 봄부터 가을까지 관청의
곡식을 내어 백성 가구의 많고
적음에 따라 차등을 두어 식량을
빌려주도록 하고, 겨울에 갚게
하라.

고국천왕

이제 우리도 조금 살 만해지겠어.

① 흑창　　② 상평창　　③ 진대법　　④ 제위보

04

(가) 섬에 대한 설명으로 옳은 것은? [1점]

여러 가지 이름으로 불린 섬, (가)

가지어라고 불린 강치가 많은 섬
이라 가지도로 불림

1900년 대한 제국 칙령 제41호에
석도로 기록됨

1906년 울도 군수 심흥택의 보고
서에 (가) (으)로 표기됨

① 러시아가 조차를 요구한 섬이다.
② 영국이 불법적으로 점령한 섬이다.
③ 하멜 일행이 표류하다 도착한 섬이다.
④ 안용복이 일본으로 건너가 우리 영토임을 주장한 섬
　이다.

05

(가)에 들어갈 가상 우표로 적절한 것은? [2점]

우리 반에서는 공주와 부여에 도읍했던 국가의 문화유산을 소재로 우표를 만들었습니다.

① 첨성대

② 미륵사지 석탑

③ 무용총 수렵도

④ 성덕 대왕 신종

06

밑줄 그은 '이 나라'에 대한 설명으로 옳은 것은? [2점]

① 전기 가야 연맹을 주도하였다.
② 교육 기관인 국학을 설치하였다.
③ 옥저를 정복하고 동해안으로 진출하였다.
④ 지방에 22담로를 두어 왕족을 파견하였다.

07

밑줄 그은 '왕'의 업적으로 옳은 것은? [2점]

○ 왕이 영을 내려 순장을 금하게 하였다. 이전에는 국왕이 죽으면 남녀 다섯 명씩 순장하였는데, 이때에 이르러 금하게 한 것이다.

○ 여러 신하들이 한뜻으로 '신라국왕'이라는 호칭을 올리니, 왕이 이를 따랐다.

— 『삼국사기』 —

① 우경을 장려하였다.
② 율령을 반포하였다.
③ 독서삼품과를 실시하였다.
④ 화랑도를 국가 조직으로 개편하였다.

08

(가)에 들어갈 세시풍속으로 옳은 것은? [1점]

동지로부터 105일째 되는 날인 (가) 은/는 양력 4월 5일 무렵으로 중국 춘추 시대 개자추 이야기에서 유래되었다고 전한다. 이날에는 불을 사용하지 않고 찬 음식을 먹었으며 조상의 묘를 돌보았다.

① 단오   ② 칠석   ③ 한식   ④ 삼진날

09

(가), (나) 사이의 시기에 있었던 사건으로 옳은 것은? [3점]

① 백강 전투
② 살수 대첩
③ 관산성 전투
④ 처인성 전투

10

다음 기획서에 나타난 시기에 발생한 사건으로 옳은 것은? [2점]

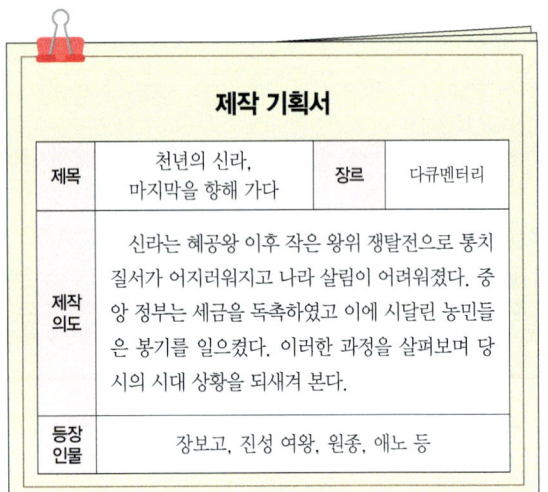

제작 기획서

제목	천년의 신라, 마지막을 향해 가다	장르	다큐멘터리
제작 의도	신라는 혜공왕 이후 잦은 왕위 쟁탈전으로 통치 질서가 어지러워지고 나라 살림이 어려워졌다. 중앙 정부는 세금을 독촉하였고 이에 시달린 농민들은 봉기를 일으켰다. 이러한 과정을 살펴보며 당시의 시대 상황을 되새겨 본다.		
등장 인물	장보고, 진성 여왕, 원종, 애노 등		

① 김헌창의 난
② 이자겸의 난
③ 김사미 · 효심의 난
④ 망이 · 망소이의 난

11

(가)에 들어갈 사실로 옳은 것은? [2점]

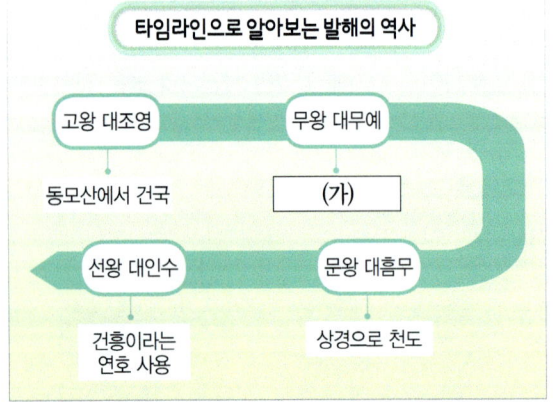

타임라인으로 알아보는 발해의 역사

고왕 대조영 — 동모산에서 건국
무왕 대무예 — (가)
문왕 대흠무 — 상경으로 천도
선왕 대인수 — 건흥이라는 연호 사용

① 대마도 정벌
② 4군 6진 개척
③ 동북 9성 축조
④ 산둥반도의 등주 공격

12

(가)에 들어갈 인물로 옳은 것은? [2점]

이것은 (가) 이/가 세운 태봉의 도성 터 사진입니다. 삼국사기에 의하면 수많은 청주 사람을 이곳 철원성에 옮기고 도읍으로 삼았다고 합니다.

이 사진에 대해 설명해 주세요.

① 견훤
② 궁예
③ 온조
④ 주몽

13

밑줄 그은 '이 책'으로 옳은 것은? [1점]

이달의 책
이 책에 대해 말해 주세요.
승려 일연이 저술한 역사서입니다.
단군의 고조선 건국 이야기가 실려 있습니다.

① 동국통감
② 동사강목
③ 삼국유사
④ 제왕운기

14

(가)에 들어갈 문화유산으로 옳은 것은? [2점]

문화유산 카드

- 종목: 국보
- 시대: 고려
- 소장처: 국립중앙박물관
- 소개: 원의 영향을 받은 탑으로, 대리석으로 만들어졌다. 목조 건축을 연상하게 하는 다채로운 조각들이 섬세하게 새겨져 있다.

(가)

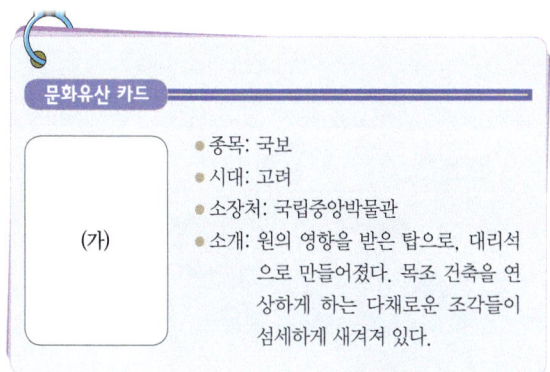

① 불국사 삼층 석탑 ② 분황사 모전 석탑

③ 영광탑 ④ 경천사지 십층 석탑

16

다음 퀴즈의 정답으로 옳은 것은? [2점]

1단계 | 고려 무신 정권기의 최고 권력 기구입니다.
2단계 | 임시 기구로 출발하였습니다.
3단계 | 최충헌이 설치하였습니다.

제시된 단계별 힌트를 종합하여 알 수 있는 기구는 무엇일까요?

① 중방 ② 교정도감
③ 도병마사 ④ 식목도감

17

다음 가상 인터뷰의 (가)에 들어갈 내용으로 적절한 것은? [3점]

지눌 스님, 불교를 위해 어떤 활동을 하셨나요? (가)

① 무애가를 지었습니다.
② 천태종을 개창하였습니다.
③ 수선사 결사를 제창하였습니다.
④ 왕오천축국전을 저술하였습니다.

15

(가)~(다)를 일어난 순서대로 옳게 나열한 것은? [3점]

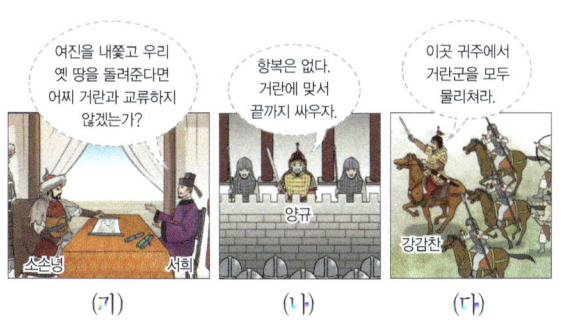

여진을 내쫓고 우리 옛 땅을 돌려준다면 어찌 거란과 교류하지 않겠는가? (소손녕/서희) (가)

항복은 없다. 거란에 맞서 끝까지 싸우자. (양규) (나)

이곳 귀주에서 거란군을 모두 물리쳐라. (강감찬) (다)

① (가) - (나) - (다) ② (가) - (다) - (나)
③ (나) - (가) - (다) ④ (다) - (가) - (나)

18

(가)에 들어갈 인물로 옳은 것은? [1점]

(가)	• 고려 시대 학자 • 성균관 대사성 역임 • 사신으로 명, 일본 왕래 • 조선 건국 세력에 맞서 고려 왕조를 지키고자 함 • 문집으로 포은집이 있음
(앞면)	(뒷면)

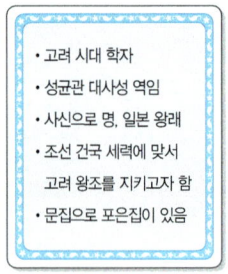

① 박지원
② 송시열
③ 정몽주
④ 정도전

19

(가)에 들어갈 내용으로 옳은 것은? [2점]

① 거중기를 설계하였다.
② 자격루를 제작하였다.
③ 대동여지도를 만들었다.
④ 동의보감을 완성하였다.

20

선생님의 질문에 대한 학생의 대답으로 옳지 않은 것은? [2점]

21

(가) 기구에 대한 설명으로 옳은 것은? [2점]

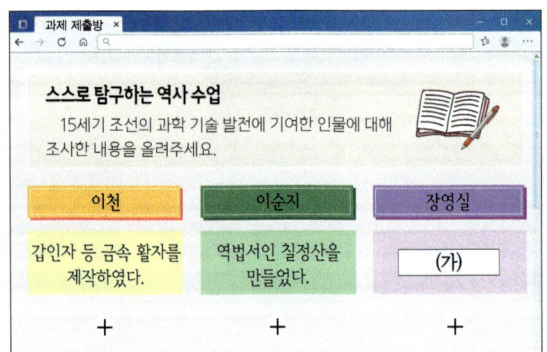

① 왕명 출납을 관장하였다.
② 수도의 행정과 치안을 맡았다.
③ 외국어 통역 업무를 담당하였다.
④ 사간원, 홍문관과 함께 삼사로 불렸다.

22

(가)에 들어갈 용어로 옳은 것은? [1점]

① 선종   ② 성리학   ③ 양명학   ④ 천도교

23

밑줄 그은 '이 전쟁'에 대한 설명으로 옳은 것은? [2점]

지금 촬영하는 곳은 남한산성입니다. 적의 공격을 방어하기 유리한 지형에 세워진 산성으로 이 전쟁 때 인조가 피신하였습니다.

① 김시민 장군이 활약하였다.
② 별무반을 편성하여 적과 싸웠다.
③ 전쟁 후 청과 군신 관계를 맺었다.
④ 이여송이 이끄는 명의 지원군이 파병되었다.

24

(가), (나) 사이의 시기에 있었던 사실로 옳은 것은? [3점]

(가) 효종이 죽자 자의 대비의 상복 입는 기간을 두고 예송이 발생하였다.

(나) 신하들이 언제라도 탕평의 의미를 되새기라는 뜻에서 왕이 성균관 앞에 탕평비를 세웠다.

① 비변사가 폐지되었다.
② 훈련도감이 설치되었다.
③ 경신환국으로 서인이 집권하였다.
④ 무오사화로 김일손 등이 처형되었다.

25

(가) 사건에 대한 설명으로 옳은 것은? [2점]

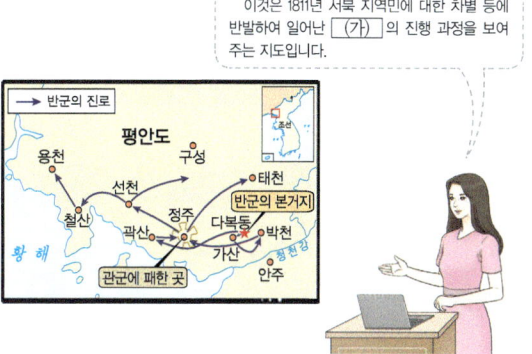

이것은 1811년 서북 지역민에 대한 차별 등에 반발하여 일어난 (가) 의 진행 과정을 보여주는 지도입니다.

① 홍경래가 봉기를 주도하였다.
② 서경 천도를 주장하며 일어났다.
③ 백낙신의 횡포가 계기가 되었다.
④ 특수 행정 구역인 소의 주민이 참여하였다.

26

다음 상황이 나타난 시기에 볼 수 있는 모습으로 적절하지 않은 것은? [2점]

오늘은 춘향전을 빌려야겠어.

① 민화를 그리는 화가
② 탈춤을 공연하는 광대
③ 판소리를 구경하는 상인
④ 팔관회에 참가하는 외국 사신

27

(가)에 들어갈 제도로 옳은 것은?　　　　　[1점]

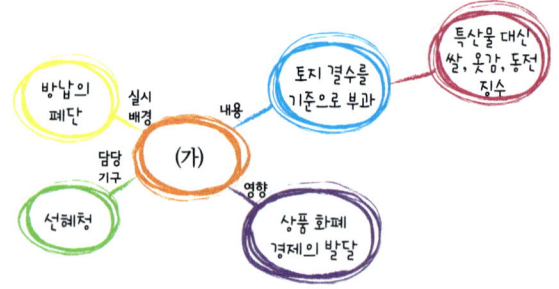

① 과전법　　② 균역법　　③ 대동법　　④ 영정법

28

(가) 왕이 실시한 정책으로 옳은 것은?　　　　　[2점]

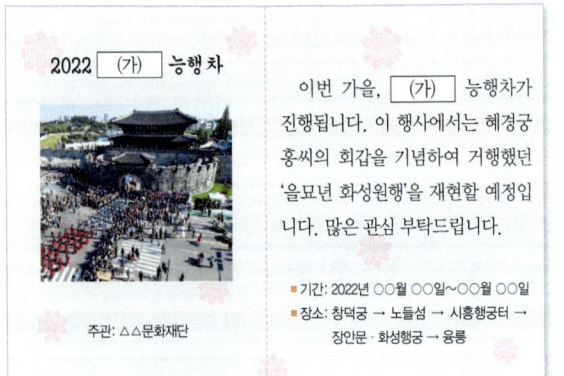

① 장용영을 설치하였다.

② 전시과를 시행하였다.

③ 경복궁을 중건하였다.

④ 경국대전을 완성하였다.

29

(가)에 들어갈 인물로 옳은 것은?　　　　　[2점]

① 이익　　② 박제가　　③ 유형원　　④ 홍대용

30

(가) 시기에 있었던 사실로 옳은 것은?　　　　　[2점]

① 당백전을 발행하였다.

② 영선사를 파견하였다.

③ 육영 공원을 설립하였다.

④ 대한국 국제를 제정하였다.

31

(가)에 들어갈 사건으로 옳은 것은? [1점]

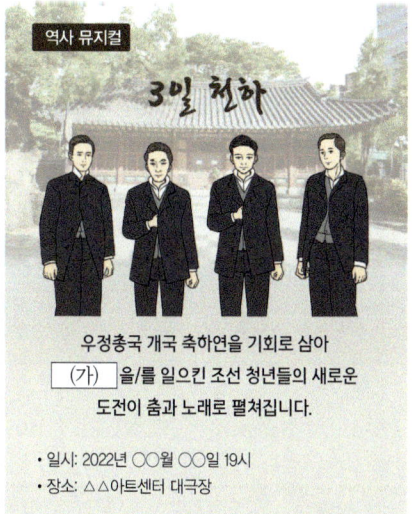

역사 뮤지컬
3일 천하
우정총국 개국 축하연을 기회로 삼아 (가) 을/를 일으킨 조선 청년들의 새로운 도전이 춤과 노래로 펼쳐집니다.
· 일시: 2022년 ○○월 ○○일 19시
· 장소: △△아트센터 대극장

① 갑오개혁　　　　② 갑신정변
③ 브나로드 운동　　④ 민립 대학 설립 운동

33

다음 상황 이후에 일어난 사실로 옳은 것은? [3점]

① 병인박해가 일어났다.
② 척화비가 건립되었다.
③ 제너럴 셔먼호 사건이 발생하였다.
④ 오페르트가 남연군 묘 도굴을 시도하였다.

32

밑줄 그은 '의병'이 일어난 시기를 연표에서 옳게 고른 것은? [3점]

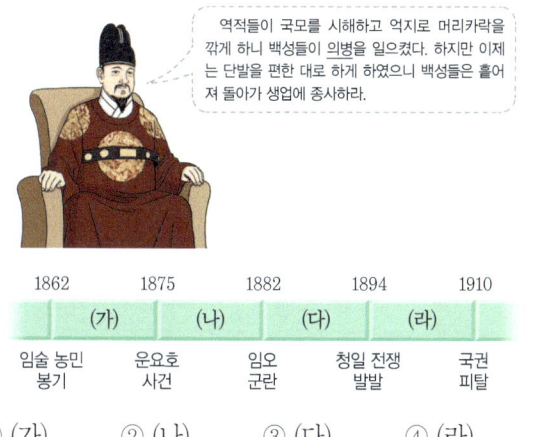

역적들이 국모를 시해하고 억지로 머리카락을 깎게 하니 백성들이 의병을 일으켰다. 하지만 이제는 단발을 편한 대로 하게 하였으니 백성들은 흩어져 돌아가 생업에 종사하라.

1862		1875		1882		1894		1910
	(가)		(나)		(다)		(라)	
임술 농민 봉기		운요호 사건		임오 군란		청일 전쟁 발발		국권 피탈

① (가)　② (나)　③ (다)　④ (라)

34

(가)에 들어갈 인물로 옳은 것은? [2점]

이번에 답사할 곳은 (가) 묘역입니다. 그는 이상설, 이위종과 함께 헤이그 만국 평화 회의에 특사로 파견되었습니다.

수유리 애국선열 묘역
신익희 묘역　김병로 묘역　이시영 묘역
(가) 묘역　광복군 합동 묘역　김창숙 묘역

① 이준　② 손병희　③ 여운형　④ 홍범도

35

밑줄 그은 '이 운동'에 대한 설명으로 옳은 것은? [2점]

① 만민 공동회를 개최하였다.
② 대한매일신보 등 언론의 지원을 받았다.
③ 조선 사람 조선 것이라는 구호를 내세웠다.
④ 백정에 대한 사회적 차별 철폐를 주장하였다.

36

밑줄 그은 '만세 시위 운동'의 영향으로 옳은 것은? [2점]

① 독립문이 건립되었다.
② 홍범 14조가 반포되었다.
③ 토지 조사 사업이 시작되었다.
④ 대한민국 임시 정부가 수립되었다.

37

(가)에 해당하는 단체로 옳은 것은? [2점]

① 권업회
② 보안회
③ 참의부
④ 대한 광복회

38

(가)에 들어갈 인물로 옳은 것은? [1점]

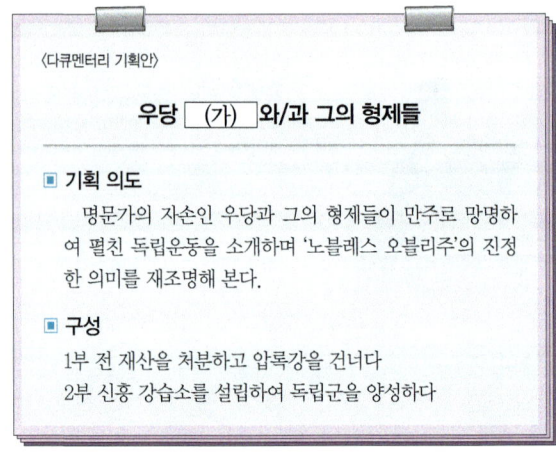

① 신채호
② 안중근
③ 이회영
④ 이동휘

39

밑줄 그은 '시기'에 볼 수 있는 모습으로 가장 적절한 것은? [2점]

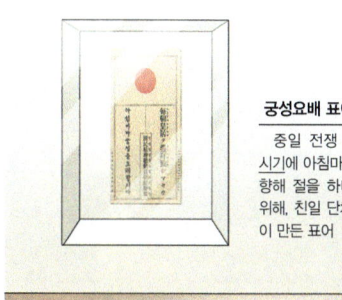

궁성요배 표어

중일 전쟁 이후 침략 전쟁을 확대하던 시기에 아침마다 일왕이 거처하는 곳(궁성)을 향해 절을 하며 경의를 표하도록 강요하기 위해, 친일 단체인 국민정신총동원 조선연맹이 만든 표어

① 태형을 집행하는 헌병 경찰
② 회사령을 공포하는 총독부 관리
③ 황국 신민 서사를 암송하는 학생
④ 암태도 소작 쟁의에 참여하는 농민

40

밑줄 그은 '이 운동'에 대한 설명으로 옳은 것은? [2점]

1929년, 나주와 광주로 열차로 통학하는 한·일 학생 간에 충돌이 발생하였습니다.

일제 경찰의 민족 차별에 대항하여 광주의 학생들은 시위를 벌였고, 점차 전국적으로 확산되었습니다.

이 운동을 기억하기 위해 시위가 시작된 11월 3일을 학생 독립운동 기념일로 지정하였습니다.

11.3.

① 순종의 인산일에 일어났다.
② 통감부의 탄압으로 실패하였다.
③ 국민 대표 회의 개최의 배경이 되었다.
④ 신간회에서 진상 조사단을 파견하였다.

41

(가)에 해당하는 군사 조직으로 옳은 것은? [1점]

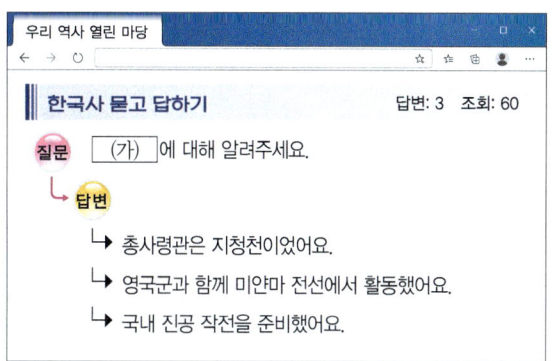

우리 역사 열린 마당

한국사 묻고 답하기   답변: 3 조회: 60

질문   (가)   에 대해 알려주세요.

답변

↳ 총사령관은 지청천이었어요.

↳ 영국군과 함께 미얀마 전선에서 활동했어요.

↳ 국내 진공 작전을 준비했어요.

① 북로 군정서
② 조선 의용대
③ 조선 혁명군
④ 한국 광복군

42

다음 성명서가 발표된 이후의 사실로 옳은 것은? [2점]

김구, 삼천만 동포에게 읍고함

나는 통일된 조국을 건설하려다 38선을 베고 쓰러질지언정, 일신의 구차한 안일을 위하여 단독 정부를 세우는 데는 협력하지 않겠다.

① 한인 애국단이 결성되었다.
② 제1차 미소 공동 위원회가 열렸다.
③ 평양에서 남북 협상이 진행되었다.
④ 모스크바 3국 외상 회의가 개최되었다.

43

(가)에 들어갈 사건으로 옳은 것은? [2점]

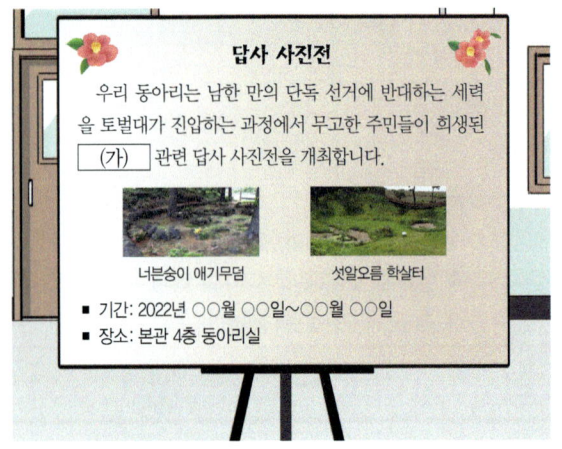

답사 사진전

우리 동아리는 남한 만의 단독 선거에 반대하는 세력을 토벌대가 진압하는 과정에서 무고한 주민들이 희생된 (가) 관련 답사 사진전을 개최합니다.

너븐숭이 애기무덤   섯알오름 학살터

■ 기간: 2022년 ○○월 ○○일~○○월 ○○일
■ 장소: 본관 4층 동아리실

① 원산 총파업
② 제암리 사건
③ 자유시 참변
④ 제주 4 · 3 사건

44

밑줄 그은 '이 전쟁' 중에 있었던 사실로 옳은 것은? [2점]

여기는 에티오피아군이 유엔군의 일원으로 이 전쟁에 참전한 것을 기리는 기념관입니다. 당시 에티오피아군의 전투 상황 등을 보여주는 자료가 전시되어 있습니다.

① 인천 상륙 작전이 전개되었다.
② 조선 건국 준비 위원회가 결성되었다.
③ 이승만이 임시 의정원에서 탄핵되었다.
④ 쌍성보에서 한중 연합 작전이 펼쳐졌다.

45

밑줄 그은 '민주화 운동'에 대한 설명으로 옳은 것은?

[2점]

1987년에 일어난 민주화 운동 때, 이곳 명동성당에 있던 시위대에게 도시락을 모아 전달하셨다고 들었어요.

언니, 오빠들이 호헌 철폐, 독재 타도를 외치는 모습을 보고 우리도 무엇인가를 해야겠다고 생각했지.

① 대통령 직선제 개헌을 이끌어 냈다.
② 3 · 15 부정 선거에 항의하여 일어났다.
③ 굴욕적인 한일 국교 정상화에 반대하였다.
④ 신군부의 비상계엄 확대가 원인이 되어 발생하였다.

46

(가)~(다)의 모습이 나타난 시대 순서대로 옳게 나열한 것은? [3점]

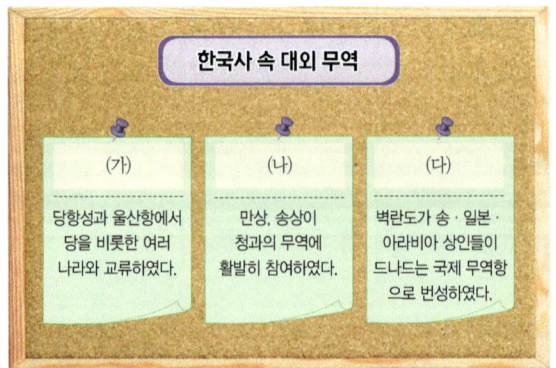

한국사 속 대외 무역

(가)
당항성과 울산항에서 당을 비롯한 여러 나라와 교류하였다.

(나)
만상, 송상이 청과의 무역에 활발히 참여하였다.

(다)
벽란도가 송 · 일본 · 아라비아 상인들이 드나드는 국제 무역항으로 번성하였다.

① (가) – (나) – (다)
② (가) – (다) – (나)
③ (나) – (가) – (다)
④ (다) – (가) – (나)

47

(가)에 들어갈 내용으로 옳은 것은? [2점]

주제 : ○○○ 정부가 한 일

역사 바로 세우기의 일환으로 옛 조선 총독부 건물을 철거했어.

경제 협력 개발 기구(OECD)에 가입했어.

(가)

① 금융 실명제를 실시했어.

② 경부 고속 도로를 준공했어.

③ 제1차 경제 개발 5개년 계획을 추진했어.

④ 미국과 자유 무역 협정(FTA)을 체결했어.

48

(가)에 해당하는 지역으로 옳은 것은? [1점]

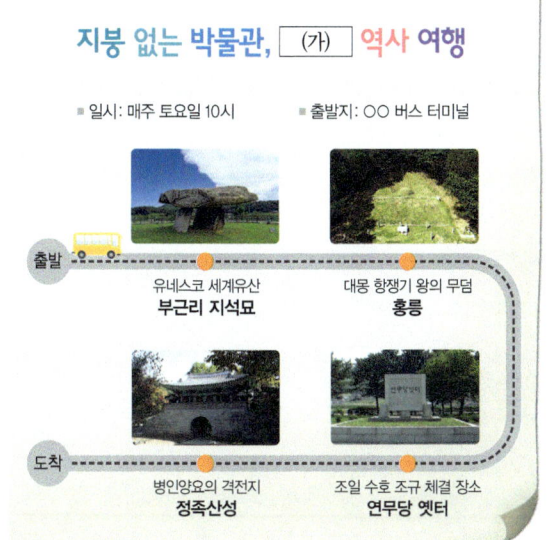

지붕 없는 박물관, (가) 역사 여행

■ 일시 : 매주 토요일 10시   ■ 출발지 : ○○ 버스 터미널

출발
유네스코 세계유산
부근리 지석묘

대몽 항쟁기 왕의 무덤
홍릉

병인양요의 격전지
정족산성

조일 수호 조규 체결 장소
연무당 옛터
도착

① 진도   ② 거제도   ③ 강화도   ④ 울릉도

49

(가)~(라)에 들어갈 내용으로 적절하지 <u>않은</u> 것은? [3점]

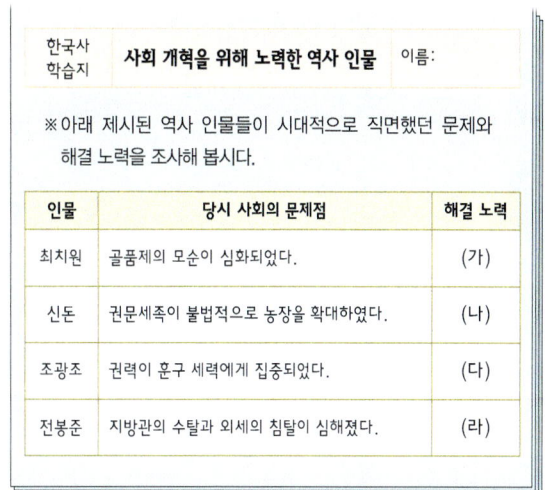

| 한국사 학습지 | 사회 개혁을 위해 노력한 역사 인물 | 이름 : |

※ 아래 제시된 역사 인물들이 시대적으로 직면했던 문제와 해결 노력을 조사해 봅시다.

인물	당시 사회의 문제점	해결 노력
최치원	골품제의 모순이 심화되었다.	(가)
신돈	권문세족이 불법적으로 농장을 확대하였다.	(나)
조광조	권력이 훈구 세력에게 집중되었다.	(다)
전봉준	지방관의 수탈과 외세의 침탈이 심해졌다.	(라)

① (가) – 훈요 10조를 남겼다.

② (나) – 전민변정도감의 설치를 건의하였다.

③ (다) – 현량과 시행을 주장하였다.

④ (라) – 동학 농민 운동을 일으켰다.

50

다음 정부의 통일 노력으로 옳은 것은? [3점]

사진으로 보는 ○○○ 정부

남북한 유엔 동시 가입

한중 수교

① 남북 기본 합의서를 채택하였다.

② 7 · 4 남북 공동 성명을 발표하였다.

③ 6 · 15 남북 공동 선언에 합의하였다.

④ 남북 이산가족 고향 방문을 최초로 실현하였다.

◀ 김좌진 장군 / 단장지통

적막한 달밤에 칼머리의 바람은 세찬데
칼 끝에 찬 서리가 고국생각을 돋구누나
삼천리 금수강산에 왜놈이 웬말인가
단장의 아픈 마음 쓰러버릴 길 없구나.

― 단장지통(斷腸之痛) ―

기본

한국사능력검정시험
최신기출 10회

정답 및 해설

빠른 정답 찾기

2025년도

75회

01 ③	02 ③	03 ④	04 ①	05 ②
06 ③	07 ①	08 ④	09 ④	10 ③
11 ③	12 ③	13 ②	14 ①	15 ③
16 ③	17 ③	18 ①	19 ④	20 ④
21 ②	22 ④	23 ①	24 ④	25 ②
26 ④	27 ②	28 ④	29 ③	30 ①
31 ②	32 ①	33 ③	34 ④	35 ②
36 ④	37 ③	38 ③	39 ①	40 ①
41 ②	42 ③	43 ②	44 ②	45 ④
46 ②	47 ①	48 ②	49 ②	50 ④

73회

01 ②	02 ①	03 ④	04 ③	05 ③
06 ②	07 ④	08 ③	09 ①	10 ③
11 ①	12 ②	13 ②	14 ②	15 ④
16 ①	17 ③	18 ②	19 ③	20 ①
21 ①	22 ①	23 ②	24 ③	25 ①
26 ①	27 ①	28 ③	29 ④	30 ④
31 ④	32 ④	33 ④	34 ①	35 ④
36 ②	37 ①	38 ③	39 ④	40 ④
41 ④	42 ①	43 ④	44 ④	45 ④
46 ③	47 ②	48 ②	49 ④	50 ①

2024년도

71회

01 ①	02 ①	03 ④	04 ①	05 ①
06 ④	07 ②	08 ②	09 ④	10 ②
11 ③	12 ③	13 ③	14 ②	15 ②
16 ①	17 ③	18 ②	19 ②	20 ②
21 ③	22 ①	23 ④	24 ③	25 ③
26 ③	27 ④	28 ④	29 ①	30 ②
31 ④	32 ④	33 ②	34 ①	35 ①
36 ①	37 ③	38 ②	39 ④	40 ④
41 ③	42 ④	43 ③	44 ①	45 ①
46 ④	47 ③	48 ①	49 ③	50 ②

69회

01 ②	02 ④	03 ④	04 ①	05 ②
06 ①	07 ④	08 ③	09 ④	10 ③
11 ③	12 ④	13 ④	14 ③	15 ③
16 ②	17 ④	18 ④	19 ④	20 ①
21 ①	22 ①	23 ②	24 ①	25 ③
26 ④	27 ②	28 ④	29 ②	30 ②
31 ③	32 ②	33 ②	34 ①	35 ①
36 ②	37 ②	38 ③	39 ④	40 ③
41 ①	42 ②	43 ④	44 ③	45 ④
46 ②	47 ③	48 ①	49 ③	50 ④

2023년도

67회

01 ③	02 ②	03 ④	04 ③	05 ②
06 ③	07 ②	08 ①	09 ①	10 ②
11 ①	12 ④	13 ①	14 ③	15 ①
16 ④	17 ③	18 ③	19 ④	20 ④
21 ③	22 ④	23 ①	24 ①	25 ②
26 ④	27 ②	28 ①	29 ③	30 ①
31 ③	32 ④	33 ③	34 ①	35 ②
36 ③	37 ②	38 ③	39 ③	40 ④
41 ③	42 ②	43 ④	44 ④	45 ②
46 ②	47 ④	48 ①	49 ④	50 ②

66회

01 ②	02 ①	03 ②	04 ④	05 ④
06 ③	07 ①	08 ③	09 ②	10 ④
11 ④	12 ①	13 ③	14 ③	15 ②
16 ④	17 ③	18 ④	19 ②	20 ①
21 ①	22 ③	23 ④	24 ④	25 ③
26 ②	27 ④	28 ②	29 ①	30 ③
31 ①	32 ②	33 ①	34 ③	35 ①
36 ②	37 ②	38 ①	39 ③	40 ①
41 ④	42 ①	43 ③	44 ④	45 ②
46 ③	47 ④	48 ③	49 ④	50 ③

64회

01 ④	02 ①	03 ③	04 ②	05 ①
06 ①	07 ④	08 ④	09 ①	10 ④
11 ②	12 ④	13 ③	14 ①	15 ①
16 ③	17 ③	18 ②	19 ①	20 ②
21 ②	22 ②	23 ④	24 ②	25 ④
26 ③	27 ③	28 ①	29 ③	30 ③
31 ②	32 ②	33 ④	34 ③	35 ②
36 ④	37 ①	38 ①	39 ④	40 ①
41 ③	42 ②	43 ④	44 ②	45 ③
46 ④	47 ①	48 ④	49 ①	50 ④

63회

01 ③	02 ①	03 ③	04 ③	05 ①
06 ③	07 ③	08 ④	09 ④	10 ②
11 ③	12 ②	13 ②	14 ②	15 ④
16 ④	17 ①	18 ①	19 ②	20 ②
21 ①	22 ①	23 ②	24 ①	25 ④
26 ④	27 ②	28 ③	29 ③	30 ①
31 ①	32 ②	33 ④	34 ③	35 ④
36 ③	37 ②	38 ④	39 ④	40 ①
41 ③	42 ③	43 ④	44 ②	45 ①
46 ③	47 ①	48 ④	49 ①	50 ④

2022년도

61회

01 ②	02 ④	03 ③	04 ②	05 ②
06 ③	07 ①	08 ①	09 ②	10 ③
11 ③	12 ①	13 ②	14 ②	15 ①
16 ④	17 ④	18 ②	19 ①	20 ④
21 ②	22 ④	23 ④	24 ①	25 ③
26 ④	27 ④	28 ②	29 ③	30 ③
31 ②	32 ②	33 ②	34 ④	35 ①
36 ①	37 ③	38 ③	39 ③	40 ①
41 ①	42 ②	43 ③	44 ②	45 ④
46 ①	47 ②	48 ④	49 ①	50 ①

60회

01 ①	02 ②	03 ③	04 ④	05 ②
06 ①	07 ①	08 ③	09 ①	10 ①
11 ④	12 ②	13 ④	14 ④	15 ①
16 ②	17 ③	18 ③	19 ②	20 ③
21 ④	22 ②	23 ③	24 ②	25 ①
26 ④	27 ③	28 ①	29 ①	30 ④
31 ①	32 ④	33 ②	34 ①	35 ②
36 ④	37 ④	38 ③	39 ③	40 ④
41 ④	42 ③	43 ④	44 ①	45 ①
46 ②	47 ①	48 ③	49 ①	50 ①

01 구석기 시대의 생활 모습

정답 ③

암기박사 동굴, 막집 거주 ⇒ 구석기 시대

정답 해설

연천 전곡리는 구석기 시대의 대표적인 유적지로, 이곳에서 뗀석기인 주먹도끼, 긁개 등이 출토되었다. 구석기 시대 사람들은 대부분 동굴에 거주하였으며 강가에 막집을 짓고 거주하기도 하였다.

오답 해설

① 철제 무기 제작 → 철기 시대

철기 시대에는 철제 갑옷 등의 철제 무기를 제작하게 되면서 더 많은 영토와 식량을 차지하기 위한 정복 활동이 전개되었다.

② 반달 돌칼 : 벼 수확 → 청동기 시대

청동기 시대에는 벼농사가 시작되었고, 반달 돌칼을 사용하여 벼를 수확하였다.

④ 가락바퀴 → 신석기 시대   꼬침 ◀

신석기 시대에는 실을 뽑기 위해 가락바퀴를 처음 사용하였고, 뼈 바늘로 옷을 지어 입었다.   ▶ 방추차

👆 핵심노트 ▶ 구석기 시대의 주요 유적지

단양 도담리 금굴, 단양 상시리 바위 그늘, 공주 석장리, 평남 상원 검은모루 동굴, 연천 전곡리, 제천 점말 동굴, 함북 웅기 굴포리, 청원 두루봉 동굴(흥수굴), 평남 덕천 승리산 동굴, 평양 만달리 동굴, 함북 종성 동관진, 단양 수양개, 제주 어음리 빌레못

02 고구려 장수왕의 업적

정답 ③

암기박사 평양 천도 ⇒ 고구려 장수왕

정답 해설

승려 도림을 백제에 파견한 고구려 광개토 대왕의 아들은 장수왕이다. 그는 수도를 국내성에서 평양성으로 천도한 뒤 남하 정책을 펼쳐 백제의 수도 한성을 함락하고 개로왕을 전사시켰다.

오답 해설

① 태학 설립 → 고구려 소수림왕

고구려 소수림왕은 유학 교육 기관인 태학을 설립하여 인재를 양성하였다.

② 우산국 복속 → 신라 지증왕

신라 지증왕은 이사부를 파견하여 우산국(울릉도)을 복속시켰다.

④ 황룡사 구층 목탑 건립 → 신라 선덕여왕

신라 선덕여왕은 자장의 건의로 황룡사 구층 목탑을 경주에 건립하였다.

03 고조선의 역사

정답 ④

암기박사 범금 8조 : 사회 질서 유지 ⇒ 고조선

정답 해설

단군이 건국한 우리 역사상 최초의 나라는 고조선이며, 이를 기념하는 날이 개천절이다. 고조선은 사회 질서를 유지하기 위해 만민법인 범금 8조를 두었다.

오답 해설

① 동맹 : 제천 행사 → 고구려

고구려는 10월에 동맹이라는 제천 행사를 열어 하늘에 제사를 지냈다.

② 책화 : 읍락 간의 경계 → 동예

동예에는 읍락 간의 경계를 중시하는 책화가 있어서, 다른 부족의 생활권을 침범하면 노비와 소·말로 변상하였다.

③ 가(加) : 사출도 주관 → 부여   ▶ 가(加)의 행정 구획

부여는 여러 가(加)들이 별도로 사출도를 주관하였으며, 왕이 직접 통치하는 중앙과 합쳐 5부를 구성하였다.   ▶ 마가, 우가, 저가, 구가

04 대가야 문화유산

정답 ①

암기박사 금동관 ⇒ 대가야 문화유산

정답 해설

경북에 있는 고령 지산동 고분군은 대가야의 왕릉급 무덤으로, 이진아시왕을 시조로 후기 가야 연맹을 주도하였다. 이 무덤에서 발견된 금동관은 대가야의 문화유산으로, 신라의 관과 구별되는 독특한 형식적 특징을 보인다.

오답 해설

② 칠지도 → 백제 문화유산

칠지도는 백제 근초고왕이 왜왕에게 친선 외교의 목적으로 하사한 칼로 금으로 새긴 글씨가 새겨져 있다.

③ 성덕 대왕 신종 → 통일 신라 문화유산

성덕 대왕 신종은 봉덕사종 또는 에밀레종이라 하며 경덕왕이 아버지인 성덕왕을 기리기 위해 만든 통일 신라의 종이다.

④ 금동 연가 칠년명 여래 입상 → 고구려 문화유산

금동 연가 칠년명 여래 입상은 두꺼운 의상과 긴 얼굴 모습에서 북조 양식을 따르고 있으나, 강인한 인상과 은은한 미소에는 고구려의 독창성이 보인다.

05 공주 지역의 역사

정답 ②

암기박사 백제 : 두 번째 수도 ⇒ 공주(웅진)

정답 해설

백제의 두 번째 수도인 웅진은 지금의 공주이다. 고구려 장수왕의 공격으로 백제의 개로왕이 전사하고 한성이 함락되자 문주왕이 즉위하며 수도를 웅진으로 옮겼다. 공산성, 무령왕릉, 정지산 유적은 모두 공주 지역에 있는 백제의 문화유산이다.

(가) 서울(한성) → 백제 : 첫 번째 수도

서울(한성)은 고구려 주몽의 아들 온조가 남하하여 백제를 건국한
곳으로, 위례성을 도읍으로 정하였다. 위례성은 현재 서울 송파구
에 있는 풍납토성과 몽촌토성이 있는 지역이다.

(다) 부여(사비) → 백제 : 세 번째 수도

백제 성왕이 국호를 남부여로 변경하고 웅진에서 천도한 곳이 사
비이다. 사비는 백제의 세 번째 수도로, 현재 충남 부여를 말한다.

(라) 익산(금마저) → 백제 : 왕궁리 유적

익산은 삼국 시대에 금마저라고 불린 지역으로, 백제 역사 유적
지구인 왕궁리 유적과 미륵사지 유적이 있는 곳이다.

06 신라의 골품제

교육 기관 : 국학 ⇒ 신라 정답 ③

골품에 따라 사용할 수 있는 옷감의 품질에도 차등을 두어 복식 규정
을 제정한 국가는 신라이다. 통일 신라 때 신문왕은 교육 기관인 국
학을 설치하여 유학 교육을 실시하고 유교 이념을 확립하였다.

① 수도 : 완산주 → 후백제

견훤이 전라도 지역의 군사력과 호족 세력을 중심으로 백제의 부
흥을 내세우며 완산주(전주)에서 후백제를 건국하였다.

② 행정 구역 : 5도 양계 → 고려

고려 현종은 전국을 5도 양계의 행정 구역으로 나누어 통치하였
는데, 각 도에는 안찰사를 보내고 양계에는 병마사를 파견하였다.

④ 정사암 : 국가 중대사 결정 → 백제

백제는 귀족 회의체인 정사암 회의에서 국가의 중대사를 결정하
였다.

👆 핵심노트 ▶ 골품제의 성격

• 왕권을 강화하면서 혈연에 따라 사회적 제약이 가해지는 폐쇄적 신분 제도
• 개인의 사회 활동과 정치 활동의 범위까지 엄격히 제한
• 관등 승진의 상한선이 골품에 따라 정해져 불만 세력 발생
• 가옥의 규모와 장식물, 복색, 수레 등 일상생활까지 규제하는 기준

07 정림사지 오층 석탑

정림사지 오층 석탑 ⇒ 나 · 당 연합군 : 백제 정벌 기념탑 정답 ①

국보 제9호인 정림사지 오층 석탑은 충남 부여에 위치한 탑으로, '백
제를 정벌한 기념탑'이라는 글귀가 새겨져 있다. 이는 나당 연합군이
백제를 공격할 때, 당나라 장수 소정방이 백제를 정복한 후 새긴 것
이다.

② 이자겸의 난 → 고려 인종

고려 인종 때 왕실 외척인 이자겸이 척준경과 함께 금의 사대 요
구 수용을 주장하며 반란을 일으켰다.

③ 전민변정도감 설치 → 고려 공민왕

고려 공민왕은 전민변정도감을 설치하고 신돈을 책임자로 임명하
여 권문세족을 견제하고 개혁을 이끌었다.

④ 철원 천도 → 후고구려 궁예

신라 왕족 출신의 궁예가 양길을 몰아내고 송악에서 후고구려를
건국한 후 국호를 마진으로 바꾸고 철원으로 천도하였다.

08 장보고의 활약

청해진 : 해상 무역 ⇒ 장보고 정답 ④

통일 신라 때 장보고는 완도에 청해진을 설치하여 해적들을 소탕하
고 해상 무역을 장악하였다. 또한 항해의 안전을 기원하기 위해 당의
산둥반도에 적산법화원을 설립하였으며, 일본 승려 엔닌의 구법 활
동을 지원하였다.

① 왕오천축국전 저술 → 혜초

혜초는 인도와 중앙아시아를 다녀와서 그 나라의 풍물을 기록한
왕오천축국전을 저술하였다.

② 만권당 설립 → 이제현

고려 충선왕 때 이제현은 학문 교류를 위해 원의 연경에 독서당인
만권당을 세우고 학자들과 교유하였다.

③ 당의 빈공과 급제 → 최치원

최치원은 6두품 출신으로 당의 빈공과에 급제하고 귀국 후 진성
여왕에게 시무 10여 조를 건의하였다.

09 발해의 역사

해동성국 ⇒ 발해 선왕 정답 ④

대조영이 건국하였고, 신라와 함께 남북국으로 불린 나라는 발해이
다. 발해는 선왕(대인수) 때 최대의 영토를 형성하고 중흥기를 이루
어 해동성국이라 불렸으며, 5경 15부 62주의 지방 행정 제도를 마련
하였다.

① 옥저 복속 → 고구려 태조왕

고구려 태조왕은 중앙 집권 체제를 확립하고 활발한 정복 전쟁으
로 부전 고원을 넘어 옥저를 복속시켰다.

② 22담로 설치 → 백제 무령왕

백제 무령왕은 지방 통제를 강화하기 위해 지방의 주요 지점에 22
담로를 설치하고 왕족을 파견하였다.

③ 독서삼품과 시행 → 통일 신라 원성왕

통일 신라의 원성왕은 인재 등용을 위해 유교 경전의 이해 수준에
따라 3등급으로 구분한 독서삼품과를 시행하였다.

10 고려 성종의 업적

암기박사 12목 설치 ⇒ 고려 성종

정답 ③

정답 해설

최승로의 시무 28조를 수용하고 국자감을 창설한 왕은 고려 성종이다. 고려 성종은 최승로의 시무 28조에 따라 전국에 12목을 설치하고 지방관을 파견하였다.

오답 해설

① 노비안검법 실시 → 고려 광종

고려 광종은 노비안검법을 실시하여 양인이었다가 불법으로 노비가 된 자를 조사하여 해방시켜 주었다.

② 쌍성총관부 공격 → 고려 공민왕

고려 공민왕 때 유인우, 이자춘 등이 쌍성총관부를 공격하여 원에 빼앗긴 철령 이북의 땅을 수복하였다.

④ 공산 전투 승리 → 후백제 견훤

후백제의 견훤은 공산 전투에서 신라 경애왕의 요청으로 지원 온 왕건의 고려군에 승리하였다.

11 고려 시대의 난

암기박사 묘청의 난 ⇒ 무신정변 ⇒ 만적의 난

정답 ③

정답 해설

(나) 묘청의 난(1135) : 고려 인종 때 묘청이 풍수지리설에 근거하여 서경 천도를 주장하며 난을 일으키자 김부식이 관군을 이끌고 이를 진압하였다.

(다) 무신정변(1170) : 고려 의종이 문신들만 우대하고 무신들을 천대하자 정중부 등의 무신들이 정변을 일으켜 정권을 장악하였다.

(가) 만적의 난(1198) : 고려 무신 집권기 때 개경에서 최충헌의 사노 만적이 신분 해방을 외치며 반란을 모의하였다.

12 고려 태조의 업적

암기박사 사심관 제도 시행 ⇒ 고려 태조

정답 ③

정답 해설

후삼국을 통일하고 개태사를 창건한 왕은 고려 태조 왕건이다. 고려 태조는 지방의 호족 세력을 통제하기 위해 사심관 제도를 시행하였다.
→ 고려 시대 지방에 연고가 있는 고관에게 자기의 고장을 다스리도록 임명한 특수 관직

오답 해설

① 과거제 도입 → 고려 광종

고려 광종은 인재를 등용하기 위해 후주인 쌍기의 건의를 받아들여 과거제를 도입하였다.

② 농사직설 편찬 → 조선 세종

조선 세종 때 정초 등이 우리 풍토에 맞는 농법을 소개한 농사직설을 편찬하였다.

④ 북한산 순수비 건립 → 신라 진흥왕

신라 진흥왕은 백제가 점유하던 한강 하류 지역을 차지하고 북한산 순수비를 건립하였다.

13 원 간섭기의 조공 기관

암기박사 원 간섭기 : 매 사육 기관 ⇒ 응방

정답 ②

정답 해설

원 간섭기인 충렬왕 때에는 원에 조공할 매의 사육을 담당하던 관청인 응방을 두었다. 또한 원의 공녀 요구가 심각한 사회 문제를 초래하자 결혼도감을 설치하여 공녀를 징발하였다.

오답 해설

① 도방 → 경대승 : 사병 조직

도방은 무신정변 후 경대승이 정중부를 제거하고 집권한 후 신변 보호를 위해 만든 사병 조직이다.

③ 정방 → 최우 : 인사 담당 기관

고려 무신 집권기 때 최우는 자신의 집에 교정도감에서 인사 행정 기능을 분리한 정방을 설치하여 문무 관직에 대한 인사권을 장악하였다.

④ 중방 → 무신 최고 회의 기구

중방은 고려 시대 2군 6위의 상장군 · 대장군 등이 모여 군사 문제를 논의하는 무신들의 최고 회의 기구이다.

14 최영 장군의 활약

암기박사 홍건적 격퇴, 홍산 전투, 요동 정벌 추진 ⇒ 최영

정답 ①

정답 해설

공민왕 때 침입한 홍건적을 물리치고, 우왕 때 홍산에서 왜구를 격파한 고려 말의 장수는 최영 장군이다. 그는 명의 철령위 설치에 반발하여 우왕과 함께 요동 정벌을 추진하기도 하였다.

오답 해설

② 이규보 → 동명왕편 저술

이규보는 고구려의 건국 시조인 동명왕의 일대기를 서사시 형태로 표현한 동명왕편을 지어 고구려 계승 의식을 강조하였다.

③ 정도전 → 조선 초기의 개국공신

삼봉 정도전은 조선 초기의 개국공신으로 조선의 헌법이라고 할 수 있는 조선경국전을 편찬하여 재상 중심의 정치 운영을 주장하였다.

④ 최무선 → 화통도감 설치

고려 우왕 때 최무선은 화통도감을 설치하여 화약 무기를 개발하고 화포를 제작하였다.

15 평창 월정사 팔각 구층 석탑

암기박사 평창 월정사 팔각 구층 석탑 ⇒ 고려 전기

정답 ③

정답 해설

송의 영향을 받아 각이 많고 층이 여러 개인 탑으로, 청동으로 만든 풍경과 금동 머리 장식이 있는 고려 전기의 대표적 석탑은 평창 월정사 팔각 구층 석탑이다

오답 해설

① 여주 고달사지 승탑 → 고려 전기

통일 신라 말 또는 고려 초에 건립된 것으로 추정되는 화강석 승탑으로 기단부, 탑신부, 옥개석 등을 모두 갖춘 전형적인 팔각원당형 승탑이다.

② 원주 법천사지 지광 국사 탑 → 고려 전기

고려 시대의 승려 지광국사 해린을 기리기 위한 고려 전기의 탑으로, 4각의 평면을 기본으로 하며 장식이 정교하고 혼란스럽지 않다.

④ 개성 경천사지 십층 석탑 → 고려 후기

고려 후기 충목왕 때 개성의 경천사지에 조성된 석탑으로 원의 영향을 받아 기존의 신라계 석탑과는 양식을 달리하는 가장 특이하고 정련한 기교를 보이는 탑이다.

16 고려의 대몽 항쟁

암기박사 김윤후 : 처인성 전투 ⇒ 고려 vs 몽골

정답 ③

정답 해설

고려가 불교의 힘으로 외적을 물리치고자 팔만대장경을 제작한 것은 몽골이 침입한 시기이다. 몽골의 2차 침입 때 김윤후가 처인성 전투에서 적장 살리타를 사살하고 몽골군을 물리쳤다.

오답 해설

① 송시열 : 북벌 → 조선 효종

병자호란 이후 효종이 즉위하자 송시열은 조선을 도운 명에 대한 의리를 내세우며 청에 당한 치욕을 갚자는 북벌을 주장하였다.

② 허준 : 동의보감 → 조선 광해군

조선 광해군 때 허준은 전통 한의학을 체계적으로 정리한 동의보감을 저술하여 의료 지식의 민간 보급에 기여하였다.

④ 망이 · 망소이의 난 → 고려 무신 집권기

고려 무신 집권기 때 망이 · 망소이가 가혹한 수탈에 저항하여 공주 명학소에서 봉기하였다.

핵심노트 ▶ 몽골의 침입과 대몽 항전

- **1차 침입**(1231) : 몽골 사신 저고여 일행이 귀국하던 길에 피살되자 이를 구실로 침입
- **2차 침입**(1232) : 최우가 다루가치를 사살하고 강화도로 천도하여 방비를 강화. 처인성 전투에서 살리타가 김윤후가 이끄는 민병과 승병에 의해 사살
- **3차 침입**(1235~1239) : 안성의 죽주산성에서 민병이 승리. 속장경과 황룡사 9층 탑 소실. 팔만대장경 조판 착수
- **4차 침입**(1247~1248) : 침입 후 원 황제의 사망으로 철수
- **5차 침입**(1253~1254) : 충주성에서 김윤후가 이끄는 민병과 관노의 승리
- **6차 침입**(1254~1259) : 6년간의 전투로 20여만 명이 포로가 되는 등 최대의 피해가 발생

17 고려 윤관의 활동

암기박사 별무반 설치 ⇒ 고려 윤관

정답 ③

정답 해설

여진을 정벌하고 동북 9성을 개척한 인물은 고려의 윤관이다. 고려 숙종 때 윤관은 여진족을 정벌하기 위해 기병 중심의 별무반 설치를 건의하였다.

오답 해설

① 대마도 정벌 → 박위 / 이종무

고려 창왕 때 박위가 왜구의 근거지인 대마도를 정벌하였고, 조선 세종 때 대일 강경책의 일환으로 이종무가 왜구의 소굴인 대마도를 정벌하였다.

② 강동 6주 확보 → 서희

고려 성종 때 거란이 침입하자 서희는 소손녕과 외교 담판을 통해 강동 6주를 확보하였다.

④ 일리천 전투 승리 → 왕건 ┌→ 견훤의 장남

왕건의 고려군이 일리천 전투에서 신검의 후백제군에게 승리하여 후백제를 멸망시키고 후삼국을 통일하였다.

18 대각국사 의천

암기박사 천태종 창시 ⇒ 대각국사 의천

정답 ①

정답 해설

문종의 아들로 송에서 불교를 공부한 후 『신편제종교장총록』을 간행한 고려의 승려는 대각국사 의천이다. 그는 불교 교단을 통합하기 위해 국청사에서 해동 천태종을 창시하였다.

오답 해설

② 삼국유사 저술 → 일연

고려 충렬왕 때 승려 일연은 단군부터 고려 말까지의 불교 관련 자료를 중심으로 삼국유사를 저술하였다.

③ 수선사 결사 제창 → 지눌

보조국사 지눌은 명리에 집착하는 무신 집권기 당시 불교계의 타락상을 비판하고 불교 개혁을 주장하며 수선사 결사를 제창하였다.

④ 화통도감 설치 건의 → 최무선

고려 우왕 때 최무선은 화통도감의 설치를 건의하여 화약 무기를 개발하고 화포를 제작하였다.

핵심노트 ▶ 대각국사 의천

해동 천태종의 개조로 문종의 넷째 아들이다. 문종과 어머니 인예왕후의 반대를 무릅쓰고 몰래 송으로 건너가 불법을 공부한 뒤 귀국하여 흥왕사의 주지가 되었다. 그는 그곳에 교장도감을 두고 송 · 요 · 일본 등지에서 수집해 온 불경 등을 교정 · 간행하였다. 교선일치를 주장하면서, 교종과 선종으로 갈라져 대립하던 고려의 불교를 융합하고자 하였다.

19 계유정난

> **암기박사** 수양 대군(세조) : 단종 유배 ⇒ 계유정난
>
> 정답 ③

정답 해설

수양 대군(세조)이 권력을 잡고 단종을 유배 보낸 것은 계유정난 때의 일이다. 수양대군(세조)은 한명회 등과 계유정난을 일으켜 안평대군을 축출한 후 단종을 폐위하고 왕위에 올랐다.

오답 해설

① 갑자사화(1504) : 연산군 때 임사홍 등의 궁중 세력이 연산군의 생모 윤비를 폐출한 사건을 들추어 정부 세력을 축출한 갑자사화가 발생하였다.

② 경신환국(1680) : 조선 숙종 때 서인이 허적의 서자 허견 등이 역모를 꾀했다 고변하여 허적과 윤휴 등 남인들이 대거 축출되었다.

④ 기해예송(1659) : 조선 현종 때 효종의 사망 시 자의 대비의 상복 입는 기간을 두고 서인은 기년복을 남인은 삼년복을 주장하는 예송이 발생하였다.
→ 예절에 관한 논쟁

20 조선 통신사

> **암기박사** 일본 : 에도 막부의 요청 ⇒ 조선 : 통신사 파견
>
> 정답 ④

정답 해설

일본 에도 막부의 요청으로 조선이 파견한 공식 외교 사절단은 통신사이다. 임진왜란 이후 조선은 19세기 초까지 12회에 걸쳐 일본에 통신사를 파견하고 시문, 서화 등을 통해 문화 교류를 하였다.

오답 해설

① 일본에 파견된 외교 사절단 → 수신사

수신사는 강화도 조약 이후 일본에 파견된 외교 사절단으로 1차에는 김기수, 2차에는 김홍집이 파견되었다.

② 청나라 연경에 보낸 사신 → 연행사

연행사는 조선 후기에 청나라의 도읍인 연경에 보낸 사신으로, 청의 학자들과 교류하며 서양의 과학 지식과 기술을 전래하였다.

③ 청의 무기 제조 기술 습득 → 영선사

김윤식을 단장으로 하는 영선사가 청에 파견되어 톈진 기기국에서 무기 제조법과 근대적 군사 훈련법을 습득하였다.

21 병자호란

> **암기박사** 인조 : 남한산성 피란 ⇒ 병자호란
>
> 정답 ②

정답 해설

소현 세자가 청의 수도인 심양으로 볼모로 끌려간 것은 병자호란 이후의 일이다. 조선 인조 때 청이 병자호란을 일으키자 인조는 남한산성으로 피란하였으나 결국 삼전도에서 굴욕적인 강화를 맺었다.

오답 해설

① 권율 : 행주대첩 → 임진왜란

임진왜란 때 권율이 왜군에 대항하여 행주산성을 지켜낸 싸움으로, 부녀자들까지 동원되어 돌을 날랐다는 이야기로 유명하다.

③ 곽재우 : 정암진 전투 → 임진왜란

임진왜란 때 홍의 장군 곽재우가 경상도 의령에서 최초로 의병을 일으킨 후 정암진 전투에서 항전하였다.

④ 양헌수 : 정족산성 → 병인양요

프랑스가 병인박해 때의 프랑스 신부 처형을 구실로 병인양요를 일으키자, 양헌수 부대가 강화도 정족산성에서 적군을 격퇴하였다.

22 퇴계 이황

> **암기박사** 성학십도 저술 ⇒ 퇴계 이황
>
> 정답 ④

정답 해설

안동 도산 서원은 퇴계 이황의 제자들이 그의 학문과 덕행을 기리기 위해 조성한 서원이다. 퇴계 이황은 군주의 도(道)에 관한 학문의 요체를 도식으로 설명한 성학십도를 저술하였다.

오답 해설

① 동사강목 → 안정복

안정복은 동사강목을 저술하여 고조선부터 고려 말까지의 우리 역사를 독자적 정통론을 통해 체계화 하였다.

② 목민심서 → 정약용

정약용은 지방 행정의 개혁 및 목민관(지방관)의 도리에 대하여 쓴 목민심서를 저술하였다.

③ 반계수록 → 유형원

반계수록은 유형원이 국가 운영과 개혁에 대한 견해를 밝힌 책으로, 신분에 따라 토지를 차등 분배하자는 균전론을 제시하였다.

23 기묘사화의 원인

> **암기박사** 조광조 : 위훈 삭제 ⇒ 기묘사화
>
> 정답 ①

정답 해설

조선 중종 때 조광조는 천거제의 일종인 현량과를 실시하여 신진 사림을 등용하고자 하였다. 그러나 이러한 조광조의 급격한 개혁은 훈구 세력이 주초위왕의 모략을 꾸며 조광조 일파를 제거하는 기묘사화의 원인이 되었다.
 → 주(走)와 초(肖)을 합치면 초(趙)가 되므로, 조씨 성을 가진 사람(조광조)이 왕이 된다는 뜻

오답 해설

② 칠정산 편찬 → 조선 세종

조선 세종 때 한양을 기준으로 천체 운동을 계산한 역법서인 칠정산이 편찬되었다.

③ 경국대전 반포 → 조선 성종

조선 성종은 조선의 기본 법전인 경국대전을 반포하고 통치 체제를 정비하였다.

④ 위화도 회군 → 고려 우왕

고려 우왕 때 이성계가 요동 정벌을 위해 파견되었으나 4불가론을 들어 이를 반대하고 위화도에서 회군하였다.

24 훈련도감

> **암기박사** 삼수병(포수, 살수, 사수) ⇒ 훈련도감
> 정답 ④

심화 해설

임진왜란 때 왜군의 조총에 대응하고 국방력을 강화하기 위해 포수, 사수, 살수의 삼수병으로 구성된 훈련도감이 설치되었다.

오답 해설

① 9서당 → 통일 신라 : 수도 방위군

통일 신라 신문왕은 수도의 방어와 치안을 담당하기 위해 9개의 수도 방위군인 9서당을 설치하였다.

② 삼별초 → 고려 : 대몽 항쟁 부대

고려 무신 집권기 때 최우는 좌·우별초와 신의군으로 구성된 삼별초를 조직하여 몽골의 침입에 대비하였다.

③ 장용영 → 조선 : 왕의 친위 부대

조선 정조는 왕의 친위 부대인 장용영을 설치하고 한양에는 내영, 수원 화성에는 외영을 두었다.

핵심노트 ▶ 훈련도감(1594)

- 설치 : 임진왜란 중 왜군의 조총에 대응하고 국방력을 강화하기 위해 유성룡의 건의에 따라 용병제를 토대로 설치
- 편제 : 삼수병(포수·사수·살수)으로 편성
- 성격 : 장기간 근무하며 일정 급료를 받는 장번급료병, 직업 군인의 성격(상비군)
- 폐지 : 1881년에 별기군이 창설되어 신식 군대 체제가 이루어지자 그 다음해 폐지됨

25 조선 영조의 업적

> **암기박사** 탕평비 건립 ⇒ 조선 영조
> 정답 ②

정답 해설

백성들의 세금 부담을 줄여주기 위해 균역법을 실시한 왕은 조선 영조이다. 조선 영조는 붕당 정치의 폐해를 경계하기 위해 성균관 입구에 탕평비를 건립하였다.

오답 해설

① 집현전 설치 → 조선 세종

조선 세종 때 학문 연구 기관인 집현전이 설치되어 인재를 육성하고 편찬 사업을 추진하였다.

③ 대전회통 편찬 → 조선 고종

조선 고종 때 흥선 대원군은 경국대전, 속대전, 대전통편 등을 보완한 대전회통을 편찬하여 통치 체제를 정비하였다.

④ 초계문신제 시행 → 조선 정조

조선 정조는 초계문신제를 시행하여 젊은 문신들을 재교육하고 시험을 통해 승진시켰다.

26 연암 박지원

> **암기박사** 열하일기 저술 ⇒ 연암 박지원
> 정답 ④

정답 해설

양반의 허례허식과 부당한 특권을 다룬 양반전을 저술한 인물은 연암 박지원이다. 그는 조선 후기의 실학자로 청에 다녀온 후 열하일기를 집필하여 청의 문물을 소개하였다.

오답 해설

① 동학 창시 → 최제우

최제우는 세도 정치기인 철종 때 동학을 창시하고 인내천 사상을 바탕으로 인간의 존엄성과 평등을 강조하였다.

② 추사체 창안 → 김정희

김정희는 굳센 기운과 다양한 조형성을 가진 독자적 필체인 추사체를 창안하였다.

③ 거중기 설계 → 정약용

조선 정조 때 정약용은 기기도설을 참고하여 거중기를 설계하였고 이후 수원 화성 축조에 이용하였다.

27 조·미 수호 통상 조약

> **암기박사** 최혜국 대우 최초 규정 ⇒ 조·미 수호 통상 조약
> 정답 ②

정답 해설

조·미 수호 통상 조약은 서양과 맺은 최초의 조약으로 외국에 대한 최혜국 대우가 처음으로 규정되었다. 이 조약을 체결한 이후 푸트 미국 공사의 조선 부임에 대한 답례로 민영익 등이 보빙사로 미국에 파견되었다.

오답 해설

① 러·일 전쟁 → 한일 의정서

러·일 전쟁이 발발하자 일본은 강제로 한일 의정서를 체결하여 군사적 요지를 점령하였다.

③ 병인박해 → 병인양요

병인박해 때의 프랑스 신부 처형을 구실로 프랑스의 로즈 제독 함대가 양화진을 침입하여 병인양요를 일으켰다.

④ 운요호 사건 → 강화도 조약

일본 군함 운요호가 연안을 탐색하다 강화도 초지진에서 조선 측의 포격을 받자 이를 구실로 불평등 조약인 강화도 조약이 체결되었다.

28 조선 후기의 경제 상황

> **암기박사** 공인 : 관청에 물품 조달 ⇒ 조선 후기
> 정답 ④

정답 해설

조선 후기에는 민영 수공업이 발달하였고 담배, 면화 등의 상품 작물이 재배되었다. 또한 조선 후기에는 대동법의 시행으로 관청에 물품을 조달하는 공인이 활동하였다.

오답 해설

① 솔빈부 : 말 수출 → 발해

발해는 지방 행정 구역인 15부 중의 하나인 솔빈부에서 말이 특산물로 유명하여 수출되었다.

② 은병(활구): 화폐 → 고려

고려 숙종 때 입구가 넓어 활구라고 불린 은병이 화폐로 제작되어 사용되었다.
→ 은 1근으로 만든 병 모양의 은화

③ 동시전 : 시장 감독 → 신라

신라 지증왕 때 시장을 감독하는 관청인 동시전이 수도 경주에 설치되었다.

29 근대 문물의 수용

암기박사 최초의 근대식 인쇄소 ⇒ 박문국

정답 ③

정답 해설

박문국은 신문·잡지 등의 인쇄·출판을 관장하던 최초의 근대식 인쇄소로 순 한문 신문인 한성순보를 발간하였다.

오답 해설

① 교정청 → 내정 개혁 기관

교정청은 조선 고종 때 내정 개혁을 위해 세워진 임시 관청으로, 일제의 요구로 군국기무처가 설치되면서 폐지되었다.

② 기기창 → 근대적 무기 제조 공장

청에 파견되었던 영선사가 귀국한 후 근대식 무기 제조 공장인 기기창이 설치되었다.

④ 전환국 → 화폐 주조 기관

전환국은 통화정책 정비를 위해 설치된 근대식 화폐 발행 기구로, 종래 사용하던 상평통보를 대체하기 위해 백동화를 발행하였다.

30 대한 제국 시기의 사실

암기박사 지계 발급(1901) ⇒ 대한 제국 시기

정답 ①

정답 해설

아관파천 후 환궁한 고종이 1897년에 선포한 국호는 대한 제국이다. 대한 제국은 광무개혁의 일환으로 근대적 토지 소유제도의 마련을 위해 양전 사업을 실시하고 지계를 발급하였다.
→ 근대적 토지증서

오답 해설

② 신미양요(1871) → 대한 제국 이전

미국이 제너럴셔먼호 사건을 구실로 강화도를 공격하여 신미양요가 발발하자, 어재연 부대가 강화도 초지진의 광성보에서 항전하였다.

③ 신해통공(1791) → 대한 제국 이전

조선 정조 때 시전 상인의 특권을 축소하는 신해통공이 단행되어 육의전을 제외한 시전 상인의 금난전권이 폐지되었다.

④ 거문도 사건(1885) → 대한 제국 이전

갑신정변 이후 조·러 수호 통상 조약이 체결되자 영국군이 러시아를 견제하기 위해 거문도를 불법으로 점령하였다.

31 보안회의 활동

암기박사 보안회 ⇒ 일제의 황무지 개간권 요구 저지

정답 ②

정답 해설

일제의 황무지 개간권 요구에 대한 지속적인 반대 운동을 벌여 일제의 황무지 개간권 요구를 저지시킨 단체는 보안회이다.

오답 해설

① 권업회 → 연해주 독립 운동 단체

권업회는 연해주 신한촌에서 조직된 항일 독립 운동 단체로, 권업신문을 발간하고 학교, 도서관 등을 건립하였다.

③ 송죽회 → 평양 비밀 여성 독립 운동 단체

송죽회는 일제 강점기 때 평양에서 조직된 비밀 여성 독립 운동 단체로 독립군의 자금 지원, 망명지사의 가족 돕기, 독립을 위한 회원들의 실력 양성을 목적으로 하였다.

④ 신민회 → 국권 회복을 위한 비밀 결사 단체

신민회는 국권 회복을 위한 비밀 결사 단체로, 안창호와 양기탁 등이 중심이 되어 공화 정체의 근대 국가 건설을 목표로 설립되었다.

32 을미개혁

암기박사 태양력 사용, 단발령 시행 ⇒ 을미개혁

정답 ①

정답 해설

을미사변 후 을미개혁이 추진되어 건양이라는 연호가 제정되었으며, 단발령이 시행되고 태양력이 채택되었다.

오답 해설

② 독립 협회 → 독립문 건립

서재필을 중심으로 창립된 독립 협회는 자주 독립의 상징인 독립문을 건립하였다.

③ 임술 농민 봉기 → 삼정이정청 설치

조선 철종 때 임술 농민 봉기가 발발하자 삼정의 문란을 해결하기 위해 박규수의 건의로 삼정이정청이 설치되었다.

④ 병자호란 → 삼전도비 건립

조선 인조는 병자호란 당시 남한산성에서 항전하다 결국 삼전도에서 굴욕적인 강화를 맺고 청의 요구로 삼전도비를 건립하였다.

👆 **핵심노트** ▶ 을미개혁의 내용

- 종두법 실시
- 소학교 설립
- 태양력 사용
- 우편 제도 실시
- 연호 건양(建陽) 사용
- 단발령 실시
- 군제의 개편 → 훈련대 폐지, 중앙군(친위대 2개)·지방군(친위대) 설치

33 정미의병의 활약

암기박사 서울 진공 작전 ⇒ 정미의병

정답 ①

정답 해설

전국의 의병 부대가 집결한 후 총대장으로 이인영을 추대한 것은 정

미의병 때의 일이다. 정미의병이 확산되는 과정에서 의병 부대가 연합하여 서울 진공 작전을 전개하였다.

오답 해설

② **백산 : 4대 강령 발표 → 동학 농민 운동**

동학 농민군은 고부 민란 후 백산에 다시 결집하여 전봉준, 김개남, 손화중 등이 조직을 재정비하고 격문 선포와 4대 강령을 발표하였다.

③ **자유시 참변 → 대한 독립 군단**

간도 참변으로 인해 자유시로 이동한 대한 독립 군단은 적색군의 무장 해제 요구에 저항하다 공격을 받아 세력이 약화되었다.

④ **고종의 해산 권고 조칙 → 을미의병**

명성황후가 시해된 을미사변 후 일어난 을미의병은 고종의 해산 권고 조칙에 따라 대부분 스스로 해산하였다.

34 미주 지역의 독립 활동

암기박사 대한인 국민회 ⇒ 미주 지역

정답 ④

정답 해설

미주 지역 한인들이 연합하여 결성한 단체인 대한인 국민회는 대조선 국민 군단을 운영하였다. 대조선 국민 군단은 독립군 사관을 양성할 목적으로 하와이에 설립된 군사 조직이다.

오답 해설

① **중광단 → 북간도**

대종교 지도자인 서일 등이 북간도에서 항일 무장 단체인 중광단을 조직하였다.

② **신한 청년당 → 상하이**

독립 운동가인 여운형은 중국 상하이에서 우리나라 청년 독립운동 단체인 신한 청년당을 결성하였다.

③ **신흥 강습소 설립 → 서간도**

신민회는 서간도 삼원보에 신흥 강습소를 설립하여 독립군을 양성하였고, 이후 신흥 무관 학교로 발전하였다.

35 국채 보상 운동

암기박사 대한매일신보 후원 ⇒ 국채 보상 운동

정답 ②

정답 해설

일본에 진 빚 1,300만 원을 갚기 위해 의연금을 모금한 활동은 국채 보상 운동이다. 국채 보상 운동은 대한매일신보의 후원을 받아 전국적으로 확산되었다.

오답 해설

① **근우회 → 여성 노동자의 권익 옹호와 생활 개선**

근우회는 여성 노동자의 권익 옹호와 생활 개선을 위해 김활란 등을 중심으로 한 여성계 민족 유일당 조직이다.

③ **황국 중앙 총상회 → 상권 수호 운동**

시전 상인들이 일본 상인들로부터 서울의 상권을 지키기 위해 황국 중앙 총상회를 중심으로 상권 수호 운동을 전개하였다.

④ **조만식 주도 → 물산 장려 운동**

물산 장려 운동은 평양에서 조만식 등이 중심이 되어 우리 민족 산업을 보호하고 경제적 자립을 목적으로 '조선 사람 조선 것'이라는 구호 아래 전개된 운동이다.

36 의열단의 독립 활동

암기박사 활동 지침 : 조선 혁명 선언 ⇒ 의열단

정답 ④

정답 해설

김원봉이 만주 길림성에서 조직한 항일 무장 단체인 의열단은 신채호의 조선 혁명 선언을 활동 지침으로 무장 투쟁과 민중의 직접 혁명을 통한 독립 쟁취를 주장하였다.

오답 해설

① **105인 사건으로 와해 → 신민회**

국권 회복과 공화정체의 국민 국가 건설을 목적으로 설립된 신민회가 일제가 조작한 105인 사건으로 와해되었다.

② **연통제와 교통국 운영 → 대한민국 임시 정부**

대한민국 임시 정부는 국내 비밀 행정 조직인 연통제를 통해 독립운동 자금을 모으고 이륭양행에 교통국을 설치하여 국내와 비밀 연락을 취하였다.

③ **파리 강화 회의 파견 → 신한 청년당**

상해에서 결성된 신한 청년당은 파리 강화 회의에 김규식을 대표로 파견하여 독립 청원서를 제출하였다.

37 광주 학생 항일 운동

암기박사 신간회 : 진상 조사단 파견 ⇒ 광주 학생 항일 운동

정답 ③

정답 해설

광주에서 발생한 한 · 일 학생 간의 충돌을 일본 경찰이 편파적으로 처리하여 광주 학생 항일 운동이 발생하자 신간회 중앙 본부가 진상 조사단을 파견하였다.

오답 해설

① **순종의 인산일 → 6 · 10 만세 운동**

순종의 인산일을 계기로 6 · 10 만세 운동이 일어나 격문 살포와 시위 운동이 전개되었다. → 조선과 대한제국에서 왕이나 황태 직계 가족의 장례일

② **조선 형평사 → 형평 운동**

이학찬을 중심으로 진주에서 조직된 조선 형평사는 백정에 대한 사회적 차별 철폐를 목적으로 형평 운동을 전개하였다.

④ **이승만 : 위임 통치 청원 → 국민 대표 회의 개최**

대한민국 임시 정부의 대통령인 이승만의 통치 청원이 알려지면서 독립운동의 방략을 논의하고자 국민 대표 회의가 상하이에서 개최되었다.

38 일제 강점기의 역사적 사실

암기박사 육영 공원 설립(1886) ⇒ 일제 강점기 이전

정답 ③

정답 해설

조선 총독부의 식민 통치 아래 서울이 경성으로 불리던 시기는 일제 강점기로 서울에 전차가 운행되었다. 한편, 헐버트가 최초의 근대식 관립학교인 육영 공원의 교사로 활동한 것은 일제 강점기 이전의 일 이다. → 1910~1945

오답 해설

① 심훈 : 상록수 출간(1936) → 일제 강점기

독립 운동가이자 소설가인 심훈이 1930년대 지식인의 관념적 농 촌 운동과 일제의 경제적 침탈을 비판한 소설 상록수를 출간하 였다.

② 나운규 : 영화 아리랑 제작(1926) → 일제 강점기

나운규가 제작한 영화 아리랑이 단성사에서 처음 상영되어 한국 영화를 획기적으로 도약시키는 계기가 되었다.

④ 손기정 : 베를린 올림픽 참가(1936) → 일제 강점기

손기정 선수가 제11회 베를린 올림픽에 참가하여 일장기를 달고 마라톤에서 올림픽 신기록으로 우승하였다.

39 박상진의 활동

암기박사 대한 광복회 조직 ⇒ 박상진

정답 ①

정답 해설

1915년 비밀 결사인 대한 광복회를 조직하고 총사령으로 활동한 인 물은 박상진이다. 대한 광복회는 독립 전쟁 자금 모금과 친일 부호 처단을 주도하였다.

오답 해설

② 안창호 → 신민회, 대성 학교, 흥사단

안창호는 양기탁 등과 함께 신민회를 결성하였고, 평양에 대성 학 교를 설립하여 민족 교육을 실시하였다. 또한 미주 지역에서 흥사 단을 조직하여 민족 실력 양성 운동을 전개해나갔다.

③ 윤봉길 → 훙커우 공원 의거

한인 애국단 소속의 윤봉길은 상하이 훙커우 공원에서 열린 일본 군 축하 기념식에서 폭탄을 투척하여 일본군 장성 등을 살상하 였다.

④ 이회영 → 신흥 강습소 설립

독립운동가 이회영은 신민회의 일원으로, 만주 삼원보에 자치 기 구인 경학사를 조직하고 군사 교육 기관인 신흥 강습소를 설립하 였다.

🖑 **핵심노트** ▶ 대한 광복회(1915~1918)

- 인물 : 박상진(총사령), 김좌진(부사령)
- 조직 : 풍기의 대한 광복단과 대구의 조선 국권 회복단의 일부 인사가 모여 군대 식으로 조직·결성
- 활동 : 군자금을 모아 만주에 독립 사관학교 설립, 연해주에서 무기 구입, 독립 전 쟁을 통한 국권 회복을 목표로 함

40 연해주 지역의 독립 운동

암기박사 신한촌 건설 ⇒ 연해주

정답 ①

정답 해설

1937년 소련 당국의 강제 이주 정책에 의해 중앙아시에 정착한 한인 들이 떠난 지역은 연해주이다. 연해주에는 신한촌이 건설되고, 자치 조직인 권업회가 조직되었으며, 무장 독립 전쟁을 준비하기 위한 대 한 광복군 정부가 수립되었다.

오답 해설

② 봉오동 전투 → 북간도

북간도에서 조직된 항일 무장 단체인 대한 독립군은 총사령관인 홍범도의 지휘 아래 봉오동 전투에서 간도 지역을 기습한 일본군 을 상대로 승리하였다.

③ 한국 광복군 창설 → 충칭

충칭으로 근거지를 옮긴 대한민국 임시 정부는 조소앙의 삼균주 의를 기초로 건국 강령을 공포하고 직할 부대인 한국 광복군을 창 설하였다.

④ 2·8 독립 선언 → 도쿄

미국 대통령 윌슨이 제창한 민족 자결주의의 영향을 받아 일본의 도쿄 유학생들이 중심이 되어 2·8 독립 선언서를 발표하였다.

41 백범 김구의 활동

암기박사 남북 협상 참석 ⇒ 김구

정답 ②

정답 해설

한인 애국단을 조직하고 대한민국 임시 정부의 주석을 역임한 백범 김구는 남한만의 단독 정부 수립과 분단을 막기 위해 평양에서 개최 된 남북 협상에 참석하였다.

오답 해설

① 흥사단 결성 → 안창호

신민회에서 활동한 안창호는 미국 샌프란시스코로 건너가 재미 한인을 중심으로 한민족 운동 단체인 흥사단을 결성하였다.

③ 조선 의용대 창설 → 김원봉

조선 의용대는 김원봉이 중국 관내에서 창설한 최초의 한인 무장 부대로 중국 국민당과 연합하여 포로 심문, 요인 사살, 첩보 작전 을 수행하였다.

④ 조선 건국 동맹 조직 → 여운형

여운형은 일제의 패망과 광복에 대비하여 일제 타도와 민주국가 건설을 목표로 조선 건국 동맹을 조직하였다.

42 간송 전형필

암기박사 간송 전형필 ⇒ 민족문화재 수집가

정답 ③

정답 해설

일제 강점기에 훈민정음 해례본 등 수많은 문화재를 수집하여 보존 에 힘쓴 사람은 간송 전형필이다. 그는 민족문화재 수집가로 일제 강

점기 우리나라 최초의 사립 박물관인 보화각을 설립하였다.
→ 간송 미술관으로 개칭

오답 해설

① 박은식 → 민족주의 사학자

박은식은 일제 강점기 대표적인 민족주의 사학자로 대한민국 임시 정부 제2대 대통령을 역임하였으며, 국혼을 강조한 역사서인 한국통사를 저술하였다.

② 석주명 → 나비 연구자

일제 강점기와 해방 후 대한민국의 생물분류와 제주어 연구를 주도한 한국 박물학계의 선구자로, 나비 사랑에 한평생을 바친 인물로 가장 유명하다.

④ 주시경 → 한글 학자

한글 학자 주시경은 국어의 이해 체계 확립을 위해 국문 연구소를 세웠고, 국어문법을 편찬하였다.

43 조선 혁명군의 활동

암기박사 영릉가 전투 ⇒ 조선 혁명군

정답 ②

정답 해설

양세봉을 총사령으로 하는 조선 혁명군은 중국 의용군과 연합 작전을 펼쳐 영릉가 전투에서 일본군을 격퇴하였다.

오답 해설

① 고종의 밀지를 받아 결성 → 독립 의군부

임병찬은 고종의 밀지를 받아 고종의 복위 및 대한 제국의 재건을 목표로 독립 의군부를 결성하였다.

③ 인도 · 미얀마 전선에 투입 → 한국 광복군

지청천을 총사령으로 하는 한국 광복군은 영국군의 요청으로 인도 · 미얀마 전선에 투입되어 영국군과 공동 작전을 펼쳤다.

④ 중국 관내에서 결성된 최초의 한인 무장 조직 → 조선 의용대

김원봉의 조선 의용대는 중국 관내에서 결성된 최초의 한인 무장 조직으로, 중국 국민당과 연합하여 포로 심문, 요인 사살, 첩보 작전을 수행하였다.

44 민족 말살 통치기의 사회 모습

암기박사 황국 신민 서사 암송(1937) ⇒ 민족 말살 통치기

정답 ②

정답 해설

일제가 중일 전쟁을 일으키고 침략을 확대하던 시기는 민족 말살 통치기이다. 이 시기에 일제는 천황에게 충성을 맹세하는 황국 신민 서사의 암송을 강요하였다.

오답 해설

① 조선 태형령(1912) → 무단 통치기

일제는 무단 통치기에 한국인에 한하여 태형을 통해 형벌을 가하는 조선 태형령을 공포하였다.

③ 6 · 10 만세 운동(1926) → 문화 통치기

순종의 장례일을 맞아 사회주의 세력의 주도 하에 격문 살포와 시위 운동이 전개되었다.

④ 토지 조사령(1912) → 무단 통치기

일제는 무단 통치기에 토지 약탈과 식민지화에 필요한 재정 수입원을 마련하기 위해 기한 내에 토지를 신고하게 하는 토지 조사령을 제정하였다.

🖐 **핵심노트** ▶ 민족 말살 통치기의 일제 정책

• 우리 말, 우리 역사 교육 금지
• 조선 · 동아일보 폐간
• 창씨개명, 조선 민사령 개정
• 황국 신민 서사 암송
• 신사 참배, 궁성 요배 강요
• 조선 사상범 보호 관찰령
• 조선 사상범 예비 구금령
• 병참 기지화 정책
• 남면북양 정책
• 국가 총동원령, 국민 징용령, 여자 정신 근로령

45 제주 4 · 3 사건

암기박사 진상 규명 등에 관한 특별법 제정 ⇒ 제주 4 · 3 사건

정답 ④

정답 해설

남한만의 단독 선거에 반대하는 무장대와 토벌대 간의 무력 충돌과 그 진압 과정에서 제주도의 많은 주민이 희생된 사건은 제주 4 · 3 사건이다. 2000년에 진상 규명 및 희생자 명예 회복에 관한 특별법이 제정되었다.

오답 해설

① 한 · 일 국교 정상화 반대 → 6 · 3 시위

박정희 정부 때에 한 · 일 회담에 따른 굴욕적인 한 · 일 국교 정상화에 반대하여 6 · 3 시위가 일어났다.

② 좌우 합작 7원칙 발표 → 좌우 합작 위원회

좌 · 우 합작 위원회는 우익 측을 대표한 김규식과 좌익 측을 대표한 여운형이 좌 · 우 합작 7원칙을 제시하고 좌 · 우 합작 운동을 전개하였다.

③ 신군부의 비상계엄 확대 → 5 · 18 민주화 운동

신군부의 비상계엄 확대와 무력 진압에 저항하여 5 · 18 민주화 운동이 일어났고, 계엄군의 무자비한 진압으로 많은 광주 시민과 학생이 희생되었다.

46 4 · 19 혁명의 원인

암기박사 3 · 15 부정 선거 ⇒ 4 · 19 혁명(1960)

정답 ②

정답 해설

이승만 정권의 장기 독재와 자유당 정권의 3 · 15 부정 선거로 4 · 19 혁명이 발발하였고 그 결과 이승만 대통령이 하야하였다.

오답 해설

① 6 · 3 시위(1964) : 박정희 정부 때에 한 · 일 회담에 따른 굴욕적인 한 · 일 국교 정상화에 반대하여 6 · 3 시위가 일어났다.

③ 6월 민주 항쟁(1987) : 박종철 고문치사와 전두환 정부의 4 · 13 호

헌 조치 발표로 호헌 철폐와 독재 타도 등의 구호를 내세운 6월 민주 항쟁이 촉발되었다.
④ 5 · 18 민주화 운동(1980) : 신군부의 비상계엄 확대와 무력 진압에 저항하여 5 · 18 민주화 운동이 일어났고, 계엄군의 무자비한 진압으로 많은 광주 시민과 학생이 희생되었다.

47 6 · 25 전쟁 중의 사실

암기박사 임시 수도 : 부산 ⇒ 6 · 25 전쟁 중   정답 ①

정답 해설

유엔군이 인천 상륙 작전에 성공해 서울을 수복한 것은 6 · 25 전쟁 때의 일이다. 6 · 25 전쟁 중에 부산은 대한민국 정부의 임시 수도 역할을 하였고, 정부 기관들이 부산에 임시 이전되었다.
→ 1950~1953

오답 해설

② 4 · 13 호헌 조치(1987) → 6 · 25 전쟁 이후
　 전두환 정부의 4 · 13 호헌 조치가 발표되자 호헌 철폐와 독재 타도 등의 구호를 내세운 6월 민주 항쟁이 촉발되었다.
③ 미소 공동 위원회 개최(1946) → 6 · 25 전쟁 이전
　 모스크바 3국 외상 회의의 합의에 따라 한국의 임시정부 수립을 원조할 목적으로 제1차 미 · 소 공동 위원회가 개최되었다.
④ 반민족 행위 처벌법(1948) → 6 · 25 전쟁 이전
　 친일파 청산을 목적으로 하는 반민족 행위 처벌법은 6 · 25 전쟁 이전인 제헌 국회에서 제정되었다.

48 1970년대의 역사

암기박사 100억 달러 수출 달성(1977) ⇒ 1970년대   정답 ②

정답 해설

1970년대는 박정희 정부가 유신 헌법을 공포하고 장발을 단속하였던 시기이다. 이 시기에 우리나라는 최초로 100억 달러 수출을 달성하였다.

오답 해설

① 금융 실명제 실시(1993) → 1990년대
　 김영삼 정부 때에 금융 거래의 투명성을 확보하고자 대통령의 긴급 명령으로 금융 실명제를 전면 실시하였다.
③ 개성 공단 조성(2003) → 2000년대
　 노무현 정부 때에 개성 공단 착공식이 개최되어 개성 공단 건설 사업을 실현하였다.
④ APEC 정상 회의 개최(2005) → 2000년대
　 노무현 정부 때에 아시아 · 태평양 경제 협력체(APEC) 정상 회의가 부산 누리마루에서 개최되었다.

49 김대중 정부 시기의 사실

암기박사 6 · 15 남북 공동 선언 ⇒ 김대중 정부   정답 ②

정답 해설

김대중 대통령은 민주주의와 인권, 북한과의 평화와 화해를 위해 노력한 업적을 인정받아 노벨 평화상을 수상하였다. 또한 김대중 정부 때에 평양에서 최초로 남북 정상 회담이 개최되고 6 · 15 남북 공동 선언이 발표되었다.

오답 해설

① 남북한 유엔 동시 가입 → 노태우 정부
　 노태우 정부 때에 제46차 UN 총회에서 남북한이 개별 회원국으로 유엔에 동시 가입하였다.
③ 한반도 비핵화 공동 선언 → 노태우 정부
　 노태우 정부 때 한반도에서 핵무기의 보유나 사용금지 등을 규정한 한반도 비핵화 공동 선언이 채택되었다.
④ 남북 이산가족 최초 상봉 → 전두환 정부
　 전두환 정부 때에 최초로 남북 간 이산가족 상봉이 성사되어 평양에서 이산가족 고향 방문과 예술 공연단 교환을 실현하였다.

50 지하철 역명에서 찾은 역사

암기박사 을사늑약 ⇒ 민영환 자결   정답 ④

정답 해설

을사늑약은 일본의 압력에 의해 부당하게 체결된 조약으로, 한국의 외교권이 박탈되고 통감부가 설치되었다. 을사늑약 체결에 반발하여 민영환 등 많은 이들이 자결로써 항거하였다.

오답 해설

① (가) 귀주 대첩(X) → 살수 대첩(O)
　 고구려 영양왕 때 을지문덕 장군이 수나라 우중문의 30만 별동대를 살수로 유인하여 크게 물리쳤다.
② (나) 안시성 전투(X) → 귀주 대첩(O)
　 고려 현종 때 10만 대군의 소배압이 이끄는 거란의 3차 침입에 맞서 강감찬이 귀주 대첩에서 대승을 거두었다.
③ (다) 병자호란(X) → 임진왜란(O)
　 이순신은 1592년 일본의 침입으로 시작된 임진왜란 당시 삼도수군통제사가 되어 조선의 수군을 이끌었다.

핵심노트 ▶ 을사늑약

제2조(외교권 박탈) 일본 정부는 한국과 타국 간에 현존하는 조약의 실행을 완수하는 임무를 담당하고 한국 정부는 지금부터 일본 정부의 중개를 거치지 않고서는 국제적 성질을 가진 어떤 조약이나 약속을 맺지 않을 것을 서로 약속한다.
제3조(통감부 설치) 일본 정부는 그 대표자로 한국 황제 폐하 밑에 1명의 통감을 두되 통감은 오로지 외교에 관한 사항을 관리하기 위하여 경성에 주재하고 친히 한국 황제 폐하를 만날 수 있는 권리를 가진다.

01 청동기 시대의 생활 모습

암기박사 비파형 동검 ⇒ 청동기 시대

정답 ②

정답 해설

마을 내부를 방어하기 위한 환호와 지배층의 무덤인 고인돌은 청동기 시대의 유물이다. 청동기 시대에는 거푸집을 이용하여 청동 무기인 비파형 동검을 제작하였다.

오답 해설

① 우경 보급 → 신라 : 지증왕

신라 지증왕 때 소를 이용한 우경이 널리 보급되어 깊이갈이가 가능해졌다.

③ 동굴, 막집 거주 → 구석기 시대

구석기 시대에는 주로 동굴이나 강가의 막집에서 거주하였고 도구를 사용하여 사냥을 하거나 어로, 채집 생활을 하였다.

④ 가락바퀴 → 신석기 시대

신석기 시대에는 실을 뽑기 위해 가락바퀴를 처음 사용하였고, 뼈바늘로 옷을 지어 입었다.

02 부여의 풍속

암기박사 영고 : 제천 행사 ⇒ 부여

정답 ①

정답 해설

좋은 말이 생산되고 마가·우가 등의 여러 가들이 각각 사출도를 다스린 나라는 부여이다. 부여는 12월에 영고라는 제천 행사를 열어 하늘에 제사를 지내고 노래와 춤을 즐겼다.

오답 해설

② 소도 : 신성 지역 → 삼한

삼한에는 제사장인 천군이 의례를 주관하던 소도라고 불리는 신성 지역이 존재하였다.

③ 민며느리제 : 혼인 풍습 → 옥저

옥저에는 혼인 풍습으로 장차 며느리로 삼기 위해 어린 소녀를 데려다 키운 뒤 아들과 혼인시켜 며느리로 삼는 민며느리제가 있었다.

④ 범금 8조 : 사회 질서 유지 → 고조선

고조선은 사회 질서를 유지하기 위하여 범금 8조를 만들었는데, 이는 살인·절도 등의 죄를 다스린 만민법이었다.

03 금관가야의 역사

암기박사 구지가 : 건국 신화 ⇒ 김수로왕 : 금관가야

정답 ④

정답 해설

김해 대성동 고분군은 김수로왕에 의해 건국된 금관가야의 무덤이고, 구지가는 시조인 김수로왕의 건국 신화 속에 삽입된 노래이다.

오답 해설

① 서옥제 : 혼인 풍습 → 고구려

고구려에는 혼인을 정한 뒤 신랑이 신부 집의 뒤꼍에 조그만 집(서옥)을 짓고 거기서 자식을 낳아 기르며, 자식이 장성하면 가족이 함께 신랑 집으로 돌아가는 서옥제라는 혼인 풍습이 있었다. ← 데릴사위제

② 칠지도 : 왜왕에게 하사 → 백제

칠지도는 백제 근초고왕이 왜왕에게 친선 외교의 목적으로 하사한 칼로 금으로 새긴 글씨가 새겨져 있다.

③ 이차돈 : 순교한 불교인 → 신라

이차돈은 신라 법흥왕 때 불교를 전파하기 위해 스스로 순교한 불교인으로, 법흥왕은 이차돈의 순교 후 불교를 공인하였다.

04 의상의 활동

암기박사 화엄종, 부석사, 관음 신앙 ⇒ 의상

정답 ③

정답 해설

의상은 귀족 출신의 승려로 부석사를 건립하고 관음 신앙을 전파하였으며, 화엄종을 개창하여 화엄 사상을 정립하였다.

오답 해설

① 원광 → 세속 5계 저술

원광은 화랑도의 규범으로 사군이충, 사친이효, 교우이신, 임전무퇴, 살생유택의 세속 5계를 지었다.

② 원효 → 불교 대중화

원효는 무애가를 만들어 불교의 가르침을 민중에게 전하는 등 불교 대중화에 힘썼다.

④ 유정 → 임진왜란 승병

유정은 조선의 승려로서 임진왜란 당시 승병을 모집하여 왜군과 싸웠고, 임진왜란 이후 일본에 파견되어 강화를 맺고 조선인 포로 3000여 명을 인솔하여 귀국하였다.

👆 **핵심노트** ▶ 의상(625∼702)

- 당에 유학하여 중국 화엄종의 제2조인 지엄의 문하에서 화엄종을 연구
- 화엄일승법계도를 저술 → 해동 화엄의 시조로서, 고려 균여에게 영향을 미침
- 화엄의 근본 도량이 된 부석사를 창건하고, 화엄 사상을 바탕으로 교단을 형성
- 모든 사상을 보다 높은 차원에서 하나로 조화시키는 원융 사상을 설파하여 통일 후 갈등 해소와 왕권 전제화에 공헌
- 아미타 신앙과 함께 현세에서 고난을 구제받고자 하는 관음 신앙을 설파

05 소수림왕의 업적

암기박사 불교 수용, 태학 설립 ⇒ 고구려 소수림왕

정답 ③

정답 해설

고구려 소수림왕은 순도를 통해 전진으로부터 불교를 수용하였고, 국립 교육 기관인 태학을 설립하여 인재를 양성하였다.

오답 해설

① 미천왕 → 낙랑군·대방군 축출

고구려 미천왕은 낙랑군과 대방군을 축출하여 서로는 요하, 남으로는 한강에 이르는 영토를 확장하였다.

② 장수왕 → 남진 정책

고구려 장수왕은 수도를 국내성에서 평양으로 옮기고 백제와 신라를 압박하는 남진 정책을 펼쳤다.

④ 광개토 대왕 → 고구려 최대 영토 확보

영락이라는 독자적인 연호를 사용한 광개토 대왕은 고구려 최대의 영토를 확보하였으며, 신라 내물왕의 요청을 받아 신라에 침입한 왜를 낙동강 유역에서 격퇴하였다.

06 신라의 사회 모습

암기박사 골품제 : 신분 제도 ⇒ 신라

정답 ②

정답 해설

도기 기마인물형 명기는 경주가 수도였던 신라의 문화유산이다. 신라는 혈연에 따라 사회적 제약이 가해지는 폐쇄적 신분 제도인 골품제를 실시하였으며, 골품에 따라 관직 승진에 제한을 받았다.

오답 해설

① 경당 : 지방 교육 기관 → 고구려

경당은 고구려 장수왕 때 지방 청소년의 무예와 한학 교육을 위해 설립된 지방 교육 기관으로, 청소년에게 글과 활쏘기를 가르쳤다.

③ 진대법 : 빈민 구제 → 고구려

고구려의 고국천왕은 을파소의 건의로 빈민을 구제하기 위한 진대법을 시행하였다.

④ 책화 : 읍락 간의 경계 → 동예

동예에는 읍락 간의 경계를 중시하는 책화가 있어서, 다른 부족의 생활권을 침범하면 노비와 소·말로 변상하였다.

07 백제 & 고구려의 멸망

암기박사 백제 멸망(660) ⇒ 고구려 멸망(668)

정답 ④

정답 해설

백제 의자왕 때 나당 연합군이 백제의 사비성을 함락하고 백제를 멸망시켰다. 이후 나당 연합군이 고구려의 평양성을 점령하여 고구려를 멸망시켰다.

오답 해설

① 대가야 정복(562) → 신라 진흥왕

신라 진흥왕은 고령의 대가야를 정복하여 낙동강 유역까지 영토를 확장하였다.

② 우산국 복속(512) → 신라 지증왕

신라 지증왕은 이사부를 파견하여 우산국(울릉도)을 복속하였다.

③ 백제 한성 함락(475) → 고구려 장수왕

고구려 장수왕은 수도를 국내성에서 평양성으로 천도한 뒤 남하 정책을 펼쳐 백제의 수도 한성을 함락하고 개로왕을 전사시켰다.

08 백제 사비 시대 문화유산

암기박사 정림사지 오층 석탑 ⇒ 부여 문화유산

정답 ③

정답 해설

충남 부여의 정림사지에 있는 오층 석탑은 백제 사비 시대의 문화유산으로, 목탑의 구조와 비슷하지만 돌의 특성을 살려 전체적인 형태가 매우 우아하고 아름답다. 1층의 탑신에는 당나라 장수 소정방의 명의로 '백제를 정벌한 기념탑'이라는 글귀가 새겨져 있다.

오답 해설

① 풍납토성 동전무늬 수막새 → 백제 한성 문화유산

서울 송파구에 있는 풍납토성은 백제 초기의 수도였던 한성이 있던 곳으로, 한강 유역에 있는 백제 유적 가운데 최대 규모의 토성 유적이다.

② 석굴암 본존불 → 통일 신라 문화유산

석굴암 본존불상은 석굴암 경내에 있는 불상으로, 균형미가 뛰어나고 조각의 최고 경지를 보여 주는 통일 신라의 문화유산이다.

④ 호우총 청동 그릇 → 신라 문화유산

일명 호우명 그릇이라 불리는 호우총 청동 그릇은 그릇 밑바닥에 신라가 광개토대왕을 기리는 내용을 담고 있는 신라의 문화유산이다.

09 발해의 역사

암기박사 대조영 : 동모산 건국 ⇒ 발해

정답 ①

정답 해설

발해는 선왕(대인수) 때 최대의 영토를 형성하고 중흥기를 이루어 해동성국이라 불렸다. 또한 유득공은 조선 후기의 실학자로 발해고를 저술한 인물이다. 발해는 대조영이 고구려 유민과 말갈족을 규합하여 동모산에서 건국하였다.

오답 해설

② 양만춘 : 안시성 전투 → 고구려

당 태종이 연개소문의 정변을 빌미로 고구려에 침입하자 양만춘이 안시성 전투에서 당의 군대를 물리쳤다.

③ 집사부 : 최고 행정 기구 → 신라

신라의 중앙 행정 기구인 14부 중의 하나인 집사부는 신라의 최고 행정 기구로 왕의 명령 전달과 국가 기밀을 담당하였다.

④ 연호 : 무태, 성책 → 후고구려

후고구려를 건국한 궁예는 국호를 마진으로 고치고 연호를 무태라 하였다가 이듬해에 수도를 철원으로 옮기고 연호를 성책이라고 하였다.

10 후백제 견훤

암기박사 후백제 건국 ⇒ 견훤

정답 ③

정답 해설

아들 신검에 의해 금산사에 유폐되었다가 탈출하여 왕건에게 귀부한 인물은 견훤이다. 견훤은 전라도 호족 세력을 중심으로 백제의 부흥을 내세우며 완산주(전주)에서 후백제를 건국하였다.

오답 해설

① 훈요 10조 → 왕건

고려 태조 왕건은 자신의 사후 후대 왕들이 지켜야 할 정책 방향을 제시한 훈요 10조를 남겼다.

② 국호 : 마진 → 궁예

신라 왕족 출신의 궁예가 양길을 몰아내고 송악에서 후고구려를 건국한 후 국호를 마진으로 바꾸고 철원으로 천도하였다.

④ 경주 : 사심관 → 김부

신라의 마지막 왕인 경순왕 김부가 고려 왕건에 항복한 후 경주의 사심관으로 임명되었다.

→ 고려 시대 지방에 연고가 있는 고관에게 자기의 고장을 다스리도록 임명한 특수 관직

11 서희의 활동

암기박사 외교 담판 : 강동 6주 확보 ⇒ 서희

정답 ①

정답 해설

고려 성종 때 거란이 침입하자 서희는 소손녕과 외교 담판을 벌여 강동 6주를 확보하였다.

오답 해설

② 별무반 : 동북 9성 축조 → 윤관

고려 숙종 때 윤관은 여진족을 정벌하기 위해 기병 중심의 별무반 편성을 건의하였고, 이후 고려 예종 때 별무반을 이끌고 여진을 정벌한 후 동북 9성을 축조하였다.

③ 홍산 전투, 요동 정벌 추진 → 최영

고려 말의 장수로 홍산에서 왜구의 침입을 격퇴하였으며, 명의 철령위 설치에 반발하여 요동 정벌을 추진하였다.

④ 재상 중심의 정치 → 정도전

삼봉 정도전은 조선 초기의 개국공신으로 조선의 헌법이라고 할 수 있는 조선경국전을 편찬하여 재상 중심의 정치 운영을 주장하였다.

12 안동 봉정사 극락전

암기박사 현존하는 가장 오래된 목조 건축물 ⇒ 안동 봉정사 극락전

정답 ②

정답 해설

봉정사 극락전은 경북 안동시에 있는 고려 시대 주심포 양식의 건축물로, 우리나라에 남아 있는 가장 오래된 목조 건축물이다.

오답 해설

① 강화 : 전등사 대웅전 → 조선 시대

전등사 대웅전은 강화도에 있는 조선 중기의 불전으로, 정면 3칸 측면 3칸의 겹처마 팔작지붕 양식이며 처마 밑 네 귀퉁이에 나부 상이 지붕을 받치고 있는 것이 특색이다.

③ 보은 : 법주사 팔상전 → 조선 시대

충북 보은군 법주사에 있는 조선 시대의 목조 건물로, 현존하는 유일한 목탑이다. 석가모니의 일생을 여덟 폭의 그림으로 나누어 그린 팔상도가 있어 팔상전이라고 한다.

④ 구례 : 화엄사 각황전 → 조선 시대

구례 화엄사의 각황전은 조선 숙종 때 계파대사가 중건한 중층의 대불전으로 현존하는 중층의 불전 중 규모가 가장 크다.

13 이자겸의 난

암기박사 귀주대첩 ⇒ 이자겸의 난 ⇒ 무신정변

정답 ②

정답 해설

• 귀주대첩(1019) : 고려 현종 때 10만 대군의 소배압이 이끄는 거란의 3차 침입에 맞서 강감찬이 귀주대첩에서 대승을 거두었다.

(나) 이자겸의 난(1126) : 인종을 왕위에 올린 왕실 외척인 이자겸이 척준경과 함께 금의 사대 요구 수용을 주장하며 반란을 일으켰다.

• 무신정변(1170) : 왕이 보현원에 행차하였을 때, 정중부와 이의방을 비롯한 무신들이 다수의 문신들을 제거하고 권력을 장악하였다.

14 삼국사기

암기박사 김부식 ⇒ 삼국사기

정답 ②

정답 해설

고려 인종 때 김부식이 왕명을 받아 현존하는 우리나라의 가장 오래된 역사서인 삼국사기를 편찬하였다. 삼국사기는 본기 · 열전 등으로 구성된 기전체 역사서이다.

오답 해설

① 동국통감 → 서거정

동국통감은 조선 성종 때 서거정 등이 왕명을 받아 단군조선부터 고려 말까지의 역사를 기록하여 편찬한 역사서이다.

③ 삼국유사 → 일연

고려 충렬왕 때 승려 일연은 단군부터 고려 말까지의 불교 관련 자료들을 중심으로 삼국유사를 집필하였다.

④ 제왕운기 → 이승휴

제왕운기는 고려 충렬왕 때 이승휴가 우리나라와 중국의 역사를 시로 적은 역사 서사시로, 우리 역사를 중국사와 대등하게 파악하였다.

👆 **핵심노트** ▶ 삼국사기(인종 23, 1145)

• **시기** : 고려 인종 때 김부식 등이 왕명을 받아 편찬
• **의의** : 현존하는 우리나라의 가장 오래된 역사서
• **사관** : 유교적 합리주의 사관에 기초하여 신라를 중심으로 서술
• **체제** : 본기 · 열전 · 지 · 연표 등으로 구분되어 서술된 기전체 사서
• **구성** : 총 50권으로 구성

15 고려의 대몽 항쟁

암기박사 김윤후 : 처인성 전투 ⇒ 고려 vs 몽골

정답 ④

정답 해설

고려 무신 집권기 때 사신 저고여의 피살을 구실로 몽골이 침입하자 고려 조정은 강화도로 도읍을 옮겨 장기 항전을 준비하였다. 이후 몽골의 2차 침입 때 김윤후가 처인성에서 부곡민과 함께 적장 살리타를 사살하고 몽골군을 물리쳤다.

① 양헌수 : 병인양요 → 조선 vs 프랑스

프랑스가 병인박해 때의 프랑스 신부 처형을 구실로 병인양요를 일으키자, 양헌수 부대가 강화도 정족산성에서 적군을 물리쳤다.

② 이순신 : 명량 대첩 → 조선 vs 일본

정유재란 당시 이순신이 명량의 울돌목에서 13척의 배로 일본 수군을 대파하였다.

③ 을지문덕 : 살수 대첩 → 고구려 vs 수나라

고구려 영양왕 때 을지문덕 장군이 수나라 우중문의 30만 별동대를 살수로 유인하여 크게 물리쳤다.

16 구휼기관 의창

정답 ①

암기박사 곡물 대여 및 무상 지급 ⇒ 의창

정답 해설

재해를 당하거나 생계가 어려운 백성들에게 창고에 비축해 둔 곡물을 대여하거나 무상으로 지급하는 구휼 기관은 의창이다. 의창은 고려 성종 때 흑창을 확대 개편하여 봄에 곡식을 빌려주고 가을에 갚도록 한 춘대추납의 기관이다.

오답 해설

② 최초의 근대식 인쇄소 → 박문국

박문국은 신문 · 잡지 등의 인쇄 · 출판을 관장하던 최초의 근대식 인쇄소로 순 한문 신문인 한성순보를 발간하였다.

③ 최초의 서양식 병원 → 제중원 →처음 설립 시 광혜원이었다가 제중원으로 개칭

제중원은 우리나라 최초의 서양식 병원으로 미국인 선교사 알렌(Allen)의 건의로 설립되었다.

④ 조선 시대 치료기관 → 활인서

조선 시대 도성 내의 빈민 구제와 병자 치료를 맡던 기관으로, 전염병이 발생하였을 때 병막을 설치하고 환자를 간호하며 음식과 의복 및 약 등을 배급하였다.

17 고려 공민왕의 업적

정답 ③

암기박사 쌍성총관부 공격 ⇒ 고려 공민왕

정답 해설

원 나라가 고려의 내정을 간섭하기 위해 세운 정동행성 이문소를 폐지한 왕은 공민왕이다. 공민왕은 유인우, 이자춘 등으로 하여금 쌍성총관부를 공격하여 원에 빼앗긴 철령 이북의 땅을 수복하였다.

오답 해설

① 12목 설치 → 고려 성종

고려 성종은 최승로의 시무 28조에 따라 전국에 12목을 설치하고 지방관을 파견하였다.

② 해동통보 발행 → 고려 숙종

고려 숙종은 화폐 유통의 촉진을 도모하기 위해 주전도감에서 해동통보를 발행하였으나 널리 사용되지는 못하였다.

④ 노비안검법 실시 → 고려 광종

고려 광종은 노비안검법을 실시하여 양인이었다가 불법으로 노비가 된 자를 조사하여 해방시켜 주었다.

18 보조국사 지눌

정답 ②

암기박사 수선사 결사 제창 ⇒ 보조국사 지눌

정답 해설

고려의 승려로 선과 교를 함께 닦아야 한다는 정혜쌍수를 주장한 인물은 보조국사 지눌이다. 지눌은 명리에 집착하는 무신 집권기 당시 불교계의 타락상을 비판하고 불교 개혁을 주장하며 수선사 결사를 제창하였다.

오답 해설

① 천태종 창시 → 의천

대각국사 의천은 불교 교단을 통합하기 위해 국청사에서 해동 천태종을 창시하였다.

③ 미륵불 자처 → 궁예

신라 왕족 출신으로 후고구려를 건국한 궁예는 스스로를 미륵불이라고 칭하였으나, 송악의 호족 출신 왕건에 의해 축출되었다.

④ 왕오천축국전 저술 → 혜초

혜초는 인도와 중앙아시아를 다녀와서 그 나라의 풍물을 기록한 왕오천축국전을 지었다.

19 이성계의 활동

정답 ③

암기박사 위화도 회군 ⇒ 이성계

정답 해설

고려 말 황산 대첩에서 왜구를 무찌르고, 위화도 회군으로 권력을 장악한 인물은 이성계이다. 이성계는 이후 한양으로 수도를 천도한 후 조선을 건국하였다.

오답 해설

① 권율 → 행주 대첩(1593)

임진왜란 때 권율이 왜군에 대항하여 행주산성을 지켜낸 싸움으로, 부녀자들까지 동원되어 돌을 날랐다는 이야기로 유명하다.

② 양규 → 흥화진 전투(1011)

고려 현종 때 강조의 정변을 구실로 강동 6주를 넘겨줄 것을 요구하며 거란이 2차 침입을 시도하자 양규가 흥화진 전투에서 항전하였다.

④ 강감찬 → 귀주 대첩(1019)

고려 현종 때 10만 대군의 소배압이 이끄는 거란의 3차 침입에 맞서 강감찬이 귀주 대첩에서 대승을 거두었다.

20 조선의 대외 정책

정답 ①

암기박사 계해약조 : 삼포 개항 ⇒ 조선 vs 일본

정답 해설

조선 성종 때 신숙주는 통신사로 일본에 다녀와 일본의 지세와 국정 등을 기록한 해동제국기를 편찬하였다. 또한 조선 세종 때 일본과 제한된 범위의 무역을 허용한 계해약조를 체결하고 부산포, 제포, 염포의 삼포를 개항하였다.

오답 해설

② **윤관 : 별무반 창설 → 고려 vs 여진**

고려 숙종 때 윤관은 여진족을 정벌하기 위해 신기군, 신보군, 항마군으로 구성된 별무반을 편성하였다.

③ **최윤덕, 김종서 : 4군 6진 → 조선 vs 여진**

조선 세종 때 여진족을 몰아내고 최윤덕은 압록강 유역에 4군을, 김종서는 두만강 유역에 6진을 설치하여 북방 영토를 개척하였다.

④ **장문휴 : 당의 등주 공격 → 발해 vs 당나라**

발해 무왕(대무예) 때 장문휴가 당의 등주를 공격하여 요서 지역에서 당과 격돌하였다.

21 조선 세종의 업적

암기박사 칠정산 편찬 ⇒ 조선 세종   **정답** ①

정답 해설

훈미정음(해례본)은 세종대왕이 훈민정음을 창제한 목적과 훈민정음의 음가 및 제작 원리를 담고 있다. 조선 세종 때 한양을 기준으로 천체 운동을 계산한 역법서인 칠정산을 편찬하였다.

오답 해설

② **악학궤범 완성 → 조선 성종**

조선 성종 때 성현이 음악의 원리와 역사·악기·무용·의상 및 소도구까지 망라하여 음악 이론을 집대성한 악학궤범을 완성하였다.

③ **혼일강리역대국도지도 제작 → 조선 태종**

조선 태종 때 권근·김사형·이회 등에 의해 현존하는 동양 최고(最古)의 세계 지도인 혼일강리역대국도지도가 제작되었다.

④ **관촉사 석조 미륵보살 입상 건립 → 고려 광종**

고려 광종 때 건립된 관촉사 석조 미륵보살 입상은 충남 논산에 있는 고려 시대 최대의 석불입상으로 은진미륵이라고도 불리며 규모가 거대하고 인체 비례가 불균형하다.

👆 **핵심노트** ▶ 세종(1418~1450)의 문화 발전

- **활자 주조** : 경자자, 갑인자, 병진자, 경오자
- **한글 서적** : 용비어천가, 동국정운, 석보상절, 월인천강지곡
- **고려사, 육전등록, 치평요람, 역대병요, 팔도지리지, 효행록, 삼강행실도, 농사직설, 칠정산 내외편, 사시찬요, 총통등록, 의방유취, 향약집성방, 향약채취월령, 태산요록**
- **관습도감 설치** : 박연으로 하여금 아악·당악·향악을 정리하게 함
- **불교 정책** : 5교 양종을 선교 양종으로 통합, 궁중에 내불당 건립
- **역법 개정** : 원의 수시력과 명의 대통력을 참고로 하여 칠정산 내편을 만들고 아라비아 회회력을 참조하여 칠정산 외편을 만듦
- **과학 기구 발명** : 측우기, 자격루(물시계), 앙부일구(해시계), 혼천의(천체 운행 측정기)

22 원각사지 십층 석탑

암기박사 서울 원각사지 십층 석탑 ⇒ 조선 전기   **정답** ①

정답 해설

국보 제2호인 서울 원각사지 십층 석탑은 조선 전기 세조 때 건립된 석탑으로, 원나라 탑 양식의 영향을 받아 대리석으로 축조되었고 화려한 조각이 특징이다.

오답 해설

② **평창 월정사 팔각 구층 석탑 → 고려 전기**

월정사 팔각 구층 석탑은 강원도 평창의 월정사 대웅전 앞뜰에 있는 고려 전기의 석탑으로, 당시 불교 문화 특유의 화려하고 귀족적인 면모가 잘 나타난 다각 다층 석탑이다.

③ **경주 불국사 삼층 석탑 → 통일 신라**

경북 경주의 불국사에 있는 통일 신라의 석탑으로, 내부에서 현존하는 세계 최고(最古)의 목판 인쇄물인 무구정광대다라니경이 발견되었다.

④ **익산 미륵사지 석탑 → 백제**

전북 익산에 있는 미륵사지 석탑은 백제 시대의 석탑으로, 목탑 양식을 계승한 우리나라에서 가장 오래된 탑이다.

23 공기놀이

암기박사 다섯 개의 돌을 던져 손으로 잡으며 노는 놀이 ⇒ 공기놀이   **정답** ②

정답 해설

다섯 개 이상의 돌을 가지고 던져 손으로 잡으며 노는 놀이는 공기놀이이다. 지역에 따라 여러 가지 이름으로 불리는데, 경상북도에서는 짜게받기, 경상남도에서는 살구, 전라남도에서는 닷짝걸이, 그 밖에는 좌돌리기, 조개질, 좌질이라고도 한다.

오답 해설

① **윷놀이 → 윷가락을 던지고 말을 사용하는 놀이**

정월 초하루부터 대보름까지 4개의 윷가락을 던지고 그 결과에 따라 말(馬)을 이동시켜 승부를 겨루는 전통놀이로, 나무로 윷을 만들어 여러 사람이 편을 갈라 즐기는 놀이이다.

③ **쥐불놀이 → 논밭 두렁에 불을 놓는 놀이**

쥐불놀이는 논밭 두렁에 불을 놓으며 풍년을 기원하는 정월 대보름 민속놀이이다.

④ **차전놀이 → 대보름 동채싸움 놀이**

차전놀이는 대보름 때 주로 행해지던 동채싸움 놀이로, 두 편을 나누어 동채에 탄 장수의 지휘 아래 수백 명의 장정이 동채로 상대편을 공격하여 상대편 동채를 먼저 땅에 닿게 한 편이 이기는 놀이이다.

24 임진왜란

암기박사 임진왜란 ⇒ 의령 : 곽재우

정답 ③

정답 해설

적군의 보급로를 끊고 전라도의 곡창 지대를 지킬 수 있었던 김시민의 진주성 전투는 임진왜란 때 벌어진 전투이다. 임진왜란 당시 홍의 장군 곽재우가 경상도 의령에서 최초로 의병을 일으켰다.

오답 해설

① 김상용 순절 → 병자호란

조선 인조 때 김상용은 병자호란이 발발하여 봉림대군과 인평대군을 수행해 강화도에 피난을 하였으나 청에 의해 강화성이 함락되자 순절하였다.

② 한성근 : 문수산성 항전 → 병인양요

병인박해 때의 프랑스 신부 처형을 구실로 병인양요가 발발하자 한성근 부대가 프랑스 군대에 맞서 강화도 문수산성에서 항전하였다.

④ 계백의 결사대 → 황산벌 전투

백제 의자왕 때 계백이 이끄는 결사대가 신라군에 맞서 황산벌에서 최후의 항전을 벌였다.

25 의녀의 활동

암기박사 조선 시대 여자 의원 ⇒ 의녀

정답 ①

정답 해설

조선 시대에 남자 의원에게 진료받기를 꺼려하는 여인들을 위해 생겨난 여자 의원은 의녀이다. 의녀들은 내의원과 혜민서 등에서 환자들을 치료하였고, 조선왕조실록에 의녀인 장금과 장덕의 활동이 기록되어 있다.

오답 해설

② 무당 → 굿을 하는 여성 무속인

신내림을 받아 신을 섬기며 굿을 하는 여성 무속인을 말한다.

③ 백정 → 도살업 등에 종사하던 천민

도살업, 유기제조업, 육류판매업 등에 종사하던 천민을 말한다.

④ 광대 → 직업적 예능인

가면극, 인형극, 줄타기, 땅재주, 판소리 등을 하던 직업적 예능인을 말한다.

26 단원 김홍도

암기박사 서당도 ⇒ 단원 김홍도

정답 ①

정답 해설

서당도는 조선 후기의 대표적인 풍속화가인 단원 김홍도의 작품으로, 쪼그리고 돌아앉아 훌쩍이는 학동과 방건을 쓰고 유생의 옷차림을 한 훈장을 소탈하고 익살스러운 필치로 표현하였다.

오답 해설

② 고사관수도 → 강희안

조선 전기의 사대부 화가 인재 강희안의 작품으로, 깎아지른 듯한 절벽을 배경으로 바위 위에 양팔을 모아 턱을 괸 채 수면을 바라보는 선비의 모습을 묘사하였다.

③ 세한도 → 김정희

세한도는 화가가 아닌 선비가 그린 문인화의 대표작으로, 조선 후기의 학자 추사 김정희가 제주도에서 유배 생활 중에 제자 이상적이 청에서 귀한 책들을 구해다 준 것에 대한 답례로 그려준 작품이다.

④ 인왕제색도 → 정선

인왕제색도는 조선 후기 진경산수화의 대가 겸재 정선의 작품으로, 비가 내린 뒤의 인왕산의 분위기를 적묵법으로 진하고 묵직하게 표현한 산수화이다.

27 정조 재위 기간의 모습

암기박사 수원 화성 축조 ⇒ 조선 정조

정답 ①

정답 해설

금난전권 폐지, 장용영 설치 등 부국강병에 힘쓴 왕은 조선 정조이다. 정조 재위 기간에 정치적·군사적 기능을 부여하고 정치적 이상을 실현하기 위해 수원 화성이 축조되었다.

오답 해설

② 만적의 난 → 고려 무신 집권기

고려 무신 집권기 때 개경에서 최충헌의 사노 만적이 신분 해방을 외치며 반란을 모의하였다.

③ 원산 총파업 → 일제 강점기

원산 총파업은 원산 노동 연합회의 소속 노동자와 일반 노동자들이 합세하여 노동 조건 개선을 요구하며 전개한 1920년대 최대의 파업 투쟁이다.

④ 외규장각 도서 약탈 → 조선 고종

조선 고종 때 병인양요가 발발하자 프랑스군의 강화도 공격으로 의궤를 비롯한 외규장각 도서가 약탈당하였다.

28 영선사

암기박사 영선사 ⇒ 청의 톈진 기기국 방문

정답 ③

정답 해설

김윤식을 단장으로 하는 영선사가 청의 톈진 기기국을 방문한 후 귀국하여 근대식 무기 제조 공장인 기기창 설립을 위해 노력하였다.

오답 해설

① 보빙사 → 대미 사절단

보빙사는 서양에 파견된 최초의 사절단으로, 미국과 조·미 수호 통상 조약이 체결된 후 푸트 미국 공사의 조선 부임에 대한 답례로 민영익 등의 사절단이 파견되어 미국의 아서 대통령을 접견하였다.

② **수신사 → 일본에 파견된 외교 사절단**

수신사는 강화도 조약 이후 일본에 파견된 외교 사절단으로 1차에는 김기수, 2차에는 김홍집이 파견되었다.

④ **조사 시찰단 → 암행어사의 형태로 비밀리에 파견**

고종은 개화 반대 여론으로 인해 박정양 · 어윤중 · 홍영식 등으로 구성된 조사 시찰단을 일본에 암행어사의 형태로 비밀리에 파견하였다. → 신사유람단

29 신미양요 이후의 사실

암기박사 신미양요(1871) ⇒ 척화비 건립 　　정답 ④

정답 해설

미국이 제너럴셔먼호 사건을 구실로 강화도를 공격하여 신미양요가 발발하자 어재연 부대가 광성보에서 항전하였다. 신미양요의 결과 흥선 대원군은 척화교서를 내리고 종로를 비롯한 전국 각지에 척화비를 건립하였다.

오답 해설

① **병인박해(1866) → 신미양요 이전**

천주교에 대한 최대의 박해로 흥선 대원군은 프랑스 베르뇌 신부 등 8천여 명을 처형하였다.

② **집현전 설치(1420) → 신미양요 이전**

조선 세종 때 학문 연구 기관인 집현전이 설치되어 인재를 육성하고 편찬 사업을 추진하였다.

③ **천리장성 축조(631~647 / 1033~1044) → 신미양요 이전**

고구려 영류왕 때 당의 침입에 대비하여, 그리고 고려 덕종 때 거란의 침입에 대비하여 천리장성이 축조되었다.

30 충주 지역의 역사

암기박사
선사 시대 : 조동리 유적
삼국 시대 : 고구려비　　충주
고려 시대 : 덕흥창
조선 시대 : 탄금대 전투
정답 ④

정답 해설

• **조동리 유적(선사 시대)** : 조동리 유적은 충북 충주시 동량면 조동리의 조돈마을에 위치한 선사시대의 대규모 마을 유적으로 빗살무늬 토기 등이 다량 출토되었다.

• **고구려비(삼국 시대)** : 남한 지역에서 유일하게 발견된 고구려비가 충주에 위치해 있다.

• **덕흥창(고려 시대)** : 충청도와 경상도의 세곡 운송을 담당한 덕흥창이 충주에 설치되었다.

• **탄금대(조선 시대)** : 임진왜란 때 신립이 충주의 탄금대에서 왜군에 맞서 싸웠다.

31 박규수의 활동

암기박사 임술 농민 봉기 ⇒ 박규수 : 삼정이정청 설치 　　정답 ④

정답 해설

연행사의 일원으로 청에 파견되었으며, 대동강에 침입한 미국 상선 제너럴 셔먼호를 평양 관민과 함께 불태운 인물은 박규수이다. 조선 철종 때 임술 농민 봉기가 발발하자 박규수는 삼정의 문란을 해결하기 위해 삼정이정청의 설치를 건의하였다.

오답 해설

① **추사체 창안 → 김정희**

김정희는 굳센 기운과 다양한 조형성을 가진 독자적 필체인 추사체를 창안하였다.

② **서전서숙 설립 → 이상설**

이상설은 북간도에서 최초의 신문학 민족 교육기관인 서전서숙을 설립하여 민족 교육을 실시하였다.

③ **대동여지도 제작 → 김정호**

김정호는 우리나라 대축척 지도인 대동여지도를 제작하였는데, 산맥 · 하천 · 포구 · 도로망의 표시가 정밀해지고 거리를 알 수 있도록 10리마다 눈금을 표시하였다.

32 동학 농민 운동의 전개

암기박사 황룡촌 전투 ⇒ 전주 화약 체결 ⇒ 우금치 전투 　　정답 ③

정답 해설

• **황룡촌 전투(1894. 4)** : 전라도 장성 황룡촌에서 전봉준이 이끄는 농민군이 죽창을 이용해 관군을 격파하였다.

(가) **전주 화약 체결(1894. 5)** : 동학 농민 운동의 봉기로 청 · 일군이 개입하자 정부가 농민군에 휴전을 제의해 전주 화약이 체결되었다.

• **우금치 전투(1894. 11)** : 동학 농민군이 서울로 북진하다 공주 우금치에서 관군 및 일본군에 맞서 싸웠으나 패하였다.

오답 해설

① **최제우 처형(1864) → 황룡촌 전투 이전**

조선 철종 때 동학을 창시한 교조 최제우가 사술로 백성들을 현혹시킨다고 하여 혹세무민의 죄로 처형당했다.

② **홍경래의 난(1811) → 황룡촌 전투 이전**

조선 순조 때 서북 지역민에 대한 차별과 가혹한 수취에 반발하여 홍경래 등이 봉기하여 난을 일으켰다. → 평안도민

④ **고부 민란(1894. 1) → 황룡촌 전투 이전**

고부 군수 조병갑의 탐학에 저항하여 녹두 장군 전봉준이 농민들을 이끌고 고부 관아를 습격하면서 동학 농민 운동이 시작되었다.

운동가들이 연행되고 탄압을 받았다.

33 독립 협회의 활동

정답 ④

> **암기박사** 만민 공동회 개최 ⇒ 독립 협회

정답 해설

새로운 중추원 관제를 반포한 단체는 서재필이 조직한 독립 협회이다. 독립 협회는 우리나라 최초의 근대적 민중 대회인 만민 공동회를 개최하여 민권 신장을 추구하였다.

오답 해설

① 잡지 개벽 창간 → 천도교

천도교에서는 잡지 개벽을 창간하여 민중의 자각과 근대 문물의 보급에 기여하였다.

② 형평 운동 전개 → 조선 형평사

이학찬을 중심으로 진주에서 조직된 조선 형평사는 백정에 대한 사회적 차별 철폐를 목적으로 형평 운동을 전개하였다.

③ 대성 학교 설립 → 신민회

신민회는 민족 교육을 실시하기 위해 대성 학교를 설립하고 교육 활동을 전개하였다.

핵심노트 ▶ 독립 협회의 활동

- 이권 수호 운동 : 러시아의 절영도 조차 요구 규탄, 한ㆍ러 은행 폐쇄
- 독립 기념물의 건립 : 자주 독립의 상징인 독립문을 세우고, 모화관을 독립관으로 개수
- 민중의 계도 : 강연회ㆍ토론회 개최, 독립신문의 발간 등을 통해 근대적 지식과 국권ㆍ민권 사상을 고취
- 만민 공동회 개최 : 우리나라 최초의 근대적 민중 대회 →외국의 내정 간섭ㆍ이권 요구ㆍ토지 조사 요구 등에 대항하여 반환을 요구
- 관민 공동회 개최 : 만민 공동회의 규탄을 받은 보수 정부가 무너지고 개혁파 박정양이 정권을 장악하자, 정부 관료와 각계각층의 시민 등 만여 명이 참여하여 개최
- 의회 설립 추진 : 의회식 중추원 신관제를 반포하여 최초로 국회 설립 단계까지 진행(1898. 11)
- 헌의 6조 : 헌의 6조를 결의하고 국왕의 재가를 받음 →실현되지는 못함

34 러ㆍ일 전쟁 중의 사회 모습

정답 ①

> **암기박사** 러ㆍ일 전쟁(1904) ⇒ 경부선 철도(1905)

정답 해설

한반도와 만주 지배권을 둘러싸고 러ㆍ일 전쟁이 발발하자 일본이 군수 물자를 수송하기 위한 군사적인 목적으로 서울과 부산을 잇는 경부선 철도를 부설하였다.

오답 해설

② 훈련도감(1593) → 조선 후기

조선 후기 임진왜란이 발발하자 왜군의 조총에 대응하고 국방력을 강화하기 위해 삼수병으로 구성된 훈련도감이 설치되었다.

③ 우정총국 개국(1884) → 근대 개항기

근대 개항기에 근대식 우편 업무를 도입하기 위해 홍영식을 책임자로 하는 우정총국이 설립되었다.

④ 치안 유지법(1925) → 일제 강점기

일제 강점기 때 사상 통제법인 치안 유지법이 제정되어 많은 독립

35 을사늑약의 결과

정답 ②

> **암기박사** 을사늑약(1905) ⇒ 통감부 설치(1906)

정답 해설

일본의 압력에 의해 부당하게 체결되고 외교권이 박탈된 조약은 을사늑약이다. 을사늑약의 체결로 통감부가 설치되고 이토 히로부미가 초대 통감으로 취임하였다.

오답 해설

① 최혜국 대우 최초 규정 → 조ㆍ미 수호 통상 조약(1882)

조ㆍ미 수호 통상 조약은 서양과 맺은 최초의 조약으로 외국에 대한 최혜국 대우를 최초로 규정하였다.

③ 조선에 대한 종주권 → 청ㆍ일 전쟁(1894)

조선에 대한 종주권을 둘러싸고 청나라와 일본이 벌인 전쟁으로, 동학 농민 운동 당시 일본이 군대를 동원하여 경복궁을 점령하여 청ㆍ일 전쟁이 발발하였다.

④ 대한제국 설립 → 대한국 국제 반포(1899)

대한제국 때 고종 황제가 한국 최초의 근대적 헌법인 대한국 국제를 반포하였다.

36 우리나라의 화폐

정답 ②

> **암기박사** 전환국 발행 ⇒ 백동화

정답 해설

전환국에서 발행한 동전으로 보조 화폐로 사용되다가 일본의 화폐 정리 사업으로 발행이 중단된 화폐는 백동화이다. 백동화는 개화기 때 근대식 화폐 발행 기구인 전환국에서 종래 사용하던 상평통보를 대체하기 위해 발행되었다.

오답 해설

① 당백전 → 경복궁 중건에 사용

조선 고종 때 흥선 대원군은 경복궁 중건에 필요한 재원 마련을 위해 당백전을 발행하였다.

③ 건원중보 → 우리나라 최초의 금속 화폐

건원중보는 고려 성종 때 주조된 우리나라 최초의 금속화폐로 뒷면에 동국(東國)이라는 글자가 새겨져 있다.

④ 삼한통보 → 주전도감에서 발행

삼한통보는 고려 숙종 때 화폐 유통을 촉진하기 위해 주전도감에서 발행한 금속 화폐 중의 하나로 널리 유통되지는 못하였다.

37 정미의병의 활약

정답 ①

> **암기박사** 서울 진공 작전 ⇒ 정미의병

정답 해설

민긍호가 일제의 군대 해산 조칙에 반발하여 의병을 결성하고 무기

고를 습격한 것은 정미의병 때의 일이다. 정미의병이 확산되는 과정에서 의병 부대가 연합하여 서울 진공 작전을 전개하였다.

오답 해설

② **조선 혁명 선언 활동 지침 → 의열단**
의열단은 김원봉이 만주 길림성에서 조직한 항일 무장 단체로 신채호의 조선 혁명 선언을 활동 지침으로 삼았다.

③ **독립 공채 발행 → 대한민국 임시 정부**
대한민국 임시 정부는 독립 공채를 발행하거나 국민의 의연금으로 독립운동에 필요한 군자금을 조달하였다.

④ **고종의 해산 권고 조칙 → 을미의병**
명성황후가 시해된 을미사변 후 일어난 을미의병은 고종의 해산 권고 조칙에 따라 대부분 스스로 해산하였다.

38 무단 통치기의 일제 정책

암기박사 토지 조사 사업(1910) ⇒ 무단 통치기

정답 ③

정답 해설

일제가 회사령을 실시하고 조선 태형령을 제정한 것은 무단 통치기 때의 일이다. 일제는 무단 통치기 때 토지 약탈과 식민지 통치의 재정 기반을 확대하기 위해 토지 조사 사업을 실시하였다.

오답 해설

① **홍범 14조 반포(1894) → 제2차 갑오개혁**
고종은 제2차 갑오개혁 때 종묘에 나가 독립 서고문을 바치고, 개혁의 기본 방향을 제시한 홍범 14조를 반포하였다.

② **군국기무처 설치(1894) → 제1차 갑오개혁**
군국기무처는 제1차 갑오개혁 때 개혁 추진을 위해 설치된 초정부적 의결 기구이다.

④ **경성 제국 대학 설립(1924) → 문화 통치기**
조선 교육회는 우리 손으로 대학을 설립하고자 조선 민립 대학 기성회를 중심으로 모금 운동을 전개하였으나 일제가 경성 제국 대학을 설립하면서 중단되었다.

39 3 · 1 만세 운동의 영향

암기박사 3 · 1 만세 운동 ⇒ 대한민국 임시 정부 수립

정답 ④

정답 해설

일제가 수원 제암리 주민들의 집단 학살을 자행한 것은 3 · 1 만세 운동 때의 일이다. 고종의 장례일에 민족 대표 33인의 이름으로 독립 선언서를 발표함으로써 전개된 3 · 1 만세 운동은 대한민국 임시 정부가 수립되는 계기가 되었다.

오답 해설

① **독립 의군부(1912) → 3 · 1 만세 운동 이전**
임병찬은 고종의 밀지를 받아 고종의 복위 및 대한 제국의 재건을 목표로 독립 의군부를 조직하였다.

② **국채 보상 운동(1907) → 3 · 1 만세 운동 이전**
국채 보상 운동은 정부의 외채를 국민의 힘으로 상환하여 국권을

회복하자는 경제 구국 운동이다.

③ **교육 입국 조서 반포(1895) → 3 · 1 만세 운동 이전**
제2차 갑오개혁 때 교육의 기본 방향을 제시한 교육 입국 조서가 반포되었다.

40 신간회의 활동

암기박사 광주 학생 항일 운동 : 진상 조사단 파견 ⇒ 신간회

정답 ④

정답 해설

이상재를 회장으로 창립되어 100개가 넘는 지회가 만들어지는 등 전국적인 조직망을 갖춘 단체는 신간회이다. 광주에서 발생한 한 · 일 학생 간의 충돌을 일본 경찰이 편파적으로 처리하여 광주 학생 항일 운동이 발생하자 신간회 중앙 본부가 진상 조사단을 파견하였다.

오답 해설

① **고종 강제 퇴위 반대 운동 → 대한 자강회**
대한 자강회는 일제가 고종을 강제 퇴위시키고 한 · 일 신협약을 체결하자 고종의 강제 퇴위 반대 운동을 전개하였다. ← 정미 7조약

② **신흥 강습소 설립 → 신민회**
신민회는 서간도 삼원보에 신흥 강습소를 설립하여 독립군을 양성하였고, 이후 신흥 무관 학교로 발전하였다.

③ **일제의 황무지 개간권 요구 철회 → 보안회**
보안회는 일제의 황무지 개간권 요구에 대한 지속적인 반대 운동을 벌여 일제의 황무지 개간권 요구를 철회시켰다.

41 물산 장려 운동

암기박사 조선 사람 조선 것! ⇒ 조만식 : 물산 장려 운동

정답 ④

정답 해설

'조선 사람 조선 것!', '내 살림 내 것으로!'이라는 구호 아래 조만식의 주도로 평양에서 시작된 운동은 물산 장려 운동이다. 물산 장려 운동은 우리 민족 산업을 보호하고 경제적 자립을 목적으로 전개된 경제 자립 운동이다.

오답 해설

① **새마을 운동 → 지역사회 개발 운동**
박정희 정부 때에 농촌 근대화를 표방한 범국민적 지역사회 개발 운동인 새마을 운동이 시작되었다.

② **브나로드 운동 → 민중 계몽 운동**
동아일보사에서 문맹 퇴치를 목적으로 민중 계몽 운동인 브나로드(Vnarod) 운동을 전개하였다. ← 러시아어로 '민중 속으로'라는 의미

③ **문자 보급 운동 → 문맹 퇴치 및 한글 보급 운동**
문자 보급 운동은 일제의 민족 말살 정책에 대항하여 조선일보가 중심이 되어 실시한 문맹 퇴치 및 한글 보급 운동이다.

👆 **핵심노트** ▶ 물산 장려 운동

- **배경** : 회사령 철폐(1920)와 관세 철폐(1923) 등으로 일본 대기업의 한국 진출이 용이해지자 국내 기업의 위기감 고조
- **목적** : 민족 기업을 지원하고 민족 산업을 육성함으로써 민족 경제의 자립을 달성

• **발족** : 조선 물산 장려회(1920)가 조만식 등이 중심이 되어 평양에서 최초 발족
• **활동** : 일본 상품 배격, 국산품 애용 등을 강조
• **구호** : 내 살림 내 것으로, 조선 사람 조선 것, 우리가 만들어서 우리가 쓰자
• **확산** : 전국적 민족 운동으로 확산되면서 근검 절약, 생활 개선, 금주 · 단연 운동도 전개
• **문제점** : 상인, 자본가 중심으로 추진되어 상품 가격 상승 초래, 사회주의자들의 비판
• **결과** : 초기에는 전국적으로 확산되었으나, 일제의 탄압과 친일파의 개입, 사회주의 계열의 방해 등으로 큰 성과를 거두지 못함

42 일제 강점기의 사회 모습

정답 ②

암기박사 애국반 조직(1938) ⇒ 일제 강점기

정답 해설

일제가 국가총동원법을 시행하고 황국 신민 서사 암송을 강요하였으며 국민학교 명칭과 일본식 이름을 사용하게 한 것은 일제 강점기(1910~1945) 때의 일이다. 이 시기에 일제는 조선인의 일상생활을 감시 · 통제하기 위해 애국반을 조직하고 미곡과 금속제의 전쟁 물자를 공출하였다.

오답 해설

① 한성순보 발행(1883) → 일제 강점기 이전

한성순보는 최초의 근대식 신문으로 납으로 만든 활자를 사용해 박문국에서 발행되었다.

③ 영남 만인소(1881) → 일제 강점기 이전

이만손을 비롯한 영남 유생들이 김홍집의 조선책략 유포에 반발하여 만인소를 올리고 그의 처벌을 요구하였다.

④ 육영 공원 설립(1886) → 일제 강점기 이전

육영 공원은 정부가 보빙사 민영익의 건의로 설립한 최초의 근대식 관립 학교로 미국인 교사를 초빙해 근대 학문을 가르쳤다.

43 홍범도

정답 ④

암기박사 홍범도 : 대한 독립군 ⇒ 봉오동 전투

정답 해설

대한 독립군 총사령관으로 봉오동 전투를 승리로 이끈 인물은 홍범도 장군이다. 홍범도의 대한 독립군은 대한 국민회군과 연합하여 봉오동에서 간도 지역을 기습한 일본군을 상대로 승리하였다.

오답 해설

① 나석주 → 동양 척식 주식회사에 폭탄 투척

나석주는 의열단 소속으로 일제의 대표적 수탈 기관인 동양 척식 주식회사에 폭탄을 투척하였다.

② 안중근 → 이토 히로부미 사살

안중근 의사는 하얼빈 역에서 일제의 침략 원흉인 이토 히로부미를 사살하고, 이듬해에 뤼순 감옥에서 순국하였다.

③ 지청천 → 한국 독립군 총사령관

한국 독립군 총사령관인 지청천은 만주 사변 이후 중국군과 연합하여 호로군을 조직하고 쌍성보 전투와 대전자령 전투에서 일본군을 격퇴하였다.

44 조선 의용대

정답 ④

암기박사 중국 관내에서 결성된 최초의 한인 무장 부대 ⇒ 조선 의용대

정답 해설

중국 국민당 정부의 지원을 받아 김원봉을 중심으로 창설된 조선 의용대는 중국 관내에서 만들어진 최초의 한인 무장 부대이다. 조선 의용대는 포로 심문, 요인 사살, 첩보 작전을 수행하였으며, 이후 조선 의용대의 분열로 부대 일부가 한국 광복군에 합류하였다.

오답 해설

① 청산리 대첩 → 북로 군정서군

김좌진의 북로 군정서군은 홍범도의 대한 독립군과 연합하여 간도의 청산리에서 일본군을 격퇴하였다.

② 연통제와 교통국 운영 → 대한민국 임시 정부

대한민국 임시 정부는 국내 비밀 행정 조직인 연통제를 통해 독립 운동 자금을 모으고 이륭양행에 교통국을 설치하여 국내와 비밀 연락을 취하였다.

③ 자유시 참변 → 대한 독립군단

간도 참변으로 인해 자유시로 이동한 대한 독립 군단은 적색군의 무장 해제 요구에 저항하다 공격을 받아 큰 타격을 입었다.

45 나운규의 활동

정답 ②

암기박사 단성사 : 아리랑 ⇒ 나운규

정답 해설

1926년 단성사에서 개봉한 아리랑은 나운규가 감독과 주연을 맡은 영화로, 농촌 사회를 배경으로 나라 잃은 민중의 울분과 설움을 생생하게 그려냈다.

오답 해설

① 심훈 → 그 날이 오면, 상록수

심훈은 독립 운동가이자 소설가로, 시 '그 날이 오면'과 소설 '상록수' 등의 작품을 남겼다.

③ 이육사 → 광야, 절정

이육사는 본명이 이원록으로, 항일 정신과 작가의 독립 운동 정신이 잘 드러난 저항시 광야, 절정 등을 발표하였다.

④ 이중섭 → 한국 근대 서양화의 대표 화가

한국 근대 서양화의 대표 화가인 이중섭의 소 그림은 격렬한 소의 동세를 표현하여 대담하고 거침없는 선묘를 특징으로 한다.

46 박정희 정부 시기의 사실

정답 ③

암기박사 경부 고속 도로 준공 ⇒ 박정희 정부

정답 해설

우리나라의 연간 수출액이 100억 달러를 달성한 것은 박정희 정부 때의 일이다. 이 시기에 서울과 부산을 연결하는 경부 고속 도로가 준공되었다.

오답 해설

① 개성 공단 조성 → 노무현 정부

　노무현 정부 때에 개성 공단 착공식이 개최되어 개성 공단 건설 사업을 실현하였다.

② 신한 공사 설립 → 미 군정기

　미 군정기에 일제의 귀속 재산 처리를 위해 신한 공사가 설립되어 동양 척식 주식회사가 소유했던 재산 및 군정청 소유의 모든 토지를 관리했다.

④ 한미 자유 무역 협정(FTA) 체결 → 노무현 정부

　노무현 정부 때에 미국과 자유 무역 협정(FTA)이 체결되어 미국과의 무역 장벽을 허무는 계기가 되었다.

47 6 · 25 전쟁 중의 사실

정답 ②

암기박사　인천 상륙 작전(1950. 9) ⇒ 6 · 25 전쟁 중

정답 해설

1 · 4 후퇴와 흥남 철수는 6 · 25 전쟁 때의 일이다. 6 · 25 전쟁 중에 맥아더 장군의 인천 상륙 작전이 전개되었고, 이를 계기로 국군과 유엔군은 전세를 역전시키고 서울을 수복하였다.

오답 해설

① 5 · 10 총선거 실시(1948) → 6 · 25 전쟁 이전

　8 · 15 광복 후 우리나라 최초의 보통 선거인 5 · 10 총선거가 남한 단독으로 실시되었다.

③ 국민 대표 회의 개최(1923) → 6 · 25 전쟁 이전

　임시 정부의 대통령인 이승만의 통치 청원이 알려지면서 독립운동의 방략을 논의하고자 국민 대표 회의가 상하이에서 개최되었다.

④ 조선 건국 준비 위원회 결성(1945) → 6 · 25 전쟁 이전

　8 · 15 광복 직후 일제의 패망과 광복에 대비하여 건국 작업을 진행하기 위해 여운형을 중심으로 조선 건국 준비 위원회가 결성되었다.

48 김영삼 정부

정답 ②

암기박사　금융 실명제 실시 ⇒ 김영삼 정부

정답 해설

지방 자치제를 전면 실시하고, 조선 총독부 건물을 철거하였으며, 경제 협력 개발 기구(OECD)에 가입한 것은 김영삼 정부 때의 일이다. 김영삼 정부 때에 금융 거래의 투명성을 확보하고자 대통령의 긴급 명령으로 금융 실명제를 전면 실시하였다.

오답 해설

① 베트남 파병 → 박정희 정부

　박정희 정부 때에 미국의 요청에 따라 국군의 전력 증강과 차관 원조를 조건으로 베트남에 국군이 파병되었다.

③ 야간 통행 금지 해제 → 전두환 정부

　전두환 정부 때에 86 아시안 게임과 88 서울 올림픽을 앞두고 37

년 만에 야간 통행 금지가 해제되었다.

④ 반민족 행위 특별 조사 위원회 구성 → 이승만 정부

　이승만 정부 때 제헌 국회에서 일제 강점기 친일 행위를 한 사람들을 처벌하고 공민권을 제한하기 위해 반민족 행위 특별 조사 위원회가 구성되었다.

49 6월 민주 항쟁

정답 ④

암기박사　이한열 희생 ⇒ 6월 민주 항쟁(1987)

정답 해설

전두환 정부의 4 · 13 호헌 조치 발표로 호헌 철폐와 독재 타도 등의 구호를 내세운 6월 민주 항쟁이 촉발되었고, 시위 도중 대학생 이한열이 전두환 정부의 계엄군이 쏜 최루탄에 맞아 희생되었다.

오답 해설

① 긴급 조치 철폐 요구 → 3 · 1 민주 구국 선언

　박정희 정부의 유신 체제에 항거하여 재야 정치인들과 가톨릭 신부, 개신교 목사, 대학 교수 등이 3 · 1 민주 구국 선언을 통해 긴급 조치 철폐 등을 요구하였다.

② 시민군의 자발적 조직 → 5 · 18 민주화 운동

　신군부의 계엄 확대와 무력 진압에 5 · 18 민주화 운동이 발발하였고 시위 전개 과정에서 시민군이 자발적으로 조직되었다.

③ 장면 내각 출범 → 4 · 19 혁명

　4 · 19 혁명으로 인한 이승만 대통령의 하야는 장면 내각이 출범하는 배경이 되었다.

50 노태우 정부의 통일 노력

정답 ①

암기박사　남북 기본 합의서 교환 ⇒ 노태우 정부

정답 해설

북방 외교를 통해 사회주의 국가들과 국교를 수립하고 남북한 유엔 동시 가입을 성사시킨 것은 노태우 정부 때의 일이다. 노태우 정부 때에 상호 화해와 불가침, 교류 및 협력 확대 등을 규정한 남북한 간 최초의 공식 합의서인 남북 기본 합의서를 교환하였다.

오답 해설

② 브라운 각서 합의 → 박정희 정부

　박정희 정부 때에 국군의 전력 증강과 차관 원조를 약속받은 베트남 파병에 관한 브라운 각서에 미국과 합의하였다.

③ 7 · 4 남북 공동 성명 발표 → 박정희 정부

　박정희 정부 때에 7 · 4 남북 공동 성명을 발표하여 '자주, 평화, 민족 대단결'의 민족 통일 3대 원칙을 제시하였다.

④ 6 · 15 남북 공동 선언 → 김대중 정부

　김대중 정부 때에 평양에서 최초로 남북 정상 회담이 개최되고 6 · 15 남북 공동 선언을 채택하였다.

01 청동기 시대의 생활 모습

정답 ①

암기박사 가락바퀴 : 실을 뽑는 도구 ⇒ 신석기 시대

정답 해설

빗살무늬 토기, 갈돌과 갈판은 농경과 목축이 시작된 신석기 시대의 대표적인 유물이다. 신석기 시대에는 가락바퀴를 이용하여 실을 뽑고 뼈바늘로 옷을 지어 입었다.

오답 해설

② 철제 농기구 → 철기 시대

철기 시대에는 기존의 석기나 목기 외에 쟁기, 쇠스랑 등의 철제 농기구를 이용하여 농사를 지었다.

③ 고인돌 축조 → 청동기 시대

청동기 시대에는 지배층의 무덤으로 고인돌을 축조하여 당시 계급의 분화 및 지배층의 권력을 반영하였다.

④ 거푸집 사용 → 청동기 시대

청동기 시대에는 청동 제품을 제작하던 틀인 거푸집을 사용하여 청동기를 제작하였다.

02 동예의 풍속

정답 ①

암기박사 특산물 : 단궁, 과하마, 반어피 / 제천 행사 : 무천 / 풍습 : 책화 ⇒ 동예

정답 해설

단궁 · 과하마 · 반어피 등의 특산물이 유명하고, 무천이라는 제천 행사를 열었던 나라는 동예이다. 동예에는 또한 읍락 간의 경계를 중시하는 책화가 있었다.

오답 해설

② 마한 → 목지국 등 많은 소국으로 구성

삼한 중 세력이 가장 컸던 마한은 54개의 많은 소국으로 이루어졌는데, 그 중 영도 세력이었던 목지국이 마한을 통합하고 백제로 발전하였다.

③ 부여 → 사출도, 영고, 1책 12법

부여는 여러 加(가)들이 별도로 사출도를 다스렸고 12월에는 영고라는 제천 행사를 열었다. 또한 도둑질한 자는 훔친 것의 12배를 갚게 하는 1책 12법이 있었다.

④ 옥저 → 가족 공동묘, 민며느리제

옥저에는 가족이 죽으면 그 뼈를 추려 가족 공동 무덤에 안치하는 매장 풍습이 있었고, 혼인을 약속하고 신랑 집에서 여자를 데려와 기른 후 성인이 되면 신부 집에 대가를 주고 며느리로 삼는 민며느리제가 있었다.

03 신라 진흥왕의 업적

정답 ④

암기박사 북한산 순수비 건립 ⇒ 신라 진흥왕

정답 해설

황룡사를 창건하고 화랑도를 국가적인 조직으로 정비한 왕은 신라 진흥왕이다. 신라 진흥왕은 백제가 점유하던 한강 하류 지역을 차지하고 북한산에 순수비를 세웠다.

오답 해설

① 주자감 설립 → 발해 문왕

주자감은 발해의 문왕(대흠무) 때 설립된 유학 교육 기관으로, 왕족과 귀족을 대상으로 유교 경전을 교육하였다.

② 왜왕에 칠지도 하사 → 백제 근초고왕

백제 근초고왕은 친선 외교의 목적으로 왜왕에게 칠지도를 보냈다.

③ 김흠돌의 난 진압 → 통일 신라 신문왕

통일 신라 신문왕은 장인인 김흠돌이 반란을 일으키자 이를 진압하고 진골 귀족들을 숙청하였다.

핵심노트 ▶ 신라 진흥왕(540~576)의 업적

- 남한강 상류 지역인 단양 적성을 점령하고 단양 적성비 건립
- 백제 성왕과 연합하여 고구려가 점유하던 한강 상류 지역을 차지
- 백제가 점유하던 한강 하류 지역을 차지하고 북한산비 건립
- 고령의 대가야를 정복하는 등 낙동강 유역을 확보하고 창녕비 건립
- 원산만과 함흥평야 등을 점령하여 함경남도 진출 후 황초령비와 마운령비 건립
- 화랑도를 공인하고, 거칠부로 하여금 국사를 편찬하게 함
- 황룡사와 흥륜사를 건립하여 불교를 부흥하고, 불교 교단을 정비하여 주통 · 승통 · 군통제를 시행 → 신라 최고의 행정기관인 집사부의 전신
- 최고 정무기관으로 품주를 설치하여 국가기무와 재정을 담당하게 함

04 백제 성왕의 업적

정답 ①

암기박사 사비 천도, 국호 남부여 ⇒ 백제 성왕

정답 해설

백제 성왕은 웅진에서 사비로 천도하고 국호를 남부여로 변경하였으며, 신라 진흥왕과 연합하여 한강 일부 지역을 수복하였다. 그러나 신라와 나 · 제 동맹이 결렬된 후 신라를 공격하다 관산성 전투에서 전사하였다.

오답 해설

② 22담로 설치, 중국 남조와 교류 → 백제 무령왕

백제 무령왕은 지방 통제를 강화하기 위해 지방의 주요 지점에 22담로를 설치하였고, 중국 남조의 양에 사신을 보내 외교 관계를 강화하였다.

③ 평양성 공격, 서기 편찬 → 백제 근초고왕

백제의 전성기를 이끈 근초고왕은 평양성을 공격하여 고국원왕을 전사시켰고 고흥으로 하여금 서기를 편찬하게 하였다.

④ 불교 수용, 율령 반포, 태학 설립 → 고구려 소수림왕

고구려 소수림왕은 순도를 통해 불교를 수용하고 율령을 반포하여 국가의 통치 체제를 정비하였으며, 국립 교육 기관인 태학을 설립하여 인재를 양성하였다.

05 금관가야의 역사

암기박사　낙랑군, 왜와 교류 ⇒ 금관가야

정답 ①

정답 해설

김수로에 의해 건국된 나라는 금관가야이다. 낙동강 하류에 위치한 금관가야는 철이 풍부하게 생산되었고 낙랑군, 왜와 활발히 교류하여 중계 무역으로 번성하였다.

오답 해설

② 상경 천도 → 발해

　발해 문왕은 중경에서 상경으로 도읍을 옮기고 3성 6부의 중앙 관제를 마련하였다.

③ 화백 회의 → 신라

　신라는 만장일치제인 화백 회의에서 국가의 중요한 일을 결정하였다.

④ 범금 8조 → 고조선

　고조선은 범금 8조를 만들어 살인·절도 등의 죄를 다스리고 사회 질서를 유지하였다.

06 고구려 교육 기관

암기박사　태학과 경당 : 인재 양성 ⇒ 고구려

정답 ④

정답 해설

광개토 대왕릉비와 안악 3호분 행렬도는 국내성을 수도로 한 고구려의 문화유산이다. 고구려는 태학과 경당을 두어 인재를 양성하였는데, 태학은 소수림왕 때 설립된 국립 교육 기관이고 경당은 장수왕때 지방 청소년의 무예와 한학 교육을 위해 설립된 지방 교육 기관이다.

오답 해설

① 독서삼품과 실시 → 통일 신라

　통일 신라의 원성왕은 인재 등용을 위해 유교 경전의 이해 수준에 따라 3등급으로 구분한 독서삼품과를 실시하였다.

② 마립간 칭호 → 신라

　신라 내물왕 때 대군장을 뜻하는 마립간이라는 왕의 칭호가 처음 사용되었다.

③ 정사암 회의 → 백제

　백제는 귀족 회의체인 정사암 회의를 개최하여 재상을 선출하는 등 국가 중대사를 논의하였다.

07 신라 말의 사회 동요

암기박사　원종과 애노의 난, 적고적의 난 ⇒ 신라 말

정답 ②

정답 해설

원종과 애노의 난, 적고적의 난은 모두 신라 말에 일어난 난이다. 신라 하대 진성여왕 때 원종과 애노가 가혹한 세금 수탈에 반발하여 사벌주(상주)에서 난을 일으켰고, 붉은색 바지를 입어 적고적이라 불리는 도적들이 서남쪽에서 또한 일어났다.

오답 해설

① 백제 침류왕 → 불교 수용

　백제의 침류왕 때 동진의 마라난타를 통해 불교를 수용하였다.

③ 고구려 검모잠 → 고구려 부흥 운동

　고구려가 멸망한 후 검모잠이 보장왕의 서자 안승을 왕으로 추대하고 고구려 부흥 운동을 전개하였다.

④ 삼국의 선진 문화 → 일본 아스카 문화

　삼국은 일본에 다양한 선진 문화와 기술을 전파해 일본의 아스카 문화 형성에 영향을 미쳤다.

08 설총의 활동

암기박사　설총 ⇒ 이두 정리, 화왕계 저술

정답 ②

정답 해설

설총은 원효 대사의 아들로 한자의 음과 뜻을 빌려 우리말을 표기한 이두를 체계적으로 정리하였고, 신문왕에게 향락을 배격하고 경계로 삼도록 화왕계를 지어 바쳤다.

오답 해설

① 강수 → 청방인문표, 답설인귀서 집필

　강수는 신라 시대의 문장가로 불교를 세외교라 하여 비판하고 도덕을 사회적 출세보다 중시하였으며 청방인문표, 답설인귀서 등을 집필하였다.

③ 의상 → 화엄종 개창

　의상은 귀족 출신의 승려로 낙산사 등을 창건하고 관음 신앙을 전파하였으며, 화엄종을 개창하여 화엄일승법계도를 남겼다.

④ 왕오천축국전 저술 → 혜초

　혜초는 인도와 중앙아시아를 다녀와서 그 나라의 풍물을 기록한 왕오천축국전을 저술하였다.

09 발해의 역사

암기박사　지방 행정 제도 : 5경 15부 62주 ⇒ 발해

정답 ④

정답 해설

정혜 공주는 발해 문왕(대흠무)의 둘째 딸이다. 발해는 선왕(대인수)때 최대의 영토를 형성하고 중흥기를 이루어 해동성국이라 불렸으며, 5경 15부 62주의 지방 행정 제도를 마련하였다.

오답 해설

① 양만춘 : 안시성 전투 → 고구려

　당 태종이 연개소문의 정변을 빌미로 고구려에 침입하자 양만춘이 안시성 전투에서 당의 군대를 격퇴하였다.

② 가(加) : 사출도 주관 → 부여

　부여는 여러 가(加)들이 별도로 사출도를 다스렸으며, 왕이 직접 통치하는 중앙과 합쳐 5부를 구성하였다.　마가, 우가, 저가, 구가 *→ 가(加)의 행정 구획*

③ 장보고 : 청해진 → 통일 신라

　통일 신라 때 장보고는 완도에 청해진을 설치하여 해적들을 소탕하고 해상 무역을 전개하였다.

10 후삼국 통일 과정

암기박사 후백제 건국(900) ⇒ 고창 전투(930) ⇒ 신라 멸망
(935)

정답 ②

정답 해설

(가) **후백제 건국(900)** : 견훤이 전라도 지역의 군사력과 호족 세력을 중심으로 백제의 부흥을 내세우며 완산주(전주)에서 후백제를 건국하였다.

(다) **고창 전투(930)** : 고려 태조 왕건이 고창 전투에서 견훤의 후백제 군을 상대로 승리하였다.

(나) **신라 멸망(935)** : 신라의 마지막 왕인 경순왕 김부가 고려 태조 왕건에 항복하였다.

11 고려 광종의 업적

암기박사 노비안검법 실시 ⇒ 고려 광종

정답 ③

정답 해설

고려 제4대 왕으로 광덕 등 독자적인 연호를 사용하였으며, 처음으로 과거 제도를 실시한 왕은 고려 광종이다. 광종은 노비안검법을 실시하여 양인이었다가 불법으로 노비가 된 자를 조사하여 해방시켜 줌으로써 호족의 경제적 기반을 약화시키고 왕권을 강화하였다.

오답 해설

① 녹읍 폐지 → 통일 신라 신문왕
통일 신라의 신문왕은 관료전을 지급하고 귀족의 경제 기반이었던 녹읍을 폐지하였다.

② 훈요 10조 → 고려 태조
고려 태조 왕건은 자신의 사후 후대 왕들이 지켜야 할 정책 방향을 제시한 훈요 10조를 남겼다.

④ 전민변정도감 설치 → 고려 공민왕
고려 공민왕은 전민변정도감을 설치하고 신돈을 책임자로 임명하여 권문세족을 견제하고 개혁을 이끌었다.

12 고려의 군사 행정 구역

암기박사 양계(동계 · 북계) : 군사 행정 구역 ⇒ 고려

정답 ③

정답 해설

수월관음도는 대표적인 고려 불화이다. 고려 시대에는 군사 행정 구역으로 양계를 두었는데, 양계는 북방 국경 지대의 군사 중심지인 동계와 북계를 말한다.
→ 병마사 파견

오답 해설

① 22담로 설치 → 백제
백제 무령왕은 지방 통제를 강화하기 위해 지방의 주요 지점에 22 담로를 두고 왕족을 파견하였다.

② 5소경 설치 → 통일 신라
통일 신라는 통일 전 2소경을 5소경 체제로 정비하여 중앙 집권 및 지방 통제력을 강화하였다.

④ 9서당 10정 → 통일 신라
통일 신라의 신문왕은 중앙군으로 9서당, 지방군으로 10정의 군사 조직을 편성하였다.

13 고려 현종 재위 시기의 사실

암기박사 초조대장경 제작 ⇒ 고려 현종

정답 ③

정답 해설

강조가 정변을 일으켜 목종을 폐하고 옹립한 왕은 고려 현종이다. 고려 현종 때 강조의 정변을 구실로 거란이 2차 침입을 시도하자 현종이 나주로 피난하고 부처의 힘으로 이를 극복하기 위해 초조대장경 제작을 시작하였다. 또한 거란의 3차 침입 때에는 강감찬이 귀주 대첩에서 대승을 거두었다.

오답 해설

① 교정도감 설치 → 고려 희종
무신 집권기인 고려 희종 때 최충헌이 교정도감을 설치하고 인재 천거, 조세 징수, 감찰, 재판 등의 집정부 역할을 수행하였다.

② 농사직설 편찬 → 조선 세종
조선 세종 때 정초 등이 우리 풍토에 맞는 농법을 소개한 농사직설을 편찬하였다.

④ 이자겸의 난 → 고려 인종
고려 인종 때 왕실 외척인 이자겸이 척준경과 함께 금의 사대 요구 수용을 주장하며 반란을 일으켰다.

14 영주 부석사 무량수전

암기박사 영주 부석사 무량수전 ⇒ 고려 시대

정답 ②

정답 해설

→ 신라 문무왕 때 의상대사가 창건

무량수전은 경북 영주시 부석사에 있는 고려 중기의 건물로, 배흘림기둥과 주심포 양식의 신라 양식을 계승한 고려 시대 목조 건축물이다.

오답 해설

① 경주 불국사 대웅전 → 조선 시대
경북 경주시 불국사에 있는 조선 후기의 불전으로, 정면 5칸 측면 5칸의 다포식 팔작지붕 목조 건물이다.

③ 김제 금산사 미륵전 → 조선 시대
전북 김제시 금산사에 있는 조선 시대의 목조 건물로, 겉모양이 3층으로 된 한국의 유일한 법당이며 내부는 통층이다.

④ 보은 법주사 팔상전 → 조선 시대
충북 보은군 법주사에 있는 조선 후기의 목조 건물로, 현존하는 유일한 목탑이다. 석가모니의 일생을 여덟 폭의 그림으로 나누어 그린 팔상도가 있어 팔상전이라고 한다.

15 망이·망소이의 난

> **암기박사** 망이·망소이의 난(1176) ⇒ 고려 무신 집권기

정답 ②

정답 해설

고려 무신 집권기 때 망이·망소이가 가혹한 수탈에 저항하여 공주 명학소에서 난을 일으켰다(1176).

👆 **핵심노트** ▶ 고려 무신 집권기 대표적 민란

- 망이·망소이의 난(1176)
- 전주 관노의 난(1182)
- 김사미·효심의 난(1193)
- 만적의 난(1198)
- 진주 노비의 난(1200)

16 고려의 대외 관계

> **암기박사** 윤관 : 동북 9성 축조 ⇒ 고려 vs 여진

정답 ①

정답 해설

고려 숙종 때 윤관은 여진족을 정벌하기 위해 기병 중심의 별무반 편성을 건의하였다. 이후 고려 예종 때 윤관은 별무반을 이끌고 여진을 정벌한 후 동북 9성을 축조하였다.

오답 해설

② 서희 : 외교 담판 → 고려 vs 거란

고려 성종 때 거란이 침입하자 서희는 소손녕과 외교 담판을 통해 강동 6주를 확보하였다.

③ 최무선 : 진포 대첩 → 고려 vs 일본

고려 우왕 때 최무선이 만든 화약과 화포를 실전에서 처음으로 사용하여 진포에서 왜구를 물리쳤다.

④ 김윤후 : 충주성 전투 → 고려 vs 몽골

몽골의 5차 침입 때 김윤후가 이끄는 민병과 관노는 충주성 전투에서 몽골군을 물리쳤다.

17 고려의 종교 행사

> **암기박사** 팔관회 : 종교행사 ⇒ 고려

정답 ③

정답 해설

고려 시대에 불교와 토속신앙이 어우러진 종교행사인 팔관회가 개경 궁궐에서 성대하게 열렸다. 팔관회는 금욕과 수행을 목적으로 하며, 국가적 정기 행사로 자리 잡았다.

오답 해설

① 영고 : 제천 행사 → 부여

부여는 12월에 영고라는 제천 행사를 열어 하늘에 제사를 지내고 노래와 춤을 즐겼다.

② 단오제 → 향토 제례 의식

단옷날인 음력 5월 5일을 전후로 강릉과 전남 영광에서 열리는 향토 제례 의식으로, 강릉에서는 단오굿이 개최되고 영광에서는 법

성포 단오제가 열린다.

④ 종묘 제례 : 제사 의례 → 조선

종묘 제례는 조선 시대 역대 왕과 왕비의 신위를 모신 사당(종묘)에서 지냈던 제사 의례이다.

18 고려의 경제 상황

> **암기박사** 활구 : 은병 유통 ⇒ 고려 시대

정답 ②

정답 해설

고려 숙종 때 입구가 넓어 활구라고도 불리는 은병이 제작되어 화폐로 유통되었다. → 은 1근으로 만든 병 모양의 은화

오답 해설

① 감자, 고구마 재배 → 조선 후기

조선 후기에는 청에서 들어온 감자와 일본에서 들여 온 고구마 등의 구황 작물이 널리 재배되었다.

③ 동시전 : 시장 감독 → 신라 → 기후가 불순한 흉년에도 비교적 안전한 수확을 얻을 수 있는 작물

신라 지증왕 때 시장을 감독하는 관청인 동시전이 수도 경주에 설치되었다.

④ 내상, 만상의 활동 → 조선 후기

조선 후기에는 왜관을 중심으로 한 동래의 내상과 청과의 후시 무역을 주도한 의주의 만상 등이 활발하게 활동하였다.

19 조선 태종 재위 시기의 사실

> **암기박사** 호패법 시행 ⇒ 조선 태종

정답 ②

정답 해설

두 차례 왕자의 난으로 즉위한 왕은 조선 태종 이방원이다. 조선 태종 때 호구의 정확한 파악을 위해 16세 이상의 남자들에게 호패를 발급하는 호패법이 시행되었다.

오답 해설

① 현량과 실시 → 조선 중종

조선 중종 때 조광조는 천거제의 일종인 현량과를 실시하여 신진 사림을 등용하고자 하였다.

③ 경국대전 반포 → 조선 성종

조선 성종은 조선의 기본 법전인 경국대전을 반포하고 통치 체제를 정비하였다.

④ 5군영 체제 완성 → 조선 숙종

조선 숙종 때 궁궐 수비를 담당하는 기병으로 구성된 금위영을 설치하여 5군영 체제를 완성하였다.
→ 훈련도감 → 총융청 → 수어청 → 어영청 → 금위영

20 분청사기

> **암기박사** 분청사기 음각어문 편병 ⇒ 조선 전기

정답 ②

정답 해설

그릇 표면에 백토를 분칠하고 장식한 도자기는 고려 말부터 조선 전기까지 주로 제작된 분청사기이다. 분청사기 음각어문 편병은 음각

기법을 통해 물고기 무늬를 새긴 조선 전기 분청사기이다.

오답 해설

① **청자 상감 운학문 매병 → 고려**

학과 구름을 상감기법으로 새겨 넣은 대표적인 고려 시대 상감 청자 매병이다.

③ **백자 달항아리 → 조선 후기**

온화한 순백색과 부드러운 곡선, 넉넉하고 꾸밈없는 형태를 고루 갖춘 조선 후기의 백자 항아리로, 몸통의 접합부가 비교적 완전하고 전체적인 비례에 안정감이 있다.

④ **백자 청화 운룡문호 → 조선 후기**

운룡문을 시문하여 제작한 조선 후기 청화백자 항아리로 용의 얼굴과 비늘은 윤곽선을 그린 후 채색을 가하는 기법을 사용하였다.

21 직전법의 이해

암기박사 현직 관리에게만 수조권 지급 ⇒ 직전법 | **정답** ③

정답 해설

조선 세조 때 과전이 부족해지자 현직 관리에게만 수조권을 지급하는 직전법이 시행되었다. → 토지로부터 조세를 거둘 수 있는 권리

오답 해설

① **군포 납부액 1필로 경감 → 균역법**

조선 영조 때 농민의 부담을 덜어주기 위해 군포 2필을 부담하던 것을 1년에 군포 1필로 경감하는 균역법을 시행하였다.

② **토지 1결당 4~6두로 고정 → 영정법**

조선 인조 때 영정법을 실시하여 풍흉에 관계없이 토지 1결당 4~6두로 전세를 고정하였다.

④ **양반에게도 군포 부과 → 호포법**

흥선 대원군은 군정의 문란을 개혁하기 위해 호포법을 실시하고 양반에게도 군포를 부과하였다.

👆 핵심노트 ▶ 직전법

- **내용** : 현직 관리에게만 수조권을 지급하여 국가의 수조권 지배를 강화, 110결(1과)~10결(18과)
- **목적** : 사전(私田)의 증가를 막아 과전의 부족을 해결함으로써 신진 관료의 경제 기반을 마련하고 국가 재정 수입을 증가시키며, 국가의 토지·농민 지배를 강화 → 농민을 위한 것이 아님
- **1/10세** : 생산량을 조사하여 1/10을 농민에게 수취 → 관리(수조권자)가 농민(경작권자)에게 1/10의 조를 거두고, 국가에 조의 1/15을 세로 납부
- **문제점** : 양반 관료들의 토지 소유 욕구를 자극하여 농민에 대한 수조권 수탈이 증가하고 과대한 수취를 유발 → 농민의 어려움 가중, 농장 확대, 고리대 발생 등

22 공납의 폐단

암기박사 공납의 폐단 시정 ⇒ 대동법 | **정답** ①

정답 해설

각 지역의 토산물을 정기적으로 수취해 국가 수요품을 조달하던 제도는 공납이다. 조선 광해군 때 공납의 폐단을 시정하기 위해 특산물 대신 쌀, 베, 동전 등으로 납부하게 하는 대동법이 시행되었다.

오답 해설

② **군역의 부담 경감 → 균역법**

군역은 16세 이상 60세 이하의 남자가 직접 군인이 되거나 군포 등을 내어 수행하는 부역으로, 조선 영조 때 농민의 부담을 덜어주기 위해 군포 2필을 부담하던 것을 1년에 군포 1필로 경감하는 균역법이 시행되었다.

③ **전세 고정 → 영정법**

전세는 논과 밭 등 토지에 부과하는 세금으로, 조선 인조 때 풍흉에 관계없이 토지 1결당 4~6두로 전세를 고정하는 영정법이 시행되었다.

④ **환곡의 폐단 시정 → 사창제**

환곡은 흉년이나 춘궁기에 곡식을 빈민에게 대여하고 추수기에 이를 환수하는 구휼제도로, 흥선 대원군은 환곡의 폐단을 시정하고자 마을 단위로 공동 운영하는 사창제를 실시하였다.

23 임진왜란 중의 사실

암기박사 이순신 : 명량 해전 ⇒ 임진왜란 중 | **정답** ④

정답 해설

강항은 임진왜란 당시 전라도 영광에서 의병을 모집하고, 포로로 잡혀간 후 일본 성리학 발전에 기여한 인물이다. 임진왜란 당시 이순신은 명량의 울돌목에서 13척의 배로 왜의 수군을 대파하였고 왜군은 남해안 일대로 후퇴하였다.

오답 해설

① **김종서 : 6진 개척 → 임진왜란 이전**

조선 세종 때 김종서는 여진족을 몰아내고 두만강 유역에 6진을 설치하여 북방 영토를 개척하였다.

② **어재연 : 광성보 전투 → 임진왜란 이후**

미국이 제너럴셔먼호 사건을 구실로 강화도를 공격하여 신미양요가 발발하자, 어재연 부대가 강화도 초지진의 광성보에서 항전하였다.

③ **이종무 : 쓰시마섬 정벌 → 임진왜란 이전**

조선 세종 때 대일 강경책의 일환으로 이종무가 왜구의 소굴인 쓰시마섬을 정벌하였다.

24 조선 정조의 업적

암기박사 초계문신제 실시 ⇒ 조선 정종 | **정답** ③

정답 해설

아버지인 사도 세자의 무덤에 참배한 왕은 조선 정조이다. 조선 정조는 초계문신제를 실시하여 젊은 문신들을 재교육하고 시험을 통해 승진시켰다.

오답 해설

① **삼국사기 편찬 → 고려 인종**

고려 인종 때 김부식이 왕명을 받아 현존하는 우리나라 최고의 역사서인 삼국사기를 편찬하였다.

② 훈민정음 창제 → 조선 세종

조선 세종은 집현전 학자들과 독창적인 문자인 훈민정음을 창제하였다.

④ 통리기무아문 설치 → 조선 고종

조선 고종은 통리기무아문을 설치하고 그 아래 12사를 두어 신문물 수용과 부국강병 도모 등의 개화 정책을 추진하였다.

25 김홍도의 풍속화

암기박사 무동 ⇒ 김홍도

정답 ③

정답 해설

김홍도는 서민들의 생활 모습을 생생하게 묘사한 대표적인 조선 후기 풍속화가이다. 김홍도의 무동은 악사들의 장단에 맞추어 춤을 추는 무동의 춤사위를 익살과 해학으로 화폭에 담고 있다.

오답 해설

① 고사관수도 → 강희안

조선 전기의 사대부 화가 인재 강희안의 작품으로, 깎아지른 듯한 절벽을 배경으로 바위 위에 양팔을 모아 턱을 괸 채 수면을 바라보는 선비의 모습을 묘사하였다.

② 아집도대련 → 작자 미상

고려 시대 문벌귀족의 생활상을 표현한 그림으로, 고려 문인 관료들의 이상적인 삶을 잘 나타내고 있다.

④ 월하정인 → 신윤복

월하정인은 조선 후기의 대표적인 풍속화가 혜원 신윤복이 그린 작품으로, 늦은 밤 인적이 드문 뒷골목에서 남녀 간의 연애를 소재로 한 그림이다.

26 조선 후기의 사회 모습

암기박사 삼별초 ⇒ 고려 무신 집권기

정답 ③

정답 해설

조선 후기 정조 때 전라도 진산 사람 윤지충이 서학을 믿어 어머니의 신주를 불태운 일로 처형당하는 신해박해가 일어났다. 한편, 최우가 좌·우별초와 신의군으로 구성된 삼별초를 조직하여 몽골의 침입에 대비한 것은 고려 무신 집권기 때의 일이다.

오답 해설

① 정감록 유포 → 조선 후기

조선 후기에는 비기·도참과 같은 예언 사상이 유행하였고, 왕조 교체를 예언하는 정감록이 유포되었다.

② 판소리 공연 → 조선 후기

조선 후기에는 춘향가와 흥보가 등 장시에서 소리꾼들의 판소리 공연이 크게 성행하였다.

④ 상평통보 유통 → 조선 후기

조선 후기에는 상업의 발달로 물품 구입이나 세금 납부 등에 상평통보를 사용하였다.

27 임오군란

암기박사 구식 군인에 대한 차별 ⇒ 임오군란(1882)

정답 ④

정답 해설

신식 군대인 별기군과의 차별을 받던 구식 군대가 임오군란을 일으켜 포도청과 의금부를 습격하고 일본 공사관을 불태웠다.

오답 해설

① 갑신정변(1884) : 김옥균을 중심으로 한 급진개화파가 우정총국 개국 축하연을 이용해 사대당 요인을 살해하고 개화당 정부를 수립하였으나 청의 무력 개입으로 3일 만에 실패로 끝났다.

② 병인양요(1866) : 프랑스는 병인박해 때의 프랑스 신부 처형을 구실로 로즈 제독의 함대가 양화진을 침입하여 병인양요를 일으켰다.

③ 을미사변(1895) : 명성황후가 친러파와 연결하여 일본을 견제하려 하자 일제는 을미사변을 일으켜 경복궁을 침범하고 명성황후를 시해하였다.

28 신분 제도의 이해

암기박사 통청 운동 ⇒ 서얼

정답 ④

정답 해설

서얼은 양반의 첩이 낳은 자식으로, 양인 첩의 자식인 서자와 천인 첩의 자식인 얼자를 의미한다. 조선 후기 서얼은 차별 철폐를 위해 청요직 진출을 요구하는 통청 운동을 전개하였다.

↳ 조선 시대 관리들이 선망하는 홍문관, 사간원, 사헌부 등의 관직

오답 해설

① 신공 납부 → 공노비

국가에 소속된 공노비는 소속 관청에 매년 일정량의 신공을 바쳤다.

↳ 조선 시대 노비가 신역(身役) 대신에 납부하는 세금

② 매매, 상속, 증여의 대상 → 노비

노비는 재산으로 간주되어 엄격히 관리되었으며 매매, 상속, 증여의 대상이 되었다.

③ 신라 신분 제도 → 골품

신라의 골품제는 혈연에 따라 사회적 제약이 가해지는 폐쇄적 신분 제도로, 골품에 따라 관직 승진에 제한을 받았다.

29 흥선 대원군

암기박사 척화비 건립 ⇒ 흥선 대원군

정답 ①

정답 해설

경복궁 중건을 위해 원납전을 징수하고 당백전을 발행한 인물은 흥선 대원군이다. 병인양요와 신미양요의 결과 흥선 대원군은 척화교서를 내리고 종로와 전국 각지에 척화비를 건립하였다.

오답 해설

② 허준 : 동의보감 → 조선 광해군

조선 광해군 때 허준은 전통 한의학을 체계적으로 정리한 동의보

감을 간행하여 의료 지식의 민간 보급에 기여하였다.

③ **신해통공 실시 → 조선 정조**

조선 정조 때 시전 상인의 특권을 축소하는 신해통공을 실시하여 육의전을 제외한 시전 상인의 금난전권을 폐지하였다.

④ **나선 정벌 단행 → 조선 효종** ← 나전을 단속할 수 있는 권한
← 명주, 종이, 어물, 모시와 베, 무명, 비단을 파는 점포

조선 효종은 청과 러시아 간 국경 충돌로 청이 원병을 요청하자 조총 부대를 파견하여 나선 정벌을 단행하였다.

30 김홍집의 활동

⊶ 암기박사 　갑오개혁 주도 ⇒ 김홍집 　　　정답 ②

정답 해설

제2차 수신사로 일본에 파견되어 황준헌이 쓴 조선책략을 국내에 반입한 인물은 김홍집이다. 갑오개혁 당시 총리대신으로 임명되어 개혁 전반을 주도하였다.

오답 해설

① **갑신정변 → 김옥균**

김옥균을 중심으로 한 급진개화파가 우정총국 개국 축하연을 이용해 사대당 요인을 살해하고 개화당 정부를 수립하였다.

③ **독립 협회 조직 → 서재필**

서재필은 자유 민주주의적 개혁 사상을 민중에게 보급하고 국민의 힘으로 자주 독립 국가를 건설하기 위해 최초의 근대적 사회 정치 단체인 독립 협회를 조직하였다.

④ **을미의병 → 유인석**

을미사변 후 유생 출신 유인석이 단발령에 반발하여 을미의병을 일으켰다.

31 강화도 조약

⊶ 암기박사 　부산, 원산, 인천 개항 ⇒ 강화도 조약(1876) 　정답 ④

정답 해설

일본과 맺은 최초의 근대적 조약이자 불평등 조약인 강화도 조약이 체결된 후 부산, 원산, 인천 항구가 개항되었다.

오답 해설

① **기유약조(1609)** : 임진왜란 이후 광해군 때 에도막부의 국교 재개 요청으로 기유약조가 체결되고 일본에 제한된 무역을 허용하였다.

② **한성 조약(1884)** : 갑신정변의 결과 피해를 입은 일본인에 대한 배상금 지불과 공사관 신축비 부담을 내용으로 하는 한성 조약이 체결되었다.

③ **정미 7조약(1907)** : 을사늑약 후 일제는 모든 통치권이 일제의 통감부로 이관되는 정미 7조약(한·일 신협약)을 체결하고 대한 제국 군대를 강제 해산시켰다.

32 항일 의병 운동

⊶ 암기박사 　을사늑약 ⇒ 을사의병 : 최익현 　　정답 ④

정답 해설 ← 이완용, 이근택, 박제순, 이지용, 권중현

을사오적은 을사늑약에 찬성하여 서명한 다섯 명의 대신들을 말한다. 을사늑약이 체결된 후 최익현은 태인에서 항일 의병 활동을 전개하다 결국 체포되어 쓰시마 섬에서 순국하였다.

오답 해설

① **비변사 설치(1510)** : 조선 중종 때 3포 왜란을 계기로 여진족과 왜구에 대비하기 위하여 비변사가 설치되었다. ← 중종반정의 공신 대다수가 거짓 공훈으로 공신에 올랐다고 조광조가 삭제를 요구한 것

② **기묘사화(1519)** : 조선 중종 때 위훈 삭제 등 조광조의 급격한 개혁에 훈구 세력이 주초위왕의 모략을 꾸며 조광조 일파를 제거하였다. ← 주(走)와 초(肖)를 합치면 조(趙)가 되므로, 조씨 성을 가진 사람(조광조)이 왕이 된다는 뜻

③ **임술 농민 봉기(1862)** : 조선 철종 때 삼정의 문란과 백낙신의 탐학이 발단이 되어 진주 지역 농민들이 몰락 양반 유계춘의 지휘 아래 임술 농민 봉기를 일으켰다.

33 동학 농민 운동

⊶ 암기박사 　전주 화약 ⇒ 동학 농민 운동 　　정답 ②

정답 해설

전봉준이 이끄는 농민군이 죽창을 이용해 관군을 격파한 황룡촌 전투는 동학 농민 운동 때 벌어진 전투이다. 동학 농민 운동의 봉기로 청·일군이 개입하자 정부가 농민군에 휴전을 제의해 전주 화약이 체결되었다.

오답 해설

① **독립 협회 창립 → 서재필, 이상재**

독립 협회는 서재필, 이상재 등을 중심으로 자유 민주주의적 개혁 사상을 민중에게 보급하고 국민의 힘으로 자주 독립 국가를 건설하기 위해 창립된 최초의 근대적 사회 정치 단체이다.

③ **백두산정계비 건립 → 조선 숙종**

조선 숙종 때 청의 요구로 조선과 청의 경계를 정한 백두산정계비가 건립되었다.

④ **안핵사 : 박규수 파견 → 임술 농민 봉기**

삼정의 문란과 백낙신의 탐학으로 임술 농민 봉기가 발발하자 사태 수습을 위해 박규수가 안핵사로 파견되었다.

34 근대 문물의 수용

⊶ 암기박사 　전차 개통(1899) ⇒ 경인선 철도 개통(1899) 　정답 ①

정답 해설

1899년에 서대문과 청량리 사이에 최초의 전차가 개통되었다. 또한 서울에서 인천을 잇는 우리나라 최초의 철도인 경인선이 완공된 후 서대문 정거장에서 철도 개통식이 열렸다.

오답 해설

② **텔레비전 방송(1956) → 전차 개통 이후**

미국 회사와의 합작으로 TV 방송국이 개국되고 우리나라 최초의 텔레비전 방송이자 상업 방송이 시작되었다.

③ **한성순보 발행(1883) → 전차 개통 이전**

한성순보는 최초의 근대식 신문으로 납으로 만든 활자를 사용해 박문국에서 발행되었다.

④ **경성 방송국 설립(1927) → 전차 개통 이후**

일제 총독부의 지원 아래 조선에 거주하는 일본인들의 정보와 문화 욕구에 부응하고 일본의 식민지 체제에 한국인을 순응하게 하기 위한 교화 수단으로써 일본인 주도로 설립되었다.

35 무단 통치기의 일제 정책

암기박사 회사령 공포(1910) ⇒ 무단 통치기   **정답** ①

정답 해설

조선 총독부가 식민 통치에 필요한 지세 수취 등을 목적으로 토지 조사 사업을 시행한 것은 무단 통치기 때의 일이다. 일제는 무단 통치기 때 회사 설립 시 총독의 허가를 받도록 하는 회사령을 공포하여 민족 기업의 설립을 방해하였다.

오답 해설

② **관민 공동회(1898) → 무단 통치기 이전**

독립 협회는 정부 관료와 각계각층의 시민 등 만여 명이 참여하여 관민 공동회를 개최하고 헌의 6조를 결의하였다.

③ **원산 총파업(1929) → 문화 통치기**

원산 총파업은 원산 노동 연합회의 소속 노동자와 일반 노동자들이 합세하여 노동 조건 개선을 요구하며 전개한 1920년대 최대의 파업 투쟁이다.

④ **국가 총동원법 제정(1938) → 민족 말살 통치기**

일제는 민족 말살 통치기에 국가 총동원법을 공포하여 미곡과 금속제의 전쟁 물자를 공출하고 근로, 징용, 위안부 등으로 인적 자원을 수탈하였다.

핵심노트 ▶ 무단 통치기의 일제 정책

- 헌병 경찰제
- 조선 태형령
- 토지 조사 사업
- 회사령
- 자원 약탈 및 경제활동 통제
- 범죄 즉결례

36 봉오동 전투

암기박사 홍범도 : 대한 독립군 ⇒ 봉오동 전투   **정답** ①

정답 해설

대한 독립군을 이끄는 홍범도는 최진동 등의 지휘관들과 독립군 연합 부대를 결성한 후 봉오동 전투에서 간도 지역을 기습한 일본군에 승리하였다.

오답 해설

② **지청천 : 한국 독립군 → 쌍성보 전투**

지청천의 한국 독립군은 쌍성보에서 중국 호로군과 한·중 연합 작전을 전개하여 일본군에게 승리하였다

③ **전봉준 : 동학 농민군 → 우금치 전투**

전봉준의 동학 농민군은 공주 우금치에서 일본군을 상대로 항전하였으나 전봉준을 비롯한 지도자들이 체포되었다.

④ **김좌진 : 북로 군정서군 → 청산리 전투**

김좌진의 북로 군정서군은 간도의 청산리 전투에서 일본군을 대파하여 독립군 사상 최대의 승리를 이끌었다.

37 소파 방정환

암기박사 어린이날 제정 ⇒ 소파 방정환   **정답** ③

정답 해설

소파 방정환은 경성 청년 구락부를 조직하였으며, 천도교의 후원으로 천도교 소년회를 조직하고 어린이날을 제정하는 등 소년 운동을 전개하였다.

오답 해설

① **의열단 창설 → 김원봉**

김원봉은 신채호의 조선 혁명 선언을 행동 강령으로 만주 길림성에서 의열단을 창설하였다.

② **베를린 올림픽 참가 → 손기정**

손기정 선수가 제11회 베를린 올림픽에 참가하여 일장기를 달고 마라톤에서 올림픽 신기록으로 우승하였다.

④ **헤이그 특사 → 이준, 이상설, 이위종**

이준, 이상설, 이위종이 헤이그 만국 평화 회의에 특사로 파견돼 일제 침략의 부당성을 호소하였다.

38 민족 말살 통치기의 일제 정책

암기박사 신사 참배 ⇒ 민족 말살 통치기   **정답** ②

정답 해설

일제가 중일 전쟁을 일으켜 침략 전쟁을 확대하던 시기는 민족 말살 통치기이다. 이 시기에 일제는 한국인들에게 황국 신민 서사를 암송하도록 강요하였고 일본 천황을 신격화하여 신사를 세우고 강제로 참배하게 하였다.

오답 해설

① **신간회 창립(1927) → 문화 통치기**

문화 통치기 때 민족주의 세력과 사회주의 세력이 연합한 민족 유일당 운동의 일환으로 신간회가 창립되었다.

③ **교육 입국 조서 발표(1895) → 제2차 갑오개혁**

제2차 갑오개혁 때 교육의 기본 방향을 제시한 교육 입국 조서가 발표되었다.

④ **동양 척식 주식회사 설립(1908) → 대한 제국**

일제가 대한 제국의 토지와 자원을 수탈할 목적으로 동양 척식 주식회사를 설립하였다.

39 3 · 1 만세 운동의 영향

> **암기박사**   3 · 1 만세 운동 ⇒ 대한민국 임시 정부 수립 계기   정답 ④

정답 해설

고종의 장례 기간 중에 일어난 3 · 1 만세 운동은 탑골 공원 등에서 학생과 시민들의 만세 시위로 시작하여 전국으로 확산되었다. 민족 대표 33인의 이름으로 독립 선언서를 발표함으로써 전개된 3 · 1 만세 운동은 대한민국 임시 정부 수립의 계기가 되었다.

오답 해설

① 청군의 개입 → 임오군란, 갑신정변

임오군란 때는 명성황후 일파가 청에 군대를 요청하여 군란을 진압하였고, 갑신정변 때는 청의 무력 개입으로 3일 만에 실패로 끝났다.

② 대한매일신보 후원 → 국채 보상 운동

정부의 외채를 국민의 힘으로 상환하여 국권을 회복하자는 국채 보상 운동은 대한매일신보의 후원을 받아 전국적으로 확산되었다.

③ 황국 중앙 총상회 → 상권 수호 운동

시전 상인들이 일본 상인들로부터 서울의 상권을 지키기 위해 황국 중앙 총상회를 중심으로 상권 수호 운동을 전개하였다.

40 민립 대학 설립 운동

> **암기박사**   민립 대학 설립 운동 ⇒ 고등 교육 기관 설립   정답 ④

정답 해설

1920년대 이상재 등이 중심이 되어 한국인의 고등 교육 실현을 위해 전개된 운동은 민립 대학 설립 운동이다. 민립 대학 기성회를 중심으로 1년 내 1천만 원 조성을 목표로 모금 운동을 전개하였으나 일제가 경성 제국 대학을 설립하면서 중단되었다.

오답 해설

① 새마을 운동 → 지역사회 개발 운동

박정희 정부 때에 농촌 근대화를 표방한 범국민적 지역사회 개발 운동인 새마을 운동이 시작되었다.

② 국채 보상 운동 → 경제 구국 운동

국채 보상 운동은 정부의 외채를 국민의 힘으로 상환하여 국권을 회복하자는 경제 구국 운동이다.

③ 물산 장려 운동 → 경제 자립 운동

물산 장려 운동은 평양에서 조만식 등이 중심이 되어 우리 민족 산업을 보호하고 경제적 자립을 목적으로 '조선 사람 조선 것'이라는 구호 아래 전개된 운동이다.

41 문화 통치기의 일제 정책

> **암기박사**   산미 증식 계획(1920) ⇒ 문화 통치기   정답 ③

정답 해설

일제가 치안 유지법을 제정한 것은 문화 통치기이다. 이 시기에 일본

은 자국의 식량 부족과 쌀값 폭등을 우리나라에서의 식량 수탈로 해결하려고 산미 증식 계획을 추진하였다.

오답 해설

① 장용영 설치(1793) → 조선 정조

조선 정조는 왕의 친위 부대인 장용영을 설치하고 한양에는 내영, 수원 화성에는 외영을 두었다.

② 군국기무처 설치(1894) → 제1차 갑오개혁

군국기무처는 제1차 갑오개혁 때 개혁 추진을 위해 설치된 초정부적 의결 기구이다.

④ 조선 건국 준비 위원회(1945) → 8 · 15 광복 직후

8 · 15 광복 직후 일제의 패망과 광복에 대비하여 건국 작업을 진행하기 위해 여운형을 중심으로 조선 건국 준비 위원회가 결성되었다.

42 한인 애국단

> **암기박사**   이봉창 의거 지원 ⇒ 한인 애국단   정답 ④

정답 해설

일본 도쿄에서 일왕을 향해 폭탄을 던진 이봉창은 한인 애국단 소속이다. 한인 애국단은 김구가 상하이에서 조직한 항일 의열 단체로 이봉창과 윤봉길이 의거를 지원하였다.

오답 해설

① 보안회 → 일제의 황무지 개간권 요구 저지

보안회는 일제의 황무지 개간권 요구에 대한 지속적인 반대 운동을 벌여 일제의 황무지 개간권 요구를 저지시켰다.

② 독립 의군부 → 고종 복위 및 대한 제국 재건 목표

임병찬은 고종의 밀지를 받아 고종의 복위 및 대한 제국의 재건을 목표로 독립 의군부를 조직하였다.

③ 조선어 학회 → 한글 맞춤법 통일안과 표준어 제정

최현배, 이윤재 등이 설립한 조선어 학회는 한글 맞춤법 통일안과 표준어를 제정하고 조선말 큰사전 편찬을 주도하였다.

43 저항 시인 이육사

> **암기박사**   광야 : 저항시 ⇒ 이육사   정답 ③

정답 해설

독립운동을 하던 중 체포되어 형무소에서 수감 생활을 할 때 수감 번호를 이름처럼 사용한 인물은 이육사이다. 이육사가 지은 광야는 항일 정신과 작가의 독립운동 정신이 잘 드러난 대표적인 저항시이다.

오답 해설

① 의열단 단장, 한국광복군 부사령관 → 김원봉

의열단 단장인 김원봉은 황포 군관 학교에 입학하여 군사 훈련을 받은 후 중국 국민당 정부의 지원을 받아 조선 혁명 간부 학교를 설립하였다. 또한 중국 난징에서 좌익계 정당인 조선 민족 혁명단을 결성하였고, 조선의용대 일부를 이끌고 한국광복군에 합류한 후 한국광복군 부사령관으로 활약하였다.

② **독사신론, 조선 혁명 선언, 조선상고사 → 신채호**

신채호는 민족주의 사학자로서 만주와 부여족 중심의 고대사를 서술한 독사신론을 발표하였고, 민중의 직접 혁명을 주장한 조선 혁명 선언을 작성하였다. 또한 조선상고사에서 역사를 아(我)와 비아(非我)의 투쟁의 기록으로 정의하였다.

④ **불교 개혁 운동, 3 · 1 만세 운동 참여, 님의 침묵 저술 → 한용운**

한용운은 불교 개혁 운동을 주도하였고 민족 대표 33인 중 한 명으로 3 · 1 만세 운동에 참여하였으며 대표적인 저항시인 님의 침묵을 남겼다.

44 대한민국 정부 수립 과정

정답 ①

> **암기박사** 유엔 총회 결의안(1947) ⇒ 대한민국 정부 수립 이전

정답 해설

유엔 총회 결의안에서 한국에서 처음으로 치러지는 국회 의원 총선거를 감독하기 위해 유엔 한국 임시 위원단의 설치가 결정되었다(1947). 유엔 한국 임시 위원단의 감시 하에 인구 비례에 의한 남북한 총선거 실시를 결의하였으나, 소련과 북한의 반대로 남한만의 단독 총선거가 실시되고 대한민국 정부가 수립되었다(1948).

핵심노트 ▶ 광복 이후의 현대사

8 · 15 광복(1945. 8) → 모스크바 3국 외상 회의 개최(1945. 12) → 제1차 미 · 소 공동 위원회 개최(1946. 3) → 좌 · 우 합작 위원회 구성(1946. 7) → 제2차 미 · 소 공동 위원회 개최(1947. 5) → 유엔 한국 임시 위원단 방한(1948. 1) → 김구의 남북 협상 참석(1948. 4) → 5 · 10 총선거 실시(1948. 5) → 대한 민국 헌법 공포(1948. 7) → 대한 민국 정부 수립(1948. 8)

45 이승만 정부 시기의 사실

정답 ①

> **암기박사** 농지 개혁법 제정 ⇒ 이승만 정부

정답 해설

친일파 청산을 위해 반민족 행위 특별 조사 위원회가 조직되었으나 반공을 우선시하던 이승만 정부의 방해로 해체되었다. 이승만 정부 때에 소작제를 철폐하고 자영농을 육성하고자 유상 매수, 유상 분배 원칙의 농지 개혁법이 제정되었다.

오답 해설

② **수출액 100억 달러 달성 → 박정희 정부**

박정희 정부 때인 1971년에 수출 10억 달러를 돌파한 지 6년 만에 처음으로 연간 수출액 100억 달러가 달성되었다.

③ **경제 협력 개발 기구(OECD) 가입 → 김영삼 정부**

김영삼 정부 때에 선진국 진입의 관문인 경제 협력 개발 기구(OECD)에 29번째 회원국으로 가입하였다.

④ **국제 통화 기금(IMF)의 조기 상환 → 김대중 정부**

김대중 정부 때에 외환 위기로 지원받은 국제 통화 기금(IMF)의 구제 금융 자금을 조기 상환하였다.

46 5 · 18 민주화 운동

정답 ④

> **암기박사** 시민군 vs 계엄군 ⇒ 5 · 18 민주화 운동(1980)

정답 해설

전남도청 앞 금남로에서 계엄군의 집단 발포로 많은 사상자가 발생한 것은 5 · 18 민주화 운동 때의 일이다. 5 · 18 민주화 운동 당시 시위 전개 과정에서 시민군이 조직되어 계엄군에 저항하였다.

오답 해설

① **4 · 19 혁명(1960)** : 이승만 정권의 장기 독재와 자유당 정권의 3 · 15 부정선거로 4 · 19 혁명이 발발하였고 그 결과 이승만 대통령이 하야하였다.

② **6월 민주 항쟁(1987)** : 박종철 고문치사와 전두환 정부의 4 · 13 호헌 조치 발표로 호헌 철폐와 독재 타도 등의 구호를 내세운 6월 민주 항쟁이 촉발되었다.

③ **부마 민주 항쟁(1979)** : 신민당 당사에서 YH 무역 사건이 일어나자 박정희 정부는 김영삼을 국회의원에서 제명하였고, 이에 부산과 마산에서 유신 철폐와 독재 타도를 외치며 부 · 마 민주 항쟁이 발발하였다.

47 박정희 정부의 경제 상황

정답 ③

> **암기박사** 제2차 경제 개발 5개년 계획 ⇒ 박정희 정부

정답 해설

서울과 부산을 연결하는 경부 고속 도로가 준공된 것은 박정희 정부 때의 일이다. 이 시기에 제2차 경제 개발 5개년 계획이 실시되어 모든 산업의 동맥이 되는 도로 건설을 비롯한 각종 건설 사업에 박차를 가하였다.

오답 해설

① **금융 실명제 실시 → 김영삼 정부**

김영삼 정부 때에 금융 거래의 투명성을 확보하고자 대통령의 긴급 명령으로 금융 실명제를 전면 실시하였다.

② **한 · 칠레 자유 무역 협정(FTA) → 노무현 정부**

노무현 정부 때에 칠레와 한 · 칠레 자유 무역 협정(FTA)을 체결하였다.

④ **3저 호황 → 전두환 정부**

전두환 정부 때에 저유가 · 저금리 · 저달러의 3저 호황으로 물가가 안정되고 수출이 증가하였다.

48 김영삼 정부

정답 ①

> **암기박사** 조선 총독부 건물 철거 ⇒ 김영삼 정부

정답 해설

일제의 잔재를 청산하기 위해 국민학교라는 명칭이 초등학교로 바뀐 것은 김영삼 정부 때의 일이다. 김영삼 대통령은 역사 바로 세우기를 내세우며 옛 조선 총독부 건물을 철거하였다.

오답 해설

② **G20 정상 회의 개최 → 이명박 정부**

이명박 정부 때에 G20 주요 경제국 정상들이 모이는 G20 정상 회의가 아시아 최초로 서울에서 개최되었다.

③ **자이툰 부대 파병 → 노무현 정부**

노무현 정부 때 미국의 요청으로 평화 유지와 재건을 목적으로 이라크에 자이툰 부대가 파병되었다.

④ **한·일 월드컵 축구 대회 개최 → 김대중 정부**

김대중 정부 때에 한국과 일본이 공동 주최한 한·일 월드컵 축구 대회가 아시아에서 최초로 개최되었다.

49 노무현 정부의 통일 노력

암기박사 10·4 남북 정상 선언 발표 ⇒ 노무현 정부

정답 ③

정답 해설

분단 이후 두 번째 남북 정상 회담이 열린 것은 노무현 정부 때의 일이다. 노무현 정부 때에 제2차 남북 정상회담이 개최된 후 10·4 남북 정상 선언을 발표하여 기본 8개 조항에 합의하고 공동으로 서명하였다.

오답 해설

① **남북 기본 합의서 채택 → 노태우 정부**

노태우 정부 때에 상호 화해와 불가침, 교류 및 협력 확대 등을 규정한 남북한 간 최초의 공식 합의서인 남북 기본 합의서가 채택되었다.

② **7·4 남북 공동 성명 발표 → 박정희 정부**

박정희 정부 때에 7·4 남북 공동 성명을 발표하여 '자주, 평화, 민족 대단결'의 민족 통일 3대 원칙을 제시하였다.

④ **한반도 비핵화 공동 선언 → 노태우 정부**

노태우 정부 때 한반도에서 핵무기의 보유나 사용금지 등을 규정한 한반도 비핵화 공동 선언에 서명하였다.

50 대한민국 정부 수립 과정

암기박사 대한국 국제 ⇒ 대동단결 선언 ⇒ 제헌 헌법

정답 ②

정답 해설

(가) **대한국 국제 반포(1899)** : 대한 제국 때 고종 황제는 한국 최초의 근대적 헌법인 대한국 국제를 반포하였다.

(다) **대동단결 선언 발표(1917)** : 중국 상하이에서 신규식, 신채호, 조소앙 등은 융희 황제의 주권 포기를 단정하고 주권 재민을 천명한 대동단결 선언을 발표하였다.

(나) **제헌 헌법 공포(1948)** : 8·15 광복 후 남한에서 5·10 총선거가 실시되어 제헌 국회가 구성되고 제헌 헌법이 제정되었다.

01 구석기 시대의 생활 모습

암기박사 동굴, 막집 거주 ⇒ 구석기 시대

정답 ②

정답 해설

주먹도끼는 뗀석기를 처음 사용한 구석기 시대의 대표적인 유물로, 짐승을 사냥하거나 가죽을 벗기는 등 다양한 용도로 사용되었다. 구석기 시대에는 주로 동굴이나 강가의 막집에서 거주하였고 도구를 사용하여 사냥을 하거나 어로, 채집 생활을 하였다.

오답 해설

① 우경 보급 → 신라 : 지증왕

신라 지증왕 때 소를 이용한 우경이 널리 보급되어 깊이갈이가 가능해졌다.

③ 가락바퀴 이용 → 신석기 시대

신석기 시대에는 가락바퀴(방추차)를 이용하여 실을 뽑고 뼈바늘(골침)로 옷을 지어 입었다.

④ 고인돌 축조 → 청동기 시대

청동기 시대에는 지배층의 무덤으로 고인돌을 축조하여 당시 계급의 분화 및 지배층의 권력을 반영하였다.

02 고조선의 생활 풍속

암기박사 범금 8조 : 사회 질서 유지 ⇒ 고조선

정답 ④

정답 해설

우리 역사상 최초의 국가는 단군왕검이 세운 고조선이다. 고조선은 범금 8조를 만들어 살인·절도 등의 죄를 다스리고 사회 질서를 유지하였다.

오답 해설

① 영고 : 제천 행사 → 부여

부여는 12월에 영고라는 제천 행사를 열어 하늘에 제사를 지내고 노래와 춤을 즐겼다.

② 민며느리제 : 혼인 풍습 → 옥저

옥저에는 혼인 풍습으로 장차 며느리로 삼기 위해 어린 소녀를 데려다 키운 뒤 아들과 혼인시켜 며느리로 삼는 민며느리제가 있었다.

③ 책화 : 읍락 간의 경계 중시 → 동예

동예에는 읍락 간의 경계를 중시하는 책화가 있어서, 다른 부족의 생활권을 침범하면 노비와 소·말로 변상하였다.

03 가야 문화유산

암기박사 철제 판갑옷 ⇒ 가야 문화유산

정답 ④

정답 해설

철제 판갑옷은 대표적인 가야의 문화유산으로, 당시 가야가 철의 나라라고 할 정도로 철이 많이 생산되었음을 알 수 있다.

오답 해설

① 호우명 그릇 → 신라 문화유산

일명 호우명 그릇이라 불리는 호우총 청동 그릇은 그릇 밑바닥에 신라가 광개토대왕을 기리는 내용을 담고 있다.

② 성덕 대왕 신종 → 통일 신라 문화유산

성덕 대왕 신종은 봉덕사종 또는 에밀레종이라 하며 경덕왕이 아버지인 성덕왕을 기리기 위해 만든 통일 신라의 종이다.

③ 칠지도 → 백제 문화유산

칠지도는 백제 근초고왕이 왜왕에게 친선 외교의 목적으로 하사한 칼로 금으로 새긴 글씨가 새겨져 있다.

04 신라 법흥왕의 업적

암기박사 병부 설치, 율령 반포, 공복 제정, 불교 공인 ⇒ 신라 법흥왕

정답 ①

정답 해설

병부를 설치하고 율령을 반포하였으며 백관의 공복을 제정하고 불교를 공인한 신라의 왕은 법흥왕이다. 그밖에 법흥왕은 건원이라는 독자적인 연호를 사용하였으며, 금관가야를 정복하여 낙동강 유역까지 영토를 확장하였다.

오답 해설

② 지증왕 → 우산국 복속, 우경 보급, 동시전 설치, 순장 금지

지증왕은 국호를 사로국에서 신라로, 왕의 칭호를 마립간에서 왕으로 고치고 이사부를 파견하여 우산국을 복속시켰다. 또한 권농책으로 우경을 보급하였으며 동시전을 설치하고 순장을 금지시켰다.

③ 진평왕 → 걸사표 작성, 위화부 설치

신라 진평왕 때 고구려가 침범하자 원광에게 수에 군사를 청하는 걸사표를 짓도록 하였고, 관리 인사와 관등의 업무를 담당하는 위화부를 설치하였다.

④ 진흥왕 → 한강 유역 확보, 대가야 정복, 화랑도 공인, 국사 편찬

신라의 전성기를 이끈 진흥왕은 백제 성왕과 연합하여 고구려가 점유하던 한강 상류 지역을 차지하였고 대가야를 정복하여 낙동강 유역을 확보하였다. 또한 화랑도를 공인화하고, 거칠부로 하여금 국사를 편찬하게 하였다.

핵심노트 ▶ 신라 법흥왕의 업적

제도 정비	병부 설치(517), 상대등 제도 마련, 율령 반포, 공복 제정(530) 등을 통하여 통치 질서를 확립하였으며, 각 부의 하급 관료 조직을 흡수하여 17관등제를 완비
불교 공인	불교식 왕명 사용, 골품제를 정비하고 불교를 공인(527)하여 새롭게 성장하는 세력들을 포섭
연호 사용	건원이라는 연호를 사용함으로써 자주 국가로서의 위상을 높임
영토 확장	대가야와 결혼 동맹을 체결하고(522), 금관가야를 정복하여 낙동강까지 영토를 확장(532)

05 백제의 역사

암기박사 무령왕 : 22담로 설치 ⇒ 백제

정답 ②

정답 해설

부여(사비)를 도읍으로 삼은 성왕은 백제의 왕이다. 백제 무령왕은 지방 통제를 강화하기 위해 지방의 주요 지점에 22담로를 설치하고 왕족을 파견하였다.

오답 해설

① 주몽 건국 → 고구려

고구려는 주몽이 압록강 유역의 졸본에 세운 나라로 활발한 정복 활동을 통해 고대 국가로 성장하였다.

③ 독서삼품과 시행 → 통일 신라

통일 신라의 원성왕은 인재 등용을 위해 유교 경전의 이해 수준에 따라 3등급으로 구분한 독서삼품과를 시행하였다.

④ 한의 침략으로 멸망 → 고조선

고조선은 우거왕 때 한 무제의 침략으로 왕검성이 함락되어 멸망하였다. ▸지금의 평양성

06 고구려의 역사

암기박사 을지문덕 : 살수 대첩 ⇒ 고구려

정답 ①

정답 해설

고구려 영양왕 때 을지문덕 장군이 수나라 우중문의 30만 별동대를 살수로 유인하여 크게 물리쳤다.

오답 해설

② 계백 : 황산벌 전투 → 백제

백제 의자왕 때 계백이 이끄는 결사대가 신라군에 맞서 황산벌에서 최후의 항전을 벌였다.

③ 이성계 : 황산 대첩 → 고려

고려 우왕 때 이성계는 내륙까지 쳐들어와 약탈하던 왜구를 황산에서 격퇴하고 백성들의 지지를 얻었다.

④ 왕건 : 일리천 전투 → 고려

왕건의 고려군이 일리천 전투에서 신검의 후백제군에게 승리하여 후백제를 멸망시키고 후삼국을 통일하였다. ▸ 견훤의 장남

07 원효의 사상

암기박사 무애가 : 불교 대중화 ⇒ 원효

정답 ④

정답 해설

대승기신론소 등을 통해 모든 것이 한마음에서 나온다는 일심 사상을 주장한 인물은 원효이다. 원효는 무애가를 지어 불교의 가르침을 민중에게 전하는 등 불교 대중화에 힘썼다.

오답 해설

① 왕오천축국전 저술 → 혜초

혜초는 인도와 중앙아시아를 다녀와서 그 나라의 풍물을 기록한 왕오천축국전을 남겼다.

② 수선사 결사 제창 → 지눌

보조국사 지눌은 명리에 집착하는 무신 집권기 당시 불교계의 타락상을 비판하고 불교 개혁을 주장하며 수선사 결사를 제창하였다.

③ 황룡사 구층 목탑 건립 → 자장

신라 선덕여왕 때 자장의 건의로 황룡사 구층 목탑이 경주에 건립되었다.

08 발해의 역사

암기박사 선왕(대인수) : 해동성국 ⇒ 발해

정답 ③

정답 해설

정효 공주는 발해 제3대 왕인 문왕(대흠무)의 넷째 딸이며, 상경성에서 출토된 이불병좌상은 발해의 문화유산이다. 발해는 선왕(대인수) 때 최대의 영토를 형성하고 전성기를 이루어 해동성국이라 불렸다.

오답 해설

① 9주 5소경 설치 → 통일 신라

통일 신라는 통일 전 5주 2소경을 9주 5소경 체제로 정비하여 중앙 집권 및 지방 통제력을 강화하였다.

② 기인 제도 실시 → 고려

고려 태조는 지방 호족 세력을 통제하기 위해 지방 호족과 향리의 자제를 인질로 뽑아 중앙에 머무르게 하는 기인 제도를 실시하였다.

④ 백두산정계비 건립 → 조선

조선 숙종 때 청의 요구로 조선과 청의 경계를 정한 백두산정계비가 건립되었다.

09 신라 하대의 사회 모습

암기박사 호족 : 반신라적 세력 ⇒ 신라 하대

정답 ④

정답 해설

혜공왕이 피살된 이후 왕위 쟁탈전이 치열했던 시기는 신라 하대이다. 이 시기에 지배층의 수탈에 저항하여 농민들이 봉기하였고 스스로를 성주, 장군이라 칭하는 반신라적 호족 세력이 등장하였다.

오답 해설

① 장용영 : 왕의 친위 부대 → 조선 시대

조선 정조는 왕의 친위 부대인 장용영을 설치하고 한양에는 내영, 수원 화성에는 외영을 두었다.

② 의정부 : 재상 합의 기관 → 조선 시대

의정부는 조선 시대 재상 합의 기관으로 영의정, 좌의정, 우의정의 3정승이 국정을 총괄하였다.

③ 윤관 : 별무반 → 고려 시대

고려 숙종 때 윤관은 여진족을 정벌하기 위해 신기군, 신보군, 항마군으로 구성된 별무반을 편성하였다.

10 후고구려의 궁예

암기박사 국호 : 태봉 ⇒ 후고구려 궁예

정답 ③

정답 해설

수도를 송악에서 철원으로 옮기고 광평성 등 여러 관서를 설치한 인물은 후고구려의 궁예이다. 신라 왕족 출신으로 후고구려를 건국한 궁예는 국호를 태봉으로 변경하였다.

오답 해설

① 우산국 복속 → 신라 지증왕

신라 지증왕은 이사부를 파견하여 우산국(울릉도)을 복속하였다.

② 백제 계승 → 후백제 견훤

견훤이 전라도 지역의 군사력과 호족 세력을 중심으로 백제 계승을 내세우며 완산주(전주)에서 후백제를 건국하였다.

④ 9서당 설치 → 통일 신라 신문왕

통일 신라 신문왕은 수도의 방어와 치안을 담당하기 위해 9개의 수도 방위군인 9서당을 설치하였다.

11 고려와 거란의 전쟁

암기박사 강감찬 : 귀주 대첩 ⇒ 고려 vs 거란

정답 ③

정답 해설

고려 현종 때 10만 대군의 소배압이 이끄는 거란의 3차 침입에 맞서 강감찬이 귀주대첩에서 대승을 거두었다.

오답 해설

① 김종서 : 6진 개척 → 조선 vs 여진

조선 세종 때 여진족을 몰아내고 김종서가 두만강 일대에 6진을 개척하였다.

② 윤관 : 동북 9성 축조 → 고려 vs 여진

고려 예종 때 윤관은 별무반을 이끌고 여진을 정벌한 후 동북 9성을 축조하였다.

④ 김윤후 : 충주성 전투 → 고려 vs 몽골

몽골의 5차 침입 때 김윤후가 이끄는 민병과 관노는 충주성 전투에서 몽골군을 물리쳤다.

👆 **핵심노트** ▶ 거란의 침입

구분	원인	결과
1차 침입 (성종 993)	송과의 단절 요구, 정안국의 존재	서희의 외교 담판 → 강동 6주 획득
2차 침입 (현종 1010)	강조의 정변	양규의 흥화진 전투
3차 침입 (현종 1018)	현종의 입조 및 강동 6주 반환 거부	강감찬의 귀주대첩

12 고려의 화폐

암기박사 주전도감 발행 ⇒ 해동통보

정답 ④

정답 해설

건원중보와 활구라는 은병이 화폐로 제작된 것은 고려 시대이다. 고려 숙종 때 의천의 건의로 주전도감에서 해동통보를 발행하였으나 널리 사용되지는 못하였다.

오답 해설

① 중국 춘추 전국 시대 → 명도전

명도전은 중국 춘추 전국 시대에 연과 제에서 사용한 청동 화폐로, 중국과의 활발한 경제적 교류를 확인할 수 있다.

② 전환국 발행 → 백동화

백동화는 개화기 때 근대식 화폐 발행 기구인 전환국에서 종래 사용하던 상평통보를 대체하기 위해 발행되었다.

③ 조선 시대 전국적 유통 → 상평통보

상평통보는 조선 후기 숙종 때 허적 · 권대운 등의 주장으로 다시 주조되어 서울과 서북 일대에서 유통되었으며 이후 전국적으로 확산되었다.

13 만적의 난

암기박사 무신정변 ⇒ 만적의 난 ⇒ 공민왕 즉위

정답 ③

정답 해설

• 무신정변(1170) : 고려 의종이 문신들만 우대하고 무신들을 천대하자 정중부 등의 무신들이 정변을 일으켜 정권을 장악하였다.

• 만적의 난(1198) : 고려 무신 집권기 때 개경에서 최충헌의 사노 만적이 신분 해방을 외치며 반란을 모의하였다.

• 공민왕 즉위(1351) : 고려 원간섭기 때 반원의 기치를 내걸고 개혁군주 공민왕이 고려의 제31대 왕으로 즉위하였다.

14 화통도감의 이해

암기박사 최무선 : 화통도감 ⇒ 화약과 화포 제작

정답 ③

정답 해설

고려 말 우왕 때 최무선의 건의로 화통도감이 설치되어 화약과 화포가 제작되었다.

오답 해설

① 교정도감 → 고려 최고의 권력 기구

교정도감은 고려 무신 집권기 때 최충헌이 설치한 최고의 권력 기구로 인재 천거, 조세 징수, 감찰, 재판 등을 수행하였다.

② 식목도감 → 법제와 격식 논의 기구

식목도감은 고려 시대에 각종 법제와 격식에 관한 문제를 논의하고 국가 중요 의식을 관장하였다.

④ 훈련도감 → 임진왜란 때 왜군 대응

조선 선조 때 임진왜란이 발발하자 왜군의 조총에 대응하고 국방력을 강화하기 위해 삼수병으로 구성된 훈련도감이 설치되었다.

15 팔만대장경판 제작

암기박사   강화도 천도 ⇒ 팔만대장경 제작 ⇒ 제주도 대몽 항쟁   정답 ③

정답 해설

- **강화도 천도(1232)** : 고려 고종 때 몽골의 무리한 조공 요구와 내정 간섭에 반발한 최우가 다루가치를 사살하고 강화도로 도읍을 옮겨 장기 항전을 준비하였다.

(가) 팔만대장경판 제작(1251) : 몽골의 침입으로 초조대장경이 소실된 후 부처의 힘으로 이를 극복하고자 고종 때 강화도에 대장도감을 설치하고 팔만대장경을 제작하였다.

- **제주도 대몽 항쟁(1273)** : 삼별초가 김통정의 지휘 아래 제주도 항파두리에서 몽골과 항전하였으나 여·몽 연합군에게 진압되었다.

오답 해설

① **삼국사기 편찬(1145) → 강화도 천도 이전**
고려 인종 때 김부식이 현존하는 우리나라 최고(最古)의 역사서인 삼국사기를 편찬하였다.
② **이자겸의 난(1126) → 강화도 천도 이전**
인종을 왕위에 올린 왕실 외척인 이자겸이 척준경과 함께 금의 사대 요구 수용을 주장하며 반란을 일으켰다.
④ **묘청의 서경 천도(1135) → 강화도 천도 이전**
고려 인종 때 묘청은 풍수지리설에 근거하여 수도를 서경으로 옮기자는 서경 천도를 주장하였다.   → 지금의 평양

16 일연의 삼국유사

암기박사   삼국유사 저술 ⇒ 일연   정답 ②

정답 해설

삼국유사를 저술한 인물은 승려 일연이다. 일연은 단군부터 고려 말까지의 불교사를 중심으로 기사본말체 형식의 사서인 삼국유사를 편찬하였고 불교 관련 설화를 수록하였다.

오답 해설

① **도선 → 풍수지리설 도입**
신라 하대 승려 도선은 중국에서 유행한 풍수지리설을 도입하였다.
③ **의상 → 화엄종 개창**
의상은 귀족 출신의 승려로 낙산사 등을 창건하고 관음 신앙을 전파하였으며, 화엄종을 개창하여 화엄일승법계도를 남겼다.
④ **지눌 → 조계종 창시**
지눌은 조계종을 창시하여 선종을 중심으로 교종을 포용하여 선·교 일치 사상의 완성을 추구하였다.

17 조선의 건국

암기박사   과전법 제정(1391) ⇒ 한양 천도(1394)   정답 ③

정답 해설

고려 말 공양왕 때 과전법을 시행하여 신진 사대부들의 경제적 기반을 확대하고 농민의 지지를 확보하였다. 이후 위화도에서 회군하여 정권을 잡은 이성계가 국호를 조선으로 바꾸고 수도를 한양으로 천도하였다.

오답 해설

① **쌍성총관부 설치(1258) → 고려 고종**
고려 고종 때 원나라가 고려의 내정 간섭을 위해 화주에 쌍성총관부를 설치하고 철령 이북의 땅을 직속령으로 편입시켰다.
② **위화도 회군(1388) → 고려 우왕**
고려 우왕 때 이성계가 요동 정벌을 위해 파견되었으나 4불가론을 들어 이를 반대하고 위화도에서 회군하였다.
④ **화랑도 : 국가 조직으로 개편(576) → 신라 진흥왕**
화랑도는 씨족 공동체의 전통을 가진 원화가 발전한 원시 청소년 집단으로, 신라 진흥왕 때 국가 조직으로 개편되었다.

18 조선 시대 과학 문화유산

암기박사   첨성대 ⇒ 신라 문화유산   정답 ④

정답 해설

수표, 천상열차분야지도, 칠정산은 모두 조선 시대의 과학 문화유산이다. 한편, 신라 선덕 여왕 때 현존 세계 최고(最古)의 천문대인 첨성대를 세워 천체를 관측하였다.

오답 해설

① **측우기 : 강우량 측정기 → 조선 문화유산**
측우기는 조선 세종 때 장영실이 제작한 강우량 측정기로 서울과 각 도의 군현에 설치되어 전국 각지의 강우량을 측정하였다.
② **자격루 : 물시계 → 조선 문화유산**
조선 세종의 명을 받아 장영실이 제작한 자격루는 자동으로 시간을 알려 주는 장치를 갖춘 물시계이다.
③ **혼천의 : 천체 운행 측정기 → 조선 문화유산**
혼천의는 천체의 운행을 관측하고 측정하는 기구로 조선 세종 때 장영실이 제작한 이후 조선 후기 실학자 홍대용이 서구 문물의 영향을 받아 더 과학적으로 제작하였다.

19 향약의 역할

암기박사   양반 중심의 향촌 자치 규약 ⇒ 향약   정답 ④

정답 해설

조선 중종 때 조광조에 의해 처음 보급된 향약은 양반 중심의 향촌 자치 규약의 역할을 수행하였으며, 퇴계 이황은 풍속 교화를 위해 중국 여씨 향약을 모체로 한 예안 향약을 만들었다.

오답 해설

① **송상, 만상 → 조선 후기 사상**

조선 후기에는 상업의 발달로 송상, 만상 등의 사상(私商)이 등장하여고 대처 무역으로 부를 추적하였다.

② **연등회, 팔관회 → 고려 시대 국가 행사**

고려 시대에는 불교와 토속신앙이 어우러진 종교행사인 팔관회와 정월 대보름에 등불을 밝히고 부처에게 복을 비는 연등회가 국가적 행사로 자리 잡았다.

③ **향, 부곡, 소 → 고려 시대 특수 행정 구역**

고려 시대에는 특수 행정 구역으로 향·부곡·소가 있었는데, 향과 부곡에는 농민들이 주로 거주했고 소에는 국가가 필요로 하는 공납품을 만들어 바치는 공장(工匠)들이 거주했다.

20 임진왜란 중의 사실

암기박사 권율 : 행주 대첩 ⇒ 임진왜란 / **정답** ①

정답 해설

부산진 첨사 정발과 조선군이 부산진성 전투에서 조총을 앞세운 일본군의 침략에 맞서 싸운 것은 임진왜란 때의 일이다. 임진왜란 당시 권율이 백성들과 함께 행주산성에서 왜군에 승리하였다.

오답 해설

② **어재연 : 광성보 전투 → 신미양요**

미국이 제너럴셔먼호 사건을 구실로 강화도를 공격하여 신미양요가 발발하자, 어재연 부대가 강화도 초지진의 광성보에서 항전하였다.

③ **이종무 : 쓰시마섬 정벌 → 대일 강경책**

조선 세종 때 대일 강경책의 일환으로 이종무가 왜구의 소굴인 쓰시마섬을 정벌하였다.

④ **인조 : 남한산성 피란 → 병자호란**

조선 인조 때 청이 병자호란을 일으키자 인조는 남한산성으로 피란하였으나 결국 삼전도에서 굴욕적인 강화를 맺었다.

21 경복궁의 역사

암기박사 정전 : 근정전 ⇒ 경복궁 / **정답** ①

정답 해설

→ 왕이 나와서 조회를 하던 공전

광화문은 경복궁의 정문이며 근정전은 경복궁의 정전이다. 경복궁 근정전은 조선왕실을 상징하는 건축물로, 태조 이성계가 한양으로 도읍을 천도하면서 경복궁과 함께 처음 지어졌다.

오답 해설

② **경복궁 → 임진왜란 때 소실**

경복궁은 임진왜란 때 불타 소실된 것을 흥선 대원군이 왕실의 위엄을 높이고 국가 위신의 제고를 위해 중건하였다.

③ **수원 화성 → 조선 정조 때 축조**

조선 정조의 명에 의해 축조된 수원 화성은 정치적·군사적 기능을 부여하고 정치적 이상을 실현하기 위해 건설되었다.

④ **종묘 → 역대 왕과 왕비의 신주**

종묘는 조선 시대 역대 국왕과 왕비의 신주가 모셔져 있는 사당으로, 왕이 국가와 백성의 안위를 기원하기 위해 문무백관과 함께 정기적으로 제사에 참여한 공간이다.

22 율곡 이이

암기박사 동호문답, 성학집요 저술 ⇒ 율곡 이이 / **정답** ①

정답 해설

신사임당의 아들로 오죽헌에서 나고 자란 율곡 이이는 조선의 대표적인 유학자로 동호문답과 성학집요 등을 저술하였으며 공물을 쌀로 걷는 수미법과 왜구의 침공에 대비한 10만 양병설을 주장하였다.

오답 해설

② **조선 중기 성리학자 → 조식**

남명 조식은 조선 중기 경상우도의 대표적인 성리학자로 정인홍, 곽재우 등의 제자를 배출하였으며, 경과 의를 강조한 학문의 실천성을 중시하였다.

③ **노론의 영수 → 송시열**

우암 송시열은 노론의 영수로 주자 중심의 성리학을 절대화 하고, 명에 대한 의리를 강조하여 북벌론을 주장하였다.

④ **의산문답 저술 → 홍대용**

조선 후기의 실학자 홍대용은 의산문답을 통해 지전설과 무한 우주론을 주장하며 중국 중심의 세계관을 비판하였다.

23 홍경래의 난

암기박사 서북 지역민에 대한 차별 ⇒ 홍경래의 난 / **정답** ②

정답 해설

세도 정치기에 몰락 양반 홍경래가 광산 노동자들과 함께 정주성 등을 점령하였으나 5개월 만에 평정되었다. 홍경래의 난은 서북 지역민에 대한 차별에 반발하여 일어났다.

오답 해설

① **집강소 설치 → 동학 농민 운동**

동학 농민 운동 당시 정부와 농민군 사이에 전주 화약이 성립된 후 전라도 일대에 농민 자치 기구인 집강소가 설치되었다.

③ **흥선 대원군 재집권 → 임오군란**

신식 군대인 별기군과 차별을 받던 구식 군대가 임오군란을 일으키자 흥선 대원군이 일시적으로 재집권하였다.

④ **안핵사 : 박규수 파견 → 임술 농민 봉기**

삼정의 문란과 백낙신의 탐학으로 임술 농민 봉기가 발발하자 사태 수습을 위해 박규수가 안핵사로 파견되었다.

👆 **핵심노트** ▶ 홍경래의 난(순조, 1811)

- **의의** : 세도 정치기 당시 농민 봉기의 선구
- **중심 세력** : 몰락 양반인 홍경래의 지휘 하에 광산 노동자들이 중심적으로 참여하였고, 영세 농민 · 중소 상인 · 유랑인 · 잔반 등 다양한 세력이 합세
- **원인**
  - 서북인(평안도민)에 대한 차별 및 가혹한 수취
  - 서울 특권 상인 등의 이권 보호를 위해 평안도 지역 상공인과 광산 경영인을 탄압 · 차별하고 상공업 활동을 억압
  - 세도 정치로 인한 관기 문란, 계속되는 가뭄 · 흉작으로 인한 민심 이반
- **경과** : 가산 다복동에서 발발하여 한때 청천강 이북의 7개 고을을 점령하였으나 5개월 만에 평정
- **영향** : 이후 각지의 농민 봉기 발생에 영향을 미침

24 봉수 제도

암기박사 봉수 제도 ⇒ 군사 통신 제도

정답 ①

정답 해설

봉수 제도는 낮에는 연기, 밤에는 횃불로 지방의 전쟁 상황을 중앙에 알리던 군사 통신 제도이다. 삼국 시대부터 시행되었고, 고려 시대에 제도화되었으며, 조선 세종 때 전국적으로 정비되었다.

오답 해설

② 역참 제도 → 교통 통신 제도

역참은 공공 업무를 수행하기 위하여 설치된 교통 통신 기관으로 나라의 명령과 공문서 전달, 변방의 긴급한 군사 정보 및 외국 사신 영접, 공공 물자 운송 등을 위하여 설치된 교통 통신 제도이다.

③ 조운 제도 → 조세 운송 제도

조운 제도는 각 지방에서 조세의 명목으로 납부하는 곡물을 조창에서 수납한 다음 선박에 적재하여 수로로 중앙의 경창에 운송하는 조세 운송 제도이다.

④ 파발 제도 → 조선 시대 통신 제도

파발은 말을 갈아타고 소식을 전달한 역참제를 보다 체계화시킨 조선 시대의 통신 제도로, 각 역참마다 사람과 말이 항시 대기하고 있어 급박한 소식을 지체없이 전달할 수 있도록 하였다.

25 삼강행실도

암기박사 효자, 충신, 열녀의 행적을 담은 윤리서 ⇒ 삼강행실도

정답 ③

정답 해설

삼강행실도는 조선 세종 때 3가지 마땅한 도리인 효자, 충신, 열녀 등의 행적을 그림으로 그리고 설명한 윤리서이다.

오답 해설

① 전통 한의학 체계적 정리 → 동의보감

조선 광해군 때 허준은 전통 한의학을 체계적으로 정리한 동의보감을 간행하여 의료 지식의 민간 보급에 기여하였다.

② 지방관의 도리 → 목민심서

정약용은 지방 행정의 개혁 및 목민관(지방관)의 도리에 대하여 쓴 목민심서를 저술하였다.

④ 조선의 헌법 → 조선경국전

정도전은 조선의 헌법이라고 할 수 있는 조선경국전을 편찬하여 재상 중심의 정치 운영을 주장하였다.

26 조선 후기의 경제 상황

암기박사 공인 : 관청에 물품 조달 ⇒ 조선 후기

정답 ④

정답 해설

연암 박지원은 조선 후기의 실학자로 청에 다녀온 후 열하일기를 집필하여 청의 문물을 소개하였다. 조선 후기에는 대동법의 시행으로 관청에 물품을 조달하는 공인이 활동하였다.

오답 해설

① 동시전 : 시장 감독 → 신라

신라 지증왕 때 시장을 감독하는 관청인 동시전이 수도 경주에 설치되었다.

② 솔빈부 : 말 수출 → 발해

솔빈부는 발해의 지방 행정 구역인 15부 중의 하나로, 그 지역의 특산물인 말이 주요 수출품으로 유명하였다.

③ 벽란도 : 국제 무역항 → 고려

고려 시대에는 예성강 어귀의 벽란도가 국제 무역항으로 번성하여 송의 상인을 비롯한 일본, 만양, 아라비아 상인과도 교역하였다.

27 조선 영조의 업적

암기박사 균역법 실시 ⇒ 조선 영조

정답 ②

정답 해설

탕평비를 세우면서 탕평 의지를 강하게 드러낸 왕은 조선 영조이다. 조선 영조는 농민의 부담을 덜어주기 위해 군포 2필을 부담하던 것을 1년에 군포 1필로 경감하는 균역법을 실시하였다.

오답 해설

① 규장각 설치 → 조선 정조

조선 정조 때 왕실 도서관이자 학술과 정책을 연구하는 기관으로 규장각을 설치하였고, 서얼 출신 인재들을 규장각 검서관으로 기용하였다.
→ 규장각 각신의 보좌, 문서 필사 등의 업무를 맡은 관리

③ 비변사 폐지 → 조선 고종

조선 고종 때 흥선 대원군은 비변사가 외척 세력의 권력 기반으로 변질되자 비변사를 폐지하고 의정부의 기능을 회복시켰다.

④ 훈민정음 창제 → 조선 세종

조선 세종은 집현전 학자들과 독창적인 문자인 훈민정음을 창제하였다.

28 사림의 성장과 붕당 정치

암기박사 기묘사화 ⇒ 기해예송 ⇒ 기사환국

정답 ④

정답 해설

(다) **기묘사화(1519)** : 조선 중종 때 위훈 삭제 등 조광조의 급격한 개혁에 훈구 세력이 주초위왕의 모략을 꾸며 조광조 일파를 제거하였다.
→ 중종반정의 공신 대다수가 거짓 공훈으로 공신에 올랐다고 조광조가 삭제를 요구한 것
→ 주(走)와 초(肖)를 합치면 조(趙)가 되므로, 조씨 성을 가진 사람(조광조)이 왕이 된다는 뜻

(나) **기해예송(1659)** : 조선 현종 때 효종이 죽은 후 자의 대비의 상복 입는 기간을 두고 서인은 기년복을 남인은 삼년복을 주장하는 예송이 발생하였다.
→ 예절에 관한 논쟁

(가) **기사환국(1689)** : 조선 숙종 때 희빈 장씨 소생의 원자 책봉 문제를 둘러싸고 환국이 발생하여 인현 왕후가 폐위되고 남인이 권력을 차지하였다.

29 갑신정변 이후의 사실

암기박사 갑신정변(1884) ⇒ 한성 조약 체결(1885) 정답 ②

정답 해설

김옥균, 박영효, 서재필 등의 급진개화파가 우정국 개국 축하연을 이용해 사대당 요인을 살해하고 개화당 정부를 수립한 것은 갑신정변 때의 일이다. 청의 무력 개입으로 실패한 갑신정변의 결과 조선과 일본 사이에 한성 조약이 체결되었다.

오답 해설

① **임오군란(1882) → 갑신정변 이전**
신식 군대인 별기군과의 차별을 받던 구식 군대가 임오군란을 일으켜 포도청과 의금부를 습격하고 일본 공사관을 불태웠다.
③ **통리기무아문(1880) → 갑신정변 이전**
고종은 개화 정책 전담 기구인 통리기무아문을 설치하고 그 아래 12사를 두어 신문물 수용과 부국강병 도모 등의 개화 정책을 추진하였다.
④ **제너럴 셔먼호 사건(1866) → 갑신정변 이전**
대동강에 침입하여 통상을 요구하며 행패를 부리던 미국 상선 제너럴 셔먼호를 박규수와 평양 관민들이 불태웠다.

30 갑오개혁

암기박사 노비제와 연좌제 폐지 ⇒ 갑오개혁(1894) 정답 ②

정답 해설

노비제와 연좌제 등을 폐지한 근대적 개혁은 갑오개혁이다. 갑오개혁은 김홍집의 친일 내각이 낡은 제도를 없애고 근대 국가로 발돋움하기 위해 실시한 개혁으로, 유교 중심의 조선 사회를 근대 사회로 바꾸기 위한 활동이다.

오답 해설

① **3 · 1 운동(1919)** : 고종의 장례일에 민족 대표 33인의 이름으로 독립 선언서를 발표함으로써 전개된 3 · 1 만세 운동은 일제 강점기 민족 최대의 독립 운동이다.
③ **광무개혁(1897)** : 아관파천 후 환궁한 고종은 국호를 대한제국으로 고치고 구본신참에 입각한 광무개혁을 단행하였다.
④ **아관파천(1896)** : 을미사변으로 명성황후가 시해되자 신변에 위협

을 느낀 고종이 러시아 공사관으로 피신하였다.

31 남강 이승훈

암기박사 오산 학교 설립 ⇒ 이승훈 정답 ③

정답 해설

민족 대표 33인 중 한 명으로 기미 독립 선언에 참여하였고, 민립 대학 설립 운동을 전개한 인물은 남강 이승훈이다. 신민회의 이승훈은 민족 정신 고취와 인재 양성을 위해 평안북도 정주에 오산 학교를 설립하였다.

오답 해설

① **홍커우 공원 의거 → 윤봉길**
한인 애국단 소속의 윤봉길은 상하이 홍커우 공원에서 열린 일본군 축하 기념식에서 폭탄을 투척하여 일본군 장성 등을 살상하였다.
② **을밀대 고공 농성 → 강주룡**
노동자 강주룡이 평양 을밀대 지붕에서 임금 삭감에 저항하여 고공 농성을 벌였다.
④ **헤이그 특사 → 이준, 이상설, 이위종**
이준, 이상설, 이위종이 헤이그 만국 평화 회의에 특사로 파견돼 일제 침략의 부당성을 호소하였다.

32 대한 광복회

암기박사 대한 광복회 ⇒ 박상진 정답 ②

정답 해설

박상진이 조직한 비밀 결사 단체는 대한 광복회로 독립 전쟁 자금 모금과 친일 부호 처단을 주도하였다. 박상진은 대구에서 광복단과 조선 국권 회복단의 일부 인사를 통합하여 대한 광복회를 조직하였다.

오답 해설

① **의열단 → 김원봉**
김원봉은 신채호의 조선 혁명 선언을 행동 강령으로 만주 길림성에서 의열단을 조직하였다.
③ **독립 의군부 → 임병찬**
임병찬은 고종의 밀지를 받아 고종의 복위 및 대한 제국의 재건을 목표로 독립 의군부를 조직하였다.
④ **대한인 국민회 → 미주 지역 한인**
미주 지역 한인들이 연합하여 결성한 단체인 대한인 국민회는 대조선 국민군단을 운영하였다.

33 13도 창의군

암기박사 13도 창의군 결성 ⇒ 정미의병 정답 ②

정답 해설

고종의 강제 퇴위와 군대 해산에 반발하여 일어난 의병은 정미의병이다. 정미의병이 확산되는 과정에서 13도 창의군이 결성되고 의병

부대가 연합하여 서울 진공 작전을 전개하였다.

오답 해설

① **최익현 : 태인에서 궐기 → 을사의병**

을사늑약이 체결된 후 최익현은 태인에서 의병 활동을 주도하다 결국 체포되어 쓰시마 섬에서 순국하였다.

③ **백산 : 4대 강령 발표 → 동학 농민 운동**

동학 농민군은 고부 민란 후 백산에 다시 결집하여 전봉준, 김개남, 손화중 등이 조직을 재정비하고 격문 선포와 4대 강령을 발표하였다.

④ **제물포 조약 체결 → 임오군란**

임오군란의 결과 조선은 일본과 제물포 조약을 체결하고 배상금 지불과 군란 주동자의 처벌을 약속하였다.

👆 **핵심노트 ▶ 13도 창의군의 활약**

- 유생 이인영을 총대장, 허위를 군사장으로 13도 연합 의병이 조직(1907)
- **외교 활동의 전개** : 서울 주재 각국 영사관에 의병을 국제법상의 교전 단체로 승인해 줄 것을 요구하여, 스스로 독립군임을 자처
- **서울 진공 작전** : 의병 연합 부대는 서울 근교까지 진격하였으나, 일본군의 반격으로 후퇴(1908)

34 일제 강점기 독립군의 활동

정답 ①

암기박사 봉오동 전투(대한 독립군) ⇒ 영릉가 전투(조선 혁명군) ⇒ 인도·미얀마 전선(한국 광복군)

정답 해설

(가) **봉오동 전투(1920)** : 홍범도의 대한 독립군은 대한 국민회군과 연합하여 봉오동 전투에서 간도 지역을 기습한 일본군에 승리하였다.

(나) **영릉가 전투(1932)** : 양세봉이 이끄는 조선 혁명군이 중국 의용군과 연합하여 영릉가 전투에서 일본군에게 승리하였다.

(다) **인도·미얀마 전선(1943)** : 지청천을 총사령으로 하는 한국 광복군이 영국군의 요청으로 인도·미얀마 전선에 파견되어 영국군과 공동 작전을 펼쳤다.

35 안중근 의사

정답 ①

암기박사 동양 평화론 저술 ⇒ 안중근

정답 해설

하얼빈 역에서 일제의 침략 원흉인 이토 히로부미를 사살한 안중근 의사는 이듬해에 뤼순 감옥에서 동양 평화론을 저술하던 중 순국하였다.

오답 해설

② **한인 애국단 조직 → 김구**

한인 애국단은 김구가 상하이에서 조직한 항일 의열 단체로, 이봉창과 윤봉길 의거를 지원하였다.

③ **조선 혁명 선언 작성 → 신채호**

신채호는 의열단의 활동 지침으로 민중의 직접 혁명을 주장하는 조선 혁명 선언을 작성하였다.

④ **청산리 전투 → 김좌진**

김좌진의 북로 군정서군은 간도의 청산리 전투에서 일본군을 대파하여 독립군 사상 최대의 승리를 이끌었다.

36 몽양 여운형

정답 ②

암기박사 조선 건국 준비 위원회, 좌우 합작 위원회 ⇒ 여운형

정답 해설

신한 청년당을 결성한 몽양 여운형은 8·15 광복 직후 일제의 패망과 광복에 대비하여 조선 건국 준비 위원회의 위원장을 맡았다. 또한 좌익 측을 대표하여 우익 측의 김규식과 함께 좌우 합작 위원회를 조직하고 좌우 합작 운동을 주도하였다.

오답 해설

① **파리 강화 회의, 남북 협상 → 김규식**

김규식은 신한청년당의 대표로 파리 강화 회의에 파견되었고, 남한만의 단독 선거에 반대하여 김구와 함께 남북 협상에 참여하였다.

③ **훙커우 공원 의거 → 윤봉길**

한인 애국단 소속의 윤봉길은 상하이 훙커우 공원에서 열린 일본군 축하 기념식에서 폭탄을 투척하여 일본군 장성 등을 살상하였다.

④ **대한민국 초대 대통령 → 이승만**

5·10 총선거의 실시로 구성된 제헌 국회에서 대한민국 초대 대통령으로 이승만이 선출되었으나 4·19 혁명의 발발로 대통령직에서 하야하였다.

37 대한민국 임시 정부

정답 ②

암기박사 구미 위원부 설치 ⇒ 대한민국 임시 정부

정답 해설

상하이에서 수립되었고 독립 공채를 발행한 정부는 대한민국 임시 정부이다. 대한민국 임시 정부는 미국에 구미 위원부를 설치하여 국제 연맹과 워싱턴 회의에 우리 민족의 독립 열망을 전달하는 외교 활동을 전개하였다.

오답 해설

① **한성순보 발행 → 박문국**

순 한문 신문인 한성순보가 발행된 곳은 박문국으로 납으로 만든 활자를 사용해 간행되었다.

③ **만민 공동회 개최 → 독립 협회**

독립 협회는 우리나라 최초의 근대적 민중 대회인 만민 공동회를 개최하여 민권 신장을 추구하였다.

④ **신흥 무관 학교 설립 → 신민회**

신민회는 서간도 삼원보에 신흥 강습소를 설립하여 무장 투쟁을 준비하였고, 이후 신흥 무관 학교로 발전하였다.

38 산미 증식 계획

암기박사 일본 : 식량 수탈 ⇒ 산미 증식 계획(1920년대)

정답 ③

정답해설

일제가 자국의 식량 문제를 해결하기 위해 1920년부터 조선에 실시한 정책은 산미 증식 계획이다. 일본은 자국의 식량 부족과 쌀값 폭등을 우리나라에서의 식량 수탈로 해결하려고 산미 증식 계획을 추진하였다.

오답해설

① **방곡령(1889)** : 조선 양곡의 무제한 유출을 허용한 조·일 통상 장정으로 일본으로의 지나친 곡물 반출을 막기 위해 함경도 관찰사 조병식이 방곡령을 선포하였다.
② **남면북양 정책(1930년대)** : 일제는 경제적 수탈의 일환으로 남부에서는 면화, 북부에서는 면양 사육을 장려한 남면북양 정책을 추진하였다.
④ **토지 조사 사업(1910)** : 일제는 무단 통치기 때 토지 약탈과 식민지 통치의 재정 기반을 확대하기 위해 토지 조사 사업을 실시하였다.

39 광주 학생 항일 운동

암기박사 신간회 : 진상 조사단 파견 ⇒ 광주 학생 항일 운동

정답 ④

정답해설

광주 학생 항일 운동은 광주의 비밀 학생 조직인 성진회의 주도로 전개되었다. 광주에서 발생한 한·일 학생 간의 충돌을 일본 경찰이 편파적으로 처리하여 광주 학생 항일 운동이 발생하자 신간회 중앙 본부가 진상 조사단을 파견하였다.

오답해설

① **대한매일신보 지원 → 국채 보상 운동**
정부의 외채를 국민의 힘으로 상환하여 국권을 회복하자는 국채 보상 운동은 대한매일신보의 지원을 받아 전국적으로 확산되었다.
② **통감부의 탄압(X) → 광주 학생 항일 운동**
통감부는 1910년 조선 총독부가 설립되면서 폐지되었으므로, 1929년에 일어난 광주 학생 항일 운동이 통감부의 탄압으로 실패한 것은 아니다.
③ **순종의 인산일 → 6·10 만세 운동**
순종의 인산일을 계기로 6·10 만세 운동이 일어나 격문 살포와 시위 운동이 전개되었다.

40 민족 말살 통치기의 일제 정책

암기박사 미곡 공출제(1938) ⇒ 민족 말살 통치기

정답 ③

정답해설

일제가 중일 전쟁 이후 침략 전쟁을 확대하던 시기는 민족 말살 통치기이다. 이 시기에 일제는 전시 군량을 확보하기 위해 미곡 공출제를 시행하였다.

오답해설

① **지계 발급(1901) → 대한 제국 시기**
대한 제국은 광무개혁의 일환으로 근대적 토지 소유제도의 마련을 위해 양전 사업을 실시하고 지계를 발급하였다.
    → 근대적 토지증서
② **조선 태형령(1912) → 무단 통치기**
일제는 무단 통치기에 한국인에 한하여 태형을 통해 형벌을 가하는 조선 태형령을 공포하였다.
④ **헌병 경찰 제도(1910) → 무단 통치기**
일제는 무단 통치기에 강압적 통치를 목적으로 헌병이 경찰 업무를 대행하는 헌병 경찰 제도를 실시하였다.

41 모스크바 3국 외상 회의

암기박사 8·15 광복(1945.8) ⇒ 모스크바 3국 외상 회의(1945.12)

정답 ①

정답해설

8·15 광복 직후 모스크바 3국 외상 회의에 의해 미·소 공동 위원회를 설치하고 5년간의 한국 신탁이 결정되자 전국적으로 신탁 통치에 대한 반대 운동이 확산되었다.

42 브나로드 운동

암기박사 동아일보 ⇒ 브나로드 운동

정답 ②

정답해설

일제 강점기 때 문맹 퇴치를 목적으로 '배우자 가르치자 다 함께 브나로드' 등의 구호를 내세우며 동아일보사에서 농촌 계몽 운동인 브나로드(Vnarod) 운동을 전개하였다.
    → 러시아어로 '민중 속으로'라는 의미

오답해설

① **백정에 대한 사회적 차별 철폐 → 형평 운동**
이학찬을 중심으로 진주에서 조선 형평사를 조직하고 백정에 대한 사회적 차별 철폐를 목적으로 형평 운동이 전개되었다.
③ **경제 구국 운동 → 국채 보상 운동**
국채 보상 운동은 정부의 외채를 국민의 힘으로 상환하여 국권을 회복하자는 경제 구국 운동이다.
④ **민족 산업 보호 및 경제 자립 운동 → 물산 장려 운동**
물산 장려 운동은 평양에서 조만식 등이 중심이 되어 우리 민족 산업을 보호하고 경제적 자립을 목적으로 '조선 사람 조선 것'이라는 구호 아래 전개된 운동이다.

43 6·25 전쟁 중의 사실

암기박사 반민족 행위 처벌법(1948) ⇒ 6·25 전쟁(1950)

정답 ④

정답해설

1·4 후퇴는 6·25 전쟁 중에 압록강과 두만강 유역까지 북진했던 국군과 유엔군이 중국군의 공세에 밀려 서울 이남 지역까지 철수한 사건이다. 한편, 친일파 청산을 목적으로 하는 반민족 행위 처벌법은

6 · 25 전쟁 이전인 제헌 국회에서 제정되었다.

오답 해설

① 유엔군 참전 → 6 · 25 전쟁 중
유엔의 지원 결의에 따라 16개국으로 구성된 유엔군이 6 · 25 전쟁에 참전하였다.

② 발췌 개헌안 → 6 · 25 전쟁 중
이승만 정부와 자유당은 6 · 25 전쟁 중 부산에서 계엄령을 선포한 가운데 대통령 직선제와 양원제의 발췌 개헌안을 통과시켰다.

③ 인천 상륙 작전 → 6 · 25 전쟁 중
6 · 25 전쟁 중 국군과 유엔군은 맥아더 장군의 인천 상륙 작전을 계기로 전세를 역전시키고 서울을 수복하였다.

44 6월 민주 항쟁의 결과

정답 ③

암기박사 6월 민주 항쟁 ⇒ 6 · 29 민주화 선언 : 5년 단임의 대통령 직선제 개헌

정답 해설

박종철 고문치사와 전두환 정부의 4 · 13 호헌 조치 발표로 호헌 철폐와 독재 타도 등의 구호를 외친 6월 민주 항쟁이 촉발되었고 시위 도중 대학생 이한열이 경찰이 쏜 최루탄에 맞아 사망하였다. 그 결과 노태우의 6 · 29 민주화 선언에 따라 5년 단임의 대통령 직선제 개헌안이 통과되었다.

오답 해설

① 유신 체제 붕괴 → 10 · 26 사태
중앙정보부 부장 김재규가 박정희 대통령을 시해하는 10 · 26 사태는 유신 체제가 붕괴되는 계기가 되었다.

② 3 · 15 부정 선거 → 4 · 19 혁명
이승만 정권의 장기 독재와 자유당 정권의 3 · 15 부정선거로 4 · 19 혁명이 발발하였고 그 결과 이승만 대통령이 하야하였다.

④ 시민군의 자발적 조직 → 5 · 18 민주화 운동
신군부의 계엄 확대와 무력 진압에 5 · 18 민주화 운동이 발발하였고 시위 전개 과정에서 시민군이 자발적으로 조직되었다.

핵심노트 ▶ 6 · 29 민주화 선언

- 여야 합의 하에 조속히 5년 단임의 대통령 직선제로 개헌하고 새 헌법에 의해 대통령 선거를 실시, 1988년 2월 평화적 정부 이양을 실현한다.
- 직선 제도의 변경뿐만 아니라 이를 민주적으로 실천하기 위해 대통령 선거법을 개정, 자유로운 출마와 공정한 선거를 보장하여 국민의 심판을 받도록 한다.
- 국민적 화해와 대동단결을 위해 김대중 씨를 사면 복권시키고, 자유 민주주의적 기본 질서를 부인한 반국가사범이나 살상 · 방화 · 파괴 등으로 국가를 흔들었던 소수를 제외한 모든 시국 관련 사범들을 석방한다.

45 김대중 정부의 경제 상황

정답 ④

암기박사 IMF의 구제 금융 자금 조기 상환 ⇒ 김대중 정부

정답 해설

재임 기간 중 노벨 평화상을 수상한 대한민국 제15대 대통령은 김대중이다. 김대중 정부 때에 외환 위기로 지원받은 국제 통화 기금

(IMF)의 구제 금융 자금을 조기 상환하였다.

오답 해설

① 수출액 100억 달러 달성 → 박정희 정부
박정희 정부 때인 1971년에 수출 10억 달러를 돌파한 지 6년 만에 처음으로 연간 수출액 100억 달러가 달성되었다.

② 경제 협력 개발 기구(OECD) 가입 → 김영삼 정부
김영삼 정부 때에 선진국 진입의 관문인 경제 협력 개발 기구(OECD)에 29번째 회원국으로 가입하였다.

③ 미국과 자유 무역 협정(FTA) 체결 → 노무현 정부
노무현 정부 때에 미국과 자유 무역 협정(FTA)이 체결되어 미국과의 무역 장벽을 허무는 계기가 되었다.

46 고려 광종의 업적

정답 ②

암기박사 노비안검법 실시 ⇒ 고려 광종

정답 해설

후주인 쌍기의 건의로 과거제를 실시한 왕은 고려 광종이다. 광종은 노비안검법을 실시하여 양인이었다가 불법으로 노비가 된 자를 조사하여 해방시켜 줌으로써 호족의 경제적 기반을 약화시키고 왕권을 강화하였다.

오답 해설

① 태학 설립 → 고구려 소수림왕
고구려 소수림왕은 유학 교육 기관인 태학을 설립하여 인재를 양성하였다.

③ 대동법 시행 → 조선 광해군
조선 광해군 때 토지 결수에 따라 공물을 쌀로 대신 납부하게 하는 대동법이 경기도에 한하여 시행되었다.

④ 경국대전 완성 → 조선 성종
조선 성종은 조선의 기본 법전인 경국대전을 완성하여 통치 체제를 정비하였다.

47 전주 지역의 역사

정답 ③

암기박사 경기전, 전라 감영, 전동 성당 ⇒ 전주

정답 해설

- 경기전 : 태조 이성계의 어진을 모신 사당이다.
- 전라 감영 선화당 : 동학 농민 운동 당시 청 · 일군이 개입하자 동학 농민군과 정부군이 전주 화약을 맺은 곳이다. ▶ 화목하게 지내자는 약속
- 전동 성당 : 조선 정조 때 신주를 불태우고 모친상을 천주교식으로 지낸 윤지충을 비롯한 천주교 신자들이 처형당한 신해박해의 순교지이다.

48 시대별 유학자

암기박사 시무 10여 조 건의 ⇒ 최치원

정답 ①

정답 해설

신라 말 6두품 출신으로 당의 빈공과에 급제하고 귀국한 최치원은 진성 여왕에게 시무 10여 조를 건의하였으나 수용되지는 않았다.

오답 해설

② 백운동 서원 건립 → 주세붕

조선 중종 때 풍기 군수 주세붕은 안향의 봉사를 위해 최초의 서원인 백운동 서원을 건립하였다.

③ 동사강목 저술 → 안정복

안정복은 동사강목을 저술하여 고조선부터 고려 말까지의 우리 역사를 독자적 정통론을 통해 체계화 하였다.

④ 영남 만인소 주도 → 이만손

이만손은 김홍집의 조선책략 유포에 반발하여 영남 만인소를 주도하고 그의 처벌을 요구하였다.

49 앙부일구

암기박사 영침의 그림자로 시각 표시 ⇒ 앙부일구

정답 ③

정답 해설

조선 시대에 제작된 해시계는 앙부일구이다. 조선 세종 때 장영실이 제작한 앙부일구는 영침의 그림자로 시각을 표시하였으며, 동지나 하지와 같은 절기도 알 수 있었다.

오답 해설

① 박문국에서 제작 → 한성순보

박문국은 조선 후기에 신문 · 잡지 등의 인쇄 · 출판을 관장하던 기관으로, 순 한문 신문인 한성순보를 발간하였다.

② 10리마다 눈금 표시 → 대동여지도

김정호는 우리나라 대축척 지도인 대동여지도를 제작하였는데, 산맥 · 하천 · 포구 · 도로망의 표시가 정밀해지고 거리를 알 수 있도록 10리마다 눈금을 표시하였다.

④ 소리로 시간을 알려주는 장치 → 자격루

조선 세종의 명을 받아 장영실이 제작한 자격루는 소리로 시간을 알려 주는 장치를 갖춘 물시계이다.

50 정월 대보름의 세시 풍속

암기박사 음력 1월 15일 ⇒ 정월 대보름

정답 ④

정답 해설

정월 대보름은 음력 1월 15일로 땅콩, 호두, 밤 등의 부럼을 깨물어 먹거나 쌀, 조, 수수, 팥, 콩 등을 섞은 오곡밥을 지어 먹는다. 또한 들판에서 달집태우기를 하며 액운을 물리치고 건강과 풍년을 기원한다.

오답 해설

① 양력 12월 22일 경 → 동지

동지는 일 년 중 밤이 가장 긴 날로 양력 12월 22일 경이며, 민가에서는 잡귀잡신의 침입을 막기 위해 새알심을 넣은 팥죽을 쑤어 먹었다.

② 음력 8월 15일 → 추석

추석은 음력 8월 15일로 한가위, 중추절 등으로 불리며, 햅쌀로 송편을 빚고 햇과일 등의 음식을 장만하여 차례를 지낸다.

③ 음력 3월 3일 → 삼짇날

삼짇날은 음력 3월 3일로 답청절이라고 하는데, 진달래가 피는 봄이면 찹쌀가루로 빚은 전 위에 진달래꽃을 올려 화전을 부쳐 먹고, 여자 아이들은 각시풀 같은 풀을 가지고 풀각시 놀이를 하였다.

01 청동기 시대의 생활 모습

암기박사 반달 돌칼 : 벼 수확 ⇒ 청동기 시대 | 정답 ③

정답 해설

고인돌 유적은 처음으로 금속 도구를 사용한 청동기 시대의 대표적인 문화유산이다. 청동기 시대에는 벼농사가 시작되어 반달 돌칼을 사용하여 벼 이삭을 수확하였다.

오답 해설

① 철제 농기구 → 철기 시대

철기 시대에는 기존의 석기나 목기 외에 쟁기, 쇠스랑 등의 철제 농기구를 이용하여 농사를 지었다.
② 동굴, 막집 거주 → 구석기 시대

구석기 시대에는 주로 동굴이나 강가의 막집에서 거주하였고 도구를 사용하여 사냥을 하거나 어로, 채집 생활을 하였다.
④ 빗살무늬 토기 → 신석기 시대

신석기 시대에는 빗살무늬 토기를 제작하여 식량을 저장하기 시작하였다.

02 옥저의 생활 풍속

암기박사 읍군ㆍ삼로, 민며느리제 ⇒ 옥저 | 정답 ②

정답 해설

철기 문화를 바탕으로 동해한 지역에서 일어난 나라는 옥저이다. 옥저에는 여자아이를 데려와 기른 후 성인이 되면 며느리로 삼는 민며느리제 풍속이 있었다. 또한 읍군이나 삼로라는 군장이 자기 영역을 다스렸다.

오답 해설

① 부여 → 북만주 일대

북만주 일대에 위치한 부여는 ─ 행정 구역 가축의 이름을 딴 마가, 우가, 저가, 구가 등이 별도로 사출도를 다스렸다. 12월에는 영고라는 제천 행사를 열었고, 도둑질한 자는 훔친 것의 12배를 갚게 하였다.
③ 동예 → 함경남도와 강원도 북부

동예는 함경남도와 강원도 북부 지역에 있던 부족 국가로 명주와 삼베 따위의 방직 기술이 발달하였고 10월에 무천이라는 추수 감사제를 거행하였다.
④ 마한 → 목지국 등 많은 소국으로 구성

삼한 중 세력이 가장 컸던 마한은 54개의 많은 소국으로 이루어졌는데, 그 중 영도 세력이었던 목지국이 마한을 통합하고 백제로 발전하였다.

03 고구려 광개토 대왕

암기박사 신라에 침입한 왜 격퇴 ⇒ 고구려 광개토 대왕 | 정답 ④

정답 해설

고구려 제19대 왕으로 거란, 숙신, 후연, 동부여 등을 정벌하고 영토를 크게 넓힌 왕은 광개토 대왕이다. 광개토 대왕은 신라 내물왕의

요청을 받아 신라에 침입한 왜를 낙동강 유역에서 격퇴하였다.

오답 해설

① 태학 설립 → 고구려 소수림왕

고구려 소수림왕은 유학 교육 기관인 태학을 설립하여 인재를 양성하였다.
② 천리장성 축조 → 고구려 영류왕

고구려 영류왕 때 연개소문은 대당 강경책을 추진하고, 당의 침입에 대비해 부여성에서 비사성에 이르는 천리장성을 축조하였다.
③ 평양 천도 → 고구려 장수왕

고구려 장수왕은 수도를 국내성에서 평양으로 옮기고 백제와 신라를 압박하는 남진 정책을 펼쳤다.

핵심노트 ▶ 고구려 광개토 대왕

• 소수림왕 때의 내정 개혁을 바탕으로 북으로 숙신(여진)ㆍ비려(거란)를 정복하는 등 만주에 대한 대규모의 정복 사업 단행으로 지배권 확대
• 남쪽으로 백제의 위례성을 공격하여 임진강ㆍ한강선까지 진출 → 64성 1,400촌 점령
• 서쪽으로 선비족의 후연(모용씨)을 격파하여 요동 지역 확보 → 요동을 포함한 만주 지역 지배권 확보
• 신라에 침입한 왜를 낙동강 유역에서 토벌(400)함으로써 한반도 남부에까지 영향력 행사
• 우리나라 최초로 '영락'이라는 독자적 연호를 사용하여 중국과 대등함을 과시

04 백제의 문화유산

암기박사 몽촌 토성 ⇒ 백제 문화유산 | 정답 ③

정답 해설

공주의 무령왕릉은 중국 남조의 영향을 받은 벽돌 무덤 양식으로 백제의 문화유산이다. 서울 송파구에 있는 몽촌 토성도 백제의 성립 초기에 만들어진 토성으로 백제의 문화유산이다.

오답 해설

① 금동 연가 7년명 여래 입상 → 고구려 문화유산

금동 연가 7년명 여래 입상은 두꺼운 의상과 긴 얼굴 모습에서 북조 양식을 따르고 있으나, 강인한 인상과 은은한 미소에는 고구려의 독창성이 보인다.
② 천마총 장니 천마도 → 신라 문화유산

경주 천마총에서 출토된 천마도는 장니에 그린 그림으로 신라의 힘찬 화풍을 보여 준다. → 말을 탄 사람에게 진흙이 튀지 않도록 한 안장의 부속구
④ 장군총 → 고구려 문화유산

장군총은 만주 통거우 지역에 위치하고 있는 고구려의 무덤으로 들여쌓기 방식이 활용된 대표적인 돌무지무덤이다.

05 신라 진흥왕의 업적

암기박사 화랑도 정비 ⇒ 신라 진흥왕 | 정답 ②

정답 해설

단양 신라 적성비는 신라 진흥왕이 고구려 영토인 적성을 점령하고 세운 비이다. 신라 진흥왕은 정복 활동을 강화하기 위해 화랑도를 정비하여 국가 조직으로 운영하였다. → 국선도 또는 풍월도

오답 해설

① **국학 설치 → 통일 신라 신문왕**

통일 신라의 신문왕은 교육 기관인 국학을 설치하여 유학 교육을 실시하고 유교 이념을 확립하였다.

③ **독서삼품과 시행 → 통일 신라 원성왕**

통일 신라의 원성왕은 인재 등용을 위해 유교 경전의 이해 수준에 따라 3등급으로 구분한 독서삼품과를 시행하였다.

④ **김헌창의 난 → 통일 신라 헌덕왕**

통일 신라 헌덕왕 때 웅천주(공주) 도독 김헌창이 아버지가 왕위 쟁탈전에서 패한 것에 대해 불만을 품고 난을 일으켰다.

06   가야의 역사

암기박사   낙랑과 왜에 철 수출 ⇒ 가야   **정답** ③

정답 해설

김해 대성동 고분군, 고령 지산동 고분군, 함안 말이산 고분군은 모두 가야의 문화유산이다. 가야는 철이 많이 생산되어 낙랑과 왜에 수출하였으며 교역에서 화폐처럼 사용하였다.

오답 해설

① **22담로 설치 → 백제**

백제 무령왕은 지방 통제를 강화하기 위해 지방의 주요 지점에 22담로를 두고 왕족을 파견하였다.

② **한의 침략으로 멸망 → 고조선**

고조선은 우거왕 때 한 무제의 침략으로 왕검성이 함락되어 멸망하였다. → 지금의 평양성

④ **화백회의 → 신라**

신라는 만장일치제인 화백 회의에서 국가의 중요한 일을 결정하였다.

07   삼국 통일의 과정

암기박사   고구려의 원병 요청 거부(642) ⇒ 황산벌 전투(660) ⇒ 기벌포 전투(675)   **정답** ②

정답 해설

(가) **고구려의 원병 요청 거부(642)** : 신라의 김춘추가 백제 의자왕의 공격으로 고구려에 원병을 요청하였으나 거절당하였다.

(다) **황산벌 전투(660)** : 김유신이 지휘한 신라군이 황산벌에서 계백이 이끈 백제의 결사대를 물리친 뒤 사비성으로 진출하여 백제를 멸망시켰다.

(나) **기벌포 해전(676)** : 신라 문무왕은 기벌포 앞바다에서 당의 수군을 몰아내고 나 · 당 전쟁에서 승리하여 삼국 통일을 이룩하였다.

08   발해의 문화유산

암기박사   칠지도 ⇒ 백제 문화유산   **정답** ①

정답 해설

백제 근초고왕이 왜왕에게 친선 외교의 목적으로 하사한 칠지도는 백제의 문화유산으로, 칼에는 금으로 새긴 글씨가 새겨져 있다.

오답 해설

② **이불병좌상 → 발해 문화유산**

흙을 구워 만든 이불병좌상은 발해의 문화유산으로, 두 부처가 나란히 앉아 있는 모습을 나타낸다.

③ **영광탑 → 발해 문화유산**

중국 길림성 장백진 북서쪽 탑산에 있는 발해 시대의 누각식 전탑으로 장방형, 규형, 다각형의 벽돌로 쌓은 5층의 벽돌탑이다.

④ **정효 공주 무덤 벽화 → 발해 문화유산**

정효 공주는 발해 제3대 왕인 문왕(대흠무)의 넷째 딸이며, 정효 공주 무덤 벽화는 발해의 문화유산이다.

09   석굴암 본존불상

암기박사   석굴암 본존불상 ⇒ 통일 신라   **정답** ①

정답 해설

석굴암 본존불상은 통일 신라 시대에 건립된 석굴암 경내에 있는 불상으로, 균형미가 뛰어나고 조각의 최고 경지를 보여 준다.

오답 해설

② **서산 용현리 마애여래삼존상 → 백제**

서산 용현리 마애여래삼존상은 충남 서산시 운산면 용현리에 있는 백제 시대의 불상으로 흔히 '백제의 미소'로 널리 알려져 있다. 이 마애불은 부처를 중심으로 좌우에 보살입상과 반가사유상이 배치된 특이한 삼존형식이다.

③ **금동 미륵보살 반가사유상 → 삼국 시대**

풍부한 조형성과 함께 뛰어난 주조기술을 선보여 동양 조각사에 있어 걸작으로 평가되는 삼국 시대의 대표적인 금동 불상이다.

④ **하남 하사창동 철조 석가여래 좌상 → 고려 전기**

경기도 하남시 하사창동에 있는 고려 전기의 폐사지인 천왕사지에서 출토된 철불이다.

10   시대별 지배 세력

암기박사   호족 ⇒ 신라 말 반신라적 세력   **정답** ②

정답 해설

신라 말 중앙 통제가 약화되고 정치 기강이 문란해지자 호족 세력이 반신라적 세력으로 성장하였다. 호족은 일정한 지역에서 정치 · 군사 · 경제적 지배권을 장악하였고, 스스로 성주 또는 장군이라 칭하기도 하였다.

오답 해설

① 성골 → 신라 왕족

신라 김씨 왕족 중 부모가 모두 왕족인 최고의 신분으로 폐쇄적 혼인 정책(족내혼)으로 인해 진덕 여왕을 끝으로 사라졌다.

③ 권문세족 → 고려 원 간섭기 친원 세력

고려 원 간섭기에 친원 세력이 권문세족으로 성장하면서 관료계를 장악하고 족벌 세력을 형성하였다.

④ 신진 사대부 → 조선의 건국 세력

고려 말 성리학을 공부한 진취적 성향의 유학자들로 권문세족을 비판하고 대립하면서 조선의 건국 세력으로 성장하였다.

11 고려 태조의 업적

암기박사 흑창 설치 ⇒ 고려 태조(왕건)   **정답 ①**

정답 해설

발해 유민을 받아들이고 후백제 견훤을 포용한 왕은 고려 태조 왕건이다. 고려 태조는 고구려의 진대법을 계승한 춘대추납의 빈민 구제 기관인 흑창을 설치하여 민생 안정을 도모하였다.

오답 해설

② 강화도 천도 → 고려 고종

고려 고종 때 몽골의 무리한 조공 요구와 내정 간섭에 반발한 최우가 다루가치를 사살하고 강화도로 도읍을 옮겨 장기 항전을 준비하였다.

③ 과거제 실시 → 고려 광종

고려 광종은 인재를 등용하기 위해 후주인 쌍기의 건의를 받아들여 과거제를 처음 실시하였다.

④ 전민변정도감 설치 → 고려 공민왕

고려 공민왕은 전민변정도감을 설치하고 신돈을 책임자로 임명하여 권문세족을 견제하고 개혁을 이끌었다.

12 고려 시대의 생활 모습

암기박사 활구 : 은병 유통 ⇒ 고려 시대   **정답 ④**

정답 해설

충남 태안 마도 2호선에서 발견된 청자 매병과 죽찰은 고려 시대의 대표적인 유물이다. 고려 숙종 때 입구가 넓어 활구라고도 불리는 은병이 제작되어 화폐로 유통되었다.
→ 글자를 기록한 대나무 조각
→ 은근으로 만든 병 모양의 은화

오답 해설

① 덕대 : 광산 경영 → 조선 후기

조선 후기에는 덕대가 상인 물주에게 자본을 조달받고 채굴업자와 채굴 노동자 등을 고용하여 광산을 전문적으로 경영하였다.

② 신해통공 실시 → 조선 후기

조선 후기 때 정조는 신해통공을 통해 육의전을 제외한 시전 상인들의 금난전권을 폐지하였다.
→ 명주, 종이, 어물, 모시와 베, 무명, 비단을 파는 점포

③ 만상 : 대청무역 → 조선 후기 → 난전을 단속할 수 있는 권한

조선 후기에는 상업의 발달로 만상 등의 상인이 대청 무역으로 부

를 축적하였다.

13 서희의 외교 담판

암기박사 후삼국 통일 ⇒ 외교 담판 ⇒ 귀주 대첩   **정답 ①**

정답 해설

• 후삼국 통일(936) : 송악의 호족 출신인 왕건이 고려를 건국한 후 신라를 병합하고 후백제를 정벌하여 후삼국을 통일하였다.

• 외교 담판(993) : 거란의 1차 침입 때 서희가 거란의 소손녕과 외교 담판을 벌여 강동 6주를 획득하였다.

• 귀주 대첩(1019) : 고려 현종 때 10만 대군의 소배압이 이끄는 거란의 3차 침입에 맞서 강감찬이 귀주대첩에서 대승을 거두었다.

14 묘청의 서경 천도 운동

암기박사 묘청 : 서경 천도 운동(1135) ⇒ 고려 인종   **정답 ③**

정답 해설

고려 인종 때 묘청의 서경파가 풍수지리설에 근거하여 서경 천도와 칭제 건원, 금국 정벌을 주장하였으나, 김부식 등이 이끈 관군에 의해 진압되었다.

오답 해설

① 이괄의 난(1624) → 조선 인조

인조반정 후 공신 책봉에 불만을 품은 이괄이 난을 일으켜 한양이 점령되자 인조는 공주의 공산성으로 피란하였다.

② 김흠돌의 난(681) → 통일 신라 신문왕

통일 신라 신문왕은 장인인 김흠돌이 반란을 일으키자 이를 진압하고 진골 귀족들을 숙청하였다.

④ 위화도 회군(1388) → 고려 우왕

고려 우왕 때 이성계가 요동 정벌을 위해 파견되었으나 4불가론을 들어 이를 반대하고 위화도에서 회군하였다.

핵심노트 ▶ 묘청의 서경 천도 운동(1135)

• 이자겸의 난 이후 칭제 건원, 금국 정벌, 서경 천도 등을 두고 보수와 개혁 세력 간 대립 발생
• 서경 천도를 추진하여 서경에 대화궁을 건축, 칭제 건원과 금국 정벌 주장
• 서경에서 국호를 대위국, 연호를 천개, 군대를 천견충의군이라 하며 난을 일으킴
• 김부식이 이끈 관군의 공격으로 약 1년 만에 진압
• 서경의 분사 제도 및 삼경제 폐지
• 문신 우대 · 무신 멸시 풍조, 귀족 사회의 보수화 등 문벌 귀족 사회의 모순 심화 → 무신정변

15 안향의 활동

암기박사　주세붕 : 소수 서원 ⇒ 안향 제향

정답 ①

정답 해설

고려 후기의 문신으로 성리학 도입과 후학 양성에 힘쓴 인물은 안향이다. 조선 중종 때 풍기 군수 주세붕이 안향의 이러한 공로를 기리기 위해 소수 서원을 지어 매년 제향을 올렸다.

오답 해설

① 김부식 → 묘청의 난 진압, 삼국사기 편찬

　김부식은 고려의 유학자이자 정치가로 서경에서 묘청이 난을 일으키자 이를 평정하였고, 현존하는 우리나라 최고(最古)의 역사서인 삼국사기를 편찬하였다.

③ 이규보 → 동명왕편 저술

　이규보는 고구려의 건국 시조인 동명왕의 일대기를 서사시 형태로 표현한 동명왕편을 지어 고구려 계승 의식을 강조하였다.

④ 정몽주 → 고려의 마지막 충신

　정몽주는 절개와 의리를 지킨 고려의 마지막 충신으로 이방원 세력에 의해 개경의 선죽교에서 피살되었다.

16 삼별초의 대몽항쟁

암기박사　최씨 무신 정권의 군사적 기반 ⇒ 삼별초

정답 ④

정답 해설

진도 용장성은 고려 정부가 몽골과 강화를 맺고 개경으로 환도하자 강화도에서 옮겨온 삼별초가 쌓은 성이다. 수도의 치안 유지를 담당하던 야별초에 신의군을 합쳐 편성한 삼별초는 최씨 무신 정권의 군사적 기반이었다.

오답 해설

① 쌍성총관부 공격 → 유인우, 이자춘

　고려 공민왕 때 유인우, 이자춘 등이 쌍성총관부를 공격하여 원에 빼앗긴 철령 이북의 땅을 수복하였다.

② 백강 전투 → 백제 부흥군

　백제 부흥군은 왜에 원군을 요청하였으나 나·당 연합군의 공격에 왜의 수군이 백강 전투에서 패배하여 백제 부흥 운동은 실패로 돌아갔다.

③ 신기군, 신보군, 항마군 → 별무반

　고려 숙종 때 윤관은 여진족을 정벌하기 위해 신기군, 신보군, 항마군으로 구성된 별무반을 편성하였다.

17 진포 대첩

암기박사　진포 대첩(1380) ⇒ 최무선

정답 ③

정답 해설

고려 우왕 때 최무선이 만든 화약과 화포를 실전에서 처음으로 사용하여 진포 대첩에서 왜구를 격퇴하였다.

오답 해설

① 명량 대첩(1597) → 이순신

　정유재란 당시 이순신이 명량의 울돌목에서 13척의 배로 일본 수군을 물리쳤다.

② 살수 대첩(612) → 을지문덕

　고구려 영양왕 때 을지문덕 장군이 수나라 우중문의 30만 별동대를 살수로 유인하여 크게 물리쳤다.

④ 행주 대첩(1593) → 권율

　임진왜란 때 권율이 왜군에 대항하여 행주산성을 지켜낸 싸움으로, 부녀자들까지 동원되어 돌을 날랐다는 이야기로 유명하다.

18 조선 세종의 업적

암기박사　성현 : 악학궤범 ⇒ 조선 성종

정답 ③

정답 해설

박연이 아악을 체계적으로 정비한 것은 조선 세종 때의 일이다. 한편, 조선 성종 때 성현이 궁중의 음악 이론 등을 집대성한 악학궤범을 완성하였다.

오답 해설

① 장영실 : 자격루 → 조선 세종

　조선 세종 때 노비 출신의 과학자 장영실이 물시계인 자격루를 제작하였다.

② 정초 : 농사직설 → 조선 세종

　조선 세종 때 정초 등이 우리 풍토에 맞는 농법을 소개한 농사직설을 간행하였다.

④ 설순 : 삼강행실도 → 조선 세종

　조선 세종 때 설순이 모범적인 충신, 효자, 열녀를 알리기 위해 윤리서인 삼강행실도를 편찬하였다.

19 조선왕조실록

암기박사　조선왕조실록 ⇒ 조선 왕조의 역사서

정답 ④

정답 해설

조선 태조 때부터 철종에 이르는 470여 년간의 역사를 역대 왕 별로 기록한 역사서는 조선왕조실록이다. *사관이 매일 기록한 역사 편찬의 자료* 조선왕조실록은 왕의 사후 사초와 시정기 등을 바탕으로 춘추관에서 편찬되었으며, 방대한 규모와 내용의 정확성을 인정받아 유네스코 세계 기록 유산에 등재되었다.

조선 시대 춘추관에서 각 관서들의 업무 기록을 종합하여 편찬한 국정 기록물

오답 해설

① 경국대전 → 조선의 기본 법전

　경국대전은 조선 세조 때 편찬을 시작하여 성종 때 완성한 조선의 기본 법전으로 조선 사회의 통치 방향과 이념을 제시하였다.

② 허준 : 동의보감 → 의학서

　조선 광해군 때 허준은 전통 한의학을 체계적으로 정리한 동의보감을 간행하여 의료 지식의 민간 보급에 기여하였다.

③ 정약용 : 목민심서 → 지방관의 도리

　정약용은 지방 행정의 개혁 및 목민관(지방관)의 도리에 대하여 쓴 목민심서를 저술하였다.

20 조선 세조의 업적

암기박사 6조 직계제 시행 ⇒ 조선 세조

정답 ④

정답 해설

집현전을 폐지하고 경연을 정지하였으며 노산군(단종)을 귀향 보낸 왕은 수양대군인 조선 세조이다. 조선 세조는 왕권 강화를 위해 태종 때 처음 시행했던 6조 직계제를 부활하여 시행하였다.

오답 해설

① 시헌력 도입 → 조선 인조

조선 인조 때 김육은 청으로부터 시헌력 도입을 주장하였는데, 시헌력은 서양의 수치와 계산 방법이 채택된 숭정역법을 교정한 것이다.

② 탕평책 실시 → 조선 영조

조선 영조는 붕당 간 정쟁의 폐단을 막고자 탕평책을 실시하였다.

③ 한양 천도 → 조선 태조

위화도에서 회군한 태조 이성계는 최영을 제거한 후 국호를 조선으로 바꾸고 한양으로 천도하였다.

21 무오사화

암기박사 김종직 : 조의제문 ⇒ 무오사화

정답 ③

정답 해설
→ 항우에게 왕위를 빼앗기고 죽은 초나라 의제를 기리는 내용을 통해 단종에게서 왕위를 빼앗은 세조를 비난한 글

연산군 때에 김종직이 지은 조의제문을 김일손이 사초(史草)에 올린 일이 발단이 되어 김일손 등이 처형되는 무오사화가 발생하였다 (1498).

오답 해설

① 경신환국(1680) : 조선 숙종 때 서인이 허적의 서자 허견 등이 역모를 꾀했다 고변하여 허적과 윤휴 등 남인들이 대거 축출되었다.

② 기해예송(1659) : 조선 현종 때 효종의 사망 시 자의 대비의 상복 입는 기간을 두고 서인은 기년복을 남인은 삼년복을 주장하는 예송이 발생하였다. → 예절에 관한 논쟁

④ 신유박해(1801) : 조선 순조 때 천주교에 대한 탄압으로 이가환, 이승훈 등 3백여 명이 처형되고 정약용이 강진으로 유배되었다.

22 대동법의 시행

암기박사 특산물 대신 쌀, 베 등으로 납부 ⇒ 대동법

정답 ④

정답 해설

대동법은 광해군 때 경기도에서 처음 시행되었으며, 효종 때에는 김육이 충청도 지역까지 대동법의 확대 실시를 건의하였다. 공납의 폐단을 해결할 목적으로 시행한 대동법은 특산물 대신 쌀, 베 등으로 납부하게 하였다.

오답 해설

① 군포 납부액 1필로 경감 → 균역법

조선 영조 때 농민의 부담을 덜어주기 위해 군포 2필을 부담하던

것을 1년에 군포 1필로 경감하는 균역법을 시행하였다.

② 양반에게도 군포 부과 → 호포제

흥선 대원군은 군정의 문란을 개혁하기 위해 호포제를 실시하고 양반에게도 군포를 부과하였다.

③ 토지 1결당 4~6두로 고정 → 영정법

조선 인조 때 영정법을 실시하여 풍흉에 관계없이 토지 1결당 4~6두로 전세를 고정하였다.

23 병자호란 이후의 사실

암기박사 병자호란 ⇒ 조선 효종 : 북벌론

정답 ①

정답 해설

병자호란 때 인조는 결국 삼전도에서 굴욕적인 강화를 맺었고 소현 세자와 봉림 대군(효종) 등이 청에 인질로 끌려갔다. 이후 효종이 즉위하고 조선을 도운 명에 대한 의리를 내세우며 청에 당한 치욕을 갚자는 북벌론이 전개되었다(1649).

오답 해설

② 4군 6진 개척 → 조선 세종

조선 세종 때 여진족을 몰아내고 최윤덕은 압록강 유역에 4군을, 김종서는 두만강 유역에 6진을 설치하여 북방 영토를 개척하였다.

③ 삼포 왜란 → 조선 중종

조선 중종 때 정부의 통제에 반발하여 부산포 · 제포 · 염포의 3포에 거주하고 있던 왜인들이 대마도의 지원을 받아 3포 왜란을 일으켰다.

④ 정동행성 설치 → 고려 충렬왕

원 간섭기인 고려 충렬왕 때 원 나라가 일본 원정을 위해 고려에 정동행성을 설치하였으나 내정 간섭을 위한 기구로 변질되었다.

핵심노트 ▶ 북벌론

- **의미** : 오랑캐에게 당한 수치를 씻고, 조선을 도운 명에 대한 의리를 지킴
- **형식적 외교** : 군신 관계를 맺은 후 청에 사대하는 형식의 외교를 추진하나, 내심으로는 은밀하게 국방에 힘을 기울이면서 청에 대한 북벌을 준비
- **실질적 배경** : 왕권 강화와 서인 정권 유지를 위한 수단
- **북벌론 초기** : 효종은 청에 반대하는 송시열 · 송준길 · 이완 등을 중용하여 군대를 양성(어영청 등)하고 성곽을 수리
- **북벌론 후기** : 숙종 때 윤휴를 중심으로 북벌의 움직임이 제기됨
- **경과** : 효종의 요절 등으로 북벌은 큰 성과를 거두지 못하고 쇠퇴하다 18세기 후반부터 청의 선진 문물을 배우자는 북학론이 대두

24 조선 정조의 업적

암기박사 장용영 설치 ⇒ 조선 정조

정답 ①

정답 해설

정약용이 설계한 배다리를 건너 아버지인 사도 세자의 묘에 참배하러 가는 왕은 조선 정조이다. 조선 정조는 왕의 친위 부대인 장용영을 설치하고 한양에는 내영, 수원 화성에는 외영을 두었다.

오답 해설

② **당백전 발행 → 조선 고종**

조선 고종 때 흥선 대원군은 경복궁 중건에 필요한 재원 마련을 위해 당백전을 발행하였다.

③ **속대전 편찬 → 조선 영조**

조선 영조는 경국대전 시행 이후에 공포된 법령 중에서 시행할 만한 법령을 추려 속대전을 편찬하고 통치 체제를 정비하였다.

④ **훈민정음 반포 → 조선 세종**

조선 세종은 집현전 학자들과 독창적인 문자인 훈민정음을 창제한 후 반포하였다.

25 토지 제도의 변천 과정

> **정답** ②
> **암기박사** 관료전 ⇒ 전시과 ⇒ 직전법

정답 해설

(가) **관료전(687)** : 통일 신라의 신문왕은 관료전을 지급하고 귀족의 경제 기반이었던 녹읍을 폐지하였다.

(다) **전시과(976)** : 고려 경종 때 모든 전·현직 관리를 대상으로 관품의 높고 낮음에 관계 없이 인품만 반영하여 전지와 시지를 차등 지급하였다.
┗ 농작물을 수확할 수 있는 논이나 밭   ┗ 땔감을 얻을 수 있는 임야
   ┗ 토지로부터 조세를 거둘 수 있는 권리

(나) **직전법(1466)** : 조선 세조 때 수조권이 세습되던 수신전과 휼양전이 폐지되고, 현직 관리에게만 과전을 지급하는 직전법이 시행되었다.

26 조선 후기의 사회 모습

> **정답** ④
> **암기박사** 황룡사 구층 목탑 건립 ⇒ 신라 선덕여왕

정답 해설

조엄이 통신사로 일본에 다녀온 후 가져온 고구마를 농민들이 재배하기 시작한 것은 조선 후기 때의 일이다. 한편, 황룡사 구층 목탑이 건립된 것은 신라 선덕여왕 때이다.

오답 해설

① **상평통보 유통 → 조선 후기**

조선 후기에는 상업의 발달로 물품 구입이나 세금 납부 등에 상평통보를 사용하였다.

② **판소리 공연 → 조선 후기**

조선 후기에는 춘향가와 흥보가 등 장시에서 소리꾼들의 판소리 공연이 크게 성행하였다.

③ **전기수 → 조선 후기**

조선 후기에는 장시에서 책 읽는 솜씨가 뛰어난 전기수가 심청전, 춘향전 등의 한글 소설을 읽어주었다.

27 임술 농민 봉기

> **정답** ②
> **암기박사** 임술 농민 봉기 ⇒ 안핵사 : 박규수 파견

정답 해설

세도 정치기에 경상 우병사 백낙신의 수탈에 저항하여 몰락 양반인 유계춘을 중심으로 진주 지역 농민들이 일으킨 사건은 임술 농민 봉기이다. 정부는 이를 해결하기 위해 박규수를 안핵사로 파견하였고, 삼정이정청이 설치되는 계기가 되었다.

오답 해설

① **청군의 개입 → 임오군란, 갑신정변**

임오군란 때는 명성황후 일파가 청에 군대를 요청하여 군란을 진압하였고, 갑신정변 때는 청의 무력 개입으로 3일 만에 실패로 끝났다.

③ **조선 형평사 → 형평 운동**

이학찬을 중심으로 진주에서 조선 형평사를 조직하고 백정에 대한 사회적 차별 철폐를 목적으로 형평 운동이 전개되었다.

④ **서북 지역민에 대한 차별 → 홍경래의 난**

조선 순조 때 서북 지역민에 대한 차별과 가혹한 수취에 반발하여 홍경래 등이 봉기하여 난을 일으켰다. ┗ 평안도민

28 추사 김정희

> **정답** ①
> **암기박사** 금석학, 추사체, 세한도 ⇒ 추사 김정희

정답 해설

추사 김정희는 금석학을 연구하여 북한산비가 진흥왕 순수비임을 고증하였고, 독창적인 서체인 추사체를 창안하였다. 또한 제주도에서 유배 생활을 할 때 제자 이상적이 청에서 귀한 책들을 구해다 준 것에 대한 답례로 세한도를 그려 주었다.

오답 해설

② **열하일기, 양반전 → 박지원**

연암 박지원은 조선 후기의 실학자로 청에 다녀온 후 열하일기를 집필하여 청의 문물을 소개하였고, 양반전을 지어 양반의 허례와 무능을 풍자하였다.

③ **노론의 영수 → 송시열**

우암 송시열은 노론의 영수로 주자 중심의 성리학을 절대화 하고, 명에 대한 의리를 강조하여 북벌론을 주장하였다.

④ **발해고 저술 → 유득공**

발해고는 조선 후기 실학자 유득공이 저술한 역사서로 발해를 북국, 신라를 남국으로 칭하며 남북국이라는 용어를 처음 사용하였다.

29 동학 농민 운동

> **정답** ③
> **암기박사** 집강소 : 폐정 개혁 추진 ⇒ 동학 농민 운동

정답 해설

고부 군수 조병갑의 탐학에 저항하여 녹두 장군 전봉준이 농민들을 이끌고 고부 관아를 습격하면서 동학 농민 운동이 시작되었다. 이후 청·일군의 개입으로 전주 화약이 성립되자 농민군은 전라도 일대에 집강소를 설치하고 폐정 개혁을 추진하였다.

오답 해설

① **9서당 창설 → 신문왕 : 수도 방위군**

통일 신라 신문왕은 수도의 방어와 치안을 담당하기 위해 9개의 수도 방위군인 9서당을 창설하였다.

② **청산리 대첩 → 김좌진 : 북로 군정서군**

김좌진 장군은 북로 군정서군을 이끌고 간도의 청산리 전투에서 일본군을 대파하여 독립군 사상 최대의 승리를 이끌었다.

④ **임오군란 → 제물포 조약 체결**

임오군란의 결과 조선은 일본과 제물포 조약을 체결하고 배상금 지불과 군란 주동자의 처벌을 약속하였다.

30 평민 의장 신돌석

암기박사 을미 · 을사의병 : 평민 의병장 ⇒ 신돌석

정답 ①

정답 해설

평민 출신 의병장으로 을미의병과 을사의병으로 일본군에 맞서 활약한 인물은 신돌석이다. 신돌석은 뛰어난 전술을 펼쳐 태백산 호랑이라고 불렸다.

오답 해설

② **을미의병 → 유인석**

을미사변 후 유생 출신 유인석이 단발령에 반발하여 을미의병을 일으켰다.

③ **을사의병 → 최익현**

을사늑약이 체결된 후 최익현은 태인에서 의병 활동을 전개하다 체포되어 쓰시마섬에서 순국하였다.

④ **대한 독립군 → 홍범도**

홍범도는 대한 독립군의 총사령관으로 안무의 대한 국민회군과 연합하여 봉오동 전투에서, 김좌진의 북로 군정서군과 연합하여 청산리에서 일본군을 격파하였다.

31 시대의 개혁가들

암기박사 현량과 실시 ⇒ 조광조

정답 ③

정답 해설

조선 중종 때 신진 인사를 등용하기 위해 천거제의 일종인 현량과 실시를 주장한 인물은 조광조이다. 한편, 정도전은 조선 초기의 개국공신으로 조선의 헌법이라고 할 수 있는 조선경국전을 편찬하였다.

오답 해설

① **시무 10여 조 → 최치원**

최치원은 6두품 출신으로 당의 빈공과에 급제하고 귀국 후 진성 여왕에게 시무 10여 조를 건의하였다.

② **시무 28조 → 최승로**

고려 성종 때 최승로는 시무 28조를 작성하여 통치 체제를 정비하고 유교 정치 이념을 확립하였다.

④ **갑신정변 → 김옥균**

김옥균을 중심으로 한 급진개화파가 우정총국 개국 축하연을 이

용해 사대당 요인을 살해하고 개화당 정부를 수립하였다.

32 병인양요

암기박사 병인양요 ⇒ 양헌수 : 정족산성

정답 ④

정답 해설

프랑스군이 외규장각 의궤를 약탈해 간 것은 병인양요 때의 일이다. 병인양요가 발발하자 양헌수 부대가 정족산성에서 프랑스 군을 격퇴하였다.

오답 해설

① **제너럴셔먼호 사건 → 신미양요**

제너럴셔먼호 사건을 구실로 미국의 로저스 제독이 5척의 군함을 이끌고 강화도를 침략하였다.

② **운요호 사건 → 강화도 조약**

일본 군함 운요호가 연안을 탐색하다 강화도 초지진에서 조선 측의 포격을 받자 이를 구실로 불평등 조약인 강화도 조약이 체결되었다.

③ **흥선 대원군 : 통상 거부 → 오페르트 도굴 사건**

독일 상인 오페르트가 통상을 거부당하자 충청남도 덕산에 있는 남연군의 묘를 도굴하다가 발각되었다.
└→ 흥선 대원군의 아버지

33 독립 협회의 활동

암기박사 독립문 건설 ⇒ 독립 협회

정답 ③

정답 해설

관민 공동회를 개최한 후 정부에 헌의 6조를 올린 단체는 독립 협회이다. 서재필을 중심으로 창립된 독립 협회는 자주독립의 상징인 독립문 건설을 주도하였다.

오답 해설

① **광혜원 설립 → 알렌**

미국인 선교사 알렌(Allen)의 건의로 우리나라 최초의 서양식 병원인 광혜원이 설립되었다. └→ 후에 제중원으로 개칭

② **태극 서관 운영 → 신민회**

신민회는 민중 계몽을 위해 태극 서관을 운영하고 출판물을 간행하였다.

④ **파리 강화 회의 파견 → 신한 청년당**

상해에서 결성된 신한 청년당은 파리 강화 회의에 김규식을 대표로 파견하여 독립 청원서를 제출하였다.

34 무단 통치기의 사회 모습

암기박사 제복을 입고 칼을 찬 교사 ⇒ 무단 통치기

정답 ①

정답 해설

군사 경찰인 헌병이 일반 경찰 업무까지 맡는 헌병 경찰 제도가 실시된 것은 무단 통치기 때이다. 1910년대인 무단 통치기에 일제는 교사

들까지 제복을 입고 칼을 차고 다니도록 하였다.

오답 해설

② 한성순보 발행(1883) → 무단 통치기 이전

고종은 개화 정책의 일환으로 박문국을 설치하여 최초의 근대식 신문인 한성순보를 발행하였다.

③ 단발령 시행(1895) → 무단 통치기 이전

을미사변 후 김홍집 친일 내각은 을미개혁을 추진하였고, 이 과정에서 성년 남자의 상투를 자르도록 한 단발령을 시행하였다.

④ 경인선 철도 개통(1899) → 무단 통치기 이전

서울에서 인천을 잇는 우리나라 최초의 철도인 경인선이 완공된 후 서대문 정거장에서 철도 개통식이 열렸다.

35 이상설의 활동

암기박사 서전서숙 설립 ⇒ 이상설

정답 ②

정답 해설

헤이그 만국 평화 회의에 특사로 파견되고 연해주에 대한 광복군 정부를 조직한 인물은 이상설이다. 이상설은 북간도에서 최초의 신문학 민족 교육기관인 서전서숙을 설립하여 민족 교육을 실시하였다.

오답 해설

① 의열단 조직 → 김원봉

김원봉은 신채호의 조선 혁명 선언을 행동 강령으로 만주 길림성에서 의열단을 조직하였다.

③ 동양 평화론 집필 → 안중근

안중근 의사는 하얼빈 역에서 일제의 침략 원흉인 이토 히로부미를 사살하고 이듬해에 뤼순 감옥에서 동양 평화론을 집필하던 중 순국하였다.

④ 시일야방성대곡 발표 → 장지연

장지연은 을사늑약의 부당성을 알리기 위해 황성신문에 시일야방성대곡이라는 논설을 발표하였다.

36 3·1 만세 운동의 영향

암기박사 3·1 만세 운동 ⇒ 대한민국 임시 정부 수립

정답 ③

정답 해설

선교사 프랭크 스코필드가 3·1 만세 운동 당시 일제가 저지른 제암리 학살 사건의 참상을 외국 언론에 제보하여 일제의 만행을 세계에 폭로하였다. 고종의 장례일에 민족 대표 33인의 이름으로 독립 선언서를 발표함으로써 전개된 3·1 만세 운동은 대한민국 임시 정부가 수립되는 계기가 되었다.

오답 해설

① 순종의 인산일 → 6·10 만세 운동

순종의 인산일을 계기로 6·10 만세 운동이 일어나 격문 살포와 시위 운동이 전개되었다.

② 대한매일신보 후원 → 국채 보상 운동

영국인 베델과 양기탁이 함께 창간한 대한매일신보는 정부의 외

채를 국민의 힘으로 상환하여 국권을 회복하고자 한 국채 보상 운동을 후원하였다.

④ 신간회 : 진상 조사단 파견 → 광주 학생 항일 운동

광주에서 발생한 한·일 학생 간의 충돌을 일본 경찰이 편파적으로 처리하여 광주 학생 항일 운동이 발생하자 신간회 중앙 본부가 진상 조사단을 파견하였다.

37 물산 장려 운동

암기박사 '조선 사람 조선 것' ⇒ 물산 장려 운동

정답 ②

정답 해설

물산 장려 운동은 평양에서 조만식 등이 중심이 되어 우리 민족 산업을 보호하고 경제적 자립을 목적으로 '조선 사람 조선 것'이라는 구호 아래 전개된 운동이다.

오답 해설

① 민중 계몽 운동 → 브나로드 운동

동아일보사에서 문맹 퇴치를 목적으로 민중 계몽 운동인 브나로드(Vnarod) 운동을 전개하였다. *러시아어로 '민중 속으로'라는 의미*

③ 경제 구국 운동 → 국채 보상 운동

국채 보상 운동은 정부의 외채를 국민의 힘으로 상환하여 국권을 회복하자는 경제 구국 운동이다.

④ 고등 교육 기관 설립 운동 → 민립 대학 설립 운동

민립 대학 설립 운동은 일제의 식민지 우민화 교육에 맞서 우리 손으로 대학을 설립하고자 일어난 고등 교육 기관 설립 운동이다.

38 단재 신채호

암기박사 조선 혁명 선언 작성 ⇒ 신채호

정답 ③

정답 해설

독사신론과 조선상고사를 지어 민족의식을 고취시킨 인물은 단재 신채호이다. 신채호는 의열단의 활동 지침으로 민중의 직접 혁명을 주장하는 조선 혁명 선언을 작성하였다.

오답 해설

① 대한 광복회 조직 → 박상진

대한 광복회는 박상진이 공화정체의 국민 국가 수립을 목표로 대구에서 조직된 비밀 결사 단체이다.

② 조선 의용군 창설 → 김두봉

중국 화북 지방에서 김두봉을 비롯한 사회주의 세력이 대일 항전을 위해 조선 독립 동맹 산하 부대인 조선 의용군을 창설하였다.

④ 조선말 큰사전 편찬 → 최현배, 이윤재

최현배, 이윤재 등이 설립한 조선어 학회는 한글 맞춤법 통일안과 표준어를 제정하고 조선말 큰사전 편찬을 주도하였다.

39 윤봉길 의거

암기박사 홍커우 공원 의거 ⇒ 윤봉길

정답 ③

정답 해설

김구가 조직한 한인 애국단 소속의 윤봉길은 상하이 홍커우 공원에서 의거를 일으켜 일본군 축하 기념식에 폭탄을 투척하고 한국인의 독립 의지를 만방에 알렸다.

오답 해설

① 김원봉 → 의열단 조직

김원봉은 신채호의 조선 혁명 선언을 행동 강령으로 만주 길림성에서 의열단을 조직하였다.

② 나석주 → 동양 척식 주식회사에 폭탄 투척

나석주는 의열단 소속으로 일제의 대표적 수탈 기관인 동양 척식 주식회사에 폭탄을 투척하였다.

④ 이동휘 → 대한 광복군 정부 부통령, 대한민국 임시 정부 국무총리

이동휘는 연해주에 설립된 대한 광복군 정부의 부통령으로 선임되어 무장 독립 전쟁을 준비하였고 3 · 1 만세 운동 후에 설립된 대한민국 임시 정부의 국무총리를 역임하였다.

👆 핵심노트 ▶ 한인 애국단

- 1931년 상해에서 김구가 임시 정부의 위기 타개책으로 조직
- **이봉창 의거(1932. 1. 8)** : 도쿄에서 일왕의 행렬에 폭탄 투척
- **윤봉길 의거(1932. 4. 29)** : 상하이 홍커우 공원에서 열린 일본군 축하 기념식에서 폭탄 투척
- 임시 정부 인사들이 중국 군관학교에서 훈련할 수 있게 되어 한국 광복군의 탄생의 계기가 됨
- 한반도 문제에 대한 국제적 관심 고조, 독립 운동의 의기 고양
- 중국 국민당(장개석) 정부의 임시 정부 지원 계기 →한국 광복군 창설(1940)

40 민족 말살 통치기

암기박사 한국 광복군 : 미얀마 전선 파견(1943) ⇒ 민족 말살 통치기

정답 ④

정답 해설

일제가 일으킨 태평양 전쟁이 전개되던 시기는 민족 말살 통치기이다. 이 시기에 대한민국 임시 정부 산하의 한국 광복군은 영국군의 요청으로 인도 · 미얀마 전선에 파견되어 영국군과 연합 작전을 펼쳤다.

오답 해설

① 근우회(1927) → 문화 통치기

근우회는 여성 노동자의 권익 옹호와 생활 개선을 위해 김활란 등을 중심으로 한 여성계 민족 유일당 조직이다.

② 6 · 10 만세 운동(1926) → 문화 통치기

순종의 장례일을 맞아 사회주의 세력의 주도 하에 격문 살포와 시위 운동이 전개되었다.

③ 토지 조사령(1912) → 무단 통치기

일제는 무단 통치기에 토지 약탈과 식민지화에 필요한 재정 수입원을 마련하기 위해 기한 내에 토지를 신고하게 하는 토지 조사령을 제정하였다.

41 좌우 합작 위원회

암기박사 여운형, 김규식 ⇒ 좌우 합작 위원회

정답 ③

정답 해설

1946년 7월, 미군정의 지원 아래 여운형, 김규식 등이 중심이 되어 결성한 단체는 좌우 합작 위원회이다. 좌우 합작 위원회는 좌우 합작 7원칙을 발표하고 민주주의 임시 정부 수립을 위해 좌우 합작 운동을 전개하였다.

오답 해설

① 연해주 독립 운동 단체 → 권업회

권업회는 연해주 신한촌에서 조직된 항일 독립 운동 단체로, 권업신문을 발간하고 학교, 도서관 등을 건립하였다.

② 대조선 국민군단 운영 → 대한인 국민회

미주 지역 한인들이 연합하여 결성한 단체인 대한인 국민회는 대조선 국민군단을 운영하였다.

④ 7 · 4 남북 공동 성명 실천 → 남북 조절 위원회

박정희 정부 때에는 7 · 4 남북 공동 성명을 실천하기 위해 남북 조절 위원회를 설치하여 통일 방안을 논의하였다.

42 제주 4 · 3 사건

암기박사 무장대 vs 토벌대 ⇒ 제주 4 · 3 사건

정답 ②

정답 해설

남한만의 단독 정부 수립에 반대하는 무장대와 토벌대 간의 무력 충돌은 제주 4 · 3 사건으로, 이를 진압하는 과정에서 수많은 제주도 양민이 희생되었다.

오답 해설

① 한 · 일 국교 정상화 → 6 · 3 시위

박정희 정부 때에 한 · 일 회담에 따른 굴욕적인 한 · 일 국교 정상화에 반대하여 6 · 3 시위가 일어났다.

③ 일요일 등교 조치 → 2 · 28 민주 운동

이승만 정부가 학생들이 야당의 선거 유세장에 가지 못하도록 일요일에 등교 조치한 것에 대해, 대구 시내 고등학생들이 시위를 벌인 2 · 28 민주 운동은 4 · 19 혁명의 도화선이 되었다.

④ 박정희 : 권력 장악 → 5 · 16 군사 정변

4 · 19 혁명 후 장면 내각이 성립하였으나 박정희를 중심으로 한 군부 세력이 5 · 16 군사 정변을 일으켜 권력을 장악하였다.

43 6 · 25 전쟁 중의 사실

암기박사 13도 창의군 : 서울 진공 작전 ⇒ 정미의병

정답 ④

정답 해설

고종의 강제 퇴위와 군대 해산에 반발하여 일어난 정미의병이 확산

되는 과정에서 13도 창의군이 결성되고 의병 부대가 연합하여 서울 진공 작전을 전개하였다.

오답 해설

① **유엔군 참전 → 6 · 25 선생 중**

유엔의 지원 결의에 따라 16개국으로 구성된 유엔군이 6 · 25 전쟁에 참전하였다.

② **흥남 철수 작전 → 6 · 25 전쟁 중**

6 · 25 전쟁 중 중공군의 개입으로 전세가 불리해지자, 국군과 유엔군은 흥남항을 통해 대규모 철수 작전을 전개하였다.

③ **거제도 포로 수용소 설치 → 6 · 25 전쟁 중**

6 · 25 전쟁 중 인천상륙작전으로 많은 포로가 생기자 거제도에 가장 큰 포로 수용소가 설치되었다.

44 4 · 19 혁명

암기박사 3 · 15 부정 선거 ⇒ 4 · 19 혁명 | 정답 ④

정답 해설

이승만 정권의 장기 독재와 자유당 정권의 3 · 15 부정선거에 항거하여 4 · 19 혁명이 발발하였고 그 결과 이승만 대통령이 하야하였다.

오답 해설

① **신군부의 무력 진압 → 5 · 18 민주화 운동**

신군부의 비상계엄 확대와 무력 진압에 저항하여 5 · 18 민주화 운동이 일어났고, 계엄군의 무자비한 진압으로 많은 광주 시민과 학생이 희생되었다.

② **대통령 직선제 개헌 → 6월 민주항쟁**

6월 민주항쟁의 결과 노태우의 6 · 29 민주화 선언에 따라 5년 단임의 대통령 직선제 개헌이 이루어졌다.

③ **유신 체제 붕괴 → 10 · 26 사태**

중앙정보부 부장 김재규가 박정희 대통령을 시해하는 10 · 26 사태는 유신 체제가 붕괴되는 계기가 되었다.

45 노태우 정부의 통일 정책

암기박사 남북 기본 합의서 채택 ⇒ 노태우 정부 | 정답 ②

정답 해설

제24회 서울 올림픽 대회를 개최하고 남북한 유엔 동시 가입이 이루어졌으며 한 · 중 간에 국교를 수립한 것은 노태우 정부 때의 일이다. 노태우 정부 때에 상호 화해와 불가침, 교류 및 협력 확대 등을 규정한 남북한 간 최초의 공식 합의서인 남북 기본 합의서가 채택되었다.

오답 해설

① **개성 공단 조성 → 노무현 정부**

노무현 정부 때에 개성 공단 착공식이 개최되어 개성 공단 건설 사업을 실현하였다.

③ **7 · 4 남북 공동 성명 → 박정희 정부**

박정희 정부 때에 7 · 4 남북 공동 성명을 발표하여 '자주, 평화, 민족 대단결'의 민족 통일 3대 원칙을 제시하였다.

④ **6 · 15 남북 공동 선언 → 김대중 정부**

김대중 정부 때에 평양에서 최초로 남북 정상 회담이 개최되고 6 · 15 남북 공동 선언이 합의되었다.

핵심노트 ▶ 노태우 정부의 통일 정책

- 7 · 7선언(1988) : 북한을 적대의 대상이 아니라 상호 신뢰 · 화해 · 협력을 바탕으로 공동 번영을 추구하는 민족 공동체 일원으로 인식
- 한민족 공동체 통일 방안(1989) : 자주 · 평화 · 민주의 원칙 아래 제시
- 남북 고위급 회담, 남북한 유엔 동시 가입(1991) : 제46차 유엔 총회에서 남북한이 각각 별개의 의석을 가진 회원국으로 유엔에 가입
- 남북 기본 합의서 채택(1991) · 발효(1992) : 상호 화해와 불가침, 교류 및 협력 확대 등을 규정
- 한반도 비핵화 공동 선언 채택(1991) · 발효(1992) : 핵무기의 보유나 사용금지 등을 규정

46 박정희 정부 시기의 사실

암기박사 경부 고속 도로 개통 ⇒ 박정희 정부 | 정답 ②

정답 해설

한 · 일 국교 정상화를 위해 한 · 일 협정 조인식이 열려 양국 대표들이 협정문에 서명한 것은 박정희 정부 때의 일이다. 박정희 정부 때에 서울과 부산을 연결하는 경부 고속 도로가 개통되었다.

오답 해설

① **농지 개혁법 제정 → 이승만 정부**

이승만 정부 때에 소작제를 철폐하고 자영농을 육성하고자 유상 매수, 유상 분배 원칙의 농지 개혁법이 제정되었다.

③ **경제 협력 개발 기구(OECD) 가입 → 김영삼 정부**

김영삼 정부 때에 선진국 진입의 관문인 경제 협력 개발 기구(OECD)에 29번째 회원국으로 가입하였다.

④ **한 · 미 자유 무역 협정(FTA) 체결 → 노무현 정부**

노무현 정부 때에 한 · 미 자유 무역 협정(FTA)이 체결되어 미국과의 무역 장벽을 허무는 계기가 되었다.

47 노동 운동가 전태일

암기박사 바보회 조직 ⇒ 전태일 | 정답 ④

정답 해설

서울 동대문 평화 시장에서 피복공장 재단사로 일하면서 바보회를 조직한 인물은 전태일이다. 노동 운동가 전태일은 노동환경 개선과 근로기준법 준수를 외치며 온 몸에 휘발유를 붓고 분신하였다.

오답 해설

① **윤동주 → 서시, 별 헤는 밤, 하늘과 바람과 별과 시**

윤동주는 일제 강점기에 활동한 시인이자 독립 운동가이다. 그는 문인 활동을 통해 일제의 탄압에 저항하였고, 서시, 별 헤는 밤 그리고 유고 시집인 하늘과 바람과 별과 시 등의 작품을 남겼다.

② **이한열 → 6월 민주 항쟁**

6월 민주 항쟁 당시 연세대학교에서 전두환 정부의 계엄군이 쏜 최루탄에 맞아 사망하였다.

③ **장준하 → 유신 체제 반대 운동**

일제 강점기 때 한국 광복군에서 활동한 독립 운동가로, 박정희 정부의 유신 체제 반대 운동을 주도하던 중 의문의 등산 사고로 사망하였다.

48 한국사 속 여성

암기박사 　조선 중기 : 여성 시인 ⇒ 허난설헌　　　**정답** ①

정답 해설

홍길동전을 지은 허균의 누이인 허난설헌은 조선 중기의 대표적인 여성 시인으로 이름을 떨쳤다.

오답 해설

② **우리나라 최초의 여성 비행사 → 권기옥**

　권기옥은 임시 정부의 추천으로 항공 학교에 입학하여 우리나라 최초의 여성 비행사로 활약하였다.

③ **을밀대 고공 농성 → 강주룡**

　노동자 강주룡이 평양 을밀대 지붕에서 임금 삭감에 저항하여 고공 농성을 벌였다.

④ **제주도민 구제 → 김만덕**

　조선 정조 때 제주도에서 상업으로 막대한 부를 축적한 제주도 거상 김만덕은 재산을 기부하여 제주도민을 구제하였다.

49 부산 지역의 역사

암기박사 　송상현 : 동래성 전투 ⇒ 부산　　　**정답** ④

정답 해설

동삼동 패총 전시관, 초량 왜관, 임시 수도 기념관, 민주 공원은 모두 부산을 대표하는 문화 유적지이다. 임진왜란 때 송상현 부사가 동래성 전투에서 분전하였으나 왜구에 의해 함락되자 순절하였다.

오답 해설

① **이봉창 의거 → 도쿄**

　한인 애국단 소속의 이봉창은 도쿄에서 일왕의 행렬에 폭탄을 투척하였다.

② **망이·망소이의 난 → 공주**

　고려 무신 집권기 때 망이·망소이가 가혹한 수탈에 저항하여 공주 명학소에서 난을 일으켰다.

③ **장보고 : 청해진 → 완도**

　통일 신라 때 장보고는 완도에 청해진을 설치하여 해적들을 소탕하고 해상 무역을 장악하였다.

50 동지의 세시풍속

암기박사 　밤이 가장 긴 날 ⇒ 동지　　　**정답** ②

정답 해설

24절기의 하나로, 일 년 중 밤이 가장 길고 '작은 설'이라고 불린 날은 동지이다. 동지는 양력 12월 22일 경으로, 나쁜 기운을 물리치기 위해 팥죽을 쑤어 먹었으며 대문이나 담장 벽에 팥죽을 뿌리기도 하였다.

오답 해설

① **수리취떡, 창포물, 씨름 → 단오**

　단오는 음력 5월 5일로 수레바퀴 모양의 떡살로 문양을 내는 수리취떡을 해먹고, 여자는 창포물에 머리를 감고 그네를 뛰며 남자는 씨름을 한다.

③ **견우와 직녀 → 칠석**

　칠석은 음력 7월 7일로 전설 속의 견우와 직녀가 일 년에 한 번 오작교에서 만나는 날로, 처녀들은 바느질 대회와 수놓기 등을 하고 호박부침을 만들어 칠성님께 빌었다.

④ **찬 음식 먹기 → 한식**

　한식은 동지로부터 105일째 되는 날로, 양력으로 4월 5일 무렵이다. 설날, 단오, 추석과 함께 4대 명절의 하나이며 일정 기간 불의 사용을 금하고 찬 음식을 먹는다.

01 신석기 시대의 생활 모습

암기박사 빗살무늬 토기 ⇒ 신석기 시대

정답 ②

정답 해설

신석기 시대에는 신석기 혁명이 일어나 농경과 목축을 통한 식량 생산이 시작되었다. 또한 신석기 시대에는 빗살무늬 토기를 제작하여 식량을 조리하거나 저장하는 용도로 사용하였다.

오답 해설

① 청동 방울 → 청동기 시대

청동기 시대에는 의식을 행하기 위한 의례 도구로 청동 방울을 제작하여 사용하였다.

③ 철제 농기구 → 철기 시대

철기 시대에는 기존의 석기나 목기 외에 쟁기, 쇠스랑 등의 철제 농기구를 이용하여 농사를 지었다.

④ 거친 무늬 거울 → 청동기 시대

청동기 시대에는 뒷면에 다소 거친 기하학적인 무늬가 새겨져 있는 거친 무늬 거울을 제작하였다.

👆 **핵심노트 ▶ 신석기 시대의 대표적 유물**

갈판과 갈돌　　빗살무늬 토기　　가락바퀴　　뼈바늘

02 부여의 생활 풍속

암기박사 영고 : 제천 행사 ⇒ 부여

정답 ①

정답 해설

→ 마가, 우가, 저가, 구가
→ 가의 행정 구획

여러 가들이 별도로 사출도를 다스린 나라는 부여이다. 부여는 12월에 영고라는 제천 행사를 열어 하늘에 제사를 지내고 노래와 춤을 즐겼다.

오답 해설

② 소도 : 신성 지역 → 삼한

삼한에는 제사장인 천군이 의례를 주관하던 소도라고 불리는 신성 지역이 있었다.

③ 민며느리제 : 혼인 풍습 → 옥저

옥저에는 혼인 풍습으로 장차 며느리로 삼기 위해 어린 소녀를 데려다 키운 뒤 아들과 혼인시켜 며느리로 삼는 민며느리제가 있었다.

④ 책화 : 읍락 간의 경계 중시 → 동예

동예에는 읍락 간의 경계를 중시하는 책화가 있어서, 다른 부족의 생활권을 침범하면 노비와 소·말로 변상하였다.

03 고구려 장수왕

암기박사 광개토 대왕릉비 건립, 평양 천도, 한성 함락 ⇒ 고구려 장수왕

정답 ②

정답 해설

고구려 장수왕은 아버지인 광개토 대왕의 치적을 칭송하기 위해 광개토 대왕릉비를 건립하였다. 또한 수도를 평양으로 옮기고 백제의 수도 한성을 함락시켰다.

오답 해설

① 미천왕 → 낙랑군·대방군 축출

고구려 미천왕은 낙랑군과 대방군을 축출하여 서로는 요하, 남으로는 한강에 이르는 영토를 확장하였다.

③ 고국천왕 → 진대법 실시

고구려의 고국천왕은 을파소의 건의로 빈민을 구제하기 위한 진대법을 실시하였다.

④ 소수림왕 → 불교 수용, 율령 반포, 태학 설립

고구려 소수림왕은 순도를 통해 불교를 수용하고 율령을 반포하여 국가의 통치 체제를 정비하였으며, 국립 교육 기관인 태학을 설립하여 인재를 양성하였다.

04 칠석의 세시풍속

암기박사 견우와 직녀 ⇒ 칠석

정답 ④

정답 해설

칠석은 음력 7월 7일로 전설 속의 견우와 직녀가 일 년에 한 번 오작교에서 만나는 날로, 처녀들은 바느질 대회와 수놓기 등을 하고 호박부침을 만들어 칠성님께 빌었다.

오답 해설

① 수리취떡, 창포물, 씨름 → 단오

단오는 음력 5월 5일로 수레바퀴 모양의 떡살로 문양을 내는 수리취떡을 해먹고, 여자는 창포물에 머리를 감고 그네를 뛰며 남자는 씨름을 한다.

② 새알심 넣은 팥죽 → 동지

동지는 일 년 중 밤이 가장 긴 날로 양력 12월 22일 경이며, 민가에서는 잡귀잡신의 침입을 막기 위해 새알심을 넣은 팥죽을 쑤어 먹었다.

③ 한가위, 송편, 차례 → 추석

추석은 음력 8월 15일로 한가위, 중추절 등으로 불리며, 햅쌀로 송편을 빚고 햇과일 등의 음식을 장만하여 차례를 지낸다.

05 백제 성왕의 업적

암기박사 신라 진흥왕과 연합 : 한강 하류 지역 수복 ⇒ 백제 성왕

정답 ④

정답 해설

도읍을 부여(사비)로 옮긴 백제의 왕은 성왕이다. 백제 성왕은 신라

진흥왕과 연합하여 고구려로부터 한강 하류 지역을 되찾았으나, 진흥왕의 배신으로 관산성 전투에서 전사하였다.

오답 해설

① 왜 : 칠지도 하사 → 백제 근초고왕
백제 근초고왕은 친선 외교의 목적으로 왜왕에게 칠지도를 보냈다.
② 동진 마라난타 : 불교 수용 → 백제 침류왕
백제의 침류왕은 동진의 마라난타를 통해 불교를 받아들였다.
③ 신라 공격 : 대야성 함락 → 백제 의자왕
백제 의자왕은 신라를 공격하여 대야성을 비롯한 40여 개의 성을 빼앗았다.

06 삼국의 통일 과정

암기박사 백강 전투 ⇒ 평양성 전투 ⇒ 기벌포 전투 **정답 ③**

정답 해설

(나) 백강 전투(663) : 백제가 멸망한 후 백제 부흥군은 왜에 원군을 요청하였으나 나・당 연합군이 백강에서 왜군을 물리쳐 백제 부흥 운동은 실패로 돌아갔다.

(가) 평양성 전투(668) : 고구려의 마지막 왕인 보장왕 때 당의 장수 계필하력이 이끄는 나・당 연합군이 고구려의 평양성을 공격하여 고구려를 멸망시켰다.

(다) 기벌포 전투(676) : 신라 문무왕은 기벌포 전투에서 당의 군대를 격퇴하고 나・당 전쟁에서 승리하여 삼국 통일을 이룩하였다.

07 통일 신라 신문왕의 업적

암기박사 국학 설립 ⇒ 통일 신라 신문왕 **정답 ①**

정답 해설

만파식적은 해룡이 된 문무왕과 천신이 된 김유신이 합심하여 대나무로 만들어 신문왕에게 보냈다는 전설의 피리이다. 통일 신라 신문왕은 국학을 설립하여 유학 교육을 실시하고 유교 이념을 확립하였다.

오답 해설

② 이사부 : 우산국 정벌 → 신라 지증왕
신라 지증왕은 이사부를 파견하여 우산국(울릉도)을 정벌하였다.
③ 천리장성 축조 → 고구려 영류왕
고구려 영류왕 때 연개소문은 당의 침입에 대비하여 부여성에서 비사성에 이르는 천리장성을 축조하였다.
④ 화랑도 : 국가 조직으로 개편 → 신라 진흥왕
화랑도는 씨족 공동체의 전통을 가진 원화가 발전한 원시 청소년 집단으로, 신라 진흥왕 때 국가 조직으로 개편되었다.

08 익산 미륵사지 석탑

암기박사 미륵사지 석탑 ⇒ 익산 **정답 ③**

정답 해설

익산 미륵사지 석탑은 백제 무왕이 건립한 사찰인 미륵사지 터에 있는 목탑 양식이 반영된 석탑이다. 석탑의 복원 공사 중에 사리장엄구와 금제 사리봉영기가 발견되었다.

오답 해설

① 경천사지 10층 석탑 → 개성
고려 후기 충목왕 때 개성의 경천사지에 조성된 석탑으로 원의 영향을 받아 기존의 신라계 석탑과는 양식을 달리하는 가장 특이하고 정련한 기교를 보이는 탑이다.
② 화엄사 사사자 삼층 석탑 → 구례
전남 구례의 화엄사에 있는 통일 신라의 석탑으로 기단 모서리에 사자를 넣어 사자좌 위에 탑이 서 있는 독특한 형태의 석탑이다.
④ 분황사 모전 석탑 → 경주
경북 경주의 분황사에 있는 모전 석탑은 석재를 벽돌 모양으로 만들어 쌓은 탑으로, 현존하는 신라 석탑 중 가장 오래된 석탑이다.

09 신라 하대의 사회 모습

암기박사 녹읍 부활 ⇒ 신라 하대 **정답 ②**

정답 해설

완도에 청해진이 설치되어 장보고가 당, 신라, 일본을 잇는 해상 교역을 주도한 시기는 신라 하대이다. 신라 하대에 경덕왕은 중앙과 지방의 여러 관리들에게 매달 주던 녹봉을 없애고 신문왕 때 폐지되었던 녹읍을 부활시켰다.

오답 해설

① 분청사기 → 조선 전기
조선 전기 때 표면에 백토를 바른 후 유약을 입혀서 구워낸 분청사기가 유행하였다.
③ 전기수 → 조선 후기
조선 후기에는 정기 시장인 장시가 성행하였고, 책 읽는 솜씨가 뛰어난 전기수가 한글 소설을 읽어주었다.
④ 상평통보 → 조선 후기
조선 후기에는 상업의 발달로 물품 구입이나 세금 납부 등에 상평통보를 사용하였다.

10 발해의 문화유산

암기박사 성덕 대왕 신종 ⇒ 통일 신라 문화유산 **정답 ④**

정답 해설

고구려를 계승하고 중흥기 때 해동성국이라 불렸던 나라는 발해이다. 한편, 성덕 대왕 신종은 경덕왕이 아버지인 성덕왕을 기리기 위해 만든 통일 신라의 종으로 봉덕사종 또는 에밀레종이라 불린다.

① 치미 → 발해 문화유산

발해의 수도인 상경성에서 출토된 치미는 용마루의 양 끝에 높게 부착하던 대형 장식기와로, 고구려 문화의 영향을 받은 발해의 문화유산이다.

② 연꽃무늬 수막새 → 발해 문화유산

발해의 수도인 상경성에서 출토된 연꽃무늬 수막새는 발해의 문화유산으로 고구려의 양식을 계승하고 있다.

③ 이불병좌상 → 발해 문화유산

흙을 구워 만든 이불병좌상은 발해의 문화유산으로, 두 부처가 나란히 앉아 있는 모습을 나타낸다.

11 후삼국의 통일 과정

암기박사 　견훤 귀부(935) ⇒ 후삼국 통일(936)　　정답 ④

정답 해설

왕위 계승 문제로 반란을 일으킨 장남 신검에 의해 금산사에 유폐된 견훤이 탈출하여 왕건에게 귀부하였다(935). 이후 고려 왕건이 일리천 전투에서 신검의 군대를 격파하고 후백제를 멸망시켰다(936).
→ 스스로 와서 복종함

12 강감찬의 귀주 대첩

암기박사 　강감찬 : 귀주 대첩 ⇒ 개경 : 나성 축조　　정답 ①

정답 해설

고려 현종 때 10만 대군의 소배압이 이끄는 거란의 3차 침입에 맞서 강감찬이 귀주 대첩에서 대승을 거두었다. 귀주 대첩에서 승리한 후 강감찬은 거란의 침입에 대비하기 위하여 개경 외곽에 나성을 쌓았다.

② 위화도 회군 → 이성계

고려 우왕 때 이성계가 요동 정벌을 위해 파견되었으나 4불가론을 들어 이를 반대하고 위화도에서 회군하였다.

③ 안시성 전투 → 양만춘

당 태종이 연개소문의 정변을 빌미로 고구려를 공격하였고 양만춘이 안시성에서 당군을 물리쳤다.

④ 진포 대첩 → 최무선

고려 우왕 때 최무선이 만든 화약과 화포를 실전에서 처음으로 사용하여 진포에서 왜구를 격퇴하였다.

13 고려 성종의 업적

암기박사 　국자감 정비, 건원중보 발행, 최승로의 시무 28조 수용 ⇒ 고려 성종　　정답 ③

정답 해설
　　→ 뒷면에 동국(東國)이라는 글자가 새겨져 있음

국자감을 정비하고 건원중보를 발행하였으며 최승로의 시무 28조를 수용한 고려의 왕은 성종이다.

① 광종 → 과거제, 노비안검법

고려 광종은 쌍기의 건의를 받아들여 과거제를 시행하였으며, 노비안검법을 시행하여 노비를 양인으로 회복시켰다.

② 문종 → 사학 발달, 경정 전시과

고려 문종 때는 사학이 발달하여 최충이 최초의 사학인 9재 학당을 설립하였고, 토지가 부족하게 되자 현직 관리에게만 지급하는 경정 전시과를 시행하였다.

④ 예종 → 양현고 설치, 동북 9성 축조

고려 예종 때 관학 진흥을 목적으로 국자감 내에 교육 장학 재단인 양현고가 설치되었고, 윤관은 별무반을 이끌고 여진을 정벌한 후 동북 9성을 축조하였다.

핵심노트 ▶ 고려 성종의 업적

- 최승로의 시무 28조 수용
- 2성 6부 체제 확립
- 중추원, 삼사 설치
- 도병마사, 식목도감 설치
- 12목 설치, 지방관 파견
- 향리 제도 확립
- 국자감 개칭, 향교 설치
- 의창, 상평창 설치
- 건원중보 주조

14 고려의 경제 상황

암기박사 　벽란도 : 국제 무역항 ⇒ 고려 시대　　정답 ③

정답 해설

송의 대규모 사신단이 개경에 도착한 것은 고려 시대의 일이다. 고려 시대에는 예성강 어귀의 벽란도가 국제 무역항으로 번성하여 송의 상인을 비롯한 일본, 만양, 아라비아 상인과도 교역하였다.

① 공인 : 관청에 물품 조달 → 조선 후기

조선 후기에는 대동법의 시행으로 공인이 관청에 물품을 조달하였다.
　　　　　　　　　　→ 관허 상인

② 모내기법 전국 확산 → 조선 후기

조선 후기에는 모내기법이 전국적으로 확산되면서 벼와 보리의 이모작이 성행하였다.

④ 상품 작물 : 고추, 담배 → 조선 후기

조선 후기에는 고추와 담배가 시장에 판매하기 위한 상품 작물로 재배되었다.

15 고려의 대외 관계

암기박사 　김윤후 : 처인성 전투 ⇒ 고려 vs 몽골　　정답 ②

정답 해설

고려 무신 집권기 때 사신 저고여의 피살을 구실로 몽골이 침입하자 고려 조정은 강화도로 도읍을 옮겨 장기 항전을 준비하였다. 이후

몽골의 2차 침입 때 김윤후가 처인성에서 적장 살리타를 사살하고 몽골군을 물리쳤다.

오답 해설

① 윤관 : 별무반 편성 → 고려 vs 여진

고려 숙종 때 윤관은 여진족을 정벌하기 위해 신기군, 신보군, 항마군으로 구성된 별무반 편성을 건의하였다.

③ 을지문덕 : 살수대첩 → 고구려 vs 수

고구려 영양왕 때 을지문덕 장군이 수나라 우중문의 30만 별동대를 살수로 유인하여 크게 물리쳤다.

④ 서희 : 외교 담판 → 고려 vs 거란

고려 성종 때 거란이 침입하자 서희는 소손녕과 외교 담판을 통해 강동 6주를 획득하였다.

16 고려 문화유산

암기박사 청자 상감 운학문 매병 ⇒ 고려 문화유산   정답 ④

정답 해설

태조 왕건이 세운 국가는 고려이며 수월관음도, 팔만대장경판, 부석사 무량수전은 고려 시대의 대표적인 문화유산이다. 또한 청자 상감 운학문 매병은 학과 구름을 상감기법으로 새겨 넣은 대표적인 고려 시대의 문화유산이다.

오답 해설

① 산수무늬 벽돌 → 백제 문화유산

충남 부여의 사비시대 절터에서 출토된 벽돌로, 불교적 요소와 도교적 요소를 함께 갖추고 있다. 산수 무늬의 화려한 장식은 당시 백제인들의 문화 수준과 이상적인 정신세계를 반영한다.

② 도기 바퀴장식 뿔잔 → 가야 문화유산

수레바퀴 형상을 본 떠 만든 가야 시대의 상형 토기로, 그 당시에 이미 우차 또는 마차가 있었음을 알 수 있는 차륜식 토기이다.

③ 황남대총 금관 → 신라 문화유산

경주 황남동 미추왕릉 지구의 신라 무덤인 황남대총에서 출토된 금관으로 화려함이 돋보이는 전형적인 신라 금관이다.

17 고려 공민왕 재위 기간의 사실

암기박사 쌍성총관부 공격 : 철령 이북 수복 ⇒ 고려 공민왕   정답 ③

정답 해설

기철 등 친원파를 제거하고 정동행성 이문소를 폐지한 왕은 고려 공민왕이다. 고려 공민왕 때 유인우, 이자춘 등이 쌍성총관부를 공격하여 원에 빼앗긴 철령 이북의 땅을 수복하였다.

오답 해설

① 동북 9성 축조 → 고려 예종

고려 예종 때 윤관은 별무반을 이끌고 여진을 정벌한 후 동북 9성을 축조하였다.

② 독서삼품과 실시 → 통일 신라 원성왕

통일 신라의 원성왕은 인재 등용을 위해 유교 경전의 이해 수준에 따라 3등급으로 구분한 독서삼품과를 실시하였다.

④ 백두산정계비 건립 → 조선 숙종

조선 숙종 때 청의 요구로 조선과 청의 경계를 정한 백두산정계비가 건립되었다.

18 삼봉 정도전

암기박사 조선경국전 저술 ⇒ 삼봉 정도전   정답 ④

정답 해설

경복궁의 궁궐 이름을 지은 인물은 정도전이다. 삼봉 정도전은 조선 초기의 개국공신으로 조선의 헌법이라 할 수 있는 조선경국전을 저술하였다.

오답 해설

① 송시열 → 노론의 영수

우암 송시열은 노론의 영수로 주자 중심의 성리학을 절대화 하고, 명에 대한 의리를 강조하여 북벌론을 주장하였다.

② 채제공 → 신해통공 주도

채제공은 정조 시대를 대표하는 정승으로, 정조의 개혁을 보필하고 신해통공을 주도하였다.

③ 정몽주 → 고려의 마지막 충신

정몽주는 절개와 의리를 지킨 고려의 마지막 충신으로 이방원 세력에 의해 개경의 선죽교에서 피살되었다.

19 조선의 통치 기구

암기박사 국왕 직속의 사법 기관 ⇒ 의금부   정답 ②

정답 해설

조선 시대에 왕명을 받아 반역 사건과 강상죄에 대한 처결을 담당한 사법 기구는 의금부이다. 의금부는 국왕 직속의 사법 기관으로 반역죄, 강상죄 등을 범한 중죄인을 다스렸다.

오답 해설

① 사헌부 → 감찰 탄핵 기관

사헌부는 감찰 탄핵 기관으로 사간원과 함께 대간을 구성하여 서경권을 행사하였다. ← 인사 이동이나 법률 제정 등에서 대간의 서명을 받는 제도 : 왕권 견제

③ 춘추관 → 역사서 편찬과 보관

춘추관은 역사서를 편찬하고 실록을 보관 및 관리하는 업무를 관장하였다.

④ 홍문관 → 왕의 자문과 경연 주관

홍문관은 사헌부, 사간원과 함께 삼사를 구성하였으며, 왕의 자문과 경서와 사서를 강론하는 경연을 주관하였다.

20 조선 세조의 업적

암기박사 직전법 시행 ⇒ 조선 세조 / **정답** ①

정답 해설

계유정난을 통해 단종을 폐위시키고 왕위에 오른 세조는 변방 중심의 방어 체제를 전국적인 지역 중심의 방어 체제로 전환한 진관 체제를 실시하였다. 또한 수신전, 휼양전 등의 명목으로 세습되던 토지를 폐지하고 현직 관리에게만 전지를 주는 직전법을 시행하였다.

오답 해설

② 탕평비 건립 → 조선 영조

조선 영조는 붕당 정치의 폐해를 경계하기 위해 성균관 입구에 탕평비를 건립하였다.

③ 교정도감 → 고려 무신 집권기

고려 무신 집권기 때 최충헌이 교정도감을 설치하고 인재 천거, 조세 징수, 감찰, 재판 등의 집정부 역할을 수행하였다.

④ 금난전권 폐지 → 조선 정조

조선 정조는 신해통공을 통해 육의전을 제외한 시전 상인들의 금난전권을 폐지하였다.
→ 명주, 종이, 어물, 모시와 베, 무명, 비단을 파는 점포
→ 난전을 단속할 수 있는 권한

21 병자호란

암기박사 인조반정(광해군) ⇒ 병자호란(인조) ⇒ 북벌론(효종) / **정답** ①

정답 해설

• 인조반정(1623) : 조선 광해군 때 서인이 인조반정을 일으켜 광해군을 유배 보내고 인조를 왕위에 올렸다.

(가) 병자호란(1636) : 조선 인조 때 청이 군신 관계를 요구하며 병자호란을 일으키자 인조는 남한산성으로 피난하여 청과 항전을 벌였다.

• 북벌론(1649) : 조선 효종은 조선을 도운 명에 대한 의리를 내세우며 청에 당한 치욕을 갚자는 북벌을 추진하였다.

오답 해설

② 4군 6진 개척 → 조선 세종

조선 세종 때 여진족을 몰아내고 최윤덕은 압록강 유역에 4군을, 김종서는 두만강 유역에 6진을 설치하여 북방 영토를 개척하였다.

③ 훈련도감 창설 → 조선 선조

조선 선조 때 임진왜란이 발발하자 왜군의 조총에 대응하고 국방력을 강화하기 위해 삼수병으로 구성된 훈련도감이 창설되었다.

④ 외규장각 도서 약탈 → 조선 고종

조선 고종 때 병인양요가 발발하자 프랑스군의 강화도 공격으로 의궤를 비롯한 외규장각 도서가 약탈당하였다.

22 조선 태종의 업적

암기박사 칠정산 편찬 ⇒ 조선 세종 / **정답** ③

정답 해설

왕자의 난을 통해 권력을 장악하고 정종의 뒤를 이어 즉위한 왕은 조선 태종이다. 태종은 6조 직계제를 처음 실시하여 의정부의 권한을 약화시키고 왕권을 강화시켰다. 한편, 역법서인 칠정산을 편찬한 것은 조선 세종 때의 일이다.

오답 해설

① 신문고 설치 → 조선 태종

조선 태종 때 백성의 억울함을 풀어 주기 위해 창덕궁에 신문고를 처음 설치하였다.

② 계미자 주조 → 조선 태종

조선 태종 때 활자 주조를 담당하는 관청인 주자소에서 조선 최초의 금속 활자인 계미자를 주조하였다.

④ 호패법 실시 → 조선 태종

조선 태종 때 호구의 정확한 파악을 위해 16세 이상의 남자들에게 호패를 발급하는 호패법을 마련하였다.

23 해시계 앙부일구

암기박사 앙부일구 ⇒ 해시계 / **정답** ④

정답 해설

앙부일구는 조선 세종 때 시간을 측정하기 위해 제작한 해시계로 시간과 계절에 따른 해 그림자의 변화를 이용하였다. 앙부일구를 통해 동지나 하지와 같은 절기도 알 수 있다.

오답 해설

① 자격루 → 물시계

조선 세종의 명을 받아 장영실이 제작한 자격루는 자동으로 시간을 알려 주는 장치를 갖춘 물시계이다.

② 측우기 → 강우량 측정기

측우기는 조선 세종 때 장영실이 제작한 강우량 측정기로 서울과 각 도의 군현에 설치되어 전국 각지의 강우량을 측정하였다.

③ 혼천의 → 천체 운행 측정기

혼천의는 천체의 운행을 관측하고 측정하는 기구로 조선 세종 때 장영실이 제작한 이후 조선 후기 실학자 홍대용이 서구 문물의 영향을 받아 더 과학적으로 제작하였다.

24 조광조의 개혁 정치

암기박사 소격서 폐지 건의 ⇒ 조광조 / **정답** ④

정답 해설

조선 중종 때 천거제의 일종인 현량과의 실시를 건의하고, 위훈 삭제가 원인이 되어 발생한 기묘사화로 관직에서 물러나 유배을 조광조이다. 조광조는 국가적 제사를 주관하기 위해 설치된 도교 기관인 소격서의 폐지를 건의하였다.
→ 중종반정의 공신 대다수가 거짓 공훈으로 공신에 올랐다 하여 그들의 관직을 박탈하려 함

오답 해설

① 발해고 저술 → 유득공

발해고는 조선 후기 실학자 유득공이 저술한 역사서로 발해를 북국, 신라를 남국으로 칭하며 남북국이라는 용어를 처음 사용하였다.

② 대동여지도 제작 → 김정호

김정호는 우리나라 대축척 지도인 대동여지도를 제작하였는데, 산맥·하천·포구·도로망의 표시가 정밀해지고 거리를 알 수 있도록 10리마다 눈금을 표시하였다.

③ 백운동 서원 건립 → 주세붕

조선 중종 때 풍기 군수 주세붕은 안향의 봉사를 위해 최초의 서원인 백운동 서원을 건립하였다.

👆 **핵심노트 ▶ 조광조의 개혁 정치**

- **현량과(천거과) 실시** : 천거제의 일종인 현량과를 통해 사림을 대거 등용
- **위훈 삭제** : 중종 반정의 공신 대다수가 거짓 공훈으로 공신에 올랐다 하여 그들의 관직을 박탈하려 함 → 훈구 세력의 불만을 야기해 기묘사화 발생
- **이조 전랑권 형성** : 이조·병조의 전랑에게 인사권과 후임자 추천권 부여
- **도학 정치를 위한 성학군주론 주장** → 경연 및 언론 활성화를 주장
- 공납제의 폐단을 지적하고 대공수미법 주장
- 균전론을 내세워 토지소유의 조정(분배)과 1/10세를 제시
- 향촌 자치를 위해 향약의 전국적 시행을 추진
- **불교·도교 행사 금지** : 승과제도 및 소격서 폐지
- 주자가례를 장려하고 유교 윤리·의례의 보급을 추진
- 소학의 교육과 보급운동을 전개 → 이를 통해 유교적 가치를 강조하고 지주전호제를 옹호
- 언문청을 설치하여 한글 보급
- 유향소 철폐를 주장

25 임진왜란

암기박사   수원 화성 축조 ⇒ 조선 정조   **정답 ③**

정답 해설

탄금대, 행주산성, 울산 왜성은 모두 조선 선조 때 발발한 임진왜란에서 왜군과의 전투가 벌어진 곳이다. 한편, 수원 화성이 축조된 것은 조선 정조 때의 일이다.

오답 해설

① 탄금대 → 임진왜란

임진왜란 때 부산에 상륙한 왜군이 파죽지세로 쳐들어오자 도순변사 신립이 충주 탄금대에서 배수진을 치고 항전하였다.

② 행주산성 → 임진왜란

임진왜란 때 권율이 왜군에 대항하여 행주산성을 지켜낸 싸움으로, 부녀자들까지 동원되어 돌을 날랐다는 이야기로 유명하다.

④ 울산 왜성 → 임진왜란

울산 왜성은 임진왜란 때 왜군이 축성한 성곽으로, 조·명 연합군의 포위로 왜군이 자신의 소변과 말의 피를 마시며 최후까지 버틴 곳으로 유명하다.

26 균역법의 이해

암기박사   군포 : 2필에서 1필로 경감 ⇒ 균역법   **정답 ②**

정답 해설

백성들의 군역 부담을 줄이기 위해 군포 납부액을 2필에서 1필로 줄인 것은 조선 영조 때 제정된 균역법이다. 균역법의 제정으로 부족해진 군포를 메우기 위해 어장세나 소금세 등의 잡세를 부과하였다.

오답 해설

① 수조권 지급 → 과전법   → 토지로부터 조세를 거둘 수 있는 권리

고려 공양왕 때 관리들에게 수조권을 지급하는 과전법을 실시하여 신진 사대부의 경제적 기반을 마련하였다.

③ 쌀, 베, 동전으로 납부 → 대동법

광해군 때 공납의 폐단을 시정하고자 특산물 대신 쌀, 베, 동전 등으로 납부하게 하는 대동법을 시행하였다.

④ 토지 1결당 4~6두 부과 → 영정법

조선 인조 때 영정법을 실시하여 풍흉에 관계없이 토지 1결당 4~6두로 전세를 고정하였다.

27 혜원 신윤복

암기박사   월하정인 ⇒ 혜원 신윤복   **정답 ④**

정답 해설

월하정인은 조선 후기의 대표적인 풍속 화가 혜원 신윤복이 그린 작품으로, 늦은 밤 인적이 드문 뒷골목에서 남녀 간의 연애를 소재로 한 그림이다.

오답 해설

① 씨름도 → 김홍도

씨름도는 조선 후기의 대표적인 풍속화가인 단원 김홍도가 그린 그림으로, 씨름을 하는 사람들을 중심으로 구경꾼들의 모습을 실감나게 묘사한 작품이다.

② 노상알현도 → 김득신

노상알현도는 김홍도의 제자 김득신이 그린 작품으로, 길에서 우연히 만난 양반과 상민 부부의 모습을 통해 조선 사회의 신분질서를 엿볼 수 있다.

③ 고사관수도 → 강희안

조선 전기의 사대부 화가 인재 강희안의 작품으로, 깎아지른 듯한 절벽을 배경으로 바위 위에 양팔을 모아 턱을 괸 채 수면을 바라보는 선비의 모습을 묘사하였다.

28 임술 농민 봉기

암기박사   임술 농민 봉기 ⇒ 박규수 : 삼정이정청 설치   **정답 ②**

정답 해설

백낙신의 탐학이 발단이 되어 진주 지역 농민들이 유계춘의 지휘 아래 일으킨 사건은 임술 농민 봉기이다. 정부는 이를 해결하기 위해 박규수를 파견하였고, 삼정이정청이 설치되는 계기가 되었다.

오답 해설

① 김부식 진압 → 묘청의 난

묘청이 풍수지리설에 근거하여 서경 천도를 주장하며 난을 일으키자 김부식이 관군을 이끌고 이를 진압하였다.

③ 서북인에 대한 차별 → 홍경래의 난

조선 순조 때 서북인에 대한 차별과 가혹한 수취에 반발하여 홍경래 등이 봉기하여 난을 일으켰다. → 평안도민

④ 흥선 대원군 재집권 → 임오군란

신식 군대인 별기군과 차별을 받던 구식 군대가 임오군란을 일으키자 흥선 대원군이 일시적으로 재집권하였다.

29 다산 정약용

암기박사 거중기 설계 ⇒ 다산 정약용   정답 ①

정답 해설

목민심서를 저술한 인물은 조선 후기의 실학자 다산 정약용이다. 조선 정조 때 정약용은 기기도설을 참고하여 거중기를 설계하였고 이후 수원 화성 축조에 이용하였다.

오답 해설

② 몽유도원도 → 안견

몽유도원도는 조선 세종 때 안견이 안평대군의 꿈 이야기를 듣고 표현한 그림으로 자연스러운 현실 세계와 환상적인 이상 세계를 웅장하면서도 능숙하게 처리하였다.

③ 동의보감 → 허준

조선 광해군 때 허준은 전통 한의학을 체계적으로 정리한 동의보감을 완성하여 의료 지식의 민간 보급에 기여하였다.

④ 열하일기 → 박지원

연암 박지원은 연행사를 따라 청에 다녀온 후 열하일기를 집필하여 청의 문물을 소개하고 이를 수용할 것을 주장하였다.

30 신미양요 이후의 사실

암기박사 신미양요(1871) ⇒ 척화비 건립   정답 ③

정답 해설

미국이 제너럴셔먼호 사건을 구실로 강화도를 공격하여 신미양요가 발발하자 어재연 부대가 광성보에서 항전하였다. 신미양요의 결과 흥선 대원군은 척화교서를 내리고 종로를 비롯한 전국 각지에 척화비를 건립하였다.

오답 해설

① 병인박해(1866) → 신미양요 이전

천주교에 대한 최대의 박해로 흥선 대원군은 프랑스 베르뇌 신부 등 8천여 명을 처형하였다.

② 장용영 창설(1793) → 신미양요 이전

조선 정조 때 왕권 강화를 위해 국왕의 친위 부대인 장용영을 창설하고 한양에는 내영, 수원 화성에는 외영을 두었다.

④ 화통도감 설치(1377) → 신미양요 이전

고려 말 우왕 때 최무선의 건의로 화통도감이 설치되어 화약과 화포가 제작되었다.

31 대미 사절단 보빙사

암기박사 대미 사절단 ⇒ 보빙사   정답 ①

정답 해설

보빙사는 서양에 파견된 최초의 사절단으로, 미국과 조·미 수호 통상 조약이 체결된 후 푸트 미국 공사의 조선 부임에 대한 답례로 민영익 등의 사절단이 파견되어 미국의 아서 대통령을 접견하였다.

오답 해설

② 일본에 파견된 외교 사절단 → 수신사

수신사는 강화도 조약 이후 일본에 파견된 외교 사절단으로 1차에는 김기수, 2차에는 김홍집이 파견되었다.

③ 청의 무기 제조 기술 습득 → 영선사

김윤식을 단장으로 하는 영선사가 청에 파견되어 톈진 기기국에서 무기 제조법과 근대적 군사 훈련법을 습득하였다.

④ 암행어사의 형태로 비밀리에 파견 → 조사 시찰단

고종은 개화 반대 여론으로 인해 박정양·어윤중·홍영식 등으로 구성된 조사 시찰단을 일본에 암행어사의 형태로 비밀리에 파견하였다. → 신사유람단

32 최익현의 활동

암기박사 태인 : 을사의병 ⇒ 최익현   정답 ②

정답 해설

을사늑약 체결에 저항하여 태인에서 의병을 일으킨 인물은 최익현으로, 결국 체포되어 쓰시마섬에서 순국하였다.

오답 해설

① 을사의병 : 평민 출신 의병장 → 신돌석

을사늑약이 체결되자 평민 출신 의병장 신돌석은 을사늑약의 폐기와 친일 내각 타도를 주장하며 을사의병을 일으켰다.

③ 이토 히로부미 처단 → 안중근

안중근 의사는 하얼빈 역에서 일제의 침략 원흉인 이토 히로부미를 처단하고, 이듬해에 뤼순 감옥에서 순국하였다.

④ 봉오동 전투, 청산리 대첩 → 홍범도

홍범도는 대한 독립군의 총사령관으로 안무의 대한 국민회군과 연합하여 봉오동 전투에서, 김좌진의 북로 군정서군과 연합하여 청산리에서 일본군을 격파하였다.

33 갑신정변의 이해

암기박사 급진개화파 주도 ⇒ 갑신정변   정답 ①

정답 해설

홍영식, 박영효, 서광범, 김옥균, 서재필 등의 급진개화파가 우정총국 개국 축하연을 이용해 사대당 요인을 살해하고 개화당 정부를 수

립한 것은 갑신정변이다.

② 명성 황후 피살 → 을미사변

명성황후가 친러파와 연결하여 일본을 견제하려 하자 일제는 을미사변을 일으켜 경복궁을 침범하고 명성황후를 시해하였다.

③ 요동반도 반환 → 삼국 간섭

일본이 청·일 전쟁에서 승리한 후 체결한 시모노세키 조약에 따라 청으로부터 요동반도를 할양받았으나, 이를 견제하고자 러시아, 프랑스, 독일의 삼국 간섭으로 일본은 요동반도를 반환하였다.

④ 러시아 공사관 피란 → 아관 파천

명성황후가 시해된 을미사변으로 신변에 위협을 느낀 고종이 러시아 공사관으로 파천하여 1년간 머물렀다.

> 임금이 도성을 떠나 딴 곳으로 피란함

34 거문도 사건

정답 ③

암기박사 임오군란 ⇒ 거문도 사건 ⇒ 갑오개혁

정답 해설

• 임오군란(1882) : 신식 군대인 별기군과의 차별을 받던 구식 군대가 임오군란을 일으켜 포도청과 의금부를 습격하고 일본 공사관을 불태웠다.

• 거문도 사건(1885) : 갑신정변 이후 조·러 수호 통상 조약이 체결되자 영국군이 러시아를 견제하기 위해 거문도를 불법으로 점령하였다.

• 갑오개혁(1894) : 김홍집의 친일 내각이 낡은 제도를 없애고 근대 국가로 발돋움하기 위해 실시한 개혁으로, 유교 중심의 조선 사회를 근대 사회로 바꾸기 위한 활동이다.

35 도산 안창호

정답 ①

암기박사 대성 학교 설립 ⇒ 도산 안창호

정답 해설

도산 안창호는 국권 회복과 공화정체의 국민 국가 건설을 목적으로 비밀 결사 단체인 신민회를 조직하였으며, 미국 샌프란시스코로 건너가 재미 한인을 중심으로 한민족 운동 단체인 흥사단을 조직하였다. 또한 민족 교육을 위해 중등 교육기관인 대성 학교를 평양에 설립하였다.

오답 해설

② 원산 학사 → 최초의 근대적 사립학교

원산 학사는 함경도 덕원부사 정현석과 주민들이 개화파 인물들의 권유로 설립한 최초의 근대적 사립학교이다.

③ 육영 공원 → 최초의 근대식 관립학교

육영 공원은 정부가 보빙사 민영익의 건의로 설립한 최초의 근대식 관립 학교로 미국인 교사를 초빙해 근대 학문을 가르쳤다.

④ 이화 학당 → 최초의 여성 교육 기관

이화 학당은 미국인 선교사 스크랜튼 부인이 설립한 최초의 여성 교육 기관이다.

36 정미 7조약

정답 ②

암기박사 한·일 의정서 ⇒ 정미 7조약 ⇒ 한·일 병합 조약

정답 해설

(가) 한·일 의정서(1904) : 러·일 전쟁이 발발하고 난 후 일본은 강제로 한일 의정서를 체결하여 군사적 요지를 점령하였다.

• 정미 7조약(1907) : 을사늑약 후 일제는 모든 통치권이 일제의 통감부로 이관되는 정미 7조약(한·일 신협약)을 체결하고 대한 제국 군대를 강제 해산시켰다.

(나) 한·일 병합 조약(1910) : 한·일 병합 조약 후 국권이 피탈되고 식민 통치의 중추 기관인 조선 총독부가 설치되어 일제의 식민 통치가 시작되었다.

오답 해설

① 톈진 조약(1885) → (가) 이전

청의 무력 개입으로 3일 만에 실패한 갑신정변의 영향으로 청과 일본 사이에 톈진 조약이 체결되었다.

③ 제물포 조약(1882) → (가) 이전

임오군란의 결과 조선은 일본과 제물포 조약을 체결하고 배상금 지불과 군란 주동자의 처벌을 약속하였다.

④ 시모노세키 조약(1895) → (가) 이전

일본이 청·일 전쟁에서 승리한 후 체결한 시모노세키 조약에 따라 청으로부터 요동반도를 할양받았으나, 이를 견제하고자 러시아, 프랑스, 독일의 삼국 간섭으로 일본은 요동반도를 반환하였다.

37 동학 농민 운동의 전개

정답 ②

암기박사 동학 농민 운동 : 우금치 전투(1894) ⇒ 2차 봉기

정답 해설

동학 농민 운동 당시 청·일군이 개입하여 전주 화약이 성립하였으나 일본이 군대를 동원하여 경복궁을 점령하였다. 이후 2차 봉기 때 동학 농민군이 공주 우금치에서 관군 및 일본군을 상대로 항전하였으나 패하였다.

오답 해설

① 최제우 처형(1864) → 동학 농민 운동 이전

조선 철종 때 동학을 창시한 교조 최제우가 사술로 백성들을 현혹시킨다고 하여 혹세무민의 죄로 처형당했다.

③ 삼례 집회(1892) → 동학 농민 운동 이전

동학의 창시자로 처형된 최제우의 억울함을 풀고 포교의 자유를 인정받고자 동학교도들이 삼례에서 교조 신원 운동을 전개하였다.

④ 고부 농민 봉기(1894) → 1차 봉기

고부 군수 조병갑의 탐학에 저항하여 전봉준이 농민들을 이끌고 고부 관아를 습격하면서 동학 농민 운동이 시작되었다.

👉 **핵심노트** ▶ 동학 농민 운동의 전개

구분	중심 세력	활동 내용	성격
1차 봉기 (고부 민란 ~ 전주 화약)	남접(전봉준, 김개남, 손화중 등)	• 황토현 전투 • 집강소 설치, 폐정 개혁안	반봉건적 사회 개혁 운동
2차 봉기	남접(전봉준) + 북접(손병희)	공주 우금치 전투	반외세, 항일 구국 운동

38 국채 보상 운동

암기박사 정부 부채 상환 ⇒ 국채 보상 운동

정답 ①

정답 해설

정부가 일본에 진 빚 1,300만 원을 갚기 위해 국채 보상 기성회에서 의연금을 모금한 활동은 국채 보상 운동이다. 국채 보상 운동은 정부의 외채를 국민의 힘으로 상환하여 국권을 회복하고자 대구에서 개최한 국민 대회에서 김광제 등의 발의로 시작되었다.

오답 해설

② 문맹 퇴치 및 한글 보급 운동 → 문자 보급 운동

문자 보급 운동은 일제의 민족 말살 정책에 대항하여 조선일보가 중심이 되어 실시한 문맹 퇴치 및 한글 보급 운동이다.

③ 민족 산업 보호 및 경제 자립 운동 → 물산 장려 운동

물산 장려 운동은 평양에서 조만식 등이 중심이 되어 우리 민족 산업을 보호하고 경제적 자립을 목적으로 '조선 사람 조선 것'이라는 구호 아래 전개된 운동이다.

④ 조선 민립 대학 기성회 모금 활동 → 민립 대학 설립 운동

조선 총독부가 대학 설립 요구를 묵살하자 조선 교육회는 우리 손으로 대학을 설립하고자 조선 민립 대학 기성회를 중심으로 모금 운동을 전개하였다.

39 근대 문물의 수용

암기박사 박문국 : 한성순보 발행(1883) ⇒ 대한 제국 이전

정답 ③

정답 해설

대한 제국(1897~1910)은 조선 말기 아관파천 후 환궁한 고종이 자주 독립을 지키고 왕권을 강화하기 위해 수립한 나라로 일제에 의해 국권을 빼앗길 때까지 존속하였다. 한편, 박문국에서 한성순보가 발행된 것은 대한 제국 이전의 일이다.

오답 해설

① 원각사 설립(1908) → 대한 제국 시기

이인직이 설립한 최초의 서양식 극장인 원각사에서 은세계, 치악산 등의 신극이 공연되었다.

② 중명전 건립(1899) → 대한 제국 시기

중명전은 덕수궁(경운궁)의 별채로, 고종 때 일제의 강압 속에 을

사늑약이 체결된 비운의 장소이다.

④ 경부선 부설(1904) → 대한 제국 시기

러·일 전쟁을 치르는 일본이 군수 물자를 수송하기 위한 군사적인 목적으로 서울과 부산을 잇는 경부선 철도를 부설하였다.

40 6·10 만세 운동

암기박사 순종의 장례일(1926) ⇒ 6·10 만세 운동

정답 ①

정답 해설

6·10 만세 운동은 대한 제국의 마지막 황제인 순종의 장례일을 기회로 삼아 사회주의 세력의 주도 하에 격문 살포와 시위 운동이 전개되었다.

오답 해설

② 헤이그 특사 파견 → 1907년

고종은 을사늑약의 무효를 선언하고 헤이그 만국 평화 회의에 이준, 이상설, 이위종 등의 특사를 파견해 일제 침략의 부당성을 호소하였다.

③ 토지 조사 사업 실시 → 1910년

일제는 무단 통치기 때 토지 약탈과 식민지 통치의 재정 기반을 확대하기 위해 토지 조사 사업을 실시하였다.

④ 제너럴 셔먼호 사건 → 1866년

대동강에 침입하여 통상을 요구하며 행패를 부리던 미국 상선 제너럴 셔먼호를 박규수와 평양 관민들이 불태웠다.

41 무단 통치기의 사회 모습

암기박사 헌병 경찰 ⇒ 무단 통치기

정답 ②

정답 해설

일제에 의해 조선 태형령이 시행된 시기는 무단 통치기이다. 이 시기에 헌병이 경찰 업무를 대행하는 헌병 경찰제가 시행되었다.

오답 해설

① 경성 제국 대학 설립 → 문화 통치기

조선 교육회는 우리 손으로 대학을 설립하고자 조선 민립 대학 기성회를 중심으로 모금 운동을 전개하였으나 일제가 경성 제국 대학을 설립하면서 중단되었다.

③ 조선책략 유포 → 무단 통치기 이전

김홍집은 2차 수신사로 일본에 갔다가 귀국할 때 황준헌이 쓴 조선책략을 국내에 처음으로 유포하였다.

④ 국민 징용령 공포 → 민족 말살 통치기

일제는 민족 말살 통치기에 조선인 근로자의 노동력을 착취하기 위해 국민 징용령을 공포하였다.

42 대한민국 임시 정부의 활동

정답 ①

암기박사 독립 공채 발행 ⇒ 대한민국 임시 정부

정답 해설

3 · 1 운동을 계기로 상하이에 수립된 단체는 대한민국 임시 정부이다. 대한민국 임시 정부는 독립 공채를 발행하거나 국민의 의연금으로 독립운동에 필요한 군자금을 조달하였다.

오답 해설

② 만민 공동회 개최 → 독립 협회

독립 협회는 우리나라 최초의 근대적 민중 대회인 만민 공동회를 개최하여 민권 신장을 추구하였다.

③ 신흥 강습소 설립 → 신민회

신민회는 서간도 삼원보에 신흥 강습소를 설립하여 무장 투쟁을 준비하였고, 이후 신흥 무관 학교로 발전하였다.

④ 잡지 어린이 발간 → 천도교

천도교 소년회는 어린이날을 제정하고 잡지 어린이를 발간하는 등 소년 운동을 전개하였다.

핵심노트 ▶ 대한민국 임시 정부의 활동

- **군자금의 조달** : 독립 공채 발행이나 국민의 의연금으로 마련, 국내외에서 수합된 자금은 연통제나 교통국 조직망에 의해 임시 정부에 전달되었으며, 만주의 이륭양행이나 부산의 백산 상회를 통하여 전달되기도 함
- **외교 활동** : 파리 강화 회의에 김규식을 대표로 파견하여 독립을 주장, 미국에 구미 위원부를 두어 국제 연맹과 워싱턴 회의에 우리 민족의 독립 열망을 전달
- **문화 활동** : 기관지로 독립신문을 간행하여 배포, 사료 편찬소를 두어 한 · 일 관계 사료집과 한국 독립 운동 지혈사(박은식) 등 간행
- **군사 활동** : 육군 무관 학교 설립, 임시 정부 직할대 결성, 한국 광복군 창설

43 조선 의용대의 독립 투쟁

정답 ③

암기박사 중국 관내 최초의 한인 무장 부대 ⇒ 김원봉 : 조선 의용대

정답 해설

의열단의 단장으로 활동한 김원봉이 조직한 조선 의용대는 중국 관내에서 결성된 최초의 한인 무장 부대이다. 조선 의용대는 중국 국민당과 연합하여 포로 심문, 요인 사살, 첩보 작전을 수행하였다.

오답 해설

① 청산리 · 봉오동 전투 → 홍범도 : 대한 독립군

홍범도의 대한 독립군은 대한 국민회군과 연합하여 봉오동 전투에서, 북로 군정서군과 연합하여 청산리 전투에서 일본군을 격파하였다.

② 청산리 전투 → 김좌진 : 북로 군정서군

김좌진 장군은 북로 군정서군을 이끌고 간도의 청산리 전투에서 일본군을 대파하여 독립군 사상 최대의 승리를 이끌었다.

④ 영릉가 · 흥경성 전투 → 양세봉 : 조선 혁명군

양세봉이 만주에서 조직한 조선 혁명군은 중국 의용군과 연합 작전을 펼쳐 영릉가 전투와 흥경성 전투에서 일본군에 대승을 거두었다.

44 제주도의 역사

정답 ②

암기박사 삼별초 : 최후 항쟁지 ⇒ 제주도

정답 해설

탐라총관부, 4 · 3사건, 하멜의 표류 등은 모두 제주 지역과 관련된 역사이다. 김통정의 지휘 아래 삼별초는 제주도 항파두리에서 몽골과 최후의 항전을 벌였으나 여 · 몽 연합군에게 진압되었다.

오답 해설

① 운요호 사건 → 강화도

일본 군함 운요호가 연안을 탐색하다 강화도 초지진에서 조선 측의 포격을 받자 이를 구실로 불평등 조약인 강화도 조약이 체결되었다.

③ 고려 왕릉 → 개성

개성을 수도로 두었던 고려왕조의 역사성으로 인해 일부 왕릉을 제외한 대부분의 고려 왕릉은 개성에 위치해 있다.

④ 대한 제국 : 칙령 제41호 → 독도

대한 제국은 "독도의 두 섬인 죽도, 석도를 울릉군에서 관리한다."는 칙령 제41호를 통해 울릉도를 군으로 승격시키고 독도를 관할하게 하였다.

45 신분 제도의 이해

정답 ②

암기박사 정조 : 규장각 검서관 ⇒ 서얼

정답 해설

(가) 노비 / (나) 서얼 / (다) 백정

규장각은 조선 시대 왕실 도서관이자 학술과 정책을 연구하는 기관으로 조선 정조 때 설치되었으며, 유득공, 박제가와 같은 서얼 출신 인재들이 규장각 검서관으로 기용되었다.

↳ 규장각 각신의 보좌, 문서 필사 등의 업무를 맡은 관리

오답 해설

① 고려 문벌 귀족 → 공음전

고려 시대 문벌 귀족은 5품 이상의 관료에게 지급된 세습 가능한 토지인 공음전을 경제적 기반으로 삼았다.

③ 신라 신분 제도 → 골품

신라의 골품제는 혈연에 따라 사회적 제약이 가해지는 폐쇄적 신분 제도로, 골품에 따라 관직 승진에 제한이 있었다.

④ 매매, 상속, 증여의 대상 → 노비

노비는 재산으로 간주되어 엄격히 관리되었으며 매매, 상속, 증여의 대상이 되었다.

46 제헌 국회

정답 ③

암기박사 한 · 미 상호 방위 조약 체결 ⇒ 제2대 국회

정답 해설

6 · 25 전쟁 이후 제2대 국회 때 한 · 미 상호 방위 조약이 비준되어 한반도에서 무력 충돌이 일어날 경우 유엔의 결정 없이 미국이 즉각 개입할 수 있게 되었다(1953).

오답 해설

① 제헌 헌법 제정 → 제헌 국회

8 · 15 광복 후 남한에서 5 · 10 총선거가 실시되어 제헌 국회가 구성되고 제헌 헌법이 제정되었다

② 반민족 행위 처벌법 가결 → 제헌 국회

제헌 국회에서 일제의 잔재를 청산하기 위한 반민족 행위 처벌법이 가결되고 친일 주요 인사들을 조사하기 위한 반민족 행위 특별 조사 위원회가 구성되었다.

④ 초대 대통령 선출 → 제헌 국회

5 · 10 총선거의 실시로 구성된 제헌 국회에서 대한민국 초대 대통령으로 이승만이 선출되었으나 4 · 19 혁명의 발발로 대통령직에서 하야하였다.

47 5 · 18 민주화 운동

정답 ④

암기박사 시민군 vs 계엄군 ⇒ 5 · 18 민주화 운동(1980)

정답 해설

신군부의 계엄 확대와 무력 진압에 5 · 18 민주화 운동이 발발하였고, 시위 전개 과정에서 시민군이 조직되어 계엄군에 저항하였다.

오답 해설

① 4 · 19 혁명(1960) : 이승만 정권의 장기 독재와 자유당 정권의 3 · 15 부정선거로 4 · 19 혁명이 발발하였고 그 결과 이승만 대통령이 하야하였다.

② 부마 민주 항쟁(1979) : 신민당 당사에서 YH 무역 사건이 일어나자 박정희 정부는 김영삼을 국회의원에서 제명하였고, 이에 부산과 마산에서 유신 철폐와 독재 타도를 외치며 부 · 마 민주 항쟁이 발발하였다.

③ 6월 민주 항쟁(1987) : 박종철 고문치사와 전두환 정부의 4 · 13 호헌 조치 발표로 호헌 철폐와 독재 타도 등의 구호를 내세운 6월 민주 항쟁이 촉발되었다.

48 박정희 정부의 통일 노력

정답 ③

암기박사 7 · 4 남북 공동 성명 ⇒ 박정희 정부

정답 해설

분단 이후 처음으로 남북 사이에 직통 전화가 개설되어 남북 적십자 회담을 열기 위한 대화의 통로가 마련된 것은 박정희 정부 때의 일이다. 박정희 정부 때에 7 · 4 남북 공동 성명을 발표하고 '자주, 평화, 민족 대단결'의 민족 통일 3대 원칙을 제시하였다.

오답 해설

① · ④ 남북 정상회담, 금강산 관광 사업 → 김대중 정부

김대중 정부 때에 평양에서 최초로 남북 정상회담이 개최되고 햇볕 정책의 일환으로 금강산 관광 사업이 시작되었다.

② 남북한 유엔 동시 가입 → 노태우 정부

노태우 정부 때에 제46차 UN 총회에서 개별 회원국으로 남북한 유엔 동시 가입이 이루어졌다.

49 김영삼 정부의 경제 상황

정답 ④

암기박사 경제 협력 개발 기구(OECD) 가입 ⇒ 김영삼 정부

정답 해설

금융 거래의 투명성을 확보하고자 금융 실명제를 실시한 것은 김영삼 정부 때의 일이다. 김영삼 정부 때에 선진국 진입의 관문인 경제 협력 개발 기구(OECD)에 29번째 회원국으로 가입하였다.

오답 해설

① 경부 고속 도로 준공 → 박정희 정부

박정희 정부 때에 서울과 부산을 연결하는 경부 고속 도로를 준공하였다.

② 3저 호황 : 수출 증가 → 전두환 정부

전두환 정부 때에 유가 하락, 달러 가치 하락, 금리 하락의 3저 호황으로 물가가 안정되고 수출이 증가하였다.

③ 제1차 경제 개발 5개년 계획 → 박정희 정부

박정희 정부 때에 기간산업, 사회 간접 자본 확충, 경공업 중심의 수출 산업 육성을 위한 제1차 경제 개발 5개년 계획이 추진되었다.

50 역대 한글 연구 기관

정답 ③

암기박사 한글 맞춤법 통일안 제정 ⇒ 조선어 학회

정답 해설

(가) 집현전 / (나) 국문 연구소 / (다) 조선어 학회

정세권이 후원한 단체는 조선말 큰사전 편찬을 추진한 조선어 학회이다. 최현배, 이윤재 등이 설립한 조선어 학회는 한글 맞춤법 통일안을 제정하였으나, 조선어 학회가 독립 운동 단체라는 일제의 조선어 학회 사건으로 많은 한글 학자들이 고문을 당하였다.

오답 해설

① 삼강행실도 편찬 → 집현전(X)

조선 세종 때 설순이 모범적인 충신, 효자, 열녀를 알리기 위해 윤리서인 삼강행실도를 편찬하였다.

② 독립신문 간행 → 독립협회

독립신문은 서재필의 독립협회가 민중 계몽을 위해 창간한 신문으로, 최초의 민간 신문이자 순한글 신문이다.

④ 창덕궁 후원에 설치 → 규장각

창덕궁 후원에는 조선 시대 왕실 도서관이자 학술 및 정책을 연구하던 관서인 규장각이 설치되었다.

01 청동기 시대의 생활 모습

암기박사 고인돌 : 지배층의 무덤 ⇒ 청동기 시대 정답 ④

정답 해설

비파형 동검은 금속 도구를 사용하기 시작한 청동기 시대의 대표적인 유물로 거푸집을 이용하여 만들어졌다. 청동기 시대에는 지배층의 무덤으로 고인돌을 만들어 당시 계급의 분화 및 지배층의 권력을 반영하였다.

오답 해설

① 우경 보급 → 신라 : 지증왕
신라 지증왕 때 소를 이용한 우경이 널리 보급되어 깊이갈이가 가능해졌다.
② 철제 농기구 : 쟁기, 쇠스랑 → 철기 시대
철기 시대에는 기존의 석기나 목기 외에 쟁기, 쇠스랑 등의 철제 농기구를 이용하여 농사를 지었다.
③ 동굴, 막집 거주 → 구석기 시대
구석기 시대에는 주로 동굴이나 강가의 막집에서 거주하였고 도구를 사용하여 사냥을 하거나 어로, 채집 생활을 하였다.

02 동예의 풍속

암기박사 지배자 : 읍군, 삼로 / 제천 행사 : 무천 / 풍습 : 책화, 족외혼 / 특산물 : 단궁, 반어피, 과하마 ⇒ 동예 정답 ①

정답 해설

읍군, 삼로 등의 지배자가 있었고 무천이라는 제천 행사가 있었던 나라는 동예이다. 동예에는 또한 읍락 간의 경계를 중시하는 책화가 있었고, 단궁·과하마·반어피 등의 특산물이 유명하였다.

오답 해설

② 부여 → 사출도, 영고, 1책 12법
부여는 여러 加(가)들이 별도로 사출도를 다스렸고 12월에는 영고라는 제천 행사를 열었다. 또한 도둑질한 자는 훔친 것의 12배를 갚게 하는 1책 12법이 있었다.
③ 삼한 → 신지·읍차, 소도·천군, 계절제·수릿날
삼한에는 신성 지역인 소도에서 의례를 주관하는 천군이라는 제사장이 존재하였으며, 5월 수릿날과 10월 계절제에는 하늘에 제사를 지내는 풍습이 있었다. 또한 대군장인 신지와 소군장인 읍차 등의 지배자가 있었다.
④ 옥저 → 가족 공동묘, 민며느리제
옥저에는 가족이 죽으면 그 뼈를 추려 가족 공동 무덤에 안치하는 매장 풍습이 있었고, 혼인을 약속하고 신랑 집에서 여자를 데려와 기른 후 성인이 되면 신부 집에 대가를 주고 며느리로 삼는 민며느리제가 있었다.

03 백제 근초고왕의 업적

암기박사 평양성 공격 : 고국원왕 전사 ⇒ 백제 근초고왕 정답 ③

정답 해설

백제의 전성기를 이끈 근초고왕은 평양성을 공격하여 고국원왕을 전사시켰고 마한의 여러 세력을 복속시켜 백제 최대의 영토를 확보하였다. 또한 남조의 동진과 수교하고 왜와 교류하였다.

오답 해설

① 사비 천도 → 백제 성왕
백제 성왕은 웅진에서 사비로 천도하고 국호를 남부여로 변경하는 등 행정 조직을 재정비하였다.
② 22담로 → 백제 무령왕
백제 무령왕은 지방 통제를 강화하기 위해 지방의 주요 지점에 22담로를 두고 왕족을 파견하였다.
④ 독서삼품과 → 통일 신라 원성왕
통일 신라의 원성왕은 인재 등용을 위해 유교 경전의 이해 수준에 따라 3등급으로 구분한 독서삼품과를 실시하였다.

핵심노트 ▶ 백제 근초고왕(346~375)의 업적

- 활발한 영토 확장 : 고구려의 평양성을 공격하고 마한의 나머지 세력을 정복하여, 오늘날의 경기·충청·전라도와 낙동강 중류, 강원도·황해도의 일부 지역 등 백제 최대 영토 확보
- 고대 상업 세력권 형성 : 요서, 산둥, 일본 규슈 지방으로 진출해 고대 상업 세력권 형성
- 활발한 대외 활동 : 동진과 수교, 가야에 선진 문물 전파, 왜와 교류 → 칠지도 하사
- 중앙 집권 체제의 완비 : 왕권의 전제화, 부자 상속에 의한 왕위 계승이 시작됨
- 고흥으로 하여금 서기를 편찬하게 함 → 전하지 않음
- 왕인이 천자문·논어 등을 일본에 전파 → 일본 아스카 문화의 시조

04 연개소문의 정변

암기박사 살수 대첩 ⇒ 연개소문 정변 ⇒ 안시성 전투 정답 ②

정답 해설

- 살수 대첩(612) : 수 양제가 고구려를 2차 침입했을 때 을지문덕 장군이 우중문의 30만 별동대를 살수로 유인하여 크게 물리쳤다.
- (가) 연개소문 정변(642) : 연개소문이 정변을 일으켜 영류왕을 죽이고 보장왕을 옹립하여 권력을 장악한 후 스스로 막리지가 되었다.
- 안시성 전투(645) : 당 태종이 연개소문의 정변을 빌미로 고구려에 침입하자 양만춘이 안시성 전투에서 당의 군대를 격퇴하였다.

오답 해설

① 김흠돌의 난(681) → 안시성 전투 이후
통일 신라 신문왕은 장인인 김흠돌이 반란을 일으키자 이를 진압하고 진골 귀족들을 숙청하였다.
③ 장문휴의 등주 공격(732) → 안시성 전투 이후
발해 무왕 때 장문휴의 수군이 당의 등주를 공격하여 당과 대립하였다.
④ 고구려 부흥 운동(670~674) → 안시성 전투 이후
고구려가 멸망한 후 검모잠이 보장왕의 서자 안승을 왕으로 추대하고 고구려 부흥 운동을 전개하였으나, 안승이 검모잠을 죽이고

신라로 망명하였다.

05 신라의 골품 제도

암기박사　신라 : 신분 제도 ⇒ 골품 제도　　**정답** ①

정답 해설

신라에는 혈통에 따라 관직 진출뿐만 아니라 일상생활까지 차별한 신분제인 골품 제도가 있었다. 신라의 골품 제도는 혈연에 따라 사회적 제약이 가해지는 폐쇄적 신분 제도로, 골품에 따라 관등 승진에 제한을 두었을 뿐만 아니라 집과 수레의 크기 등 일상생활까지 규제하였다.

오답 해설

② **고려 : 지방 세력 통제 → 기인 제도**

　고려 태조는 지방 호족 세력을 통제하기 위해 지방 호족과 향리의 자제를 인질로 뽑아 중앙에 머무르게 하는 기인 제도를 실시하였다.

③ **고려 : 신분 세습 제도 → 음서제**

　음서제는 고려 시대 문무 5품 이상 관리의 자손이 과거 시험을 보지 않고 관리로 채용될 수 있는 신분 세습 제도이다.

④ **신라 : 지방 세력 통제 → 상수리 제도**

　통일 신라는 각 주 향리의 자제를 일정 기간 금성(경주)에서 볼모로 거주하게 하는 상수리 제도를 시행하여 지방 세력을 통제하였다.

06 경주 분황사 모전 석탑

암기박사　분황사 모전 석탑 ⇒ 경주　　**정답** ①

정답 해설

경북 경주의 분황사에 있는 모전 석탑은 신라 선덕여왕 때 벽돌 모양으로 돌을 다듬어 쌓은 탑으로 현존하는 신라 석탑 중 가장 오래된 석탑이다. 기단 위 모퉁이에 화강암으로 조각한 사자상이 놓여 있다.

오답 해설

② **정림사지 오층 석탑 → 부여**

　충남 부여의 정림사지에 있는 오층 석탑은 목탑의 구조와 비슷하지만 돌의 특성을 살려 전체적인 형태가 매우 우아하고 아름답다.

③ **월정사 팔각 구층 석탑 → 평창**

　월정사 팔각 구층 석탑은 강원도 평창의 월정사 대웅전 앞뜰에 있는 고려 전기의 석탑으로, 당시 불교 문화 특유의 화려하고 귀족적인 면모가 잘 나타난 다각 다층 석탑이다.

④ **화엄사 사사자 삼층 석탑 → 구례**

　전남 구례의 화엄사에 있는 통일 신라의 석탑으로 기단 모서리에 사자를 넣어 사자좌 위에 탑이 서 있는 독특한 형태의 석탑이다.

07 원종과 애노의 난

암기박사　혜공왕 피살(780) ⇒ 원종과 애노의 난(889)　　**정답** ④

정답 해설

혜공왕이 귀족 세력에게 피살되고 상대등 김양상이 선덕왕으로 즉위하면서 신라 하대가 시작되었다. 신라 하대 진성여왕 때 원종과 애노가 가혹한 세금 수탈에 반발하여 사벌주(상주)에서 봉기하였다.

08 후백제 견훤

암기박사　공산 전투 승리 ⇒ 후백제 견훤　　**정답** ④

정답 해설

후백제를 세웠으며, 아들 신검에 의해 금산사에 유폐된 인물은 견훤이다. 후백제의 견훤은 공산 전투에서 경애왕의 요청으로 지원 온 왕건의 고려군에 승리하였다.

오답 해설

① **완도 : 청해진 → 장보고**

　통일 신라 때 장보고가 완도의 청해진을 중심으로 해상 무역을 전개하고 국제 무역의 거점으로 번성하였다.

② **국호 : 마진 → 궁예**

　신라 왕족 출신의 궁예가 양길을 몰아내고 송악에서 후고구려를 건국한 후 국호를 마진으로 바꾸고 철원으로 천도하였다.

③ **경주 : 사심관 → 김부**

　신라의 마지막 왕인 경순왕 김부가 고려 왕건에 항복한 후 경주의 사심관으로 임명되었다.

　→ 고려 시대 지방에 연고가 있는 고관에게 자기의 고장을 다스리도록 임명한 특수 관직

09 발해의 문화유산

암기박사　영광탑 ⇒ 발해 문화유산　　**정답** ①

정답 해설

대조영이 동모산에서 건국하고 대인수(선왕) 때 해동성국이라 불렸던 나라는 발해이다. 영광탑은 중국 길림성 장백진 북서쪽 탑산에 있는 발해의 문화유산으로 장방형, 규형, 다각형의 벽돌로 쌓은 5층의 벽돌탑이다.

오답 해설

② **금관총 금관 → 신라 문화유산**

　금관총 금관은 신라 금관의 전형적 형태이며 미학적으로 가장 아름다워 신라 금관의 백미로 평가된다.

③ **금동 대향로 → 백제 문화유산**

　부여의 능산리 절터에서 발견된 금동 대향로는 백제의 문화유산으로, 백제의 금속 공예 기술이 중국을 능가할 정도로 매우 뛰어났음을 보여 주는 걸작품이다.

④ **판갑옷과 투구 → 가야 문화유산**

　철제 판갑옷과 투구는 대표적인 가야의 문화유산으로, 당시 가야가 철의 나라라고 할 정도로 철이 많이 생산되었음을 알 수 있다.

10 고려 광종의 업적

> **암기박사** 과거제 시행 ⇒ 고려 광종
>
> 정답 ④

정답 해설

준풍이라는 연호를 사용하였으며 노비안검법을 시행한 왕은 고려 광종이다. 고려 광종은 인재를 등용하기 위해 후주인 쌍기의 건의를 받아들여 과거제를 처음으로 시행하였다.

오답 해설

① 강화도 천도 → 고려 고종

고려 고종 때 몽골의 무리한 조공 요구와 내정 간섭에 반발한 최우가 다루가치를 사살하고 강화도로 도읍을 옮겨 장기 항전을 준비하였다.

② 쌍성총관부 수복 → 고려 공민왕

고려 공민왕 때 유인우, 이자춘 등이 쌍성총관부를 공격하여 원에 빼앗긴 철령 이북의 땅을 수복하였다.

③ 12목 설치 → 고려 성종

고려 성종은 최승로의 시무 28조에 따라 전국에 12목을 설치하고 지방관을 파견하였다.

11 여진에 대한 고려의 대응

> **암기박사** 친선 외교(현종) ⇒ 윤관의 별무반(숙종) ⇒ 사대 외교(인종)
>
> 정답 ②

정답 해설

• 친선 외교(현종) : 여진과의 사신 왕래를 통해 비교적 평화로운 관계를 유지하였다.

(가) 윤관의 별무반(숙종) : 고려 숙종 때 윤관은 여진족을 정벌하기 위해 별무반 설치를 건의하였다.

• 사대 외교(인종) : 여진이 금을 건국하고 송을 멸망시켜 강성해지자 고려 인종은 무력 충돌을 피하기 위해 금의 사대 요구를 수용하였다.

오답 해설

① 박위 : 대마도 정벌(1389) → 고려 창왕

고려 창왕 때 박위가 왜구의 근거지인 대마도를 정벌하였다.

③ 처인성 전투(1232) → 고려 고종

몽골의 2차 침입 때 김윤후가 처인성에서 적장 살리타를 사살하고 몽골군을 물리쳤다.

④ 군사 동맹(648) → 신라 선덕여왕

신라의 김춘추가 백제 의자왕의 공격으로 고구려에 원병을 요청하였으나 거절당하자 당으로 건너가 군사 동맹을 체결하였다.

12 고려의 화폐

> **암기박사** 주전도감 발행 ⇒ 해동통보
>
> 정답 ④

정답 해설

고려 숙종은 화폐 유통의 촉진을 도모하기 위해 주전도감을 설치하고 해동통보를 발행하였으나 널리 사용되지는 못하였다.

오답 해설

① 중국 춘추 전국 시대 → 명도전

명도전은 중국 춘추 전국 시대에 연과 제에서 사용한 청동 화폐로, 중국과의 활발한 경제적 교류를 확인할 수 있다.

② 경복궁 중건 → 당백전

당백전은 흥선 대원군이 경복궁 중건에 필요한 재원 마련을 위해 발행한 동전이다.

③ 전환국 발행 → 백동화

백동화는 개화기 때 근대식 화폐 발행 기구인 전환국에서 종래 사용하던 상평통보를 대체하기 위해 발행되었다.

13 팔만대장경판

> **암기박사** 팔만대장경판 ⇒ 합천 해인사
>
> 정답 ③

정답 해설

고려 시대에 몽골의 침입을 부처의 힘으로 극복하고자 강화도에서 간행된 팔만대장경판은 현재 합천 해인사에 보관되어 있다.

오답 해설

① 초조대장경 → 대구 부인사

고려 현종 때 거란의 침입을 부처의 힘으로 극복하고자 대구 부인사에서 초조대장경을 조판하였다.

② 직지심체요절 → 청주 흥덕사

청주 흥덕사에서 현존하는 세계 최고(最古)의 금속 활자본인 직지심체요절이 간행되었다.

④ 무구정광대다라니경 → 경주 불국사

경주 불국사 삼층 석탑을 보수하는 과정에서 현존하는 세계 최고(最古)의 목판 인쇄물인 무구정광대다라니경이 발견되었다.

14 무신정변

> **암기박사** 묘청의 난 ⇒ 무신정변 ⇒ 만적의 난
>
> 정답 ①

정답 해설

• 묘청의 난(1135) : 고려 인종 때 묘청이 풍수지리설에 근거하여 서경 천도를 주장하며 난을 일으키자 김부식이 관군을 이끌고 이를 진압하였다.

(가) 무신정변(1170) : 고려 의종이 문신들만 우대하고 무신들을 천대하자 정중부 등의 무신들이 정변을 일으켜 정권을 장악하였다.

• 만적의 난(1198) : 고려 무신 집권기 때 개경에서 최충헌의 사노 만

적이 신분 해방을 외치며 반란을 모의하였다.

오답 해설

② **최무선 : 진포대첩(1380) → 만적의 난 이후**

고려 우왕 때 최무선이 새로 제작한 화약과 화포를 사용하여 진포에 침입한 왜구를 물리쳤다.

③ **강감찬 : 귀주대첩(1019) → 묘청의 난 이전**

고려 현종 때 10만 대군의 소배압이 이끄는 거란의 3차 침입에 맞서 강감찬이 귀주대첩에서 대승을 거두었다.

④ **배중손 : 삼별초(1271) → 만적의 난 이후**

배중손의 삼별초가 개경환도에 반대하여 진도에서 용장성을 쌓고 저항했으나 여 · 몽 연합군의 공격으로 함락되었다.

15 고려 태조의 업적

암기박사   흑창 설치 ⇒ 고려 태조(왕건)   **정답** ①

정답 해설

후삼국을 통일하고 발해 유민까지 포용한 왕은 고려 태조(왕건)이다. 고려 태조는 고구려의 진대법을 계승한 춘대추납의 빈민 구제 기관인 흑창을 설치하여 민생 안정을 도모하였다.

오답 해설

② **천리장성 축조 → 고려 덕종**

고려 덕종 때 강감찬은 귀주 대첩에서 승리한 후 거란의 침입에 대비하기 위하여 압록강에서 도련포까지 천리장성을 축조하였다.

③ **전민변정도감 설치 → 고려 공민왕**

고려 공민왕은 전민변정도감을 설치하고 신돈을 책임자로 임명하여 권문세족을 견제하고 개혁을 이끌었다.

④ **전시과 시행 → 고려 경종**

고려 경종 때 전시과를 처음 시행하여 관등에 따라 관리에게 토지를 차등 지급하였다.

👆 **핵심노트** ▶ 고려 태조의 정책

- **민족 융합 정책** : 호족 세력의 포섭 · 통합, 통혼 정책(정략적 결혼), 사성 정책(성씨의 하사), 사심관 제도와 기인 제도, 역분전 지급, 본관제, 정계와 계백료서, 훈요 10조
- **민생 안정책** : 취민유도, 조세 경감, 흑창, 노비 해방, 민심의 수습
- **숭불 정책** : 불교 중시, 연등회 · 팔관회, 사찰의 건립(법왕사, 왕수사, 흥국사, 개태사 등), 승록사 설치
- **북진 정책** : 고구려 계승 및 발해 유민 포용, 서경 중시, 거란에 대한 강경 외교(국교 단절 만부교 사건), 여진족 축출

16 고려 원 간섭기

암기박사   황룡사 구층 목탑 건립 ⇒ 신라 선덕여왕   **정답** ③

정답 해설

발립을 쓴 관리의 모습과 변발과 호복을 한 무사의 모습은 고려 원간섭기 때의 모습이다. 한편, 황룡사 구층 목탑이 건립된 것은 신라 선덕여왕 때의 일이다.

오답 해설

① **응방 설치 → 원 간섭기**

원 간섭기에는 원에 조공할 매의 사육을 담당하던 관청인 응방을 두었다.

② **공녀 징발 → 원 간섭기**

원 간섭기에는 원의 공녀 요구가 심각한 사회 문제를 초래하자 결혼도감을 설치하여 공녀를 징발하였다.

④ **권문세족 → 원 간섭기**

원 간섭기에는 친원 세력인 권문세족이 권력을 장악하고 높은 관직을 독점하였다.

17 이성계의 활약

암기박사   황산 대첩 : 왜구 격퇴 ⇒ 이성계   **정답** ③

정답 해설

고려 우왕 때 최영이 명의 철령위 설치에 반발하여 요동 정벌을 추진하였으나 이성계가 4불가론을 들어 위화도에서 회군하였다. 고려 말 이성계는 내륙까지 쳐들어와 약탈하던 왜구를 황산에서 물리치고 백성들의 지지를 얻었다.

오답 해설

① **외교 담판 : 강동 6주 획득 → 서희**

고려 성종 때 거란이 침입하자 서희는 소손녕과 외교 담판을 통해 강동 6주를 획득하였다.

② **비격진천뢰 제작 → 이장손**

조선 선조 때 이장손은 폭탄의 일종인 비격진천뢰를 제작하였으며 임진왜란 때 실전에서 사용하였다.

④ **매소성 전투 → 신라 문무왕**

신라 문무왕은 매소성 전투에서 당의 군대를 격파하고 나 · 당 전쟁에서 승리하였다.

18 조선 세종의 업적

암기박사   칠정산 편찬 ⇒ 조선 세종   **정답** ②

정답 해설

최윤덕과 김종서를 파견하여 여진족을 몰아내고 4군 6진을 개척하여 북방 영토를 넓힌 것은 조선 세종 때의 일이다. 조선 세종 때 한양을 기준으로 천체 운동을 계산한 역법서인 칠정산을 편찬하였다.

오답 해설

① **비변사 폐지 → 조선 고종**

조선 고종 때 흥선 대원군은 비변사가 외척 세력의 권력 기반으로 변질되자 비변사를 폐지하고 의정부의 기능을 회복시켰다.

③ **동의보감 간행 → 조선 광해군**

조선 광해군 때 허준은 전통 한의학을 체계적으로 정리한 동의보감을 간행하여 의료 지식의 민간 보급에 기여하였다.

④ **백두산정계비 건립 → 조선 숙종**

조선 숙종 때 청의 요구로 조선과 청의 경계를 정한 백두산정계비가 건립되었다.

19 조선 태종의 업적

암기박사 6조 직계제, 호패법, 계미자, 신문고 ⇒ 조선 태종 〔정답 ①〕

정답 해설

두 차례 왕자의 난으로 즉위한 조선 태종(이방원)은 6조 직계제를 처음 실시하여 왕권을 강화하였으며, 16세 이상의 남자들에게 호패를 발급하였다. 또한 금속 활자인 계미자를 주조하였으며, 백성의 억울함을 풀어 주기 위해 창덕궁에 신문고를 처음 설치하였다.

오답 해설

② 계유정난, 직전법 실시 → 조선 세조

계유정난을 통해 단종을 폐위하고 왕위에 오른 세조는 수신전, 휼양전 등의 명목으로 세습되던 토지를 폐지하고 현직 관리에게만 전지를 주는 직전법을 시행하였다.

③ 조광조 등용, 비변사 신설 → 조선 중종

중종반정을 통해 연산군을 몰아내고 왕위에 오른 중종은 조광조를 등용하여 개혁 정책을 추진하였고, 삼포왜란을 계기로 국방 문제를 논의하기 위해 비변사를 신설하였다.

④ 탕평책, 균역법 시행 → 조선 영조

조선 영조는 붕당 간 정쟁의 폐단을 막고자 탕평책을 추진하였으며, 군포 2필을 부담하던 것을 1년에 군포 1필로 경감하는 균역법을 시행하였다.

20 대동법의 시행

암기박사 방납의 폐단 해결 ⇒ 선혜청 : 대동법 〔정답 ②〕

정답 해설

조선 광해군 때 방납의 폐단을 해결하고자 토산물로 납부하던 공납을 대신하여 토지 결수를 기준으로 쌀이나 옷감, 동전 등으로 납부한 것은 대동법이다. 대동법의 시행으로 상품 화폐 경제가 발달하고 관청에 필요한 물품을 납품하는 공인이 등장하였다.

오답 해설

① 군포 납부액 1필로 경감 → 균역법

조선 영조 때 농민의 부담을 덜어주기 위해 군포 2필을 부담하던 것을 1년에 군포 1필로 경감하는 균역법을 시행하였다.

③ 토지 1결당 4~6두 부과 → 영정법

조선 인조 때 영정법을 실시하여 풍흉에 관계없이 토지 1결당 4~6두로 전세를 고정하였다.

④ 현직 관리에게만 수조권 지급 → 직전법

조선 세조 때 과전이 부족해지자 직전법을 실시하여 현직 관리에게만 수조권을 지급하였다.
└─ 토지로부터 조세를 거둘 수 있는 권리

21 임진왜란

암기박사 임경업 : 백마산성 전투 ⇒ 병자호란 〔정답 ②〕

정답 해설

김시민의 진주성 전투, 이순신의 한산도 대첩, 송상현의 동래성 전투

는 모두 임진왜란 때 벌어진 전투이다. 한편, 임경업 장군이 청나라 군사의 침입을 막기 위해 민병대를 훈련시키고 백마산성에서 항전한 것은 병자호란 때의 일이다.

오답 해설

① 조헌 : 금산 전투 → 임진왜란

임진왜란 때 조헌은 전라도로 향하는 왜군을 막기 위해 금산 전투에서 의병을 이끌고 활약하였다.

③ 곽재우 : 정암진 전투 → 임진왜란

임진왜란 때 홍의 장군 곽재우가 경상도 의령에서 최초로 의병을 일으킨 후 정암진 전투에서 항전하였다.

④ 신립 : 탄금대 전투 → 임진왜란

임진왜란 당시 왜군이 파죽지세로 쳐들어오자 도순변사 신립이 충주 탄금대에서 배수의 진을 치고 왜군에 항전하였다.

22 조선의 대외 관계

암기박사 사르후 전투(광해군) ⇒ 병자호란(인조) ⇒ 나선정벌(효종) 〔정답 ②〕

정답 해설

(가) 사르후 전투(1619) : 조선 광해군 때 명의 요청으로 강홍립 부대가 사르후 전투에 참전하였으나, 명과 후금 사이에서 중립 외교를 펼쳤다.

(다) 병자호란(1637) : 조선 인조 때 청이 군신 관계를 요구하며 침입하자 인조는 남한산성으로 피난하였지만 결국 삼전도(지금의 송파)에서 항복하고 굴욕적인 강화를 맺었다.

(나) 나선 정벌(1654, 1658) : 조선 효종 때 러시아의 남하로 청과 러시아 간 국경 충돌이 발생하자, 청의 요청으로 두 차례에 걸쳐 나선 정벌에 조총 부대를 파견하였다.

23 을사사화

암기박사 왕실 외척 간의 권력 다툼 ⇒ 을사사화(1545) 〔정답 ④〕

정답 해설

명종을 옹립한 소윤파 윤원로·윤원형 형제가 인종의 외척 세력인 대윤파 윤임 등을 제거하면서 왕실 외척 간의 권력 다툼인 을사사화가 발생했다.

오답 해설

① 경신환국(1680) : 조선 숙종 때 서인이 허적의 서자 허견 등이 역모를 꾀했다 고변하여 허적과 윤휴 등 남인들이 대거 축출되었다.

② 기해예송(1659) : 조선 현종 때 효종의 사망 시 자의 대비의 상복 입는 기간을 두고 서인은 기년복을 남인은 삼년복을 주장하는 예송이 발생하였다.
└─ 예절에 관한 논쟁

③ 병인박해(1866) : 천주교에 대한 최대의 박해로 흥선 대원군은 프랑스 베르뇌 신부 등 8천여 명을 처형하였다.

24 겸재 정선

암기박사 인왕제색도 ⇒ 겸재 정선

정답 ②

정답 해설

인왕제색도는 조선 후기 진경산수화의 대가 겸재 정선의 작품으로, 비가 내린 뒤의 인왕산의 분위기를 적묵법으로 진하고 묵직하게 표현한 산수화이다.

오답 해설

① 영통동구도 → 강세황
  영통동구도는 조선 후기의 화가 강세황이 그린 작품으로, 원근법과 명암법 등 서양화 기법을 반영하여 더욱 실감나게 표현하였다.

③ 세한도 → 김정희
  세한도는 화가가 아닌 선비가 그린 문인화의 대표작으로, 조선 후기의 학자 추사 김정희가 제주도에서 유배 생활 중에 제자 이상적이 청에서 귀한 책들을 구해다 준 것에 대한 답례로 그려준 작품이다.

④ 몽유도원도 → 안견
  몽유도원도는 조선 전기 세종 때 안견이 안평대군의 꿈 이야기를 듣고 표현한 그림으로, 자연스러운 현실 세계와 환상적인 이상 세계를 웅장하면서도 능숙하게 처리하였다.

25 조선 후기의 경제 상황

암기박사 벽란도 : 국제 무역 ⇒ 고려 시대

정답 ④

정답 해설

상평통보가 전국적으로 유통된 것은 조선 후기이다. 한편, 벽란도에서 송의 상인을 비롯한 일본, 만양, 아라비아 상인과 활발한 국제 무역이 이루어진 것은 고려 시대이다.

오답 해설

① 장시 발달 : 보부상 → 조선 후기
  조선 후기에는 정기 시장인 장시가 전국 각지에서 열렸고, 보부상들이 장시를 돌아다니며 상업 활동을 하였다.

② 공인 : 관청에 물품 조달 → 조선 후기
  조선 후기에는 대동법이 실시되면서 관청에 물품을 조달하는 공인이 활동하였다.

③ 송상 : 송방 설치 → 조선 후기
  조선 후기에 개성의 송상이 전국 각지에 송방이라는 지점을 설치하고 청과 일본 사이의 중계 무역으로 부를 축적하였다.

26 조선 정조의 업적

암기박사 장용영 창설 ⇒ 조선 정조

정답 ③

정답 해설

초계문신제를 시행한 왕은 조선 정조이다. 정조는 왕권 강화를 위해 국왕의 친위 부대인 장용영을 창설하였다.

오답 해설

① 경복궁 중건 → 조선 고종
  조선 고종 때 흥선 대원군은 임진왜란으로 불 탄 경복궁을 중건하여 왕실의 권위를 회복하였다.

② 영선사 파견 → 조선 고종
  조선 고종은 개화 정책의 일환으로 청에 영선사를 파견하여 근대식 무기 제조 기술을 도입하였다.

④ 훈민정음 창제 → 조선 세종
  조선 세종은 집현전 학자들과 독창적인 문자인 훈민정음을 창제하였다.

핵심노트 ▶ 조선 정조의 업적

- **탕평 정치** : 진붕과 위붕의 구분, 남인(시파) 중용
- **왕권 강화** : 능력 인사 중용, 규장각의 설치·강화, 서얼 등용, 초계문신제 시행, 장용영 설치
- **수원 화성 건설** : 정치적·군사적 기능 부여, 정치적 이상 실현, 화성 행차
- **수령의 권한 강화** : 수령이 군현 단위의 향약을 직접 주관, 지방 사족의 향촌 지배력 억제, 국가의 통치력 강화
- **문물·제도 정비** : 민생 안정과 서얼·노비의 차별 완화, 청과 서양의 문물 수용, 실학 장려, 신해통공, 문체 반정 운동
- **편찬** : 대전통편, 추관지·탁지지, 동문휘고, 증보문헌비고, 무예도보통지, 제언절목, 규장전운, 홍재전서·일득록
- **활자** : 정리자, 한구자, 생생자(목판) 등 주조

27 홍경래의 난

암기박사 서북 지역민에 대한 차별 ⇒ 홍경래의 난

정답 ③

정답 해설

세도 정치기에 몰락 양반 홍경래가 광산 노동자들과 함께 정주성 등을 점령하였으나 5개월 만에 평정되었다. 홍경래의 난은 서북 지역민에 대한 차별에 반발하여 일어났다.

오답 해설

① 제폭구민, 보국안민 → 동학 농민 운동 ← 폭도를 제거하고 백성을 구함
  제폭구민과 보국안민을 기치로 부패한 정치를 개혁하고 외세에 맞서 싸우기 위해 봉기한 사건은 동학 농민 운동이다. ← 나라 일을 돕고 백성을 편안하게 함

② 한성 조약 체결 → 갑신정변
  청의 무력 개입으로 실패한 갑신정변의 결과 조선과 일본 사이에는 한성 조약이 체결되었다.

④ 선혜청과 일본 공사관 공격 → 임오군란
  신식 군대인 별기군과의 차별을 받던 구식 군대가 임오군란을 일으켜 선혜청과 일본 공사관을 공격하였다.

28 운요호 사건

암기박사 운요호 사건 ⇒ 조·일 수호 조규(강화도 조약)

정답 ①

정답 해설

일본 군함 운요호가 강화도와 영종도 일대에서 연안 탐색을 하다 조선 측의 포격을 받았다. 이 사건을 빌미로 일본이 피해 보상과 개항을 일방적으로 요구하여 조·일 수호 조규(강화도 조약)가 체결되었다.

오답 해설

② 105인 사건(1911) : 국권 회복과 공화정체의 국민 국가 건설을 목적으로 설립된 신민회가 일제가 조작한 105인 사건으로 해체되었다.

③ 제너럴 셔먼호 사건(1866) : 대동강에 침입하여 통상을 요구하며 행패를 부리던 미국 상선 제너럴 셔먼호를 박규수와 평양 관민들이 불태웠다.

④ 오페르트 도굴 사건(1868) : 독일 상인 오페르트가 통상을 거부당하자 충청남도 덕산에 있는 남연군 묘 도굴을 시도하였다.

　　　　　　　　　　　　　　　→ 흥선 대원군의 아버지

29　임오군란

암기박사　구식 군인 변란 ⇒ 임오군란(1882)

정답 ③

정답 해설

구식 군인들의 변란으로 임오군란이 발발하자 명성황후 일파가 청에 군대를 요청하였고, 흥선 대원권이 청의 군사들에 의해 톈진으로 납치되었다.

오답 해설

① 급진개화파 → 갑신정변(1884)

김옥균을 중심으로 한 급진개화파가 우정총국 개국 축하연을 이용해 사대당 요인을 살해하고 개화당 정부를 수립하였으나, 청의 무력 개입으로 3일 만에 실패로 끝났다.

② 제너럴셔먼호 사건 → 신미양요(1871)

제너럴셔먼호 사건을 구실로 미국의 로저스 제독이 5척의 군함을 이끌고 강화도를 침략하였다.

④ 삼정의 문란 → 임술 농민 봉기(1862)

조선 철종 때 삼정의 문란과 백낙신의 탐학이 발단이 되어 진주 지역 농민들이 몰락 양반 유계춘의 지휘 아래 임술 농민 봉기를 일으켰다.

30　안중근 의거

암기박사　동양 평화론 집필 ⇒ 안중근

정답 ③

정답 해설

대한 제국의 주권을 침탈한 이토 히로부미를 하얼빈역에서 처단한 인물은 안중근이다. 안중근은 뤼순 감옥에 수감되어 동양 평화론을 집필하였고 이듬해 순국하였다.

오답 해설

① 중광단 결성 → 서일

대종교 지도자인 서일 등이 북간도에서 항일 무장 단체인 중광단을 결성하였다.

② 독립 의군부 조직 → 임병찬

임병찬은 고종의 밀지를 받아 고종의 복위 및 대한 제국의 재건을 목표로 독립 의군부를 조직하였다.

④ 시일야방성대곡 발표 → 장지연

장지연은 을사늑약의 부당성을 알리기 위해 황성신문에 시일야방성대곡이라는 논설을 발표하였다.

31　서간도의 독립 활동

암기박사　신흥 강습소 설립 ⇒ 서간도

정답 ②

정답 해설

독립운동가 이회영은 신민회의 일원으로, 서간도 삼원보에 자치기구인 경학사를 조직하고 군사교육기관인 신흥 강습소를 설립하였다.

오답 해설

㉠ 대한민국 임시 정부 이동 → 충칭

윤봉길 의거 이후 충칭으로 근거지를 옮긴 대한민국 임시 정부는 조소앙의 삼균주의를 기초로 건국 강령을 공포하고 한국 광복군을 창설하였다.

㉡ 대조선 국민 군단 창설 → 하와이

하와이에서는 독립군 사관을 양성할 목적으로 박용만이 대조선 국민 군단을 창설하고 군사 훈련을 실시하였다.

㉢ 숭무 학교 설립 → 멕시코

멕시코로 이주한 한인들이 이근영을 중심으로 멕시코 메리다 중심지에 숭무 학교를 설립하여 독립군을 양성하였다.

32　무단 통치기의 일제 정책

암기박사　조선 태형령(1912) ⇒ 무단 통치기

정답 ②

정답 해설

일제가 토지 조사 사업을 시행한 것은 무단 통치기인 1910년이다. 일제는 무단 통치기에 한국인에 한하여 태형을 통해 형벌을 가하는 조선 태형령을 시행하였다.

오답 해설

① 농광 회사(1904) → 일제 강점기 이전

일제의 황무지 개간권 요구에 대해 이도재 등은 농광 회사를 설립하여 황무지를 우리 손으로 개간할 것을 주장하였다.

③ 산미 증식 계획(1920) → 문화 통치기

일제는 문화 통치기에 쌀 수탈을 목적으로 하는 산미 증식 계획을 실시하였다.

④ 화폐 정리 사업(1905) → 일제 강점기 이전

재정 고문 메가타의 주도로 조선의 상평통보나 구 백동화를 일본 제일 은행에서 만든 새 화폐로 교환하는 화폐 정리 사업이 실시되었다.

33　양기탁의 독립 활동

암기박사　대한매일신보 창간, 신민회 조직 ⇒ 양기탁

정답 ④

정답 해설

영국인 베넬과 함께 대한매일신보를 창간하고, 비밀 결사 조직인 신민회를 조직한 인물은 양기탁이다. 양기탁은 또한 대한민국 임시 정부의 국무령으로 선출되어 활동하였다.

오답 해설

① **김원봉 → 의열단 조직**
　김원봉은 신채호의 조선 혁명 선언을 행동 강령으로 만주 길림성에서 의열단을 조직하였다.

② **나석주 → 동양 척식 주식회사에 폭탄 투척**
　나석주는 의열단 소속으로 일제의 대표적 수탈 기관인 동양 척식 주식회사에 폭탄을 투척하였다.

③ **신익희 → 민주당 대통령 후보**
　신익희는 대한민국 임시 정부의 내·외무차장을 역임했고, 광복 후 여당인 자유당의 이승만 후보에 맞서 민주당의 대통령 후보로 출마하였다.

34 근대 문물의 수용

암기박사 ┃ 전차 개통(1899) ⇒ 경부선 철도 개통(1905)　　**정답** ③

정답 해설

한성 전기 회사에 의해 동대문과 서대문 사이에 우리나라 최초의 전차가 개통되었다. 그 이후 러·일 전쟁을 치르는 일본이 군수 물자를 수송하기 위한 군사적 목적으로 경부선 철도가 개통되었다.

오답 해설

① **한성순보(1883) → 전차 개통 이전**
　한성순보는 최초의 근대식 신문으로 납으로 만든 활자를 사용해 박문국에서 발행하였다.

② **만민 공동회(1898) → 전차 개통 이전**
　독립 협회는 우리나라 최초의 근대적 민중 대회인 만민 공동회를 개최하여 민권 신장을 추구하였다.

④ **동문학(1883) → 전차 개통 이전**
　동문학은 개화기 때 정부가 외국어 통역관 양성을 목적으로 설립한 교육 기관이다.

👆 **핵심노트** ▶ 근대 문물의 수용

- 1883년 박문국 설치, 한성순보 발간
- 1883년 전환국 설치, 화폐 발행의 업무를 수행
- 1884년 우정국 설치
- 1885년 최초의 서양식 병원인 광혜원(후에 제중원) 건립
- 1885년 서울과 인천 사이에 전선이 가설, 한성전보총국이 문을 열면서 전신 업무를 시작
- 1887년 황실은 미국인과 합자로 한성전기회사를 만들고 발전소를 건설, 경복궁에 전등 가설
- 1899년 동대문과 서대문 사이에 처음으로 전차운행
- 1899년 경인선 개통
- 1904년 세브란스 병원 개원, 선교사들은 선교를 목적으로 의료 사업에 적극적으로 참여
- 1905년 러·일 전쟁 중 일본의 군사적인 목적에 의해 경부선과 경의선 개통

35 청산리 전투

암기박사 ┃ 청산리 전투 ⇒ 김좌진 : 북로 군정서군 + 홍범도 : 대한 독립군　　**정답** ②

정답 해설

청산리 전투는 김좌진의 북로 군정서군과 홍범도의 대한 독립군이 연합하여 간도 청산리의 백운평, 어랑촌 일대에서 일본군과 싸워 크게 승리한 전투이다.

오답 해설

①·③ **영릉가·흥경성 전투 → 양세봉 : 조선 혁명군**
　총사령 양세봉이 지휘한 조선 혁명군은 중국 의용군과 연합하여 영릉가 전투와 흥경성 전투에서 일본군에게 승리를 거두었다.

④ **대전자령 전투 → 지청천 : 한국 독립군**
　지청천의 한국 독립군은 중국군과 연합하여 호로군을 조직하고 대전자령 전투에서 일본군을 기습하였다.

36 대한민국 임시 정부의 활동

암기박사 ┃ 한국 광복군 창설 ⇒ 대한민국 임시 정부　　**정답** ④

정답 해설

3·1 운동을 계기로 수립된 단체는 대한민국 임시 정부이다. 대한민국 임시 정부는 지청천을 총사령으로 하는 한국 광복군을 창설하고 독립 전쟁을 전개하였다.

오답 해설

① **독립문 건립 → 독립 협회**
　서재필을 중심으로 창립된 독립 협회는 자주 독립의 상징인 독립문을 건립하였다.

② **서전서숙 설립 → 이상설**
　이상설은 북간도에서 최초의 신문학 민족 교육기관인 서전서숙을 설립하여 민족 교육을 실시하였다.

③ **대한국 국제 반포 → 대한 제국**
　대한 제국 때 고종 황제는 한국 최초의 근대적 헌법인 대한국 국제를 반포하였다.

37 이봉창 의거

암기박사 ┃ 도쿄에서 일왕에 폭탄 투척 ⇒ 이봉창　　**정답** ①

정답 해설

김구가 조직한 한인 애국단 소속의 이봉창이 도쿄에서 일왕의 행렬에 폭탄을 투척하였다.

오답 해설

② **홍커우 공원 의거 → 윤봉길**
　한인 애국단 소속의 윤봉길은 상하이 홍커우 공원에서 열린 일본군 축하 기념식에서 폭탄을 투척하여 일본군 장성 등을 살상하였다.

③ 이완용 습격 → 이재명

이재명은 명동 성당 앞에서 국권 피탈에 앞장섰던 친일파 이완용을 습격하여 중상을 입혔다.

④ 친일 인사 스티븐스 사살 → 장인환, 전명운

장인환과 전명운은 미국 샌프란시스코에서 대한제국의 외교 고문이었던 친일 인사 스티븐스를 사살하였다.

38 대한제국 시기의 사실

암기박사 지계 발급(1901) ⇒ 대한제국 **정답 ①**

정답 해설

아관파천 후 러시아 공사관에서 경운궁으로 환궁한 고종은 국호를 대한제국으로 고치고 환구단에서 황제 즉위식을 거행하였다. 이후 대한제국은 광무개혁의 일환으로 근대적 토지 소유제도의 마련을 위해 양전 사업을 실시하고 지계를 발급하였다.
→ 근대적 토지증서

오답 해설

② 척화비 건립(1871) → 대한제국 이전

병인양요와 신미양요의 결과 흥선 대원군은 척화교서를 내리고 종로와 전국 각지에 척화비를 건립하였다.

③ 육영 공원 설립(1886) → 대한제국 이전

최초의 근대식 관립 학교인 육영 공원은 미국인 헐버트와 길모어 등을 교사로 초빙하여 상류층의 자제들에게 근대 학문을 가르쳤다.

④ 군국기무처 설치(1894) → 대한제국 이전

군국기무처는 제1차 갑오개혁 때 개혁 추진을 위해 설치된 초정부적 의결 기구이다.

39 민족 말살 통치기의 모습

암기박사 회사령 공포(1910) ⇒ 무단 통치기 **정답 ④**

정답 해설

일제가 중일 전쟁 이후 침략 전쟁을 확대하던 시기는 민족 말살 통치기로, 이 시기에 한국인의 성과 이름을 일본식으로 바꾸도록 한 창씨 개명을 강요하였다. 한편, 일제가 회사 설립 시 총독의 허가를 받도록 하는 회사령을 공포한 것은 무단 통치기이다.

오답 해설

① 애국반 조직(1938) → 민족 말살 통치기

일제는 민족 말살 통치기에 전시체제 하에서 조선인의 일상 생활을 감시·통제하기 위해 애국반을 조직하였다.

② 황국 신민 서사 암송(1937) → 민족 말살 통치기

일제는 민족 말살 통치기에 천황에게 충성을 맹세하는 황국 신민 서사의 암송을 강요하였다.

③ 국민 징용령(1939) → 민족 말살 통치기

일제는 민족 말살 통치기에 조선인 근로자의 노동력을 착취하기 위해 국민 징용령을 제정하였다.

40 근우회의 활동

암기박사 신간회 자매 단체 ⇒ 근우회 **정답 ①**

정답 해설

1927년에 결성된 여성 운동 단체인 근우회는 신간회의 자매 단체로 민족주의 세력과 사회주의 세력이 협동하여 설립되었다.

오답 해설

② 보안회 → 일제의 황무지 개간권 요구 저지

보안회는 일제의 황무지 개간권 요구에 대한 지속적인 반대 운동을 벌여 일제의 황무지 개간권 요구를 저지시켰다.

③ 평양 비밀 여성 독립 운동 단체 → 송죽회

송죽회는 일제 강점기 때 평양에서 조직된 비밀 여성 독립 운동 단체로, 독립군의 자금 지원, 망명지사의 가족 돕기, 독립을 위한 회원들의 실력 양성을 목적으로 하였다.

④ 어린이 운동 단체 → 색동회

소파 방정환이 결성한 어린이 운동 단체인 색동회는 어린이날을 제정하는 등 소년 운동을 주도하였다.

41 6월 민주 항쟁

암기박사 박종철, 이한열 희생 ⇒ 6월 민주 항쟁 **정답 ③**

정답 해설

호헌 철폐와 독재 타도 등의 구호를 외친 6월 민주 항쟁으로 5년 단임의 대통령 직선제 개헌안이 통과되었다. 6월 민주 항쟁은 박종철 고문치사와 시위 도중 이한열 열사 등의 희생으로 확산되었다.

오답 해설

① 유신 체제 붕괴 → 10·26 사태

중앙정보부 부장 김재규가 박정희 대통령을 시해하는 10·26 사태로 유신 체제가 붕괴되는 계기가 되었다.

② 양원제 국회 출현 → 4·19 혁명

4·19 혁명으로 이승만 대통령이 하야한 후 장면 내각이 구성되고 민의원과 참의원의 양원제 국회가 출현하는 결과를 가져왔다.

④ 시민군의 자발적 조직 → 5·18 민주화 운동

신군부의 계엄 확대와 무력 진압에 5·18 민주화 운동이 발발하였고 시위 전개 과정에서 시민군이 자발적으로 조직되었다.

42 김규식의 활동

암기박사 좌우 합작 위원회 결성 ⇒ 김규식 **정답 ③**

정답 해설

파리 강화 회의에 신한 청년당 대표로 파견되고 대한민국 임시 정부의 부주석을 역임한 인물은 김규식이다. 김규식은 김구와 함께 남북 협상에 참여하였고, 우익 측의 대표로서 좌익 측을 대표하는 여운형과 함께 좌우 합작 위원회를 결성하였다.

① 대성 학교 설립 → 안창호

안창호는 민족 교육을 위해 중등 교육기관인 대성 학교를 평양에 설립하였다.

② 조선 혁명 선언 작성 → 신채호

신채호는 의열단의 활동 지침으로 민중의 직접 혁명을 주장하는 조선 혁명 선언을 작성하였다.

④ 한국독립운동지혈사 저술 → 박은식

박은식은 일제 침략에 대항하여 한민족의 독립 투쟁 과정을 서술한 한국독립운동지혈사를 저술하였다.

43 6·25 전쟁 중의 사실

암기박사 반민족 행위 처벌법(1948) ⇒ 6·25 전쟁 이전   **정답 ④**

정답 해설

압록강과 두만강 유역까지 북진했던 국군과 유엔군이 중국군의 공세에 밀려 서울 이남 지역까지 철수한 사건은 6·25 전쟁 중에 발발한 1·4 후퇴이다. 한편, 친일파 청산을 목적으로 하는 반민족 행위 처벌법은 6·25 전쟁 이전인 제헌 국회에서 제정되었다.

오답 해설

① 흥남 철수(1950. 12) → 6·25 전쟁 중

6·25 전쟁 중 중공군의 개입으로 전세가 불리해지자, 국군과 유엔군은 흥남항을 통해 대규모 철수 작전을 전개하였다.

② 발췌 개헌안(1952. 7) → 6·25 전쟁 중

이승만 정부와 자유당은 6·25 전쟁 중 부산에서 계엄령을 선포한 가운데 대통령 직선제와 양원제의 발췌 개헌안을 통과시켰다.

③ 인천 상륙 작전(1950. 9) → 6·25 전쟁 중

국군과 유엔군은 맥아더 장군의 인천 상륙 작전을 계기로 전세를 역전시키고 서울을 수복하였다.

핵심노트 ▶ 6·25 전쟁의 경과

전쟁 발발 → 서울 함락(1950. 6. 28) → 한강 대교 폭파(1950. 6. 28) → 낙동강 전선으로 후퇴(1950. 7) → 인천 상륙 작전(1950. 9. 15) → 서울 탈환(1950. 9. 28) → 중공군 개입(1950. 10. 25) → 압록강 초산까지 전진(1950. 10. 26) → 서울 철수(1951. 1. 4) → 서울 재수복(1951. 3. 14) → 휴전 제의(1951. 6. 23) → 휴전 협정 체결(1953. 7. 27)

44 박정희 정부 시기의 사실

암기박사 경부 고속 도로 준공 ⇒ 박정희 정부   **정답 ②**

정답 해설

새마을 운동, 광주 대단지 사건, 100억 달러 수출 달성은 모두 박정희 정부 때의 일이다. 박정희 정부 때에 서울과 부산을 연결하는 경부 고속 도로를 준공하였다.

오답 해설

① 농지 개혁법 제정 → 이승만 정부

이승만 정부 때에 소작제를 철폐하고 자영농을 육성하고자 유상

매수, 유상 분배 원칙의 농지 개혁법이 제정되었다.

③ 금융 실명제 실시 → 김영삼 정부

김영삼 정부 때에 금융 거래의 투명성을 확보하고자 대통령의 긴급 명령으로 금융 실명제를 전면 실시하였다.

④ 경제 협력 개발 기구(OECD) 가입 → 김영삼 정부

김영삼 정부 때에 선진국 진입의 관문인 경제 협력 개발 기구(OECD)에 29번째 회원국으로 가입하였다.

45 김대중 정부의 통일 노력

암기박사 6·15 남북 공동 선언 ⇒ 김대중 정부   **정답 ③**

정답 해설

IMF 구제 금융 조기 상환, 정주영의 소떼 방북, 한일 월드컵 축구 대회 개최는 모두 김대중 정부 때의 일이다. 김대중 정부 때에 6·15 남북 공동 선언이 발표되어 1국가 2체제 통일 방안 수용, 이산가족 방문단의 교환, 협력과 교류의 활성화 등을 목표로 하였다.

오답 해설

① 남북 기본 합의서 채택 → 노태우 정부

노태우 정부 때에 상호 화해와 불가침, 교류 및 협력 확대 등을 규정한 남북한 간 최초의 공식 합의서인 남북 기본 합의서가 채택되었다.

② 남북한 유엔 동시 가입 → 노태우 정부

노태우 정부 때에 제46차 UN 총회에서 개별 회원국으로 남북한 유엔 동시 가입이 이루어졌다.

④ 이산가족 최초 상봉 → 전두환 정부

전두환 정부 때에 최초로 남북 간 이산가족 상봉이 성사되어 평양에서 이산가족 고향 방문과 예술 공연단 교환을 실현하였다.

46 독도의 역사

암기박사 안용복 : 우리 영토 주장 ⇒ 독도   **정답 ④**

정답 해설

우리나라 동쪽 끝에 있는 섬은 독도로, 1900년 대한제국 칙령 41호에서 우리 영토임을 분명히 밝히고 있다. 또한 조선 숙종 때 동래 어민 안용복이 일본에 2차례 건너가 울릉도와 독도가 우리 영토임을 확인받았다.

오답 해설

① 정약전 : 자산어보 → 흑산도

정약전이 자산어보를 저술한 섬은 흑산도로, 흑산도 귀양 중 근해의 해산물 등을 직접 채집·조사하여 155종의 해산물에 대한 명칭·분포·형태·습성 등을 기록하였다.

② 하멜 표류 → 제주도

네덜란드 상인인 하멜 일행이 표류하여 제주도에 도착한 후 우리나라에 서양 문물을 전파하였다.

③ 이종무 : 왜구 정벌 → 대마도

조선 세종 때 대일 강경책의 일환으로 이종무가 왜구를 소탕하기 위해 대마도를 정벌하였다.

47 의궤에 대한 이해

암기박사 조선 시대 왕실 행사를 그린 책 ⇒ 의궤

정답 ①

정답 해설

조선 시대 왕실이나 국가의 중대한 행사를 글과 그림으로 기록한 책은 의궤이다.

오답 해설

② **경국대전 → 조선의 기본 법전**
경국대전은 조선 세조 때 편찬을 시작하여 성종 때 완성한 조선의 기본 법전으로 조선 사회의 통치 방향과 이념을 제시하였다.
③ **삼강행실도 → 윤리서**
조선 세종 때 모범적인 충신, 효자, 열녀를 알리기 위해 윤리서인 삼강행실도를 편찬하였다.
④ **조선왕조실록 → 조선 왕조의 역사서**
조선왕조실록은 조선 태조 때부터 철종에 이르기까지 25대 472년간의 역사를 연월일의 순서에 따라 기록한 조선 왕조의 역사서이다.

48 인천 지역의 역사

암기박사 인천 향교, 개항 박물관, 제물포 구락부 ⇒ 인천

정답 ④

정답 해설

• **인천 향교** : 유학을 교육하기 위해 지방에 세운 조선 시대 교육 기관이다.

• **개항 박물관** : 개항기 인천의 모습과 근대 문화를 학습할 수 있는 역사 박물관이다.

• **제물포 구락부** : 구락부는 클럽의 일본식 음역어로, 개항기 인천에 거주하던 외국인의 사교장으로 지어졌으며 해방 후 미군 장교 클럽으로 이용되기도 하였다.

49 우리나라 승려들의 업적

암기박사 십문화쟁론 저술 ⇒ 원효

정답 ①

정답 해설

무애가를 지어 불교 대중화에 기여한 원효는 종파 간의 사상적 대립을 해소하기 위해 십문화쟁론을 저술하였다.

오답 해설

② **천태종 창시 → 의천**
대각국사 의천은 불교 교단을 통합하기 위해 국청사에서 해동 천태종을 창시하였다.
③ **세속 5계 저술 → 원광**
원광은 화랑도의 규범으로 사군이충, 사친이효, 교우이신, 임전무퇴, 살생유택의 세속 5계를 지었다.
④ **수선사 결사 제창 → 지눌**

보조국사 지눌은 명리에 집착하는 무신 집권기 당시 불교계의 타락상을 비판하고 불교 개혁을 주장하며 수선사 결사를 제창하였다.

50 시대별 교육 기관

암기박사 태학과 경당(고구려) ⇒ 국자감과 서적포(고려) ⇒ 성균관과 4부 학당(조선)

정답 ④

정답 해설

(다) **태학과 경당(고구려)** : 고구려는 태학과 경당을 두어 인재를 양성하였는데, 태학은 소수림왕 때 설립된 국립 교육 기관이고 경당은 장수왕 때 지방 청소년의 무예와 한학 교육을 위해 설립된 지방 교육 기관이다.

(나) **국자감과 서적포(고려)** : 고려 성종 때 인재를 양성하기 위해 국립 교육 기관인 국자감을 설치하였고, 고려 숙종 때 국자감에 목판 인쇄 기관인 서적포를 설치하여 출판을 담당하게 하였다.

(가) **성균관과 4부 학당(조선)** : 조선 시대에는 수도 한양에 최고의 교육 기관인 성균관과 중등 교육 기관인 4부 학당을 두어 유학 경전을 교육하였다.

01 신석기 시대의 생활 모습

암기박사 빗살무늬 토기 ⇒ 신석기 시대

정답 ③

정답 해설

신석기 시대에는 빗살무늬 토기를 제작하여 식량을 저장하거나 조리하는 데 사용하였다.

오답 해설

① 거친 무늬 거울 → 청동기 시대

청동기 시대에는 뒷면에 다소 거친 기하학적인 무늬가 새겨져 있는 거친 무늬 거울을 제작하였다.

② 비파형 동검 제작 → 청동기 시대

청동기 시대에 금속을 녹여 부어 만들도록 고안된 거푸집을 활용하여 비파형 동검을 제작하였다.

④ 철제 농기구 → 철기 시대

철기 시대에는 기존의 석기나 목기 외에 쟁기, 쇠스랑 등의 철제 농기구를 이용하여 농사를 지었다.

02 고조선의 생활 풍속

암기박사 범금 8조 ⇒ 고조선

정답 ①

정답 해설

우리 역사상 최초의 나라는 단군이 세운 고조선으로, 우거왕 때 한 무제의 침략으로 왕검성이 함락되어 멸망하였다. 고조선에는 살인·절도 등의 죄를 다스리고 사회 질서를 유지하기 위한 범금 8조가 있었다. → 지금의 평양성

오답 해설

② 책화 : 읍락 간의 경계 중시 → 동예

동예에는 읍락 간의 경계를 중시하는 책화가 있어서, 다른 부족의 생활권을 침범하면 노비와 소·말로 변상하였다.

③ 낙랑과 왜에 철 수출 → 가야

가야는 철이 많이 생산되어 낙랑과 왜에 수출하였으며 교역에서 화폐처럼 사용하였다.

④ 제가 회의 : 국가 중대사 결정 → 고구려

고구려는 귀족 회의체인 제가 회의에서 나라의 중요한 일을 결정하였다.

03 고구려 연개소문

암기박사 고구려 대막리지 ⇒ 연개소문

정답 ③

정답 해설

고구려의 대막리지인 연개소문은 당의 침략에 대비해 부여성에서 비사성에 이르는 천리장성을 축조하였다. 또한 신라의 김춘추가 백제 의자왕의 공격으로 원병을 요청하자 이를 거절하였다.

오답 해설

① 김유신 → 삼국통일

가야의 후손인 김유신은 신분적 한계를 뛰어넘어 삼국통일에 공을 세운 신라의 장군이다.

② 장보고 → 청해진 : 해상 무역

통일 신라 때 장보고가 완도의 청해진을 중심으로 해상 무역을 전개하고 국세 부역의 서섭으로 변성하였나.

④ 흑치상지 → 백제 부흥 운동

백제가 멸망한 후 흑치상지 장군은 임존성(대흥)에서 소정방이 이끄는 당군을 격퇴하여 백제 부흥 운동을 전개하였다.

04 신라 화백회의

암기박사 화백 회의 : 만장일치제 ⇒ 신라

정답 ③

정답 해설

신라의 비석 중 가장 오래된 포항 중성리 신라비는 당시의 관등 체계 및 골품제의 정비 과정 등을 알 수 있다. 신라는 만장일치제인 화백 회의를 통해 국가의 중대사를 논의하였다.

오답 해설

① 진대법 : 빈민 구제 → 고구려

고구려의 고국천왕은 을파소의 건의로 빈민을 구제하기 위한 진대법을 실시하였다.

② 영고 : 제천 행사 → 부여

부여는 12월에 영고라는 제천 행사를 열어 하늘에 제사를 지내고 노래와 춤을 즐겼다.

④ 부여씨와 8성의 귀족 → 백제

백제는 왕족인 부여씨와 8성의 귀족, 왕비족인 진씨·해씨가 지배층을 이루었다.

05 백제 문화유산

암기박사 칠지도 ⇒ 백제 문화유산

정답 ①

정답 해설

칠지도는 백제 근초고왕이 왜왕에게 친선 외교의 목적으로 하사한 칼로 백제의 문화유산이다. 칠지도에는 금으로 새긴 글씨가 새겨져 있다.

오답 해설

② 청자 상감운학문 매병 → 고려 문화유산

청자 상감운학문 매병은 학과 구름을 상감기법으로 새겨 넣은 대표적인 고려 시대 상감 청자 매병이다.

③ 천마도 → 신라 문화유산

경주 천마총에서 출토된 천마도는 장니에 그린 그림으로 신라의 힘찬 화풍을 보여 준다. → 말을 탄 사람에게 진흙이 튀지 않도록 한 안장의 부속구

④ 호우총 청동 그릇 → 신라 문화유산

일명 호우명 그릇이라 불리는 호우총 청동 그릇은 그릇 밑바닥에 신라가 광개토대왕을 기리는 내용을 담고 있다.

06 발해의 역사

암기박사 해동성국 ⇒ 발해 선왕(대인수)   정답 ③

정답 해설

대조영의 아들 대무예는 발해의 제2대 왕인 무왕으로, 장문휴를 보내 당의 등주(산둥지방)를 공격하도록 하였다. 발해는 선왕(대인수) 때 최대의 영토를 형성하고 전성기를 이루어 해동성국이라 불렸다.

오답 해설

① 마한의 소국 → 목지국

삼한 중에서 세력이 가장 컸던 마한의 소국 중 하나는 목지국이다.

② 상수리 제도 : 지방 세력 견제 → 통일 신라

통일 신라는 각 주 향리의 자제를 일정 기간 금성(경주)에서 볼모로 거주하게 하는 상수리 제도를 시행하여 지방 세력을 견제하였다.

④ 연호 : 광덕, 준풍 → 고려 광종

고려 광종은 국왕을 황제라 칭하고 광덕, 준풍 등의 독자적 연호를 사용하였으며 개경을 황도라 하였다.

핵심노트 ▶ 발해 선왕(대인수, 818~830)

- 문왕 이후 지배층의 내분으로 국력이 약화되었다가 9세기 초 선왕 때 중흥기를 이룸
- 대부분의 말갈족을 복속시키고 요동 지역을 지배했으며, 남쪽으로는 신라와 국경을 접하여 발해 최대의 영토를 형성 → 중국은 당대의 발해를 해동성국이라 부름
- 5경 15부 62주의 지방 제도 정비
- 당의 빈공과에서 신라 다음으로 많은 급제자를 배출

07 신라 집사부의 기능

암기박사 집사부 : 최고 정무 기구 ⇒ 신라   정답 ③

정답 해설

신라의 중앙 행정 기구인 14부 중의 하나인 집사부는 신라의 최고 정무 기구로 왕의 명령 전달과 국가 기밀을 담당하였다. 집사부 장관을 중시 또는 시중이라 불렀다.

오답 해설

① 의정부 : 재상 합의 기관 → 조선

의정부는 조선 시대 재상 합의 기관으로 영의정, 좌의정, 우의정의 3정승이 국정을 총괄하였다.

② 정당성 : 최고 권력 기구 → 발해

정당성은 선조성(좌상), 중대성(우상)과 함께 발해의 3성 중 하나로 최고 권력 기구이자 귀족 합의 기구이다.

④ 도병마사 : 국방 문제 담당 → 고려

도병마사는 고려 성종 때 국방 문제를 담당하는 임시 기구로 처음 시행되었으나 원 간섭기에 도평의사사로 개편되면서 최고 상설 정무 기구로 발전하였다.

08 신라의 경제 상황

암기박사 동시전 : 시장 감독 ⇒ 신라 지증왕   정답 ④

정답 해설

신라는 노동력 동원과 조세 수취를 위해 3년마다 민정 문서라 불리는 촌락 문서를 작성하였다. 신라 지증왕 때에는 시장을 감독하기 위한 기구로 동시전이 수도 경주에 설치되었다.

오답 해설

① 은병 유통 → 고려 시대

고려 시대에는 입구가 넓어 활구라고 불리는 은병이 화폐로 유통되었다. → 은 1근으로 만든 병 모양의 은화

② 상품 작물 : 고추, 담배 → 조선 후기

조선 후기에는 고추, 담배 등 시장에서 판매하기 위한 상품 작물의 재배가 활발하였다.

③ 공인 : 관청에 물품 조달 → 조선 후기

조선 후기에는 대동법의 시행으로 관청에 필요한 물품을 조달하는 공인이 활동하였다. → 관허 상인

09 최치원의 활동

암기박사 격황소서, 10여 조 개혁안 ⇒ 고운 최치원   정답 ④

정답 해설

고운 최치원은 신라 말기에 6두품 출신으로 당의 빈공과에 합격하였고, 당에 있을 때 황소의 난이 일어나자 격황소서를 지어 문장가로 이름을 날렸다. 또한 귀국 후에는 진성 여왕에게 10여 조의 개혁안을 건의하였다.

오답 해설

① 강수 → 청방인문표, 답설인귀서 집필

강수는 신라 시대의 문장가로 불교를 세외교라 하여 비판하고 도덕을 사회적 출세보다 중시하였으며 청방인문표, 답설인귀서 등을 집필하였다.

② 설총 → 이두 정리, 화왕계 저술

설총은 원효의 아들로 한자의 음과 훈을 차용한 이두를 체계적으로 정리하였고, 신문왕에게 향락을 배격하고 경계로 삼도록 화왕계를 지어 올렸다.

③ 김부식 → 묘청의 난 진압, 삼국사기 편찬

김부식은 고려의 유학자이자 정치가로 서경에서 묘청이 난을 일으키자 이를 평정하였고, 현존하는 우리나라 최고(最古)의 역사서인 삼국사기를 편찬하였다.

10 고려 태조의 업적

암기박사 기인 제도 실시 ⇒ 고려 태조   정답 ②

정답 해설

자신의 사후 후대 왕들이 지켜야 할 정책 방향을 제시한 훈요 10조를 남긴 왕은 고려 태조 왕건이다. 고려 태조는 지방 세력을 견제하기

위해 지방 호족과 향리의 자제를 인질로 뽑아 중앙에 머무르게 하는 기인 제도를 실시하였다.

오답 해설

① 집현전 설치 → 조선 세종

조선 세종 때 학문 연구 기관인 집현전이 설치되어 인재를 육성하고 편찬 사업을 추진하였다.

③ 나선 정벌 단행 → 조선 효종

조선 효종은 청과 러시아 간 국경 충돌로 청이 원병을 요청하자, 조총 부대를 파견하여 나선 정벌을 단행하였다.

④ 노비안검법 시행 → 고려 광종

고려 광종은 노비안검법을 시행하여 양인이었다가 불법으로 노비가 된 자를 조사하여 해방시켜 주었다.

11 고려 시대의 난

암기박사 이자겸의 난 ⇒ 묘청의 난 ⇒ 무신정변 **정답 ③**

정답 해설

(나) 이자겸의 난(1126) : 인종을 왕위에 올리면서 왕실 외척인 이자겸이 금의 사대 요구를 주장하며 난을 일으켰으나 실패하였다.

(다) 묘청의 난(1135) : 금국을 정벌하자고 주장하던 묘청이 서경 천도가 어려워지자 국호를 대위, 연호를 천개라 하며 서경에서 난을 일으켰다.

(가) 무신정변(1170) : 왕이 보현원에 행차하였을 때, 정중부와 이의방을 비롯한 무신들이 다수의 문신을 제거하고 권력을 장악하였다.

12 고려 시대의 지방 통치

암기박사 양계 : 병마사 파견 ⇒ 고려 현종 **정답 ②**

정답 해설

공주 명학소는 고려 무신 집권기 때 망이 · 망소이가 난을 일으킨 곳으로 이후 충순현으로 승격되었다. 고려 현종은 5도 양계의 지방 제도를 확립하였는데, 이 중 양계는 북방 국경 지대의 군사 중심지인 동계 · 북계를 말하며 병마사가 파견되었다.

오답 해설

① 22담로 → 백제 무령왕

백제 무령왕은 지방 통제를 강화하기 위해 지방의 주요 지점에 22 담로를 두고 왕족을 파견하였다.

③ 5소경 → 통일 신라 신문왕

통일 신라 신문왕은 통일 전 2소경을 5소경 체제로 정비하여 지방 통제력을 강화하였다.

④ 5경 15부 62주 → 발해 선왕

발해 선왕은 중흥기를 이루어 해동성국이라 불렸고, 전국을 5경 15부 62주로 나누어 다스렸다.

① 5도
- 행정의 중심이며, 경상도 · 전라도 · 양광도 · 교주도 · 서해도를 일컬음
- 도에는 지방관으로 안찰사를 파견하며 아래에 주 · 군 · 현과 향 · 소 · 부곡을 둠

② 양계
- 북방 국경 지대의 군사 중심지인 동계 · 북계를 말하며 병마사가 파견됨
- 양계 아래 국방상의 요충지에 진을 설치하고, 촌을 둠

13 고려의 교육 기관

암기박사 경당 : 지방 교육 기관 ⇒ 고구려 **정답 ②**

정답 해설

경당은 장수왕 때 지방 청소년의 무예와 한학 교육을 위해 설립된 지방 교육 기관으로 청소년에게 글과 활쏘기를 가르쳤다.

오답 해설

① 국자감 : 최고 국립 교육 기관 → 고려

국자감은 고려 시대에 유학 교육을 위해 개경에 설치된 최고 국립 교육 기관이다.

③ 사학 12도 : 사립 교육 기관 → 고려

고려 시대에는 최초의 사학인 최충의 9재 학당(문헌공도)을 비롯하여 사립 교육 기관인 사학 12도가 번성하였다.

④ 향교 : 국립 지방 교육 기관 → 고려~조선

향교는 고려와 조선 시대에 있었던 국립 지방 교육 기관으로 유학 교육을 담당하였다.

14 원 간섭기

암기박사 정동행성 설치(1280) ⇒ 원 간섭기 **정답 ②**

정답 해설

중서문하성과 상서성이 첨의부로, 6부가 4사로, 중추원(추밀원)이 밀직사로, 어사대가 감찰사로 격하된 것은 원 간섭기 때의 일이다. 원 간섭기인 고려 충렬왕 때 원의 요청에 따라 일본 원정에 참여하기 위해 정동행성이 설치되었다.

오답 해설

① 별무반 편성(1104) → 고려 숙종

고려 숙종 때 윤관의 건의로 여진 정벌을 위해 별무반이 편성되었다.

③ 6조 직계제 실시(1414) → 조선 태종

조선 태종 때 처음으로 6조 직계제를 실시하여 의정부의 권한을 약화시키고 왕권을 강화하였다.

④ 김흠돌의 난(681) → 통일 신라 신문왕

통일 신라 신문왕은 장인인 김흠돌이 반란을 일으키자 이를 진압하고 진골 귀족들을 숙청하였다.

15 고려 공민왕의 업적

암기박사 신돈 : 전민변정도감 설치 ⇒ 고려 공민왕

정답 ④

정답 해설

고려 말 기철 등 친원 세력을 제거하고, 쌍성총관부를 공격한 것은 고려 공민왕 때의 일이다. 고려 공민왕은 전민변정도감을 설치하고 신돈을 책임자로 임명하여 권문세족을 견제하고 개혁을 이끌었다.

오답 해설

① 사비 천도 → 백제 성왕

백제 성왕은 웅진에서 사비로 천도하고 국호를 남부여로 변경하는 등 행정 조직을 재정비하였다.

② 북한산 순수비 → 신라 진흥왕

신라 진흥왕이 백제가 점유하던 한강 하류 지역을 차지하고 북한산 순수비를 세웠다.

③ 독서삼품과 → 통일 신라 원성왕

통일 신라의 원성왕은 인재 등용을 위해 유교 경전의 이해 수준에 따라 3등급으로 구분한 독서삼품과를 실시하였다.

16 고려 시대의 목조 건축물

암기박사 부석사 무량수전 ⇒ 고려 문화유산

정답 ④

정답 해설

수덕사 대웅전, 봉정사 극락전과 함께 부석사 무량수전은 고려 시대의 목조 건축물이다. 경북 영주에 있는 부석사 무량수전은 경북 영주에 위치하고 있으며 배흘림기둥과 주심포 양식이 특징이다.

오답 해설

① 종묘 정전 → 조선 문화유산

종묘 정전은 조선 시대 역대 국왕과 왕비의 신주가 모셔져 있는 사당으로, 왕이 국가와 백성의 안위를 기원하기 위해 문무백관과 함께 정기적으로 제사에 참여한 공간이다.

② 경복궁 근정전 → 조선 문화유산

서울 종로에 위치한 경복궁 근정전은 조선왕실을 상징하는 건축물로, 태조 이성계가 한양으로 도읍을 천도하면서 경복궁과 함께 처음 지어졌고 이후 임진왜란 때 불탄 것을 흥선 대원군이 중건하였다.

③ 보은 법주사 팔상전 → 조선 문화유산

충북 보은군 법주사에 있는 조선 후기의 목조 건물로, 현존하는 유일한 목탑이다. 석가모니의 일생을 여덟 폭의 그림으로 나누어 그린 팔상도가 있어 팔상전이라고 한다.

17 과전법의 이해

암기박사 과전법 : 조준 건의 ⇒ 고려 공양왕

정답 ①

정답 해설

고려 공양왕 때 조준의 건의로 경기에 한하여 과전법이 실시되어 신진 사대부들의 경제적 기반이 확대되었다.

오답 해설

② 대동법 시행 → 조선 광해군

조선 광해군 때 방납의 폐단을 시정하고자 이원익의 건의로 대동법이 경기도에 한하여 시행되었다.

③ 영정법 제정 → 조선 인조

조선 인조 때 풍흉에 관계없이 전세를 1결당 4~6두로 고정하는 영정법을 제정하였다.

④ 호패법 실시 → 조선 태종

조선 태종 때 호구의 정확한 파악을 위해 16세 이상의 남자들에게 호패를 발급하는 호패법이 실시되었다.

18 조선 세종 재위 기간의 사실

암기박사 장영실 : 자격루 ⇒ 조선 세종

정답 ①

정답 해설

정초, 변효문 등이 조선 세종의 명을 받아 편찬한 농서는 농사직설이다. 조선 세종 때 노비 출신의 과학자 장영실이 물시계인 자격루를 제작하였다.

오답 해설

② 최무선 : 화통도감 → 고려 우왕

고려 우왕 때 최무선은 화통도감을 설치하여 화약 무기를 개발하고 화포를 제작하였다.

③ 일연 : 삼국유사 → 고려 충렬왕

고려 충렬왕 때 승려 일연은 단군부터 고려 말까지의 불교 관련 자료를 중심으로 삼국유사를 집필하였다.

④ 백두산정계비 건립 → 조선 숙종

조선 숙종 때 청의 요구로 조선과 청의 경계를 정한 백두산정계비가 건립되었다.

19 조선 성종의 업적

암기박사 경국대전 완성 ⇒ 조선 성종

정답 ②

정답 해설

국가의 의례를 정비한 국조오례의를 편찬한 것은 조선 성종 때의 일이다. 조선 성종은 통치 체제를 정비하기 위하여 조선의 기본 법전인 경국대전을 완성하였다.

오답 해설

① 훈민정음 창제 → 조선 세종

조선 세종은 집현전 학자들과 독창적인 문자인 훈민정음을 창제하였다.

③ 초계문신제 시행 → 조선 정조

조선 정조는 초계문신제를 시행하여 젊은 문신들을 재교육하고 시험을 통해 승진시켰다.

④ 위화도 회군 → 고려 우왕

고려 우왕 때 이성계가 요동 정벌을 위해 파견되었으나 4불가론을 들어 요동 정벌을 반대하고 위화도 회군을 단행하였다.

20 동인과 서인의 붕당

암기박사 기묘사화 ⇒ 동인과 서인의 붕당 ⇒ 기해예송

정답 ②

정답 해설

(가) **기묘사화(1519)** : 조선 중종 때 위훈 삭제 등 조광조의 급격한 개혁에 훈구 세력이 주초위왕의 모략을 꾸며 조광조 일파를 제거하였다.

• **동인과 서인의 붕당(1575)** : 조선 선조 때 언론 삼사 요직의 인사권과 추천권을 가진 이조 전랑 임명을 둘러싸고 김효원과 심의겸이 대립하여 사림이 동인과 서인으로 붕당되었다.

(나) **기해예송(1659)** : 조선 현종 때 효종의 사망 시 자의 대비의 상복 입는 기간을 두고 서인은 기년복을 남인은 삼년복을 주장하는 예송이 발생하였다.
→ 예절에 관한 논쟁

오답 해설

① **갑신정변(1884) → (나) 이후**
   김옥균을 중심으로 한 급진개화파가 우정총국 개국 축하연을 이용해 사대당 요인을 살해하고 개화당 정부를 수립하였으나, 청의 무력 개입으로 3일 만에 실패로 끝났다.

③ **탕평비 건립(1724) → (나) 이후**
   조선 영조는 붕당의 폐해를 경계하기 위해 성균관 입구에 탕평비를 건립하였다.

④ **제1차 왕자의 난(1398) → (가) 이전**
   조선 태조 때 왕위 계승을 둘러싸고 제1차 왕자의 난이 발생하여 정도전이 이방원(태종)에 의해 피살되었다.

21 강감찬의 귀주 대첩

암기박사 강감찬 : 귀주 대첩 ⇒ 고려 vs 거란

정답 ①

정답 해설

고려 현종 때 10만 대군의 소배압이 이끄는 거란의 3차 침입에 맞서 강감찬이 귀주 대첩에서 대승을 거두었다.

오답 해설

② **최무선 : 진포 대첩 → 고려 vs 일본**
   고려 우왕 때 최무선이 만든 화약과 화포를 실전에서 처음으로 사용하여 진포에서 왜구를 격퇴하였다.

③ **권율 : 행주 대첩 → 조선 vs 일본**
   조선 선조 때 임진왜란이 발발하자 권율이 부녀자들까지 동원하여 행주산성을 지켜냈다.

④ **이성계 : 황산 대첩 → 고려 vs 일본**
   고려 우왕 때 이성계는 내륙까지 쳐들어와 약탈하던 왜구를 황산 대첩에서 무찌르고 백성들의 지지를 얻었다.

22 조선 후기의 경제 상황

암기박사 상평통보 유통 ⇒ 조선 후기

정답 ①

성답 해설

구황 작물인 고구마가 재배된 것은 조선 후기의 일이다. 조선 숙종 때 상평통보가 다시 발행되어 서울과 서북 일대에서 사용되다 조선 후기에 전국적으로 유통되었다.

오답 해설

② **전시과 제도 → 고려 시대**
   고려 경종 때에 전시과 제도를 실시하여 관등에 따라 관리에게 토지를 차등 지급하였다.

③ **벽란도 : 국제 무역항 → 고려 시대**
   고려 시대에는 예성강 어귀의 벽란도가 국제 무역항으로 번성하여 송의 상인을 비롯한 일본, 만양, 아라비아 상인과도 교역하였다.

④ **팔관보 설치 → 고려 시대**
   고려 시대에 종교행사인 팔관회의 경비 마련을 위해 팔관보가 설치되었다.

23 퇴계 이황

암기박사 성학십도 저술 ⇒ 퇴계 이황

정답 ②

정답 해설

도산 서원은 조선 시대의 대표적인 성리학자인 퇴계 이황의 학덕을 기리기 위해 제자들이 건립한 서원이다. 퇴계 이황은 군주의 도(道)에 관한 학문의 요체를 도식으로 설명한 성학십도를 저술하였다.

오답 해설

① **서희 → 외교 담판 : 강동 6주 획득**
   고려 성종 때 거란이 침입하자 서희는 소손녕과 외교 담판을 벌여 강동 6주를 획득하였다.

③ **박제가 → 북학의 저술**
   조선 후기 중상학파인 박제가는 청에 다녀온 후 북학의를 저술하고 청의 제도와 문물을 소개하였다.

④ **정몽주 → 고려의 마지막 충신**
   정몽주는 절개와 의리를 지킨 고려의 마지막 충신으로 이방원 세력에 의해 개경의 선죽교에서 피살되었다.

👆 **핵심노트 ▶ 퇴계 이황(1501~1570)**

• **성향** : 도덕적 행위의 근거로서 인간의 심성을 중시, 근본적 · 이상주의적인 성격, 주리 철학을 확립, 16세기 정통 사림의 사상적 연원
• **저서** : 주자서절요, 성학십도, 전습록변 등
• **학파** : 김성일 · 유성룡 등의 제자에 의해 영남학파 형성
• **영향** : 위정척사론에 영향, 임진왜란 이후 일본 성리학 발전에 영향 → 제자 강항이 활약

24 병자호란의 영향

정답 ①

암기박사 북벌 추진(1649) ⇒ 병자호란 이후

정답 해설

왕이 남한산성을 나와 삼전도에서 청 황제에게 예를 행한 것은 조선 인조 때 발발한 병자호란 때의 일이다(1637). 이후 효종이 즉위하고 조선을 도운 명에 대한 의리를 내세우며 청에 당한 치욕을 갚자는 북벌론이 추진되었다(1649).

오답 해설

② **강화도 천도(1232) → 병자호란 이전**

고려 고종 때 몽골의 무리한 조공 요구와 내정 간섭에 반발한 최우가 다루가치를 사살하고 강화도로 도읍을 옮겨 장기 항전을 준비하였다.

③ **쓰시마섬 정벌(1419) → 병자호란 이전**

조선 세종 때 대일 강경책의 일환으로 이종무가 왜구의 소굴인 쓰시마섬을 정벌하였다.

④ **최씨 무신 정권 붕괴(1270) → 병자호란 이전**

몽골과의 강화가 성립된 후 고려 정부의 개경 환도가 결정되고 최씨 무신 정권이 붕괴되면서 원 간섭기가 시작되었다.

25 훈련도감

정답 ④

암기박사 훈련도감 설치 ⇒ 임진왜란

정답 해설

네덜란드 출신의 박연이 소속되어 서양의 화포 기술을 전수한 부대는 훈련도감이다. 임진왜란 중에 설치된 훈련도감은 포수, 사수, 살수의 삼수병으로 구성되었다.

오답 해설

① **9서당 편성 → 통일 신라 신문왕**

통일 신라의 신문왕은 통일 전 1서당 6정에서 통일 후 9서당(중앙군) 10정(지방군)으로 군사조직을 확대 편성하였다.

② **별기군 창설 → 조선 고종**

조선 고종은 일본과 강화도 조약을 체결한 이후 개화 정책의 일환으로 신식 군대 양성을 위해 무위영 아래 별기군을 창설하였다.

③ **삼별초 조직 → 고려 무신 집권기**

고려 무신 집권기 때 최우는 좌 · 우별초와 신의군으로 구성된 삼별초를 조직하여 몽골의 침입에 대비하였다.

26 세도 정치기의 사실

정답 ④

암기박사 삼정이정청 설치 ⇒ 세도 정치기

정답 해설

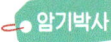
전정, 군정, 환곡

안동 김씨 등 소수의 외척 가문이 중심이 되어 권력을 독점하던 시기는 조선 말 세도 정치기이다. 이 시기에 삼정의 문란을 바로잡기 위해 안핵사 박규수의 건의로 삼정이정청이 설치되었다.

오답 해설

① **최승로 : 시무 28조 → 고려 성종**

고려 성종 때 최승로는 시무 28조를 작성하여 통치 체제를 정비하고 유교 정치 이념을 확립하였다.

② **수양 대군 : 계유정란 → 조선 단종**

수양대군(세조)이 한명회 등과 계유정난을 일으켜 안평대군을 축출한 후 단종을 폐위하고 왕위에 올랐다.

③ **사심관 : 지방 세력 통제 → 고려 태조**

고려 태조는 지방의 호족 세력을 통제하기 위해 사심관 제도를 실시하였다. → 고려 시대 지방에 연고가 있는 고관에게 자기의 고장을 다스리도록 임명한 특수 관직

27 홍대용의 활동

정답 ②

암기박사 지전설 주장 ⇒ 홍대용

정답 해설

조선 후기의 북학파 실학자인 홍대용은 의산문답을 통해 지전설과 무한 우주론을 주장하며 중국 중심의 세계관을 비판하였다.

오답 해설

① **추사체 창안 → 김정희**

김정희는 굳센 기운과 다양한 조형성을 가진 독자적 필체인 추사체를 창안하였다.

③ **사상 의학 정립 → 이제마**

이제마는 사람의 체질을 태양인, 태음인, 소양인, 소음인으로 구분하고 체질에 따라 처방을 달리해야 한다는 사상 의학을 정립하였다.

④ **대동여지도 제작 → 김정호**

김정호는 우리나라 대축척 지도인 대동여지도를 제작하였는데, 산맥 · 하천 · 포구 · 도로망의 표시가 정밀해지고 거리를 알 수 있도록 10리마다 눈금을 표시하였다.

28 수원 화성

정답 ③

암기박사 거중기 : 수원 화성 축조 ⇒ 조선 정조

정답 해설

조선 정조 때 정약용이 기기도설을 참고하여 설계한 거중기 등을 활용하여 수원 화성이 축조되었다.

오답 해설

① **공산성 → 백제의 도성**

공주 공산성은 백제의 수도인 웅진을 방어하기 위해 축조된 산성으로 사비로 천도될 때까지의 궁궐터가 남아 있다.

② **전주성 → 후백제의 도성**

견훤이 후백제를 건국할 때 세운 궁터로 전해져오며, 동학 농민 운동 당시 농민군이 관군과 싸워 점령한 곳이기도 하다.

④ **한양 도성 → 조선 시대의 도성**

한양 도성은 정도전 등이 설계한 조선 시대의 도성으로, 한성부 도심의 경계를 표시하고 외부의 침입을 방어하기 위해 축조되었다.

29 흥선 대원군 집권기의 사실

암기박사 척화비 건립 ⇒ 흥선 대원군

정답 ③

정답 해설

고종의 아버지인 이하응은 흥선 대원군의 본명이다. 흥선 대원군은 집권기에 경복궁 중건을 위해 당백전을 발행하였고 양반에게도 군포를 징수하는 호포제를 실시하였다. 또한 신미양요 이후 척화교서를 내리고 종로와 전국 각지에 척화비를 건립하였다.

오답 해설

① 관료전 지급 : 녹읍 폐지 → 통일 신라 신문왕

통일 신라의 신문왕은 관료전을 지급하고 귀족의 경제 기반이었던 녹읍을 폐지하였다.

② 장용영 : 국왕 친위 부대 → 조선 정조

조선 정조 때 왕권 강화를 위해 국왕의 친위 부대인 장용영을 설치하고 한양에는 내영, 수원 화성에는 외영을 두었다.

④ 최영 : 요동 정벌 추진 → 고려 우왕

고려 우왕 때 최영이 명의 철령위 설치에 반발하여 요동 정벌을 추진하였다.

30 한국 음악의 역사

암기박사 우륵 : 가야금 12곡 ⇒ 성현 : 악학궤범 ⇒ 신재효 : 판소리 여섯 마당

정답 ①

정답 해설

(가) 우륵의 가야금 연주곡 12곡(가야 시대) : 가야국의 궁중 악사 우륵이 열두 달의 세시풍속의 농경문화와 관련된 가야금 연주곡 12곡을 만들었다.

(나) 성현의 악학궤범(조선 전기) : 조선 전기 성종 때 성현이 궁중의 음악 이론 등을 집대성한 악학궤범을 편찬하였다.

(다) 신재효의 판소리 여섯 마당(조선 후기) : 조선 후기 신재효가 기존에 계통 없이 불러오던 광대 소리를 판소리 여섯 마당으로 통일하여 정리하였다.

31 조 · 미 수호 통상 조약

암기박사 최혜국 대우 최초 규정 ⇒ 조 · 미 수호 통상 조약

정답 ①

정답 해설

조선책략이 유포되는 가운데 청의 주선으로 조 · 미 수호 통상 조약이 체결된 이후 민영익을 대표로 하는 보빙사가 미국에 파견되었다. 조 · 미 수호 통상 조약은 서양과 맺은 최초의 조약으로 외국에 대한 최혜국 대우를 최초로 규정하였다.

오답 해설

② 통감부 설치 → 을사늑약

을사늑약을 강제로 체결한 일본은 한국의 외교권을 박탈하고 통

감부를 설치하여 한국의 독점적 지배권을 인정받았다.

③ 부산, 원산, 인천 개항 → 강화도 조약

일본과 맺은 최초의 근대적 조약이자 불평등 조약인 강화도 조약이 체결된 후 부산, 원산, 인천 항구가 개항되었다.

④ 일본 공사관 경비병 주둔 → 제물포 조약

임오군란의 결과 조선은 일본과 제물포 조약을 체결하고 일본 공사관의 경비병 주둔을 명시하였다.

핵심노트 ▶ 조 · 미 수호 통상 조약의 체결(1882)

- 조선이 일본과 조약을 맺자 미국은 일본에 알선을 요청
- 러시아 남하에 대응해 미국과 연합해야 한다는 조선책략이 지식층에 유포
- 체결 : 러시아와 일본 세력을 견제하고, 조선에 대한 종주권을 승인받을 기회를 노리던 청의 알선으로 체결, 신헌과 슈펠트가 대표로 체결
- 내용 : 거중조정(상호 안전 보장), 치외법권, 최혜국 대우(최초), 협정 관세율 적용(최초), 조차지 설정의 승인 등
- 의의 : 서양과 맺은 최초의 조약으로 처음으로 최혜국 대우를 규정, 불평등 조약(치외법권, 최혜국 대우, 조차지 설정 등), 청의 종주권 저지

32 우정총국의 기능

암기박사 근대적 우편 업무 ⇒ 우정총국

정답 ②

정답 해설

근대적 우편 업무를 담당하기 위해 건립된 우정총국은 한국 역사상 최초의 우체국으로 홍영식을 책임자로 임명하여 개국 준비를 하였다.

오답 해설

① 나운규 : 영화 아리랑 → 단성사

나운규가 감독한 영화 아리랑이 단성사에서 처음 상영되어 한국 영화를 획기적으로 도약시키는 계기가 되었다.

③ 한성순보 간행 → 박문국

순 한문 신문인 한성순보가 발간된 곳은 박문국으로 납으로 만든 활자를 사용해 간행되었다.

④ 헐버트 교사 초빙 → 육영 공원

육영 공원은 정부가 보빙사 민영익의 건의로 설립한 최초의 근대식 관립 학교로 헐버트를 교사로 초빙해 근대 학문을 가르쳤다.

33 군국기무처의 활동

암기박사 노비 제도, 과거제, 연좌제 폐지 ⇒ 군국기무처

정답 ④

정답 해설

제1차 갑오개혁 때 초정부적 정책 의결 기구인 군국기무처가 설치되어 노비 제도 폐지, 과거제 폐지, 연좌제 폐지 등의 개혁안을 시행하였다.

오답 해설

① 비변사 → 임시 군사 회의 기구

비변사는 본래 외적의 침입에 대비하고자 설치한 임시 군사 회의 기구였으나, 을묘왜변과 임진왜란을 거치며 국정 총괄 기구로 발전하였다.

② **원수부 → 군 통수권 기관**

대한 제국의 광무개혁 때 고종 황제는 군 통수권 장악을 위해 황제 직속의 원수부를 설치하였다.

③ **홍문관 → 학술·언론 기관**

홍문관은 조선 성종 때 집현전을 계승하여 설치된 학술·언론 기관으로 사헌부, 사간원과 함께 삼사로 불렸다.

34 독립신문

> **암기박사** 독립신문 ⇒ 한글판과 영문판으로 발행
>
> 정답 ③

정답 해설

서재필의 독립 협회가 발행한 최초의 민간 신문은 독립신문이다. 독립신문은 한글판뿐만 아니라 외국인이 읽을 수 있도록 영문판으로도 발행되었다.

오답 해설

① **천도교 기관지 → 만세보**

천도교의 후원을 받아 오세창이 발간한 만세보는 천도교의 기관지로 민중 계몽에 힘쓰고 일진회의 국민신보에 대항하였다.

② **박문국 발간 → 한성순보**

우리나라 최초의 근대 신문인 한성순보가 박문국에서 납으로 만든 활자를 사용해 발행되었다.

④ **시일야방성대곡 게재 → 황성신문**

을사늑약의 부당성을 알리기 위해 황성신문에 장지연의 시일야방성대곡이라는 논설을 실었다.

35 을미사변 이후의 사실

> **암기박사** 을미사변(1895) ⇒ 아관파천(1896)
>
> 정답 ④

정답 해설

명성황후가 친러파와 연결하여 일본을 견제하려 하자 일제는 을미사변을 일으켜 경복궁을 침범하고 명성황후를 시해하였다(1895). 을미사변으로 명성황후가 시해되자 신변에 위협을 느낀 고종이 러시아 공사관으로 피신하였다(1896).

오답 해설

① **병인양요(1866) → 을미사변 이전**

병인양요 때 프랑스의 강화도 공격으로 의궤를 비롯한 외규장각 도서가 약탈당하였다.

② **영선사 파견(1881) → 을미사변 이전**

고종 때 개화 정책의 일환으로 김윤식을 단장으로 하는 영선사가 청에 파견되어 기기국에서 무기 제조 기술을 도입하였다.

③ **제너럴 셔먼호 사건(1866) → 을미사변 이전**

대동강에 침입하여 통상을 요구하며 행패를 부리던 미국 상선 제너럴 셔먼호를 박규수와 평양 관민들이 불태웠다.

36 신민회의 활동

> **암기박사** 안창호, 양기탁 : 비밀 결사 단체 ⇒ 신민회
>
> 정답 ③

정답 해설

안창호와 양기탁 등이 중심이 되어 국권 회복과 공화정 수립을 목표로 설립된 비밀 단체는 신민회로 민족 교육을 위해 오산학교와 대성학교를 설립하였다. 신민회는 일제가 조작한 105인 사건으로 와해되었다.

오답 해설

① **근우회 → 여성계 민족 유일당 조직**

근우회는 여성 노동자의 권익 옹호와 생활 개선을 위해 김활란 등을 중심으로 한 여성계 민족 유일당 조직이다.

② **보안회 → 일제의 황무지 개간권 요구 저지**

보안회는 일제의 황무지 개간권 요구에 대한 지속적인 반대 운동을 벌여 일제의 황무지 개간권 요구를 저지시켰다.

④ **조선어 학회 → 한글 맞춤법 통일안과 표준어 제정**

최현배, 이윤재 등이 설립한 조선어 학회는 한글 맞춤법 통일안과 표준어를 제정하고 조선말 큰사전 편찬을 주도하였다.

37 강우규 의거

> **암기박사** 사이토 총독에게 폭탄 투척 ⇒ 강우규
>
> 정답 ②

정답 해설

강우규는 제3대 총독으로 부임하는 사이토 총독 일행에게 폭탄을 던졌으나 뜻을 이루지 못하고 체포되어 사형을 당했다(1920).

오답 해설

① **김구 → 대한민국 임시 정부, 한인 애국단**

김구는 대한민국 임시정부를 이끈 독립 운동가로, 한인 애국단을 조직하였고 남한만의 단독 선거에 반대하여 남북 협상에 참여하였다.

③ **윤봉길 → 훙커우 공원 의거**

한인 애국단 소속의 윤봉길은 상하이 훙커우 공원에서 열린 일본군 축하 기념식에서 폭탄을 투척하였다.

④ **이승만 → 대한민국 초대 대통령**

5·10 총선거의 실시로 구성된 제헌 국회에서 대한민국 초대 대통령으로 이승만이 선출되었으나 4·19 혁명의 발발로 대통령직에서 하야하였다.

38 의암 손병희

> **암기박사** 3·1 만세 운동 : 민족 대표 33인 ⇒ 손병희
>
> 정답 ④

정답 해설

동학의 3대 교주이자 동학을 계승한 천도교를 창시한 인물은 의암 손병희이다. 손병희는 민족 대표 33인의 한 사람으로 독립 선언서를 발표하고 3·1 만세 운동에 참가하였다.

오답 해설

① 청산리 전투 → 김좌진, 홍범도

김좌진의 북로 군정서군과 홍범도의 대한 독립군이 연합하여 청산리 전투를 승리로 이끌었다.

② 이토 히로부미 처단 → 안중근

안중근 의사는 하얼빈 역에서 일제의 침략 원흉인 이토 히로부미를 처단하고, 이듬해에 뤼순 감옥에서 순국하였다.

③ 헤이그 특사 → 이준, 이상설, 이위종

이준, 이상설, 이위종이 헤이그 만국 평화 회의에 특사로 파견돼 일제 침략의 부당성을 호소하였다.

39 민립 대학 설립 운동

암기박사 고등 교육 기관 설립 ⇒ 민립 대학 설립 운동

정답 ④

정답 해설

1920대 초반 이상재, 이승훈 등이 고등 교육 기관을 설립하기 위해 전개한 운동은 민립 대학 설립 운동이다. 민립 대학 기성회를 중심으로 1년 내 1천만 원 조성을 목표로 모금 운동을 전개하였으나 일제가 경성 제국 대학을 설립하면서 중단되었다.

오답 해설

① 6·10 만세 운동(1926) : 순종의 장례일을 맞아 사회주의 세력의 주도 하에 격문 살포와 시위 운동이 전개되었다.

② 물산 장려 운동(1920) : 조만식 등이 중심이 되어 평양에서 조선 물산 장려회가 발족되고, '조선 사람 조선 것'이라는 구호 아래 전국으로 확산되었다.

③ 광주 학생 항일 운동(1929) : 광주에서 발생한 한·일 학생 간의 충돌을 일본 경찰이 편파적으로 처리한 것을 계기로 촉발되었다.

40 강주룡의 을밀대 농성

암기박사 을밀대 지붕 농성(1931) ⇒ 강주룡

정답 ①

정답 해설

일제 강점기 때 노동자 강주룡이 평양 을밀대 지붕에서 임금 삭감 반대와 노동 조건 개선을 주장하며 고공 농성을 벌였다.

오답 해설

② 남자현 → 독립군의 어머니

독립군의 어머니로 불리는 남자현은 일제 강점기 만주에서 군사 기관과 농어촌을 순회하며 독립정신을 고취시킨 독립 운동가이다. 남자현은 흰 수건에 '조선독립원'이라는 혈서를 써서 독립을 호소하였고 일본 외교관을 죽이려다 하얼빈에서 체포되었다.

③ 유관순 → 3·1 만세 운동 독립 운동가

유관순 열사는 3·1 만세 운동 당시 천안 아우내 장터에서 태극기를 나눠주며 만세 운동을 주도하다 출동한 일본 헌병대에 체포되어 옥사하였다.

④ 윤희순 → 우리나라 최초의 여성 의병 지도자

윤희순은 우리나라 최초의 여성 의병 지도자로 의병들의 사기 진작을 위해 의병가 8편을 만들었다. 또한 중국으로 망명하여 항일 인재 양성을 위한 노학당을 설립하고 항일 투쟁을 위해 조선독립단을 조직하였다.

41 조선 혁명군

암기박사 양세봉 : 조선 혁명군(1929) ⇒ 영릉가 전투, 흥경성 전투

정답 ③

정답 해설

양세봉이 만주에서 조직한 조선 혁명군은 중국 의용군과 연합 작전을 펼쳐 영릉가 전투와 흥경성 전투에서 일본군에 대승을 거두었다.

오답 해설

① 의열단(1919) : 김원봉이 만주 길림성에서 조직한 항일 무장 단체로 무장 투쟁과 민중의 직접 혁명을 통한 독립 쟁취를 주장하였다.

② 북로 군정서(1919) : 대종교의 지도자들이 조직한 항일 무장 단체인 중광단이 3·1 만세 운동 직후 북로 군정서로 개편되어 청산리 대첩에 참여하였다.

④ 한국 광복군(1940) : 지청천을 총사령으로 하는 대한민국 임시 정부 산하의 독립군 부대로, 미군과 연계하여 국내 진공 작전을 계획하였으나 일제의 패망으로 실현하지는 못했다.

42 민족 말살 통치기의 사회 모습

암기박사 황국 신민 서사 암송(1937) ⇒ 민족 말살 통치기

정답 ③

정답 해설

일제가 일으킨 태평양 전쟁이 전개되던 시기는 민족 말살 통치기이다. 일제는 민족 말살 통치기에 천황에게 충성을 맹세하는 황국 신민 서사의 암송을 강요하였다.

오답 해설

① 원산 총파업(1929) → 문화 통치기

원산 총파업은 원산 노동 연합회의 소속 노동자와 일반 노동자들이 합세하여 노동 조건 개선을 요구하며 전개한 1920년대 최대의 파업 투쟁이다.

② 만민 공동회(1898) → 무단 통치기 이전

독립 협회는 우리나라 최초의 근대적 민중 대회인 만민 공동회를 개최하여 민권 신장을 추구하였다.

④ 조선 태형령(1912) → 무단 통치기

일제는 무단 통치기에 한국인에 한하여 태형을 통해 형벌을 가하는 조선 태형령을 공포하였다.

43 조선 건국 동맹

암기박사 조선 건국 동맹(1944) ⇒ 여운형

정답 ④

정답 해설

여운형이 주도하여 일제의 패망과 광복에 대비하여 일제 타도와 민

주국가 건설을 목표로 조선 건국 동맹이 결성되었다(1944). 이를 기반으로 8·15 광복 직후 건국 작업을 진행하기 위해 조선 건국 준비 위원회가 조직되었다(1945).

오답 해설

① **독립 의군부(1912)** : 임병찬이 고종의 밀지를 받아 결성한 비밀 단체로 고종의 복위 및 대한 제국의 재건을 목표로 조직되었다.
② **민족 혁명당(1935)** : 김원봉이 주도한 좌익계 정당으로 한국 독립당, 조선 혁명당, 의열단 등이 연합하여 중국 난징에서 결성되었다.
③ **조선 의용대(1938)** : 김원봉이 중국 관내에서 결성한 최초의 한인 무장 부대로 중국 국민당과 연합하여 포로 심문, 요인 사살, 첩보 작전을 수행하였다.

44 제헌 국회

> **암기박사** 농지 개혁법 제정 ⇒ 제헌 국회(1948) 　**정답** ②

정답 해설

5·10 총선거를 통해 구성된 제헌 국회는 국호를 대한민국으로 결정하고 헌법을 제정하였다. 또한 소작제를 철폐하고 자영농을 육성하고자 유상 매수, 유상 분배 원칙의 농지 개혁법을 제정하였다.

오답 해설

① **3선 개헌안 통과 → 제6차 개헌(1969)**
박정희 정부의 장기 집권 의도로 제6차 개헌 때 3선 개헌이 강행되어 대통령의 연임이 3회로 허용되었다.
③ **5·16 군사 정변으로 해산 → 장면 내각(1960)**
4·19 혁명 후 장면 내각이 성립하였으나, 박정희를 중심으로 한 군부 세력이 5·16 군사 정변을 일으켜 권력을 장악하였다.
④ **대통령 : 국회의원 1/3 추천권 → 유신 체제(1972)**
박정희 정부 때 제7차 개헌으로 유신 헌법이 공포되고 국회의원의 3분의 1을 대통령이 추천하는 등 대통령 권한이 극대화 되었다.

45 박정희 정부 시기의 사회 모습

> **암기박사** 부·마 민주 항쟁 ⇒ 박정희 정부 　**정답** ①

정답 해설

긴급 조치 9호가 선포된 것은 박정희 정부 때의 일이다. 박정희 정부 때 신민당 당사에서 YH 무역 사건이 일어나 김영삼을 국회의원에서 제명하였고, 이에 부산과 마산에서 유신 철폐와 독재 타도를 외치며 부·마 민주 항쟁이 발발하였다.

오답 해설

② **서울 올림픽 대회 개최 → 노태우 정부**
노태우 정부 때에 동서 양 진영 160개국이 참가한 제24회 서울 올림픽 대회가 개최되었다.
③ **금융 실명제 실시 → 김영삼 정부**
김영삼 정부 때에 금융 거래의 투명성을 확보하고자 대통령의 긴급 명령으로 금융 실명제를 전면 실시하였다.

④ **반민족 행위 특별 조사 위원회 구성 → 이승만 정부**
이승만 정부 때 제헌 국회에서 일제 강점기 친일 행위를 한 사람들을 처벌하고 공민권을 제한하기 위해 반민족 행위 특별 조사 위원회가 구성되었다.

46 전두환 정부의 경제 상황

> **암기박사** 3저 호황 ⇒ 전두환 정부 　**정답** ③

정답 해설

5·18 민주화 운동이 진압된 이후 집권한 정부는 전두환 정부이다. 전두환 정부 때에 저금리·저유가·저달러의 3저 호황으로 물가가 안정되고 수출이 증가하였다.

오답 해설

① **제1차 경제 개발 5개년 계획 → 박정희 정부**
박정희 정부 때에 기간산업, 사회 간접 자본 확충, 경공업 중심의 수출 산업 육성을 위한 제1차 경제 개발 5개년 계획이 수립되었다.
② **경제 협력 개발 기구(OECD) 가입 → 김영삼 정부**
김영삼 정부 때에 선진국 진입의 관문인 경제 협력 개발 기구(OECD)에 29번째 회원국으로 가입하였다.
④ **한·미 자유 무역 협정(FTA) 체결 → 노무현 정부**
노무현 정부 때에 한·미 자유 무역 협정(FTA)이 체결되어 미국과의 무역 장벽을 허무는 계기가 되었다.

47 김대중 대통령

> **암기박사** 김대중 ⇒ 대한민국 제15대 대통령 　**정답** ①

정답 해설

대한민국 제15대 대통령인 김대중은 분단 후 최초로 남북 정상 회담을 개최하고 6·15 남북 공동 선언을 채택하였다. 또한 민주주의와 인권, 한반도 긴장 완화에 기여한 공로로 노벨 평화상을 수상하였다.

오답 해설

② **김영삼 → 대한민국 제14대 대통령**
김영삼은 대한민국 제14대 대통령으로 문민정부를 이끌었으며 역사 바로 세우기, 조선 총독부 철거, 금융 실명제 등의 정책을 펼쳤다. 집권 말기에 외환위기에 따른 IMF 구제 금융 지원을 요청하였다.
③ **윤보선 → 대한민국 제4대 대통령**
윤보선은 4·19 혁명으로 이승만 대통령이 하야한 후 실시된 대통령 선거에서 대한민국 제4대 대통령으로 당선되었으나 박정희의 5·16 군사정변 때 사임하였다.
④ **최규하 → 대한민국 제10대 대통령**
최규하는 국무총리로 재직하던 중 박정희 대통령의 서거로 비상 계엄을 선포하고 대한민국 제10대 대통령으로 선출되었으나 전두환 등 신구부의 압력으로 물러났다.

④ 제주도 → 삼별초 최후 항쟁, 하멜 표류, 제주 4 · 3 사건

제주도는 삼별초가 여 · 몽 연합군에 최후로 항전한 곳, 네덜란드 상인 하멜 일행이 표류한 곳, 남한만의 단독 선거를 반대하는 무장대와 이들 진압하는 토벌대 간의 무력 충돌이 발생한 곳이다.

50 진주 지역의 역사

정답 ④

암기박사 진주성 전투, 임술 농민 봉기, 조선 형평사 ⇒ 진주

정답 해설

진주는 고려 시대 12목 중의 하나로, 임진왜란 때 김시민 장군이 왜군에 맞서 싸운 장소이다. 또한 진주는 조선 후기에 유계춘의 주도로 임술 농민 봉기가 발발한 곳이며, 일제 강점기 때 이학찬을 중심으로 백정들이 조선 형평사 창립 대회를 개최하고 형평 운동을 전개한 곳이기도 하다.

---

48 정월 대보름의 세시풍속

정답 ④

암기박사 음력 1월 15일 ⇒ 정월 대보름

정답 해설

정월 대보름은 음력 1월 15일로 땅콩, 호두, 밤 등의 부럼을 깨물어 먹거나 쌀, 조, 수수, 팥, 콩 등을 섞은 오곡밥을 지어 먹는다. 또한 들판에 쥐불을 놓으며 풍년을 기원하는 쥐불놀이, 만월을 보고 소원을 빌거나 농사일을 점치는 달맞이 풍속도 있다.

오답 해설

① 음력 5월 5일 → 단오

단옷날은 음력 5월 5일로 수레바퀴 모양의 떡살로 문양을 내는 수리취떡을 해먹고, 여자는 창포물에 머리를 감고 그네를 뛰며 남자는 씨름을 한다.

② 양력 12월 22일 경 → 동지

동지는 일 년 중 밤이 가장 긴 날로 양력 12월 22일 경이며, 민가에서는 잡귀잡신의 침입을 막기 위해 새알심을 넣은 팥죽을 쑤어 먹었다.

③ 양력 4월 5일 무렵 → 한식

한식은 동지로부터 105일째 되는 날로, 양력으로 4월 5일 무렵이다. 설날, 단오, 추석과 함께 4대 명절의 하나이며 일정 기간 불의 사용을 금하고 찬 음식을 먹는다.

49 독도의 역사

정답 ①

암기박사 안용복 : 우리 영토 주장 ⇒ 독도

정답 해설

조선 숙종 때 동래 어민 안용복이 일본에 2차례 건너가 울릉도와 독도가 우리 영토임을 주장하였다.

오답 해설

② 진도 → 삼별초 항쟁, 진돗개, 진도 아리랑

진도는 삼별초가 용장성을 쌓고 항전한 곳, 진돗개와 진도 아리랑이 유명한 곳이다.

③ 거문도 → 영국 불법 점령, 포로수용소

거문도는 영국군이 러시아를 견제하기 위해 불법 점령한 곳,

01 청동기 시대의 생활 모습

정답 ②

암기박사 민무늬 토기 ⇒ 청동기 시대

정답 해설

부여 송국리는 청동기 시대의 대표적인 유적지로 신석기 시대의 빗살무늬 토기와 달리 무늬가 없고 바닥이 평평한 민무늬 토기가 발굴되었다.

오답 해설

① 막집 거주 → 구석기 시대

구석기 시대에는 주로 동굴이나 강가의 막집에서 살면서 도구를 사용하여 사냥을 하거나 어로, 채집 생활을 하였다.

③ 철제 갑옷 → 철기 시대

철기 시대에는 철제 갑옷 등의 철제 무기를 사용하게 되면서 더 많은 영토와 식량을 차지하기 위한 정복 활동이 전개되었다.

④ 주먹도끼 → 구석기 시대

구석기 시대에는 주먹도끼, 찍개 등의 뗀석기를 만들어 사냥을 하거나 어로, 채집 생활을 영위하였다.

02 고구려 광개토 대왕

정답 ④

암기박사 신라에 침입한 왜 격퇴 ⇒ 고구려 광개토 대왕

정답 해설

고구려 제19대 왕으로 영락이라는 독자적 연호를 사용한 왕은 광개토 대왕이다. 광개토 대왕은 신라 내물왕의 요청을 받아 신라에 침입한 왜를 낙동강 유역에서 격퇴하였다.

오답 해설

① 태학 설립 → 고구려 소수림왕

고구려 소수림왕은 유학 교육 기관인 태학을 설립하여 인재를 양성하였다.

② 평양 천도 → 고구려 장수왕

고구려 장수왕은 수도를 국내성에서 평양으로 옮기고 백제와 신라를 압박하는 남진 정책을 펼쳤다.

③ 천리장성 축조 → 고구려 영류왕

고구려 영류왕 때 연개소문은 대당 강경책을 추진하고, 당의 침입에 대비해 부여성에서 비사성에 이르는 천리장성을 축조하였다.

03 부여의 역사

정답 ③

암기박사 만주 쑹화강 유역 ⇒ 부여

정답 해설

만주 쑹화강 유역에서 성장한 부여는 12월에 영고라는 제천 행사를 열었고 여러 가(加)들이 별도로 사출도를 다스렸다.
→ 마가, 우가, 저가, 구가   → 가(加)의 행정 구획

오답 해설

① 낙동강 하류 지역 → 가야

가야는 낙동강 하류 지역에 위치한 12부족의 연맹체로, 신라와 백

제의 다툼 속에서 삼국과 같은 중앙 집권적 고대 국가로 발전하지 못하고 멸망하였다.

② 함경남도와 강원도 북부 → 동예

동예는 함경남도와 강원도 북부 지역에 있던 부족 국가로 명주와 삼베 따위의 방직 기술이 발달하였고 10월에 무천이라는 추수 감사제를 거행하였다.

④ 함경도 해안 지역 → 옥저

옥저는 함경도 해안 지역에 있던 부족 국가로 해산물이 풍부하여 고구려에 소금과 어물 등의 공물을 바쳤고, 가족이 죽으면 나중에 그 뼈를 추려 가족 공동묘인 커다란 목곽에 안치하는 풍습이 있었다.

04 삼국 시대의 문화유산

정답 ②

암기박사 논산 관촉사 석조 미륵보살 입상 ⇒ 고려 시대

정답 해설

관촉사 석조 미륵보살 입상은 충남 논산에 있는 고려 시대 최대의 석불입상으로 은진미륵이라고도 불리며 규모가 거대하고 인체 비례가 불균형하다.

오답 해설

① 금동 연가 7년명 여래 입상 → 고구려 문화유산

금동 연가 7년명 여래 입상은 두꺼운 의상과 긴 얼굴 모습에서 북조 양식을 따르고 있으나, 강인한 인상과 은은한 미소에는 고구려의 독창성이 보인다.

③ 천마도 → 신라 문화유산

경주 천마총에서 출토된 천마도는 장니에 그린 그림으로 신라의 힘찬 화풍을 보여 준다.
→ 말을 탄 사람에게 진흙이 튀지 않도록 한 안장의 부속구

④ 장군총 → 고구려 문화유산

장군총은 만주 퉁거우 지역에 위치하고 있는 고구려의 무덤으로 들여쌓기 방식이 활용된 대표적인 돌무지무덤이다.

05 백제의 역사

정답 ②

암기박사 22담로 : 왕족 파견 ⇒ 백제

정답 해설

고구려 장수왕에게 한성을 빼앗긴 뒤 웅진과 사비로 수도를 옮겨 국력을 회복한 나라는 백제이다. 백제 무령왕은 지방 통제를 강화하기 위해 지방의 주요 지점에 22담로를 두어 왕족을 파견하였다.

오답 해설

① 주몽 건국 → 고구려

고구려는 주몽이 압록강 유역의 졸본에 세운 나라로 활발한 정복 활동을 통해 고대 국가로 성장하였다.

③ 8조법 → 고조선

고조선은 사회 질서를 유지하기 위해 만민법인 8조법으로 백성을 다스렸다.

④ 골품제 : 신분 제도 → 신라

신라에는 골품에 따라 관등 승진을 제한하고 일상생활까지 규제

하는 골품제라는 신분 제도가 있었다.

06 을지문덕의 살수 대첩

암기박사   정답 ③

관산성 선투(554) ⇒ 살수 대첩(612) ⇒ 안시성 선투(645)

정답 해설

고구려 영양왕 때 을지문덕 장군이 수나라 장수 우중문이 이끄는 30만 별동대를 살수로 유인하여 크게 물리쳤다.

07 삼국 통일의 과정

암기박사   정답 ①

고구려의 원병 요청 거부(642) ⇒ 황산벌 전투(660) ⇒ 매소성 전투(675)

정답 해설

(가) 고구려의 원병 요청 거부(642) : 신라의 김춘추가 백제 의자왕의 공격으로 고구려에 원병을 요청하였으나 거절당하였다.

(나) 황산벌 전투(660) : 백제 의자왕 때 계백이 이끄는 백제의 군대가 신라군에 맞서 황산벌에서 최후의 전투를 벌였다.

(다) 매소성 전투(675) : 나 · 당 전쟁 중 신라군이 매소성에서 20만의 당군을 격파하여 당나라 세력을 몰아내는 데 결정적인 계기를 마련하였다.

08 불국사 삼층 석탑

암기박사   정답 ①

불국사 삼층 석탑 ⇒ 무영탑

정답 해설

경주 토함산에 위치한 불국사는 통일 신라 때 김대성이 건립하였는데, 대웅전 앞뜰에는 무영탑이라고도 불리는 삼층 석탑이 자리하고 있다.

오답 해설

② 쌍봉사 철감 선사탑 → 화강석 묘탑
   쌍봉사 철감 선사탑은 전남 화순군 쌍봉사에 있는 통일 신라의 화강석 묘탑이다.

③ 이불병좌상 → 흙을 구워 만든 부처상
   발해의 수도였던 동경 용원부 유적지에서 발굴된 이불병좌상은 흙을 구워 만든 것으로, 고구려 양식을 계승하였으며 두 부처가 나란히 앉아 있는 모습을 나타낸다.

④ 성덕 대왕 신종 → 에밀레종
   성덕 대왕 신종은 봉덕사종 또는 에밀레종이라 하며 경덕왕이 아버지인 성덕왕을 기리기 위해 만든 통일 신라의 종이다.

09 발해의 역사

암기박사   정답 ②

중앙 정치 조직 : 3성 6부 ⇒ 발해 문왕

정답 해설

고구려를 계승한 발해는 선왕 때 최대의 영토를 형성하고 중흥기를 이루어 해동성국이라 불렸다. 또한 문왕 때에는 당과 친선 관계를 맺고 중앙 정치 조직을 3성 6부로 정비하였다.

오답 해설

① 한의 침략으로 멸망 → 고조선
   고조선은 우거왕 때 한 무제의 침략으로 왕검성이 함락되어 멸망하였다.
   → 지금의 평양성

③ 정사암 : 국가 중대사 결정 → 백제
   백제는 귀족 회의체인 정사암 회의에서 국가의 중대사를 결정하였다.

④ 화랑도 : 국가 조직 운영 → 신라
   신라 진흥왕은 정복 활동을 강화하기 위해 화랑도를 정비하여 국가 조직으로 운영하였다.
   → 국선도 또는 풍월도

👆 **핵심노트** ▶ 발해의 중앙 관제

- **3성 6부** : 3성(정당성 · 선조성 · 중대성) 6부(인 · 의 · 지 · 예 · 신부), 정당성의 장관인 대내상이 국정 총괄
- **중정대** : 관리들의 비위를 감찰하는 감찰 기관
- **문원원** : 서적의 관리 담당(도서관)
- **주자감** : 중앙의 최고 교육 기관(국립대학)으로 귀족의 자제 교육

10 개경 지역의 역사

암기박사   정답 ③

만적의 난 ⇒ 개경(지금의 개성)

정답 해설

고려의 수도였던 개경에는 공민왕릉, 첨성대, 만월대, 성균관, 선죽교 등의 문화유산이 있다. 고려 무신 집권기 때 최충헌의 사노 만적을 비롯한 노비들이 신분 해방을 도모하며 개경에서 반란을 모의하였다(1198).

오답 해설

① 묘청의 난 → 서경(지금의 평양)
   고려 인종 때 묘청이 풍수지리설에 근거하여 서경으로 수도를 옮기고 금나라를 정벌하자고 주장하며 난을 일으켰다.

② 쌍성총관부 설치 → 화주(지금의 함경남도 영흥)
   원나라가 고려의 내정 간섭을 위해 화주에 쌍성총관부를 설치하고 철령 이북의 땅을 직속령으로 편입시켰다.

④ 삼별초 : 최후의 항쟁 → 제주도
   고려 정부의 개경 환도에 반발하여 삼별초가 강화도와 진도에 이어 제주도에서 항쟁하였으나 여 · 몽 연합군에 의해 진압되었다.

11 고려 태조의 정책

암기박사 사심관 제도 ⇒ 고려 태조   정답 ③

정답 해설

후삼국을 통일한 왕은 고려 태조 왕건이다. 그는 왕권 유지를 위한 호족 세력의 포섭책으로 사심관 제도를 실시하였는데, 신라의 마지막 왕인 경순왕 김부를 경주의 사심관에 임명한 것이 시초였다

오답 해설

① 노비안검법 시행 → 고려 광종

고려 광종은 노비안검법을 시행하여 양인이었다가 불법으로 노비가 된 자를 조사하여 해방시켜 주었다.

② 12목 설치 → 고려 성종

고려 성종은 최승로의 시무 28조에 따라 전국에 12목을 설치하고 지방관을 파견하였다.

④ 은병 제작 → 고려 숙종

고려 숙종은 입구가 넓어 활구라고도 불리는 은병을 제작하여 화폐로 사용하였다.
└ 은 1근으로 만든 병 모양의 은화

12 최충의 활동

암기박사 9재 학당 설립 ⇒ 최충   정답 ①

정답 해설

고려의 문신 최충은 지공거가 되어 과거를 주관하였으며, 사립학교인 9재 학당(문헌공도)을 열어 후진 양성에 힘썼다.

오답 해설

② 삼국유사 집필 → 일연

고려 충렬왕 때 일연은 단군부터 고려 말까지의 불교사를 중심으로 고대의 민간 설화 등이 수록되어 있는 삼국유사를 집필하였다.

③ 제왕운기 저술 → 이승휴

제왕운기는 고려 충렬왕 때 이승휴가 우리나라와 중국의 역사를 시로 적은 역사 서사시로, 우리 역사를 중국사와 대등하게 파악하였다

④ 시무 28조 작성 → 최승로

고려 성종 때 최승로는 시무 28조를 작성하여 통치 체제를 정비하고 유교 정치 이념을 확립하였다.

13 고려의 경제 상황

암기박사 벽란도 : 국제 무역항 ⇒ 고려 시대   정답 ②

정답 해설

고려 숙종 때에는 화폐 유통의 촉진을 도모하기 위해 주전도감에서 해동통보가 제작되었다. 또한 고려 시대에는 예성강 어귀의 벽란도가 국제 무역항으로 번성하여 송의 상인을 비롯한 일본, 만양, 아라비아 상인과도 교역하였다.

오답 해설

① 모내기법 전국 확산 → 조선 후기

조선 후기에는 모내기법이 전국적으로 확산되면서 벼와 보리의 이모작이 성행하였다.

③ 낙랑과 왜에 중계 무역 → 금관가야

김수로에 의해 건국된 금관가야는 낙랑군과 왜 사이에서 중계 무역으로 번성하였다.

④ 장보고 : 청해진 → 통일 신라

통일 신라 때 장보고가 완도에 설치한 청해진을 중심으로 해상 무역이 전개되었다.

👆 **핵심노트** ▶ 시대별 대표적 무역항

- 삼국 시대 : 당항성
- 통일 신라 : 당항성, 영암, 울산항
- 고려 시대 : 벽란도(국제 무역항), 금주(김해)
- 조선 초기 : 3포(부산포 · 염포 · 제포)
- 조선 후기 : 부산포

14 고려의 대외 관계

암기박사 귀주대첩(1019) ⇒ 동북 9성 축조(1107) ⇒ 충주성 전투(1253)   정답 ②

정답 해설

(가) 귀주대첩(1019) : 고려 현종 때 10만 대군의 소배압이 이끄는 거란의 3차 침입에 맞서 강감찬은 귀주에서 크게 승리하였다.

• 동북 9성 축조(1107) : 고려 예종 때 윤관은 별무반을 이끌고 여진을 정벌한 후 동북 9성을 축조하였다.

(나) 충주성 전투(1253) : 몽골의 5차 침입 때 김윤후가 이끄는 민병과 관노는 충주성 전투에서 몽골군을 물리쳤다.

오답 해설

① 서희 : 강동 6주 획득(993) → (가) 이전

고려 성종 때 거란이 침입하자 서희는 소손녕과 외교 담판을 통해 강동 6주를 획득하였다.

③ 박위 : 쓰시마섬 토벌(1389) → (나) 이후

고려 창왕 때 박위가 왜구의 근거지인 쓰시마섬을 토벌하였다.

④ 최무선 : 진포대첩(1380) → (나) 이후

고려 우왕 때 최무선은 화약과 화포 제작을 위해 화통도감을 설치하고 화포를 사용하여 진포에서 왜구를 격퇴하였다.
└ 지금의 금강 하구

15 팔만대장경 제작

암기박사 대장도감 ⇒ 팔만대장경 제작   정답 ②

정답 해설

몽골군의 침략으로 부인사에 보관된 대장경판이 소실된 후 부처의 힘으로 이를 극복하고자 고종 때 강화도에 대장도감을 설치하고 팔만대장경을 제작하였다.

오답 해설

① **삼국사기 → 현존 우리나라 최고(最古)의 역사서**

고려 인종 때 김부식이 현존하는 우리나라 최고(最古)의 역사서인 사국사기를 편찬하였다.

③ **직지심체요절 → 현존 세계 최고(最古)의 금속 활자본**

청주 흥덕사에서 현존하는 세계 최고(最古)의 금속 활자본인 직지심체요절이 간행되었다.

④ **무구정광대다라니경 → 현존 세계 최고(最古)의 목판 인쇄물**

경주 불국사 삼층 석탑을 보수하는 과정에서 현존하는 세계 최고(最古)의 목판 인쇄물인 무구정광대다라니경이 발견되었다.

16 무신정변 이후의 사건

암기박사 망이 · 망소이의 난(1176) ⇒ 무신정변 이후   **정답** ④

정답 해설

왕이 보현원에 행차하였을 때, 정중부와 이의방을 비롯한 무신들이 다수의 문신을 제거하고 권력을 장악하는 무신정변이 발발하였다 (1170). 이후 고려 무신 집권기 때 망이 · 망소이가 가혹한 수탈에 저항하여 공주 명학소에서 봉기하였다(1176).

오답 해설

① **김헌창의 난(822) → 무신정변 이전**

신라 하대 헌덕왕 때 웅천주(공주) 도독 김헌창이 아버지가 왕위 쟁탈전에서 패한 것에 대해 불만을 품고 난을 일으켰다.

② **장문휴의 등주 공격(732) → 무신정변 이전**

발해 무왕 때 장문휴의 수군이 당의 등주를 공격하여 당과 대립하였다.

③ **최치원의 시무 10여 조(894) → 무신정변 이전**

신라 하대 진성 여왕 때 6두품 출신으로 당의 빈공과에 급제하고 귀국한 최치원은 시무 10여 조를 건의하였으나 수용되지 않았다.

17 도병마사

암기박사 국방과 군사 문제 논의 ⇒ 고려 : 도병마사   **정답** ④

정답 해설

중서문하성과 중추원의 고위 관료들이 모여 국방과 군사 문제를 논의하던 고려의 정치 기구는 도병마사이다. 원 간섭기에 도평의사사로 개편되면서 최고 상설 정무 기구로 발전하였다.

오답 해설

① **경대승의 사병 조직 → 고려 : 도방**

도방은 무신정변 후 경대승이 정중부를 제거하고 집권한 후 신변 보호를 위해 만든 사병 조직이다.

② **감찰 기구 → 고려 : 어사대**

어사대는 관리들의 비리를 감찰하고 풍기를 단속하는 고려의 감찰 기구이다.

③ **국왕 직속 사법 기구 → 조선 : 의금부**

의금부는 조선의 국왕 직속 사법 기관으로 반역죄, 강상죄 등의 중죄인을 처결하였다.

18 최영 장군의 활동

암기박사 최영 ⇒ 홍산 대첩   **정답** ②

정답 해설

고려 말 홍산에서 왜구의 침입을 격퇴한 인물은 최영 장군이다. 그는 고려 우왕 때 요동 정벌을 추진하였으나 이성계의 위화도 회군으로 뜻을 이루지 못하고 숙청당했다.

오답 해설

① **양규 → 흥화진 전투**

고려 현종 때 강조의 정변을 구실로 강동 6주를 넘겨줄 것을 요구하며 거란이 2차 침입을 시도하자 양규가 흥화진 전투에서 항전하였다.

③ **이종무 → 대마도 정벌**

조선 세종 때 대일 강경책의 일환으로 이종무가 왜구의 소굴인 대마도를 정벌하였다.

④ **정몽주 → 고려의 마지막 충신**

정몽주는 절개와 의리를 지킨 고려의 마지막 충신으로 이방원 세력에 의해 개경의 선죽교에서 피살되었다.

19 경복궁의 역사

암기박사 정도전 : 명칭 결정 ⇒ 경복궁   **정답** ①

정답 해설

근정(勤政) : '정사를 부지런히 돌보다'
경복(景福) : '큰 복을 누리다'

태조 이성계가 한양으로 도읍을 천도할 때 정도전이 경복궁과 근정전 등 궁궐과 주요 전각의 명칭을 정하였다. 흥선 대원군 집권 시에 왕실의 권위를 회복하기 위해 임진왜란 때 불 탄 경복궁을 중건하였다.

오답 해설

② **고종이 환궁한 궁 → 경운궁**

고종이 아관파천 후 환궁한 경운궁은 덕수궁의 처음 이름으로, 순종이 즉위하면서 태상황이 된 고종이 궁호를 덕수궁으로 바꾸었다.

③ **유사시 피난용 궁궐 → 경희궁**

경희궁의 처음 이름은 경덕궁으로 유사시 왕이 본궁을 떠나 피난하는 이궁으로 지어졌으나, 여러 왕이 정사를 보았기 때문에 동궐인 창덕궁에 대해 서궐이라 불렸다.

④ **일제 : 창경원으로 격하 → 창경궁**

창경궁의 처음 이름은 수강궁으로 세종이 생존한 상왕인 태종을 모시기 위해 지은 궁이었으나, 일제에 의해 창경원으로 격하되고 동물원과 식물원 등이 설치되었다.

20 세조 재위 기간의 사실

> **암기박사** 6조 직계제 부활 ⇒ 조선 세조
>
> 정답 ④

정답 해설

계유정난으로 정권을 잡고 왕위에 오른 조선의 왕은 세조이다. 세조는 집현전을 폐지하고 현직 관리에게만 수조권을 지급하는 직전법을 시행하였다. 또한 왕권 강화를 위해 6조 직계제를 부활시켰다.

↳ 토지로부터 조세를 거둘 수 있는 권리

오답 해설

① **계미자 주조 → 조선 태종**
조선 태종 때 활자 주조를 담당하는 관청인 주자소에서 조선 최초의 금속 활자인 계미자가 주조되었다.

② **균역법 실시 → 조선 영조**
조선 영조는 백성들의 군역 부담을 줄이기 위해 1년에 군포 2필을 부담하던 것을 1필로 경감하는 균역법을 실시하였다.

③ **기묘사화 → 조선 중종**
조선 중종 때 조광조가 반정 공신의 위훈 삭제를 주장하였으나 훈구 세력이 주초위왕의 모략을 꾸며 조광조 일파를 제거하는 기묘사화가 일어났다.

↳ 중종반정의 공신 대다수가 거짓 공훈으로 공신에 올랐다고 조광조가 위훈 삭제를 요구한 것

↳ 주(走)와 초(肖)를 합치면 조(趙)가 되므로, 조씨 성을 가진 사람(조광조)이 왕이 된다는 뜻

21 임진왜란 중의 사실

> **암기박사** 훈련도감 설치(1594) ⇒ 임진왜란
>
> 정답 ③

정답 해설

쇄미록에 기록된 곽재우는 임진왜란 당시 최초의 의병장으로, 붉은 옷을 입고 선두에서 많은 일본군을 무찔러 홍의장군으로 불렸다. 임진왜란 때 왜군의 조총에 대응하고 국방력을 강화하기 위해 삼수병으로 구성된 훈련도감이 설치되었다.

오답 해설

① **별기군 창설(1881) → 임진왜란 이후**
고종은 일본과 강화도 조약을 체결한 이후 개화 정책의 일환으로 신식 군대 양성을 위해 무위영 아래 별도로 별기군을 창설하였다.

② **2군 6위 편성(고려) → 임진왜란 이전**
2군 6위는 고려 시대의 중앙군으로 국왕의 친위대인 2군과 수도의 방비를 담당하는 6위로 구성되어 있다.

④ **나선 정벌 단행(1654, 1658) → 임진왜란 이후**
조선 효종은 청과 러시아 간 국경 충돌로 청이 원병을 요청하자, 두 차례에 걸쳐 조총 부대를 파견하여 나선 정벌을 단행하였다.

22 홍문관의 기능

> **암기박사** 왕의 정책 자문과 경연 담당 ⇒ 홍문관
>
> 정답 ④

정답 해설

홍문관은 조선 성종 때 집현전을 계승하여 설치된 학술·언론 기관으로 '옥당'이라는 별칭이 있다. 사헌부, 사간원과 함께 삼사로 불렸으며, 왕의 정책 자문과 경연을 담당하였습니다.

오답 해설

① **수원 화성 : 외영 → 장용영**
조선 정조는 왕의 친위 부대인 장용영을 설치하고 한양에는 내영, 수원 화성에는 외영을 두었다.

② **수도의 행정과 치안 담당 → 한성부**
한성부는 수도의 행정과 치안을 담당하였으며 토지 및 가옥 소송도 관여하였다.

③ **재정의 출납과 회계 관장 → 호조**
호조는 왕의 명령을 집행하는 행정 기관인 육조 중의 하나로, 재정의 출납과 회계를 관장하였다.

23 인조반정

> **암기박사** 인조반정(1623) ⇒ 광해군 폐위
>
> 정답 ④

정답 해설

조선 인조는 서인의 주도 하에 인목대비를 유폐하고 영창대군을 살해한 광해군을 폐위시키고 정권을 장악하였다.

오답 해설

① **경신환국 → 1689년**
조선 숙종 때 서인이 허적의 서자 허견 등이 역모를 꾀했다 고변하여 허적과 윤휴 등 남인들이 대거 축출되었다.

② **무오사화 → 1498년**
조선 연산군 때 김종직이 지은 조의제문을 사초에 올린 일이 발단이 되어 김일손 등이 처형되었다.

↳ 사관이 매일 기록한 역사 편찬의 자료

↳ 항우에게 왕위를 빼앗기고 죽은 초나라 의제를 기리는 내용을 통해 단종에게서 왕위를 빼앗은 세조를 비난한 글

③ **신유박해 → 1801년**
조선 순조 때 천주교에 대한 탄압으로 이가환, 이승훈 등 3백여 명이 처형되고 정약용이 강진으로 유배되었다.

👆 **핵심노트 ▶ 광해군의 정치와 인조반정**

- **중립 외교** : 명과 후금 사이에서 중립 외교 전개, 전후 복구 사업 추진
- **북인의 독점** : 광해군의 지지 세력인 북인은 서인과 남인 등을 배제
- **인조반정(1623)** : 인목대비 유폐, 영창대군 살해, 재정 악화, 민심 이탈 등을 계기로 발발한 인조반정으로 몰락

24 조선 후기의 사회 모습

> **암기박사** 녹읍 지급 ⇒ 신라~고려 초
>
> 정답 ①

정답 해설

↳ 나라의 재정을 보충하기 위하여 부유층에게 돈이나 곡식을 받고 팔았던 명예직 임명장

공명첩을 발행하고 상품 작물인 담배를 재배한 것은 조선 후기의 일이다. 한편, 귀족이 국가로부터 녹읍을 지급받은 것은 신라에서 고려 초기까지이다.

오답 해설

↳ 기후가 불순한 흉년에도 비교적 안전한 수확을 얻을 수 있는 작물

② **고구마 : 구황 작물 재배 → 조선 후기**
조선 후기에는 일본에서 들여 온 고구마와 같은 구황 작물이 널리 재배되었다.

③ **공인 : 관청에 물품 조달 → 조선 후기**

조선 후기에는 대동법의 시행으로 관청에 필요한 물품을 조달하는 공인이 등장하였다. → 관허 상인

④ **만상 : 대청무역 → 조선 후기**

조선 후기에는 상업의 발달로 만상 등의 상인이 대청 무역으로 부를 축적하였다.

25 연암 박지원

<table>
<tr><td>**암기박사**</td><td>열하일기, 양반전 ⇒ 연암 박지원</td><td>정답 ③</td></tr>
</table>

정답 해설

연암 박지원은 조선 후기의 실학자로 연행사의 일원으로 청에 다녀온 후 열하일기를 집필하여 청의 선진 문물 도입을 주장하였고, 양반전을 지어 양반의 허례와 무능을 비판하였다.

오답 해설

① **기호학파의 대가 → 율곡 이이**

강릉 오죽헌에서 태어난 율곡 이이는 기호학파의 대가로, 공물을 쌀로 걷는 수미법과 왜구의 침공에 대비한 10만 양병설을 주장하였다. 저서로는 동호문답, 성학집요 등이 있다.

② **추사체 창안 → 추사 김정희**

김정희는 조선 후기의 서화가이자 문인으로 추사체라는 독창적인 글씨를 창안하였으며, 세한도라는 문인화를 그렸다. 또한 금석과 안록에서 북한산비가 진흥왕 순수비임을 밝혔다.

④ **노론의 영수 → 우암 송시열**

노론의 영수인 우암 송시열은 효종에게 장문의 상소를 올려 명에 대한 의리와 북벌론을 주장하였고, 예송논쟁에서 자의대비의 복상 문제로 남인의 허목과 대립하였다.

26 세도 정치기의 사회상

<table>
<tr><td>**암기박사**</td><td>삼정의 문란 ⇒ 세도 정치기</td><td>정답 ④</td></tr>
</table>

정답 해설

세도 정치기에는 수령·아전들의 수탈이 심하였고, 전정·군정·환곡의 삼정이 문란하여 농민의 불만이 극에 달하였다.

오답 해설

① **과전법 → 수조권 지급** → 토지로부터 조세를 거둘 수 있는 권리

고려 공양왕 때 관리들에게 수조권을 지급하는 과전법을 실시하여 신진 사대부의 경제적 기반을 마련하였다.

② **조선 형평사 → 형평 운동**

이학찬을 중심으로 진주에서 조선 형평사를 조직하고 백정에 대한 사회적 차별 철폐를 목적으로 형평 운동이 전개되었다.

③ **전민변정도감 → 권문세족 견제**

고려 공민왕 때 신돈이 전민변정도감의 책임자로 임명되어 권문세족을 견제하고 개혁을 이끌었다.

27 이화 학당의 역사

<table>
<tr><td>**암기박사**</td><td>이화 학당(1866) ⇒ 최초의 여성 교육 기관</td><td>정답 ④</td></tr>
</table>

정답 해설

미국의 개신교 선교사 스크랜턴 부인이 여성 교육을 위해 최초의 여성 교육 기관인 이화 학당을 설립하였다. 최초의 여의사 박에스더와 3·1 만세 운동으로 순국한 유관순 열사 등이 이 학교 출신이다.

오답 해설

① **배재 학당(1885) → 선교 목적 설립**

배재 학당은 미국의 개신교 선교사 아펜젤러가 선교를 목적으로 한양에 세운 학교로 신학문 보급에 기여하였다.

② **오산 학교(1907) → 남강 이승훈 설립**

신민회의 남강 이승훈이 민족 정신 고취와 인재 양성을 위해 오산 학교를 설립하였다.

③ **육영 공원(1886) → 최초의 근대식 관립 학교**

최초의 근대식 관립 학교인 육영 공원은 미국인 헐버트와 길모어 등을 교사로 초빙하여 상류층의 자제들에게 근대 학문을 가르쳤다.

28 병인양요

<table>
<tr><td>**암기박사**</td><td>병인양요 ⇒ 양헌수 : 정족산성</td><td>정답 ③</td></tr>
</table>

정답 해설

프랑스군이 외규장각 의궤를 약탈해 간 것은 병인양요 때의 일이다. 병인양요가 발발하자 양헌수 부대가 정족산성에서 프랑스 군을 격퇴하였다(1866).

오답 해설

① **청군의 개입 → 임오군란, 갑신정변**

임오군란 때는 명성황후 일파가 청에 군대를 요청하여 군란을 진압하였고, 갑신정변 때는 청의 무력 개입으로 3일 만에 실패로 끝났다.

② **제너럴셔먼호 사건 → 신미양요**

제너럴셔먼호 사건을 구실로 미국의 로저스 제독이 5척의 군함을 이끌고 강화도를 공격하여 신미양요가 발발하였다.

④ **임오군란 → 제물포 조약 체결**

임오군란의 결과 조선은 일본과 제물포 조약을 체결하고 배상금 지불과 군란 주동자의 처벌을 약속하였다.

29 임오군란

<table>
<tr><td>**암기박사**</td><td>통리기무아문(1880) ⇒ 임오군란(1882) ⇒ 갑신정변(1884)</td><td>정답 ③</td></tr>
</table>

정답 해설

(가) **통리기무아문(1880)** : 고종은 개화 정책 전담 기구인 통리기무아문을 설치하고 그 아래 12사를 두어 신문물 수용과 부국강병 도모 등의 개화 정책을 추진하였다.

- **임오군란(1882)** : 신식 군대인 별기군과의 차별을 받던 구식 군대가 임오군란을 일으켜 포도청과 의금부를 습격하고 일본 공사관을 불태웠다.

(나) 갑신정변(1884) : 김옥균을 중심으로 한 급진개화파가 우정총국 개국 축하연을 이용해 사대당 요인을 살해하고 개화당 정부를 수립하였으나, 청의 무력 개입으로 3일 만에 실패로 끝났다.

오답 해설

① **탕평비 건립(1742) → (가) 이전**

조선 영조는 붕당의 폐해를 경계하기 위해 성균관 입구에 탕평비를 건립하였다.

② **간도 협약 체결(1909) → (나) 이후**

청과 일본 사이에 체결된 간도 협약에 따라 일본이 안봉선 철도 부설권을 얻는 대가로 간도를 청의 영토에 귀속시켰다.

④ **어영청 강화(1652) → (가) 이전**

조선 효종은 총포병과 기병 위주로 기능을 강화한 어영청을 중심으로 국방력을 강화하고 북벌을 추진하였다.

30 수신사 파견

암기박사 김홍집 : 2차 수신사 ⇒ 일본에 파견된 사절단　　**정답** ③

정답 해설

김홍집은 2차 수신사로 일본에 갔다가 귀국할 때 청의 외교관인 황준헌이 쓴 조선책략을 국내에 처음으로 유포하였다.

오답 해설

① **보빙사 → 미국에 파견된 사절단**

미국과 조·미 수호 통상 조약이 체결된 후, 미국 공사의 서울 부임에 답하여 보빙사가 미국에 파견되었다.

② **성절사 → 명에 파견된 사절단**

조선은 건국 직후부터 명과 친선을 유지하기 위해 매년 황제의 탄신일에 성절사를 사절단으로 파견하였다.

④ **영선사 → 청에 파견된 사절단**

고종은 개화 정책의 일환으로 청에 영선사를 파견하여 근대식 무기 제조 기술을 도입하였다.

31 동학 농민 운동

암기박사 집강소 설치 ⇒ 동학 농민 운동　　**정답** ②

정답 해설

사발통문, 장태, 공주 우금치 전적은 모두 동학 농민 운동과 관련된 사진들이다. 동학 농민 운동 당시 농민군은 전라도 일대에 집강소를 설치하고 폐정 개혁안을 실천하였다.

오답 해설

① **안핵사 : 박규수 파견 → 임술 농민 봉기**

삼정의 문란과 백낙신의 탐학으로 임술 농민 봉기가 발발하자 사태 수습을 위해 박규수가 안핵사로 파견되었다.

③ **한성 조약 체결 → 갑신정변**

청의 무력 개입으로 실패한 갑신정변의 결과 조선과 일본 사이에는 한성 조약이 체결되었다.

④ **평안도 지역에 대한 차별 → 홍경래의 난**

평안도 지역 차별에 반발하여 홍경래 등이 난을 일으키고 정주성을 점령하였다.

32 시대별 관리 등용 제도

암기박사 현량과 실시 ⇒ 조광조　　**정답** ③

정답 해설

조선 중종 때 조광조 등 사림 세력이 신진 인사를 등용하기 위해 천거제의 일종인 현량과의 실시를 주장하였다.

오답 해설

① **(가) 독서삼품과 → 3등급 구분**

통일 신라의 원성왕은 인재 등용을 위해 유교 경전의 이해 수준에 따라 3등급으로 구분한 독서삼품과를 시행하였다.

② **(나) 과거제 실시 → 고려 광종**　→ 상품·중품·하품

고려 광종은 인재를 등용하기 위해 후주인 쌍기의 건의를 받아들여 과거제를 시행하였다.

④ **(라) 과거제 폐지 → 제1차 갑오개혁**

제1차 갑오개혁 때 김홍집 친일 내각은 초정부적 정책 의결 기구인 군국기무처를 설치하고 과거제 폐지를 단행하였다.

33 독립 협회의 활동

암기박사 독립협회 ⇒ 독립신문 발간, 만민 공동회 개최　　**정답** ②

정답 해설

서재필을 중심으로 창립된 독립 협회는 독립신문을 발행하고 우리나라 최초의 근대적 민중 대회인 만민 공동회를 개최하여 민권 신장을 추구하였다.

오답 해설

① **신민회 → 국권 회복을 위한 비밀 결사 단체**

신민회는 국권 회복을 위한 비밀 결사 단체로, 안창호와 양기탁 등이 중심이 되어 공화 정체의 근대 국가 건설을 목표로 설립되었다.

③ **대한 자강회 → 고종 강제 퇴위 반대 운동**　→ 정미 7조약

대한 자강회는 일제가 고종을 강제 퇴위시키고 한·일 신협약을 체결하자 고종의 강제 퇴위 반대 운동을 주도하였다.

④ **조선어 학회 → 한글 맞춤법 통일안과 표준어 제정**

최현배, 이윤재 등이 설립한 조선어 학회는 한글 맞춤법 통일안과 표준어를 제정하고 조선말 큰사전 편찬을 주도하였다.

👆 **핵심노트** ▶ 독립 협회의 활동

- **이권 수호 운동** : 러시아의 절영도 조차 요구 규탄, 한 · 러 은행 폐쇄
- **독립 기념물의 건립** : 자주 독립의 상징인 독립문을 세우고, 모화관을 독립관으로 개수
- **민중의 계몽** : 강연회 · 토론회 개최, 독립신문의 발간 등을 통해 민족의 자주적 국권 · 민권 사상을 고취
- **만민 공동회 개최** : 우리나라 최초의 근대적 민중 대회 → 외국의 내정 간섭·이권 요구·토지 조사 요구 등에 대항하여 반환을 요구
- **관민 공동회 개최** : 만민 공동회의 규탄을 받던 보수 정부가 무너지고 개혁파 박정양이 정권을 장악하자, 정부 관료와 각계각층의 시민 등 만여 명이 참여하여 개최
- **의회 설립 추진** : 의회식 중추원 신관제를 반포하여 최초로 국회 설립 단계까지 진행(1898. 11)
- **헌의 6조** : 헌의 6조를 결의하고 국왕의 재가를 받음 → 실현되지는 못함

34 을사늑약

암기박사 을사늑약 ⇒ 통감부 설치 **정답** ④

정답 해설

헤이그 만국 평화 회의에 이준, 이상설, 이위종 등의 특사를 파견한 것은 을사늑약의 부당함을 세계에 알리기 위해서이다. 을사늑약을 강제로 체결한 일본은 한국의 외교권을 박탈하고 통감부를 설치하여 한국의 독점적 지배권을 인정받았다.

오답 해설

① **텐진조약 → 청 · 일 전쟁**

동학 농민 운동이 발발하자 청과 일본이 텐진 조약에 따라 군대를 파병하였고, 전주화약 후 철수를 거부한 일본군이 청의 군대를 공격하여 청 · 일 전쟁이 발발하였다.

② **최혜국 대우 최초 규정 → 조 · 미 수호 통상 조약**

조 · 미 수호 통상 조약은 서양과 맺은 최초의 조약으로, 이 조약으로 외국에 대한 최혜국 대우를 최초로 규정하였다.

③ **운요호 사건 → 강화도 조약**

운요호 사건을 빌미로 일본의 강압에 의해 불평등 조약인 강화도 조약이 체결되었다.

35 대한제국 시기의 정책

암기박사 광무개혁 : 지계 발급 ⇒ 대한제국 **정답** ①

정답 해설

아관파천 후 덕수궁으로 환궁한 고종은 국호를 대한제국으로 고치고 환구단에서 황제 즉위식을 거행하였다. 이후 대한제국은 광무개혁의 일환으로 근대적 토지 소유제도의 마련을 위해 양전 사업을 실시하고 지계를 발급하였다.
↳ 근대적 토지증서

오답 해설

② **척화비 건립(1871) → 병인양요, 신미양요**

병인양요와 신미양요의 결과 흥선 대원군은 척화교서를 내리고 종로와 전국 각지에 척화비를 건립하였다.

③ **홍범 14조 반포(1894) → 제2차 갑오개혁**

고종은 제2차 갑오개혁 때 종묘에 나가 독립 서고문을 바치고, 개혁의 기본 방향을 제시한 홍범 14조를 반포하였다.

④ **치안 유지법(1925) → 문화 통치기**

일제는 문화 통치기에 사상 통제법인 치안 유지법을 제정하여 독립 운동가들을 탄압하였다.

36 13도 창의군

암기박사 정미의병 ⇒ 13도 창의군 : 서울 진공 작전 **정답** ①

정답 해설

고종의 강제 퇴위와 군대 해산에 반발하여 일어난 의병은 정미의병이다. 정미의병이 확산되는 과정에서 유생 이인영을 총대장으로 하는 13도 창의군의 의병 부대가 연합하여 서울 진공 작전을 전개하였다.

오답 해설

② **자유시 이동 → 대한 독립군단**

봉오동 전투와 청산리 전투에서 패한 일제의 보복인 간도 참변 이후 대한 독립군단은 일제의 탄압을 피해 자유시로 이동하였다.

③ **신미양요 : 광성보 전투 → 진무영**

미국이 제너럴셔먼호 사건을 구실로 강화도를 공격하여 신미양요가 발발하자 어재연의 진무영 부대가 광성보 전투에서 항전하였다.

④ **황푸 군관 학교 : 군사 훈련 → 의열단**

김원봉이 조직한 의열단의 단원들은 황푸 군관 학교에 입학하여 군사 훈련을 실시하였다.

37 청산리 전투

암기박사 청산리 전투(1920) ⇒ 김좌진 : 북로 군정서군 **정답** ③

정답 해설

청산리 전투는 김좌진의 북로 군정서군이 홍범도의 대한 독립군과 연합하여 간도 청산리의 백운평, 천수평, 어랑촌 일대에서 일본군과 싸워 크게 승리한 전투이다.

오답 해설

① **백강 전투(663) → 백제 부흥군**

백제 부흥군은 왜에 원군을 요청하였으나 나 · 당 연합군의 공격에 왜의 수군이 백강 전투에서 패배하여 백제 부흥 운동은 실패로 돌아갔다.

② **진주성 전투(1592, 1593) → 진주 목사 김시민**

임진왜란 당시 진주 목사 김시민이 제1차 진주성 전투에서 왜군에 맞서 진주성을 지켜냈으나, 제2차 진주성 전투에서는 왜군에 대패하였다.

④ **대전자령 전투(1933) → 지청천 : 한국 독립군**

지청천의 한국 독립군은 중국군과 연합하여 호로군을 조직하고 대전자령 전투에서 일본군을 기습하였다.

38 저항 시인 이육사

암기박사 광야 : 저항시 ⇒ 이육사

정답 ③

정답 해설

조선은행 대구 지점 폭파 사건에 연루되어 수감생활을 하던 당시의 수인 번호를 따서 호를 지은 이육사는 일제 강점기 민족 저항 시인으로 본명이 이원록이다. 이육사가 지은 광야는 항일 정신과 작가의 독립운동 정신이 잘 드러난 대표적인 저항시이다.

오답 해설

① 심훈 → 그 날이 오면, 상록수

심훈은 독립 운동가이자 소설가로, 시 '그 날이 오면'과 소설 '상록수' 등의 작품을 남겼다.

② 윤동주 → 서시, 별 헤는 밤, 하늘과 바람과 별과 시

윤동주는 일제 강점기에 활동한 시인이자 독립 운동가이다. 그는 문인 활동을 통해 일제의 탄압에 저항하였고, 서시, 별 헤는 밤 그리고 유고 시집인 하늘과 바람과 별과 시 등의 작품을 남겼다.

④ 한용운 → 님의 침묵

한용운은 불교 개혁 운동을 주도하였고 민족 대표 33인 중 한 명으로 3 · 1 만세 운동에 참여하였으며 대표적인 저항시인 님의 침묵을 남겼다.

39 산미 증식 계획

암기박사 일본 : 식량 수탈 ⇒ 산미 증식 계획

정답 ③

정답 해설

일제가 자국의 식량 문제를 해결하기 위해 1920년부터 조선에 실시한 정책은 산미 증식 계획이다. 일본은 자국의 식량 부족과 쌀값 폭등을 우리나라에서의 식량 수탈로 해결하려고 산미 증식 계획을 추진하였다.

오답 해설

① 방곡령(1889) : 조선 양곡의 무제한 유출을 허용한 조 · 일 통상 장정으로 일본으로의 지나친 곡물 반출을 막기 위해 함경도 관찰사 조병식이 방곡령을 선포하였다.

② 신해통공(1791) : 조선 정조 때 시전 상인의 특권을 축소하는 신해통공이 단행되어 육의전을 제외한 시전 상인의 금난전권이 폐지되었다.

④ 토지 조사 사업(1910) : 일제는 무단 통치기 때 토지 약탈과 식민지 통치의 재정 기반을 확대하기 위해 토지 조사 사업을 실시하였다.

40 민족 말살 통치기의 일제 정책

암기박사 조선 태형령, 헌병 경찰제 ⇒ 무단 통치기

정답 ①

정답 해설

일제가 진주만 공격으로 태평양 전쟁을 도발하던 시기는 민족 말살 통치기로, 징병제로 청년들을 전쟁에 동원하고 일본군 위안부로 여성들의 인권을 유린하였다. 한편, 일제가 조선인에 한하여 태형을 통해 형벌을 가하는 조선 태형령과 헌병이 경찰 업무를 대행하는 헌병 경찰제를 시행한 것은 무단 통치기이다.

오답 해설

② 국민 징용령 → 민족 말살 통치기

일제는 민족 말살 통치기에 조선인 근로자의 노동력을 착취하기 위해 국민 징용령을 공포하였다.

③ 전쟁 물자 공출 → 민족 말살 통치기

일제는 민족 말살 통치기에 전쟁 물자로 사용하기 위해 가마솥을 비롯한 놋그릇, 수저 등의 금속제를 공출하였다.

④ 황국 신민 서사 암송 → 민족 말살 통치기

일제는 민족 말살 통치기에 천황에게 충성을 맹세하는 황국 신민 서사의 암송을 강요하였다.

41 단오의 세시 풍속

암기박사 음력 5월 5일 ⇒ 단오

정답 ①

정답 해설

단오는 음력 5월 5일로 수레바퀴 모양의 떡살로 문양을 내는 수리취떡을 해먹고, 여자는 창포물에 머리를 감고 그네를 뛰며 남자는 씨름을 하였다.

오답 해설

② 양력 12월 22일 무렵 → 동지

동지는 일 년 중 밤이 가장 긴 날로 양력 12월 22일 경이며, 민가에서는 잡귀잡신의 침입을 막기 위해 새알심을 넣은 팥죽을 쑤어 먹었다.

③ 음력 8월 15일 → 추석

추석은 음력 8월 15일로 한가위, 중추절 등으로 불리며, 햅쌀로 송편을 빚고 햇과일 등의 음식을 장만하여 차례를 지낸다.

④ 양력 4월 5일 무렵 → 한식

한식은 동지로부터 105일째 되는 날로, 양력으로 4월 5일 무렵이다. 설날, 단오, 추석과 함께 4대 명절의 하나이며 일정 기간 불의 사용을 금하고 찬 음식을 먹는다.

42 윤봉길 의거

암기박사 홍커우 공원 의거 ⇒ 윤봉길

정답 ②

정답 해설

김구가 조직한 한인 애국단 소속의 윤봉길은 상하이 홍커우 공원에서 의거를 일으켜 일본군 축하 기념식에 폭탄을 투척하고 한국인의 독립 의지를 만방에 알렸다(1932).

오답 해설

① 나석주 → 동양 척식 주식회사에 폭탄 투척

나석주는 의열단 소속으로 일제의 대표적 수탈 기관인 동양 척식 주식회사에 폭탄을 투척하였다.

③ 이봉창 → 일본 국왕에 폭탄 투척

한인 애국단 소속의 이봉창은 도쿄에서 일왕의 행렬에 폭탄을 투척하였다.

④ 이회영 → 신흥 강습소 설립

독립운동가 이회영은 신민회의 일원으로, 만주 삼원보에 자치기구인 경학사를 조직하고 군사교육기관인 신흥 강습소를 설립하였다.

43 한국 광복군의 독립 투쟁

정답 ③

암기박사 국내 진공 작전 준비 ⇒ 지청천 : 한국 광복군

정답 해설

지청천을 총사령관으로 하는 대한민국 임시 정부의 한국 광복군은 미국의 전략 정보국(OSS)과 합작하여 국내 진공 작전을 준비하였으나 일제의 패망으로 실현하지는 못하였다.

오답 해설

① 고종의 밀지 → 임병찬 : 독립 의군부
임병찬이 고종의 밀지를 받아 결성한 비밀 단체는 독립 의군부로, 고종의 복위 및 대한 제국의 재건을 목표로 조직되었다.

② 조선 혁명 선언 → 김원봉 : 의열단
김원봉의 의열단은 무장 투쟁과 민중의 직접 혁명을 주장한 신채호의 조선 혁명 선언을 활동 지침으로 삼았다.

④ 영릉가 전투 → 양세봉 : 조선 혁명군
총사령 양세봉이 지휘한 조선 혁명군은 중국 의용군과 연합하여 영릉가 전투에서 일본군에게 승리를 거두었다.

핵심노트 ▶ 한국 광복군의 활동

- 대일 선전 포고(1941)
- 영국군과 연합 작전 전개(1943) → 인도, 미얀마 전선
- 국내 진공 작전(1945) → 미국 전략정보처(OSS)의 지원과 국내 정진군 특수 훈련

44 대한민국 정부 수립 과정

정답 ②

암기박사 6 · 10 만세 운동(1926) ⇒ 일제 강점기

정답 해설

6 · 10 만세 운동은 광복 이전인 일제 강점기 때 순종의 장례일을 기회로 삼아 사회주의 세력의 주도 하에 격문 살포와 시위 운동이 전개되었다.

오답 해설

① 5 · 10 총선거 실시(1948) : 우리나라 최초의 보통 선거인 5 · 10 총선거가 남한 단독으로 실시되었다.

③ 좌우 합작 위원회 활동(1946) : 여운형과 김규식 등의 중도파를 중심으로 좌우 합작 위원회가 결성되어 남한 만의 단독 정부 수립을 반대하였다.

④ 제1차 미소 공동 위원회 개최(1946) : 모스크바 3국 외상 회의의 합의에 따라 한국의 임시정부 수립을 원조할 목적으로 제1차 미 · 소 공동 위원회가 개최되었다.

45 5 · 18 민주화 운동

정답 ④

암기박사 계엄군의 무자비한 진압 ⇒ 5 · 18 민주화 운동(1980)

정답 해설

신군부의 비상계엄 확대와 무력 진압에 항거하여 5 · 18 민주화 운동이 일어났고, 계엄군의 무자비한 진압으로 많은 광주 시민과 학생이 희생되었다.

오답 해설

① 4 · 19 혁명(1960) : 이승만 정권의 장기 독재와 자유당 정권의 3 · 15 부정선거로 4 · 19 혁명이 발발하였고 그 결과 이승만 대통령이 하야하였다.

② 6월 민주 항쟁(1987) : 박종철 고문치사와 전두환 정부의 4 · 13 호헌 조치 발표로 호헌 철폐와 독재 타도 등의 구호를 내세운 6월 민주 항쟁이 촉발되었다.

③ 부마 민주 항쟁(1979) : 신민당 당사에서 YH 무역 사건이 일어나자 박정희 정부는 김영삼을 국회의원에서 제명하였고, 이에 부산과 마산에서 유신 철폐와 독재 타도를 외치며 부 · 마 민주 항쟁이 발발하였다.

46 노태우 정부의 통일 노력

정답 ①

암기박사 남북한 유엔 동시 가입 ⇒ 노태우 정부

정답 해설

소련과의 국교 수립, 남북 기본 합의서 채택, 한반도 비핵화 공동 선언은 모두 노태우 정부 시기의 일이다. 이 시기에 제46차 UN 총회에서 개별 회원국으로 남북한 유엔 동시 가입이 이루어졌다.

오답 해설

② 남북 이산가족 최초 상봉 → 전두환 정부
전두환 정부 때에 최초의 이산가족 고향 방문이 성사되어 평양에서 이산가족 상봉과 예술 공연단 교환을 실현하였다.

③ 7 · 4 남북 공동 성명 → 박정희 정부
박정희 정부 때에 7 · 4 남북 공동 성명을 발표하여 '자주, 평화, 민족 대단결'의 민족 통일 3대 원칙을 제시하였다.

④ 6 · 15 남북 공동 선언 → 김대중 정부
김대중 정부 때에 평양에서 최초로 남북 정상 회담이 개최되고 6 · 15 남북 공동 선언이 채택되었다.

47 김영삼 정부

정답 ②

암기박사 조선 총독부 건물 철거 ⇒ 김영삼 정부

정답 해설

일제 강점기에 황국 신민의 양성을 목적으로 지어진 국민학교 명칭을 초등학교로 변경한 것은 김영삼 정부 때의 일이다. 김영삼 대통령은 역사 바로 세우기를 내세우며 옛 조선 총독부 건물을 철거하였다.

오답 해설

① 삼청 교육대 운영 → 전두환 정부

전두환 정부 때 비상계엄이 발령된 직후 국가보위비상대책위원회가 사회 정화를 명분으로 전국 각지의 군부대 내에 삼청 교육대를 운영하였다.

③ 반민족 행위 처벌법 제정 → 이승만 정부

이승만 정부 때에 제헌 국회에서 일제의 잔재를 청산하기 위한 반민족 행위 처벌법이 제정되었다.

④ G20 정상 회의 개최 → 이명박 정부

이명박 정부 때에 G20 주요 경제국 정상들이 모이는 G20 정상 회의가 아시아 최초로 서울에서 개최되었다.

48 김대중 정부의 경제 상황

정답 ④

암기박사 국제 통화 기금(IMF)의 조기 상환 ⇒ 김대중 정부

정답 해설

제17회 FIFA 한일 월드컵 개막식이 열린 것은 김대중 정부 때의 일이다. 김대중 정부 때에 외환 위기로 지원받은 국제 통화 기금(IMF)의 구제 금융을 조기 상환하였다.

오답 해설

① 경부 고속 도로 준공 → 박정희 정부

박정희 정부 때에 서울과 부산을 연결하는 경부 고속 도로를 준공하였다.

② 세계 무역 기구(WTO) 가입 → 김영삼 정부

김영삼 정부 때에 세계 무역 기구(WTO)의 출범으로 시장 개방이 가속화되고, 우리나라 정부가 이에 가입하였다.

③ 제1차 경제 개발 5개년 계획 → 박정희 정부

박정희 정부 때에 기간산업, 사회 간접 자본 확충, 경공업 중심의 수출 산업 육성을 위한 제1차 경제 개발 5개년 계획이 추진되었다.

49 시대별 구휼 제도

정답 ①

암기박사 의창(986) ⇒ 고려 성종

정답 해설

고려 성종 때 흑창을 확대 개편하여 봄에 곡식을 빌려주고 가을에 갚도록 하는 춘대추납의 의창이 설치되었다.

오답 해설

② 신문고 운영(1401) → 조선 태종

조선 태종 때 백성의 억울함을 풀어 주기 위해 창덕궁에 신문고를 처음 설치하였다.

③ 제중원 설립(1885) → 조선 고종   처음 설립 시 광혜원이었다가 제중원으로 개칭

조선 고종 때 우리나라 최초의 근대식 국립 의료 기관인 제중원이 미국인 선교사 알렌(Allen)의 건의로 설립되었다.

④ 호포제 실시(1871) → 조선 고종

조선 고종 때 흥선 대원군이 군정의 문란을 개혁하기 위해 양반에게도 군포를 징수하는 호포제를 실시하였다.

50 대구 지역의 역사

정답 ①

암기박사 신문왕의 천도 계획, 공산 전투, 국채 보상 운동, 2·28 민주 운동 ⇒ 대구

정답 해설

• 신문왕의 천도 계획(689) : 통일 신라의 신문왕은 금성(경주)에 기반을 둔 진골 귀족세력을 견제하고 왕권을 강화하기 위해 달구벌(대구)로 천도하려는 계획을 세웠으나 실행하지는 못했다.

• 공산 전투(927) : 고려의 왕건이 후백제의 견훤과 공산에서 치열하게 전투를 벌였으나, 신숭겸이 전사하는 등 고려군이 크게 패하였다.   └▶ 대구 팔공산

• 국채 보상 운동(1907) : 김광제 등을 중심으로 대구에서 개최한 국민 대회에서 국채 보상 운동이 시작되었다.

• 2·28 민주 운동(1960) : 이승만 정부가 학생들이 야당의 선거 유세장에 가지 못하도록 일요일에 등교 조치한 것에 대해 대구 시내 고등학생들이 시위를 벌였다.

01 신석기 시대의 생활 모습

정답 ①

암기박사 가락바퀴 : 실을 뽑는 도구 ⇒ 신석기 시대

정답 해설

정착 생활과 농경이 시작된 것은 신석기 시대이다. 신석기 시대에는 가락바퀴를 이용하여 실을 뽑고 뼈바늘로 옷을 지어 입었다.

오답 해설

② 껴묻거리 : 오수전 → 철기 시대 → 부장품

철기 시대에는 무덤 껴묻거리로 오수전 등을 묻었는데, 오수전은 중국 한(漢) 무제 때 사용된 화폐로 창원 다호리 등에서 출토되었다.

③ 철제 농기구 : 쟁기, 쇠스랑 → 철기 시대

철기 시대에는 기존의 석기나 목기 외에 쟁기, 쇠스랑 등의 철제 농기구를 이용하여 농사를 지었다.

④ 청동 방울 : 의례 도구 → 청동기 시대

청동기 시대에는 청동 방울과 거울 등을 의식을 행하기 위한 의례 도구로 사용하였다. → 동령, 쌍두령, 팔주령 등

02 삼한의 사회 모습

정답 ②

암기박사 지배자 : 신지, 읍차 ⇒ 삼한

정답 해설

삼한에서는 제사장인 천군이 의례를 주관하였고, 나라마다 소도라는 별읍이 있어 죄인이 이곳으로 도망치면 잡아가지 못하였다. 또한 삼한에는 대군장인 신지와 소군장인 읍차라 불린 지배자가 있었다.

오답 해설

① 영고 : 제천 행사 → 부여

부여는 12월에 영고라는 제천 행사를 열어 하늘에 제사를 지내고 노래와 춤을 즐겼다.

③ 민며느리제 : 혼인 풍습 → 옥저

옥저에는 혼인 풍습으로 장차 며느리로 삼기 위해 어린 소녀를 데려다 키운 뒤 아들과 혼인시켜 며느리로 삼는 민며느리제가 있었다.

④ 책화 : 읍락 간의 경계 중시 → 동예

동예에는 읍락 간의 경계를 중시하는 책화가 있어서, 다른 부족의 생활권을 침범하면 노비와 소·말로 변상하였다.

03 고구려 진대법

정답 ③

암기박사 진대법 : 빈민 구제 제도 ⇒ 고구려 고국천왕

정답 해설

진대법은 고구려 고국천왕 때 을파소의 건의로 실시된 빈민 구제 제도로 봄에 곡식을 빌려주고 겨울에 갚게 하는 제도이다.

오답 해설

① 흑창 : 빈민 구제 기관 → 고려 태조

흑창은 고구려의 진대법을 계승한 춘대추납의 빈민 구제 기관으로 민생 안정을 위해 고려 태조 때 처음 설치되었다.

② 상평창 : 물가 조절 기관 → 고려 성종

고려 성종 때 물가 조절을 위해 개경과 서경 등에 물가 조절 기관인 상평창이 설치되었다.

④ 제위보 : 빈민 구제 기관 → 고려 광종

고려 광종 때 빈민을 구휼할 목적으로 기금을 모아 그 이자로 빈민을 구제하는 제위보를 조성하였다.

04 독도의 역사

정답 ④

암기박사 안용복 : 우리 영토 주장 ⇒ 독도

정답 해설

가지도로 불리고, 대한 제국 칙령 제41호에 석도로 기록되어 있으며, 울도 군수 심흥택의 보고서에 표기된 섬은 독도이다. 조선 숙종 때 동래 어민 안용복이 일본에 2차례 건너가 울릉도와 독도가 우리 영토임을 주장하였다.

오답 해설

① 러시아 : 조차 요구 → 영도 조약에 의해 다른 나라로부터 유상 또는 무상으로 영토를 빌림

러시아가 저탄소 설치를 위해 부산 절영도(지금의 영도)의 조차를 요구하자 독립 협회는 만민 공동회를 개최하여 러시아의 요구를 저지하였다.

② 영국 : 불법 점령 → 거문도

갑신정변 이후 조·러 수호 통상 조약이 체결되자 영국군이 러시아를 견제하기 위해 거문도를 불법 점령하였다.

③ 하멜 표류 → 제주도

네덜란드 상인인 하멜 일행이 표류하여 제주도에 도착한 후 우리나라에 서양 문물을 전파하였다.

05 백제 문화유산

정답 ②

암기박사 미륵사지 석탑 ⇒ 백제 문화유산

정답 해설

공주와 부여에 도읍했던 국가는 백제이다. 전북 익산에 있는 미륵사지 석탑은 백제 시대의 석탑으로, 목탑 양식을 계승한 우리나라에서 가장 오래된 탑이다.

오답 해설

① 첨성대 → 신라 문화유산

신라 선덕 여왕 때 현존 세계 최고(最古)의 천문대인 첨성대를 세워 천체를 관측하였다.

③ 무용총 수렵도 → 고구려 문화유산

중국 지안의 무용총에는 당시 고구려의 생활상을 담은 수렵도 등의 벽화가 남아 있다.

④ 성덕 대왕 신종 → 통일 신라 문화유산

성덕 대왕 신종은 봉덕사종 또는 에밀레종이라 하며 경덕왕이 아버지인 성덕왕을 기리기 위해 만든 통일 신라의 종이다.

60회 문제

06 금관가야의 역사

정답 ①

암기박사 수로왕 : 금관가야 ⇒ 전기 가야 연맹

정답 해설

수로왕이 김해에 설립한 나라는 금관가야로, 변한 지역 12개 소국의 전기 가야 연맹을 주도하였다.

오답 해설

② 국학 : 교육 기관 → 통일 신라 신문왕

통일 신라의 신문왕은 교육 기관인 국학을 설립하여 유학 교육을 실시하고 유교 이념을 확립하였다.

③ 옥저 정복 : 동해안 진출 → 고구려 태조

고구려 태조는 활발한 정복 전쟁으로 부전 고원을 넘어 옥저를 정복하고 동해안으로 진출하였다.

④ 22담로 : 왕족 파견 → 백제 무령왕

백제 무령왕은 지방 통제를 강화하기 위해 지방의 주요 지점에 22담로를 설치하고 왕족을 파견하였다.

👆 **핵심노트 ▶ 가야 연맹**

- 전기 가야 연맹 : 김수로왕의 금관가야 → 신라 법흥왕 때 멸망(532년) → 김해 대성동 고분군
- 후기 가야 연맹 : 이진아시왕의 대가야 → 신라 진흥황 때 멸망(562년) → 고령 지산동 고분군

07 신라 지증왕의 업적

정답 ①

암기박사 권농책 : 우경 장려 ⇒ 신라 지증왕

정답 해설

순장을 금지시키고 '신라국왕'이라는 호칭을 사용한 왕은 신라 지증왕이다. 신라 지증왕은 권농책으로 우경을 장려하였다.

오답 해설

② 율령 반포 → 신라 법흥왕

신라 법흥왕은 율령을 반포하고 병부와 상대등을 설치하여 통치 질서를 확립하였다.

③ 독서삼품과 실시 → 통일 신라 원성왕

통일 신라 원성왕은 독서삼품과를 실시하여 유교 경전의 이해 수준에 따라 3등급으로 구분해 인재를 등용하였다.

④ 화랑도 : 국가 조직 개편 → 신라 진흥왕 ┈→ 상품·중품·하품

신라 진흥왕은 정복 활동을 강화하기 위해 화랑도를 정비하여 국가 조직으로 개편하였다. ┈→ 국선도 또는 풍월도

08 한식의 세시풍속

정답 ③

암기박사 찬 음식 먹는 날 ⇒ 한식

정답 해설

동지 후 105일째 되는 한식은 찬 음식을 먹는다고 해서 그 이름이 유래되었다. 설날, 단오, 추석과 함께 4대 명절의 하나이며, 일정 기간 불의 사용을 금한다. '손 없는 날'이라 하여 산소에 잔디를 새로 입히거나 이장을 한다.

오답 해설

① 수리취떡, 창포물, 씨름 → 단오

단오는 음력 5월 5일로 수레바퀴 모양의 떡살로 문양을 내는 수리취떡을 해먹고, 여자는 창포물에 머리를 감고 그네를 뛰며 남자는 씨름을 한다.

② 견우와 직녀 → 칠석

칠석은 음력 7월 7일로 전설 속의 견우와 직녀가 일 년에 한 번 오작교에서 만나는 날로, 처녀들은 바느질 대회와 수놓기 등을 하고 호박부침을 만들어 칠성님께 빌었다.

④ 진달래꽃 화전, 풀각시 놀이 → 삼짇날

삼짇날은 음력 3월 3일로 답청절이라고 하는데, 진달래가 피는 봄이면 찹쌀가루로 빚은 전 위에 진달래꽃을 올려 화전을 부쳐 먹고, 여자 아이들은 지랑풀이나 각시풀 같은 풀을 가지고 각시 인형을 만들고 놀았다.

09 삼국 통일의 과정

정답 ①

암기박사 황산벌 전투(660) ⇒ 백강 전투(663) ⇒ 기벌포 전투(676)

정답 해설

(가) 황산벌 전투(660) : 백제 의자왕 때 계백이 이끄는 백제의 군대가 신라군에 맞서 황산벌에서 최후의 전투를 벌였다.

- 백강 전투(663) : 백제가 멸망한 후 백제 부흥군은 왜에 원군을 요청하였으나 나·당 연합군이 백강에서 왜군을 물리쳐 백제 부흥 운동은 실패로 돌아갔다.

(나) 기벌포 전투(676) : 신라 문무왕은 기벌포 전투에서 당의 군대를 격퇴하고 나·당 전쟁에서 승리하여 삼국 통일을 이룩하였다.

오답 해설

② 살수 대첩(612) → (가) 이전

고구려 영양왕 때 을지문덕 장군이 수나라 장수 우중문이 이끄는 30만 별동대를 살수로 유인하여 크게 물리쳤다.

③ 관산성 전투(554) → (가) 이전

신라 진흥왕이 나제 동맹을 깨고 백제가 차지한 지역을 점령하자 백제 성왕이 신라를 공격하다 관산성 전투에서 전사하였다.

④ 처인성 전투(1232) → (나) 이후

몽골의 2차 침입 때 김윤후가 처인성에서 적장 살리타를 사살하고 몽골군을 물리쳤다.

10 신라 하대의 사건

암기박사 김헌창의 난(822) ⇒ 신라 하대
정답 ①

정답 해설

혜공왕이 귀족 세력에게 피살된 이후 잦은 왕위 쟁탈전으로 나라의 통치 질서가 어지러워진 것은 신라 하대의 일이다. 신라 하대 헌덕왕 때 웅천주(공주) 도독 김헌창이 아버지가 왕위 쟁탈전에서 패한 것에 대해 불만을 품고 난을 일으켰다.

오답 해설

② 이자겸의 난(1126) → 고려 인종

인종을 왕위에 올린 왕실 외척인 이자겸이 척준경과 함께 금의 사대 요구 수용을 주장하며 반란을 일으켰다.

③ 김사미 · 효심의 난(1193) → 고려 무신 집권기 ←청도

김사미 · 효심의 난은 운문에서 김사미가, 초전에서 효심이 일으킨 무신 집권기 최대 규모의 농민 봉기이다. ←울산

④ 망이 · 망소이의 난(1176) → 고려 무신 집권기

고려 무신 집권기 때 특수 행정 구역인 소의 주민에 대한 수탈에 저항하여 망이 · 망소이가 공주 명학소에서 난을 일으켰다.

핵심노트 ▶ 신라의 시대 구분

- 상대(박혁거세~진덕여왕) : BC 57~AD 654년, 성골 왕, 상대등이 수상, 고대 국가 완성기
- 중대(태종 무열왕~혜공왕) : 654~780년, 진골 왕, 집사부 시중이 수상, 왕권의 전성기 →상대등 권한 약화
- 하대(선덕왕~경순왕) : 780~935년, 왕위 쟁탈전 가열, 상대등 권한 강화, 호족의 발호 →왕권 약화

11 발해의 역사

암기박사 장문휴 : 당의 등주 공격 ⇒ 발해 무왕(대무예)
정답 ④

정답 해설

고왕 대조영이 동모산에서 건국한 나라는 발해이다. 고왕에 이어 왕위에 오른 무왕(대무예)은 장문휴를 보내 당의 산둥반도의 등주를 공격하였다.

오답 해설

① 대마도 정벌 → 고려 창왕 / 조선 세종

고려 창왕 때는 박위가, 조선 세종 때는 이종무가 왜구의 근거지인 대마도를 정벌하였다.

② 4군 6진 개척 → 조선 세종

조선 세종 때 여진족을 몰아내고 최윤덕은 압록강 유역에 4군을, 김종서는 두만강 유역에 6진을 설치하여 북방 영토를 개척하였다.

③ 동북 9성 축조 → 고려 예종

고려 예종 때 윤관은 별무반을 이끌고 여진을 정벌한 후 동북 9성을 축조하였다.

12 후고구려 궁예

암기박사 국호 : 태봉 ⇒ 후고구려 궁예
정답 ②

정답 해설

신라 왕족 출신으로 후고구려를 건국한 궁예는 철원으로 천도한 후 국호를 태봉으로 변경하였다. 궁예는 미륵불을 자처하며 왕권을 강화하였으나, 송악의 호족 출신 왕건에 의해 축출되었다.

오답 해설

① 견훤 → 후백제 건국

견훤이 전라도 지역의 군사력과 호족 세력을 중심으로 백제의 부흥을 내세우며 완산주(전주)에서 후백제를 건국하였다.

③ 온조 → 백제 건국

고구려 주몽의 아들 온조가 남하하여 하남 위례성에 도읍을 정하고 백제를 건국하였다.

④ 주몽 → 고구려 건국

주몽이 압록강 유역의 졸본에 고구려를 세우고 활발한 정복 활동을 통해 고대 국가로 성장하였다.

13 일연의 삼국유사

암기박사 삼국유사 ⇒ 일연
정답 ③

정답 해설

고려 충렬왕 때 승려 일연이 저술한 역사서는 삼국유사이다. 왕력, 기이, 흥법 등 9편으로 구성되어 있으며, 단군의 고조선 건국 이야기가 실려 있다.

오답 해설

① 동국통감 → 서거정

동국통감은 조선 성종 때 서거정 등이 왕명을 받아 단군조선부터 고려 말까지의 역사를 기록하여 편찬한 역사서이다.

② 동사강목 → 안정복

안정복은 동사강목을 저술하여 고조선부터 고려 말까지의 우리 역사를 독자적 정통론을 통해 체계화 하였다.

④ 제왕운기 → 이승휴

제왕운기는 고려 충렬왕 때 이승휴가 우리나라와 중국의 역사를 시로 적은 역사 서사시로, 우리 역사를 중국사와 대등하게 파악하였다

14 고려 시대 문화유산

암기박사 경천사지 십층 석탑 : 원의 영향 ⇒ 고려 문화유산
정답 ④

정답 해설

고려 후기 충목왕 때 개성의 경천사지에 조성된 석탑이다. 원의 영향을 받은 대리석 석탑으로, 목조 건축물을 연상하게 하는 다채로운 조각들이 섬세하게 새겨져 있다.

① 경주 불국사 삼층 석탑 → 통일 신라 문화유산

경북 경주의 불국사에 있는 통일 신라의 석탑으로, 내부에서 현존하는 세계 최고(最古)의 목판 인쇄물인 무구정광대다라니경이 발견되었다.

② 분황사 모전 석탑 → 신라 문화유산

경북 경주의 분황사에 있는 모전 석탑은 석재를 벽돌 모양으로 만들어 쌓은 탑으로, 현존하는 신라 석탑 중 가장 오래된 석탑이다.

③ 장백 영광탑 → 발해 문화유산

중국 길림성 장백진 북서쪽 탑산에 있는 발해 시대의 누각식 전탑으로 장방형, 규형, 다각형의 벽돌로 쌓은 5층의 벽돌탑이다.

15 거란의 침입

정답 ①

암기박사 외교담판(993) ⇒ 흥화진 전투(1011) ⇒ 귀주대첩(1019)

정답 해설

(가) 외교 담판(993) : 고려 성종 때 거란이 침입하자 서희는 소손녕과 외교 담판을 통해 강동 6주를 획득하였다.

(나) 흥화진 전투(1011) : 고려 현종 때 강조의 정변을 구실로 강동 6주를 넘겨줄 것을 요구하며 거란이 2차 침입을 시도하자 양규가 흥화진 전투에서 항전하였다.

(다) 귀주대첩(1019) : 고려 현종 때 10만 대군의 소배압이 이끄는 거란의 3차 침입에 맞서 강감찬은 귀주에서 크게 승리하였다.

16 교정도감

정답 ②

암기박사 고려 무신 집권기 : 최고 권력 기구 ⇒ 최충헌 : 교정도감

정답 해설

교정도감은 고려 무신 집권기 때 최충헌이 설치한 최고의 권력 기구로 인재 천거, 조세 징수, 감찰, 재판 등을 수행하였다.

오답 해설

① 중방 → 무신 최고 회의 기구

중방은 고려 시대 2군 6위의 상장군·대장군 등이 모여 군사 문제를 논의하는 무신들의 최고 회의 기구이다.

③ 도병마사 → 국방 문제 담당 임시 기구

도병마사는 고려 성종 때 국방 문제를 담당하는 임시 기구로 처음 시행되었으나 원 간섭기에 도평의사사로 개편되면서 최고 상설 정무 기구로 발전하였다.

④ 식목도감 → 법제와 격식 논의 기구

식목도감은 고려 시대에 각종 법제와 격식에 관한 문제를 논의하고 국가 중요 의식을 관장하였다.

17 보조국사 지눌

정답 ③

암기박사 수선사 결사 제창 ⇒ 보조국사 지눌

정답 해설

보조국사 지눌은 명리에 집착하는 무신 집권기 당시 불교계의 타락상을 비판하고 불교 개혁을 주장하며 수선사 결사를 제창하였다.

오답 해설

① 무애가 저술 → 원효

원효는 무애가를 지어 불교의 가르침을 민중에게 전하는 등 불교 대중화에 힘썼다.

② 천태종 개창 → 의천

대각국사 의천은 불교 교단을 통합하기 위해 국청사에서 해동 천태종을 개창하였다.

④ 왕오천축국전 저술 → 혜초

혜초는 인도와 중앙아시아를 다녀와서 그 나라의 풍물을 기록한 왕오천축국전을 남겼다.

18 포은 정몽주

정답 ③

암기박사 고려의 마지막 충신 ⇒ 포은 정몽주

정답 해설

포은 정몽주는 절개와 의리를 지킨 고려의 마지막 충신으로 이방원 세력에 의해 개경의 선죽교에서 피살되었다.

오답 해설

① 열하일기, 양반전 → 연암 박지원

연암 박지원은 조선 후기의 실학자로 청에 다녀온 후 열하일기를 집필하여 청의 문물을 소개하였고, 양반전을 지어 양반의 허례와 무능을 풍자하였다.

② 노론의 영수 → 우암 송시열

우암 송시열은 노론의 영수로 주자 중심의 성리학을 절대화 하고, 명에 대한 의리를 강조하여 북벌론을 주장하였다.

④ 재상 중심의 정치 → 삼봉 정도전

삼봉 정도전은 조선 초기의 개국공신으로 조선의 헌법이라고 할 수 있는 조선경국전을 편찬하여 재상 중심의 정치 운영을 주장하였다.

19 장영실의 업적

정답 ②

암기박사 자격루 제작 ⇒ 장영실

정답 해설

장영실은 조선 세종 때 활동하던 노비 출신의 과학자로 강우량 측정기인 측우기, 해시계인 앙부일구, 물시계인 자격루 등을 제작하였다.

오답 해설

① 거중기 설계 → 정약용

조선 정조 때 정약용은 기기도설을 참고하여 거중기를 설계하였

고 이후 수원 화성 축조에 이용하였다.

③ 대동여지도 제작 → 김정호

　조선 철종 때 김정호는 우리나라 대축척 지도인 대동여지도를 제작하였다.

④ 동의보감 완성 → 허준

　조선 광해군 때 허준은 전통 한의학을 체계적으로 정리한 동의보감을 완성하여 의료 지식의 민간 보급에 기여하였다.

20 원 간섭기의 생활 모습

> **암기박사**　상품 작물 : 고추 재배 ⇒ 조선 후기　**정답** ③

정답 해설

농민들이 고추, 담배 등 시장에서 판매하기 위한 상품 작물을 재배한 것은 조선 후기이다.

오답 해설

① 변발과 호복 유행 → 원 간섭기

　고려 원 간섭기에는 지배층을 중심으로 몽골풍의 변발과 호복이 유행하였다.

② 증류 소주 제조 → 원 간섭기

　고려 원 간섭기에는 몽골로부터 증류 방식으로 소주를 제조하는 방법이 전해졌다.

④ 철릭 복장 → 원 간섭기

　고려 원 간섭기에는 몽골로부터 아랫도리에 주름을 잡은 철릭이 들어와 왕이나 문무관들의 복장으로 사용되었다.

21 사헌부의 역할

> **암기박사**　사헌부, 사간원, 홍문관 ⇒ 삼사　**정답** ④

정답 해설

대사헌을 수장으로 주로 관리들의 부정을 감찰하는 기관은 사헌부이다. 사헌부는 사간원, 홍문관과 함께 삼사로 불렸으며, 5품 이하 관리의 임명 과정에서 서경권을 행사하였다.
　└▸ 인사 이동이나 법률 제정 등에서 대간의 서명을 받는 제도

오답 해설

① 왕명 출납 관장 → 승정원

　승정원은 조선 시대 국왕의 비서 기관으로, 왕명의 출납을 관장하였다.

② 수도의 행정과 치안 담당 → 한성부

　한성부는 조선 시대 수도의 행정과 치안을 담당하던 관아로, 장은 정2품의 판윤이다.

③ 외국어 통역 업무 → 사역원

　사역원은 조선 시대 외국에 가는 사신의 외국어 통역 업무를 담당하던 교육기관이다.

22 조선의 통치 이념

> **암기박사**　조선의 통치 이념 ⇒ 성리학　**정답** ②

정답 해설

이황과 이이는 조선 시대의 대표적인 성리학자이며, 서원은 성리학의 교육 기관이다. 성리학적 유교 이념은 신진 사대부에 의해 조선 시대의 통치 이념으로 확립되었다.

오답 해설

① 불교 종파의 하나 → 선종

　신라 하대에 유행했던 불교 종파의 하나로, 참선수행으로 깨달음을 얻는 것을 중요시하였다.

③ 성리학 비판 → 양명학

　중국 명나라 때 왕양명에 의해 확립된 학파로 성리학을 비판하고 지행합일의 실천성을 강조하였다.

④ 동학 계승 → 천도교

　손병희가 한울님의 덕을 세상에 펼쳐 널리 백성을 구제하고자 동학을 계승하여 창시한 종교이다.

23 병자호란의 결과

> **암기박사**　병자호란 ⇒ 인조 : 삼전도 굴욕　**정답** ③

정답 해설

병자호란 당시 인조는 남한산성으로 피신하여 청과 항전하였지만, 결국 삼전도에서 청과 굴욕적인 군신 관계의 강화를 맺는다(1636).

오답 해설

① 김시민 : 진주 대첩 → 임진왜란

　임진왜란 당시 진주 목사 김시민의 지휘 아래 조선군은 왜군에 맞서 진주성에서 항전하였다.

② 윤관 : 별무반 → 여진족 정벌

　고려 예종 때 윤관이 별무반을 이끌고 여진을 정벌하고 동북 9성을 축조하였다.

④ 이여송 : 명의 지원군 → 임진왜란

　임진왜란 때 일본의 정명가도에 대한 자위책으로 이여송이 이끄는 명의 지원군이 파병되었다. ▸일본이 명을 침략하고자 하니 조선은 길을 열어달라는 의미

✍ 핵심노트 ▶ 병자호란(인조 14, 1636)

- 후금은 세력을 계속 확장하여 국호를 청으로 바꾸고 심양을 수도로 건국
- 인조의 계속적인 반청 정책 ← 최명길, 이귀 : 외교적 교섭
　└▸ 김상헌, 윤집, 오달제, 홍익한 : 척화 전쟁 불사
- 청의 군신 관계 요구에 대해 주화론과 주전론이 대립
- 대세가 주전론으로 기울자 청은 다시 대군을 이끌고 침입
- 인조는 남한산성으로 피난, 45일간 항전하다 주화파 최명길 등과 함께 삼전도에서 굴욕적인 강화를 맺음
- 조선은 청과 군신 관계를 맺고, 명과의 외교를 단절
- 두 왕자와 강경 척화론자(김상헌, 홍익한·윤집·오달제의 삼학사)들이 인질로 잡혀감

24 경신환국

암기박사 기해예송(1659) ⇒ 경신환국(1680) ⇒ 탕평비 건립
(1742)

정답 ③

정답 해설

(가) **기해예송(1659)** : 조선 현종 때 효종이 죽자 자의 대비의 상복 입는 기간을 두고 남인은 삼년복을 서인은 기년복을 주장하는 예송이 발생하였다.
→ 예절에 관한 논쟁

• **경신환국(1680)** : 조선 숙종 때 서인이 허적의 서자 허견 등이 역모를 꾀했다 고변하여 허적과 윤휴 등 남인들이 대거 축출되었다.

(나) **탕평비 건립(1742)** : 조선 영조는 붕당 정치의 폐해를 경계하기 위해 성균관 입구에 탕평비를 건립하였다.

오답 해설

① **비변사 폐지(1865) → (나) 이후**
세도 정치기에 비변사가 외척 세력의 권력 기반으로 변질되자 흥선 대원군이 비변사를 폐지하였다.

② **훈련도감 설치(1594) → (가) 이전**
임진왜란 때 왜군의 조총에 대응하고 국방력을 강화하기 위해 삼수병으로 구성된 훈련도감이 설치되었다.

④ **무오사화(1498) → (가) 이전**
조선 연산군 때 김종직이 지은 조의제문을 사초에 올린 일이 발단이 되어 김일손 등이 처형되었다.

→ 사관이 매일 기록한 역사 편찬의 자료

→ 항우에게 왕위를 빼앗기고 죽은 초나라 의제를 기리는 내용을 통해 단종에게서 왕위를 빼앗은 세조를 비난한 글

25 홍경래의 난

암기박사 서북 지역민에 대한 차별 ⇒ 홍경래의 난

정답 ①

정답 해설

1811년 서북 지역민에 대한 차별 등에 반발하여 일어난 사건은 홍경래의 난이다. 세도 정치기에 몰락 양반 홍경래의 지휘 하에 광산 노동자들이 중심이 되어 가산, 정주성 등을 점령하였으나 5개월 만에 평정되었다.

오답 해설

② **묘청의 난 → 서경 천도 운동**
고려 인종 때 묘청이 풍수지리설에 근거하여 서경으로 수도를 옮기고 금나라를 정벌하자고 주장하며 난을 일으켰다.

③ **백낙신의 횡포 → 임술 농민 봉기**
삼정의 문란과 백낙신의 횡포가 계기가 되어 진주 지역 농민들이 몰락 양반 유계춘의 지휘 아래 임술 농민 봉기를 일으켰다.

④ **소의 주민 참여 → 망이 · 망소이의 난**
고려 무신 집권기 때 특수 행정 구역인 소의 주민에 대한 수탈에 저항하여 망이 · 망소이가 공주 명학소에서 난을 일으켰다.

26 조선 후기의 사회 모습

암기박사 팔관회 : 종교행사 ⇒ 고려 시대

정답 ④

정답 해설

세책점에서 상평통보를 사용하여 한글 소설인 춘향전을 대여한 것은 조선 후기의 일이다. 한편, 불교와 토속신앙이 어우러진 종교행사인 팔관회가 개최된 것은 고려 시대이다.

오답 해설

① **민화 : 까치와 호랑이 → 조선 후기**
조선 후기에는 까치와 호랑이 민화와 같이 민중의 미적 감각을 잘 나타낸 민화가 유행하였다.

② · ③ **탈춤, 판소리 공연 → 조선 후기**
조선 후기에는 양반의 위선을 풍자한 탈춤과 춘향가, 흥보가 등의 판소리와 같은 서민 문화가 크게 유행하였다.

27 대동법 시행

암기박사 방납의 폐단 해결 ⇒ 선혜청 : 대동법

정답 ③

정답 해설

조선 광해군 때 방납의 폐단을 해결하고자 선혜청에서 토지 결수를 기준으로 특산물 대신 쌀, 베, 동전 등으로 징수한 것은 대동법이다. 대동법의 시행으로 상품 화폐 경제가 발달하고 관청에 필요한 물품을 납품하는 공인이 등장하였다.

오답 해설

① **수조권 지급 → 과전법**

→ 토지로부터 조세를 거둘 수 있는 권리

고려 공양왕 때 관리들에게 수조권을 지급하는 과전법을 실시하여 신진 사대부의 경제적 기반을 마련하였다.

② **군포 납부액 1필로 경감 → 균역법**
조선 영조 때 농민의 부담을 덜어주기 위해 군포 2필을 부담하던 것을 1년에 군포 1필로 경감하는 균역법을 시행하였다.

④ **토지 1결당 4~6두 부과 → 영정법**
조선 인조 때 영정법을 실시하여 풍흉에 관계없이 토지 1결당 4~6두로 전세를 고정하였다.

28 조선 정조의 정책

암기박사 장용영 : 왕의 친위 부대 ⇒ 조선 정조

정답 ①

정답 해설

사도 세자의 아들이자 혜경궁 홍씨가 어머니인 왕은 조선 정조이다. 그는 왕의 친위 부대인 장용영을 창설하여 한양에는 내영, 수원 화성에는 외영을 두었다.

오답 해설

② **전시과 시행 → 고려 경종**
고려 경종 때에 전시과 제도를 시행하여 관등에 따라 관리에게 토지를 차등 지급하였다.

③ **경복궁 중건 → 흥선 대원군**

흥선 대원군은 임진왜란 때 불 탄 경복궁을 중건하여 왕실의 권위를 회복하였다.

④ **경국대전 완성 → 조선 성종**

조선 성종 때 통치 체제를 정비하기 위하여 조선의 기본 법전인 경국대전을 완성하였다.

29 유형원의 반계수록

암기박사 유형원 : 반계수록 ⇒ 균전론 제시 **정답** ③

정답 해설

조선의 실학자 유형원은 사회 개혁을 뒷받침할 학문 연구를 위해 전북 부안에 내려가 반계수록을 저술하였다. 또한 신분에 따른 토지의 차등 분배를 주장한 균전론을 제안하였다.

오답 해설

① **성호사설 저술 → 이익**

이익은 성호사설을 저술하여 우리 역사의 체계화를 주장하고, 유형원의 실학 사상을 계승하여 성호학파를 형성하였다.

② **북학의 저술 → 박제가**

초정 박제가는 청에 다녀온 후 북학의를 저술하고 청의 제도와 문물을 소개하였다.

④ **의산문답 저술 → 홍대용**

조선 후기의 실학자 홍대용은 의산문답을 통해 지전설과 무한 우주론을 주장하며 중국 중심의 세계관을 비판하였다.

30 대한제국 시기의 사실

암기박사 대한국 국제 제정 ⇒ 대한제국 **정답** ④

정답 해설

아관파천 후 환궁한 고종은 국호를 대한제국으로 고치고 환구단에서 황제 즉위식을 거행하였다(1897). 이후 광무개혁의 일환으로 한국 최초의 근대적 헌법인 대한국 국제를 제정하였다(1899).

오답 해설

① **당백전 발행(1866) → 대한제국 이전**

흥선 대원군은 경복궁 중건에 필요한 재원 마련을 위해 당백전을 발행하였다.

② **영선사 파견(1881) → 대한제국 이전**

고종은 개화 정책의 일환으로 청에 영선사를 파견하여 근대식 무기 제조 기술을 도입하였다.

③ **육영 공원 설립(1886) → 대한제국 이전**

고종은 개화 정책의 일환으로 우리나라 최초의 서양식 근대 교육 기관인 육영 공원을 설립하였다.

31 갑신정변

암기박사 우정총국 개국 축하연 거사 ⇒ 갑신정변 **정답** ②

정답 해설

김옥균을 중심으로 한 급진개화파가 우정총국 개국 축하연을 이용해 사대당 요인을 살해하고 개화당 정부를 수립하였으나, 청군의 개입으로 3일 만에 실패로 끝났다(1884).

오답 해설

① **근대 사회 개혁 → 갑오개혁**

김홍집의 친일 내각이 낡은 제도를 없애고 근대 국가로 발돋움하기 위해 실시한 개혁으로, 유교 중심의 조선 사회를 근대 사회로 바꾸기 위한 활동이다.

③ **민중 계몽 운동 → 브나로드 운동**

동아일보사에서 문맹 퇴치를 목적으로 민중 계몽 운동인 브나로드(Vnarod) 운동을 전개하였다. ← *러시아어로 '민중 속으로'라는 의미*

④ **대학 설립 모금 활동 → 민립 대학 설립 운동**

조선총독부가 대학 설립 요구를 묵살하자 조선 교육회는 우리 손으로 대학을 설립하고자 조선 민립 대학 기성회에서 모금 활동을 전개하였다.

32 을미의병

암기박사 청 · 일 전쟁(1894) ⇒ 을미의병(1895) **정답** ④

정답 해설

동학 농민 운동 당시 일본이 군대를 동원하여 경복궁을 점령하여 청 · 일 전쟁이 발발하였다(1894). 이후 명성황후가 시해된 을미사변과 단발령에 대한 반발로 최초의 항일 의병인 을미의병이 일어났다(1895).

33 신미양요 이후의 사실

암기박사 신미양요(1871) ⇒ 척화비 건립 **정답** ②

정답 해설

미국이 제너럴셔먼호 사건을 구실로 강화도를 공격하여 신미양요가 발발하자 어재연 부대가 광성보에서 항전하였다. 신미양요의 결과 흥선 대원군은 척화교서를 내리고 종로를 비롯한 전국 각지에 척화비를 건립하였다.

오답 해설

① **병인박해(1866) → 신미양요 이전**

천주교에 대한 최대의 박해로 흥선 대원군은 프랑스 베르뇌 신부 등 8천여 명을 처형하였다.

③ **제너럴 셔먼호 사건(1866) → 신미양요 이전**

대동강에 침입하여 통상을 요구하며 행패를 부리던 미국 상선 제너럴 셔먼호를 박규수와 평양 관민들이 불태웠다.

④ **오페르트 도굴 사건(1868) → 신미양요 이전**

독일 상인 오페르트가 통상을 거부당하자 충청남도 덕산에 있는 남연군 묘 도굴을 시도하였다. → *흥선 대원군의 아버지*

34 헤이그 특사 이준

정답 ①

암기박사 이준 ⇒ 헤이그 특사

정답 해설

이준은 이상설, 이위종과 함께 네덜란드 헤이그에서 열린 만국 평화 회의에 특사로 파견되어 을사늑약 체결의 부당함을 전 세계에 알리고자 하였다(1907).

오답 해설

② 천도교 창시, 3·1 만세 운동 참가 → 손병희

손병희는 동학을 계승하여 천도교를 창시하였고, 민족 대표 33인의 한 사람으로 3·1 만세 운동에 참가하였다.

③ 조선 건국 동맹, 좌우 합작 위원회 → 여운형

여운형은 일제의 패망과 광복에 대비하여 조선 건국 동맹을 결성하였고, 우익 측을 대표한 김규식과 함께 좌익 측을 대표하여 좌우 합작 위원회의 주축이 되었다.

④ 봉오동 전투, 청산리 대첩 → 홍범도

홍범도는 대한 독립군의 총사령관으로 안무의 대한 국민회군과 연합하여 봉오동 전투에서, 김좌진의 북로 군정서군과 연합하여 청산리에서 일본군을 격파하였다.

35 국채 보상 운동

정답 ②

암기박사 대한매일신보 지원 ⇒ 국채 보상 운동

정답 해설

국채 보상 운동은 정부의 외채를 국민의 힘으로 상환하여 국권을 회복하자는 운동으로 대한매일신보 등 언론의 지원을 받아 전국적으로 확산되었다(1907).

오답 해설

① 만민 공동회 개최 → 독립 협회

독립 협회는 우리나라 최초의 근대적 민중 대회인 만민 공동회를 개최하여 민권 신장을 추구하였다.

③ '조선 사람 조선 것' → 물산 장려 운동

물산 장려 운동은 조만식 등이 중심이 되어 평양에서 조선 물산 장려회가 발족되고, '조선 사람 조선 것'이라는 구호 아래 전국으로 확산되었다.

④ 백정에 대한 사회적 차별 철폐 → 형평 운동

이학찬을 중심으로 진주에서 조선 형평사를 조직하고 백정에 대한 사회적 차별 철폐를 목적으로 형평 운동이 전개되었다.

36 3·1 만세 운동의 영향

정답 ④

암기박사 3·1 만세 운동 ⇒ 대한민국 임시 정부 수립

정답 해설

일제의 무단 통치기에 일어난 만세 시위 운동은 일제 강점기 최대 규모의 민족 운동인 3·1 만세 운동이다. 고종의 장례일에 민족 대표 33인의 이름으로 독립 선언서를 발표함으로써 전개된 3·1 만세 운동은 대한민국 임시 정부가 수립되는 계기가 되었다(1919).

오답 해설

① 독립문 건립 → 독립 협회

서재필을 중심으로 창립된 독립 협회는 자주 독립의 상징인 독립문을 건립하였다.

② 홍범 14조 반포 → 제2차 갑오개혁

고종은 제2차 갑오개혁 때 종묘에 나가 독립 서고문을 바치고, 개혁의 기본 방향을 제시한 홍범 14조를 반포하였다.

③ 토지 조사 사업 → 일제

일제는 무단 통치기 때 토지 약탈과 식민지 통치의 재정 기반을 확대하기 위해 토지 조사 사업을 실시하였다.

37 대한 광복회

정답 ④

암기박사 박상진 : 대한 광복회 ⇒ 비밀 결사 단체

정답 해설

박상진을 중심으로 1910년대에 결성된 국내 비밀 결사 운동 단체는 대한 광복회이다. 대한 광복회는 공화정치를 목표로 군자금 모집과 친일파 처단 등의 활동을 하였다.

오답 해설

① 연해주 독립 운동 단체 → 권업회

권업회는 연해주 신한촌에서 조직된 항일 독립 운동 단체로, 권업 신문을 발간하고 학교, 도서관 등을 건립하였다.

② 일본의 황무지 개간권 요구 저지 → 보안회

보안회는 일본의 황무지 개간권 요구에 대한 지속적인 반대 운동을 벌여 일본의 황무지 개간권 요구를 저지시켰다.

③ 남만주 무장 투쟁 단체 → 참의부

참의부는 남만주에서 조직된 대한민국 임시 정부 직할의 무장 투쟁 단체이다.

👉 **핵심노트** ▶ 대한 광복회(1915~1918)

- **조직** : 풍기의 대한 광복단과 대구의 조선 국권 회복단의 일부 인사가 모여 군대식으로 조직·결성, 각 도와 만주에 지부 설치, 박상진(총사령)·김좌진(부사령)·채기중
- **활동** : 군자금을 모아 만주에 독립 사관학교 설립, 연해주에서 무기 구입, 독립 전쟁을 통한 국권 회복을 목표로 함 → 1910년대 항일 결사 중에서 가장 활발한 활동 전개

38 우당 이회영

정답 ③

암기박사 신흥 강습소 설립 ⇒ 이회영

정답 해설

독립운동가 이회영은 만주 삼원보에 자치기구인 경학사를 조직하고 군사교육기관인 신흥 강습소를 설립하여 독립군을 양성하였다.

오답 해설

① 독사신론, 조선 혁명 선언, 조선상고사 → 신채호

신채호는 민족주의 사학자로서 만주와 부여족 중심의 고대사를

서술한 독사신론을 발표하였고, 민중의 직접 혁명을 주장한 조선 혁명 선언을 작성하였다. 또한 조선상고사에서 역사를 아(我)와 비아(非我)의 투쟁의 기록으로 정의하였다.

② 이토 히로부미 사살 → 안중근

안중근 의사는 하얼빈 역에서 일제의 침략 원흉인 이토 히로부미를 사살하고, 이듬해에 뤼순 감옥에서 순국하였다.

④ 임시 정부 초대 국무총리, 대한 광복군 정부 수립 → 이동휘

이동휘는 사회주의 정당인 한인 사회당을 창당하고 대한민국 임시 정부의 초대 국무총리를 역임하였다. 또한 이상설 등과 함께 연해주에 대한 광복군 정부 수립을 주도하고 무장 독립 전쟁을 준비하였다.

39 민족 말살 통치기의 사회 모습

정답 ③

암기박사 | 황국 신민 서사 암송 ⇒ 민족 말살 통치기

정답 해설

일제가 중·일 전쟁 이후 침략 전쟁을 확대하던 시기는 민족 말살 통치기이다. 이 시기에 일제는 일왕이 거처하는 궁성을 향해 경의를 표하는 궁성요배와 천황에게 충성을 맹세하는 황국 신민 서사의 암송을 강요하였다.

오답 해설

① 조선 태형령, 헌병 경찰제 → 무단 통치기

일제는 무단 통치기에 조선인에 한하여 태형을 통해 형벌을 가하는 조선 태형령과 헌병이 경찰 업무를 대행하는 헌병 경찰제를 시행하였다.

② 회사령 공포 → 무단 통치기

일제는 무단 통치기에 회사 설립 시 총독의 허가를 받도록 하는 회사령을 공포하여 민족 기업의 설립을 방해하였다.

④ 암태도 소작 쟁의 → 문화 통치기

전남 신안군 암태도에서 지주들의 고액 소작료에 반발하여 농민들의 소작 쟁의가 일어났다.

40 광주 학생 항일 운동

정답 ④

암기박사 | 신간회 : 진상 조사단 파견 ⇒ 광주 학생 항일 운동

정답 해설

광주에서 발생한 한·일 학생 간의 충돌을 일본 경찰이 편파적으로 처리한 것을 계기로 광주 학생 항일 운동이 촉발되자 신간회에서 진상 조사단을 파견하였다.

오답 해설

① 순종의 인산일 → 6·10 만세 운동

순종의 인산일을 맞아 6·10 만세 운동이 일어나 격문 살포와 시위 운동이 전개되었다.

② 통감부의 탄압 → 국채 보상 운동

국채 보상 운동은 정부의 외채를 국민의 힘으로 상환하여 국권을 회복하자는 운동으로 통감부의 탄압으로 실패하였다.

③ 이승만 : 위임 통치 청원 → 국민 대표 회의 개최

임시 정부의 대통령인 이승만의 통치 청원이 알려지면서 독립운동의 방략을 논의하고자 국민 대표 회의가 상하이에서 개최되었다.

41 한국 광복군의 독립 투쟁

정답 ④

암기박사 | 국내 진공 작전 준비 ⇒ 지청천 : 한국 광복군

정답 해설

지청천을 총사령관으로 하는 한국 광복군은 영국군의 요청으로 인도·미얀마 전선에 파견되어 영국군과 연합 작전을 펼쳤다. 또한 한국 광복군은 미군과 연계하여 국내 진공 작전을 준비하였으나 일제의 패망으로 실현하지는 못했다.

오답 해설

① 청산리 전투 → 김좌진 : 북로 군정서군

김좌진 장군은 북로 군정서군을 이끌고 간도의 청산리 전투에서 일본군을 대파하여 독립군 사상 최대의 승리를 이끌었다.

② 중국 관내에서 결성된 최초의 한인 무장 부대 → 김원봉 : 조선 의용대

김원봉의 조선 의용대는 중국 관내에서 결성된 최초의 한인 무장 부대로, 중국 국민당과 연합하여 포로 심문, 요인 사살, 첩보 작전을 수행하였다.

③ 영릉가 전투 → 양세봉 : 조선 혁명군

총사령관 양세봉이 지휘한 조선 혁명군은 중국 의용군과 연합하여 영릉가 전투에서 일본군에게 승리를 거두었다.

42 단독 정부 수립 반대 성명

정답 ③

암기박사 | 단독 정부 수립 반대 성명(1947) ⇒ 남북 협상 참석 (1948)

정답 해설

이승만의 정읍 발언 이후 남한만의 단독 정부 수립운동이 일어나자 김구는 '삼천만 동포에 읍고함'이란 남한만의 단독 정부 수립 반대 성명서를 발표한다(1947). 이후 김구, 김규식이 남한만의 단독 정부 수립과 분단을 막기 위해 평양에서 개최된 남북 협상에 참석하였다(1948).

오답 해설

① 한인 애국단 결성(1931) → 단독 정부 수립 반대 성명 이전

김구가 상하이에서 결성한 한인 애국단은 이봉창과 윤봉길이 의거를 지원하였다.

② 제1차 미·소 공동 위원회(1946) → 단독 정부 수립 반대 성명 이전

모스크바 3국 외상 회의에 의거하여 덕수궁 석조전에서 제1차 미·소 공동 위원회가 개최되었으나, 미국과 소련의 입장 차이로 결렬되었다.

④ 모스크바 3국 외상 회의(1945) → 단독 정부 수립 반대 성명 이전

모스크바의 3국 외상 회의에서 미·소 공동 위원회를 설치하고 최고 5년 동안 미·영·중·소 4개국이 신탁 통치를 하기로 결정하였다.

43 제주 4 · 3 사건

암기박사 남한만의 단독 정부 수립 반대 ⇒ 제주 4 · 3 사건

정답 ④

정답 해설

제주 4 · 3 사건은 무장대와 토벌대 간의 무력 충돌로 인해 제주도의 많은 주민이 희생당한 사건이다. 제주 4 · 3 사건은 5 · 10 총선거에 반대하여 남한만의 단독 정부 수립에 대한 반발로 일어났으며, 2000년에 진상 규명 등에 관한 특별법이 공포되었다.

오답 해설

① 원산 총파업 → 1920년대 최대의 파업 투쟁

원산 총파업은 원산 노동 연합회의 소속 노동자와 일반 노동자들이 합세하여 노동 조건 개선을 요구하며 전개한 1920년대 최대의 파업 투쟁이다.

② 3 · 1 만세 운동 → 제암리 사건

3 · 1 만세 운동의 전개 과정에서 일제가 수원 제암리 주민들의 집단 학살을 자행하였다.

③ 자유시 참변 → 대한 독립군단

간도 참변으로 인해 자유시로 이동한 대한 독립 군단은 적색군의 무장 해제 요구에 저항하다 공격을 받아 세력이 약화되었다.

👆 **핵심노트** ▶ 제주 4 · 3 사건

- 1948년 4월 3일부터 1954년 9월 21일까지 제주도에서 남조선 노동당(남로당) 세력이 주도가 되어 벌어진 무장 항쟁 및 그에 대한 대한민국 군경과 극우 단체의 유혈 진압
- **주장** : 남한 단독 선거 반대, 경찰과 극우 단체의 탄압에 대한 저항, 반미구국투쟁 등
- 진압 과정에서 무고한 주민들이 많이 희생됨

44 6 · 25 전쟁 중의 사실

암기박사 인천 상륙 작전 ⇒ 6 · 25 전쟁 중

정답 ①

정답 해설

에티오피아군이 유엔군의 일원으로 참전한 전쟁은 1950년에 발발한 6 · 25 전쟁(한국 전쟁)이다. 이 전쟁 당시 국군과 유엔군은 맥아더 장군의 인천 상륙 작전이 성공하면서 전세를 역전시키고 압록강 인근까지 북진하였다.

오답 해설

② 조선 건국 준비 위원회(1945) → 6 · 25 전쟁 이전

8 · 15 광복 직후 일제의 패망과 광복에 대비하여 건국 작업을 진행하기 위해 여운형을 중심으로 조선 건국 준비 위원회가 결성되었다.

③ 이승만 탄핵(1925) → 6 · 25 전쟁 이전   <small>이승만이 미국 대통령 윌슨에게 위임 통치 청원서 제출</small>

대한민국 임시 정부의 초대 대통령으로 선출된 이승만이 위임 통치 청원을 이유로 임시 의정원에서 탄핵되었다.

④ 쌍성보 전투(1932) → 6 · 25 전쟁 이전

지청천의 한국 독립군이 쌍성보에서 중국 호로군과 한 · 중 연합 작전을 전개하여 일본군에게 승리하였다.

45 6월 민주 항쟁의 결과

암기박사 6월 민주 항쟁 ⇒ 6 · 29 민주화 선언 : 5년 단임의 대통령 직선제 개헌

정답 ①

정답 해설

박종철 고문치사와 전두환 정부의 4 · 13 호헌 조치 발표로 호헌 철폐와 독재 타도 등의 구호를 외친 6월 민주 항쟁이 촉발되었다. 그 결과 노태우의 6 · 29 민주화 선언에 따라 5년 단임의 대통령 직선제 개헌안이 통과되었다.

오답 해설

② 3 · 15 부정선거 → 4 · 19 혁명

이승만 정부 때 여당 부통령 후보 당선을 위한 3 · 15 부정 선거에 항의하며 4 · 19 혁명이 시작되었다.

③ 한 · 일 국교 정상화 → 6 · 3 시위

박정희 정부 때에 한 · 일 회담에 따른 굴욕적인 한 · 일 국교 정상화에 반대하여 6 · 3 시위가 일어났다.

④ 신군부의 비상계엄 확대 → 5 · 18 민주화 운동

전두환 · 노태우 등의 신군부 세력이 쿠데타를 일으켜 권력을 장악하고 비상계엄을 전국으로 확대하자 이에 저항하여 5 · 18 민주화 운동이 발생하였다.

46 대외 무역의 역사

암기박사 통일 신라(당항성, 울산항) ⇒ 고려 시대(벽란도) ⇒ 조선 후기(만상, 송상)

정답 ②

정답 해설

(가) 당항성, 울산항 : 통일 신라

통일 신라 시대에는 대당 무역이 발달하여 당항성, 울산항 등이 국제 무역항으로 번성하였다.

(다) 벽란도 : 고려 시대

고려 시대에는 송을 비롯한 여러 나라 상인들이 예성강 하구의 벽란도를 통해 국제 무역을 하였다.

(나) 만상, 송상 : 조선 후기

조선 후기에는 상업의 발달로 사상(私商)이 등장하였고, 만상과 송상이 대청 무역으로 부를 축적하였다.

47 김영삼 정부

암기박사 금융 실명제 실시 ⇒ 김영삼 정부

정답 ①

정답 해설

역사 바로 세우기의 일환으로 옛 조선 총독부 건물을 철거하고, 경제 협력 개발 기구(OECD)에 가입한 것은 김영삼 정부 때의 일이다. 이 시기에 금융 거래의 투명성을 확보하고자 대통령의 긴급 명령으로 금융 실명제를 실시하였다.

오답 해설

② 경부 고속 도로 준공 → 박정희 정부

박정희 정부 때에 서울과 부산을 연결하는 경부 고속 도로를 준공하였다.

③ 제차 경제 개발 5개년 계획 → 박정희 정부

박정희 정부 때에 기간산업, 사회 간접 자본 확충, 경공업 중심의 수출 산업 육성을 위한 제1차 경제 개발 5개년 계획이 추진되었다.

④ 미국과 자유 무역 협정(FTA) 체결 → 노무현 정부

노무현 정부 때에 한·미 자유 무역 협정(FTA)이 체결되어 미국과의 무역 장벽을 허무는 계기가 되었다.
→ 발효는 이명박 정부 때부터 임

48 강화도 지역의 역사

암기박사 부근리 지석묘, 홍릉, 정족산성, 연무당 옛터 ⇒ 강화도
정답 ③

정답 해설

• 부근리 지석묘 : 청동기 시대의 대표적인 고인돌 무덤으로 유네스코 세계유산에 등재되어 있다.
• 홍릉 : 대몽 항쟁기 때 강화도로 천도한 고려 23대 고종의 왕릉이다.
• 정족산성 : 양헌수 부대가 프랑스 군대와 항전한 병인양요의 격전지이다.
• 연무당 옛터 : 일본과 맺은 최초의 근대적 조약이자 불평등 조약인 조·일 수호 조규(강화도 조약)의 체결 장소이다.

49 사회 개혁을 위해 노력한 역사 인물

암기박사 훈요 10조 ⇒ 고려 태조(왕건)
정답 ①

정답 해설

최치원은 골품제의 모순이 심화되던 신라 하대의 인물로, 당의 빈공과에 합격하여 관직에 오른 6두품 출신이다. 한편, 자신의 사후 후대 왕들이 지켜야 할 정책 방향을 제시한 훈요 10조를 남긴 인물은 고려 태조 왕건이다.

오답 해설

② 전민변정도감 설치 → 신돈

고려 공민왕 때 신돈이 전민변정도감의 설치를 건의하여 권문세족을 견제하고 개혁을 이끌었다.

③ 현량과 시행 주장 → 조광조

조선 중종 때 조광조가 신진 인사를 등용하기 위해 천거제의 일종인 현량과 시행을 주장하였다.

④ 동학 농민 운동 → 전봉준

고부 군수 조병갑의 탐학에 저항하여 녹두 장군 전봉준이 농민들을 이끌고 고부 관아를 습격하면서 동학 농민 운동이 시작되었다.

50 노태우 정부의 통일 노력

암기박사 남북 기본 합의서 채택 ⇒ 노태우 정부
정답 ①

정답 해설

남북한 유엔 동시 가입과 한·중 수교가 이루어진 것은 노태우 정부 때의 일이다. 이 시기에 남북 사이에 화해와 불가침 및 교류·협력에 관한 남북 기본 합의서가 채택되었다.

오답 해설

② 7·4 남북 공동 성명 → 박정희 정부

박정희 정부 때에 7·4 남북 공동 성명을 발표하여 '자주, 평화, 민족 대단결'의 민족 통일 3대 원칙을 제시하였다.

③ 6·15 남북 공동 선언 → 김대중 정부

김대중 정부 때에 평양에서 최초로 남북 정상 회담이 개최되고 6·15 남북 공동 선언에 합의하였다.

④ 최초의 남북 이산가족 고향 방문 → 전두환 정부

전두환 정부 때에 최초의 이산가족 고향 방문이 성사되어 평양에서 이산가족 고향 방문과 예술 공연단 교환을 실현하였다.

60회 해설

시스컴은
여러분을
응원합니다